DUMONT

WANDERZEIT IM RUHRGEBIET

Herrlich entspannte Touren zum Abschalten & Genießen

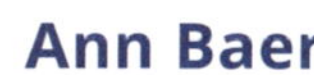

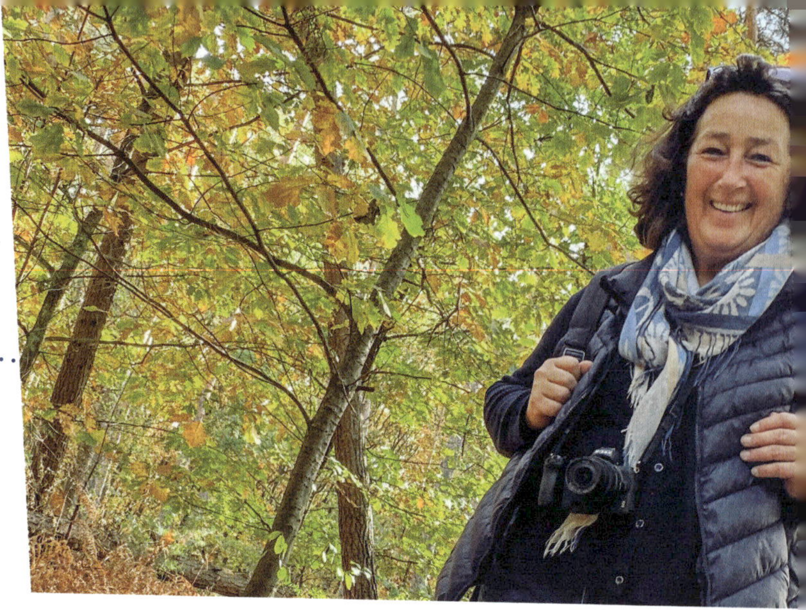

Ann Baer

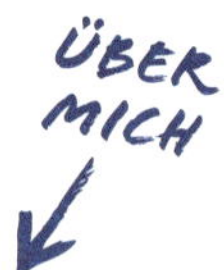

Wenn schon Kopf- und Schreibtischjob, dann aber unbedingt in Kombi mit dem realen Leben draußen. Als Geografin und freiberufliche Redakteurin sind mir schon die verschiedensten Themen untergekommen, von denen mir Outdoor-Beschreibungen die liebsten sind. Damit ich selbst und mein Denken nicht einrosten, lasse ich mir bei kurzen und langen Wanderungen den Kopf freipusten und schöpfe neue Kraft aus der Natur.

Meine persönliche Wanderweisheit:

» **Die wahre Kunst findet man nur in der Natur!**

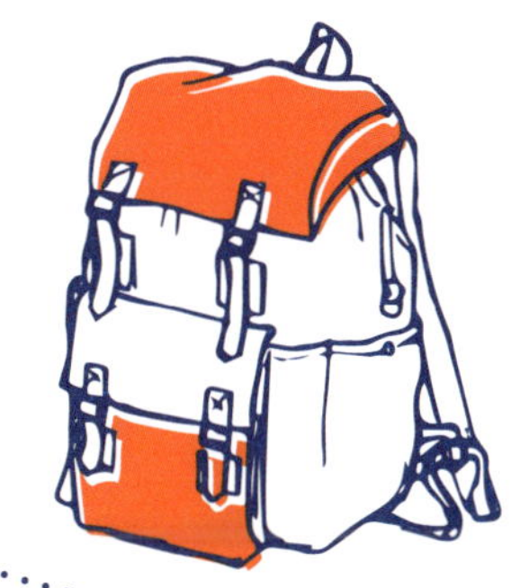

LIEBE LESERIN, LIEBER LESER,

Wandern im Ruhrgebiet? Aba sowat von! Längst hat sich der Ruhrpott in die Metropole Ruhr mit hohem Freizeitpotenzial verwandelt. So sind heute nicht nur etliche Halden der Naherholung gewidmet, sondern es haben sich auch breite grüne Korridore zwischen all dem etabliert und die großen zusammenhängenden Waldgebiete genießen hohen Schutz.

Sicher kann man im Revier keine Geheimpfade mehr entdecken. Aber selbst Ruhris werden bei den 20 hier vorgestellten Touren so manche grüne Überraschung erleben. Bei höchstens 15 Kilometern pro Ausflug darf das Tempo gerne gedrosselt werden ... In diesem Sinne: runter vonne Couch und ab inne Natur! Denn unser Pott ist grün.

Eine herrlich entspannte Wanderzeit wünscht

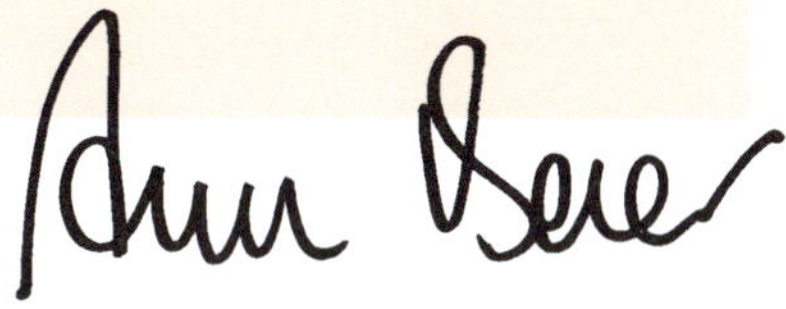

INHALT

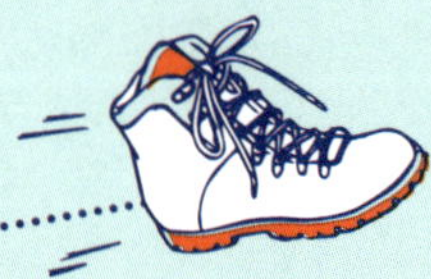

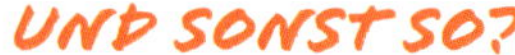

UNTERWEGS AUF DEN SCHÖNSTEN STRECKEN …

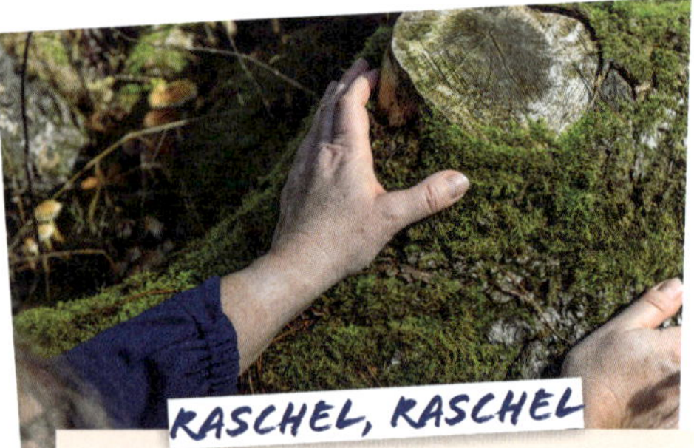

RASCHEL, RASCHEL

» Irgendwie sieht man den Wald vor lauter Bäumen nicht. Da bietet sich eine Blätterschlacht und Moosfühlen am Wegesrand an. Tour 13, in der Haard, wo sonst, Seite 134

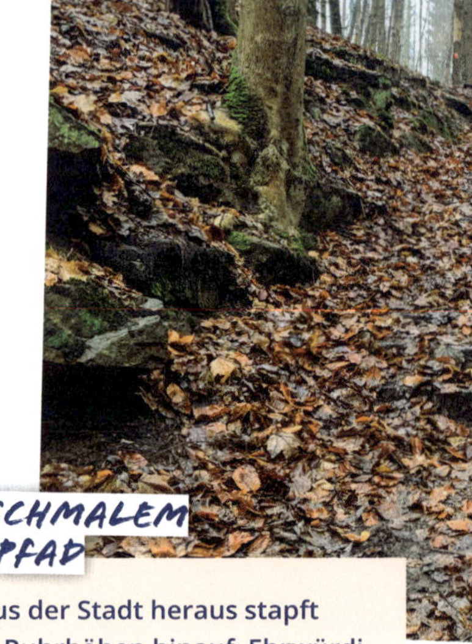

AUF SCHMALEM PFAD

» Kaum aus der Stadt heraus stapft man in die Ruhrhöhen hinauf. Ehrwürdige Laubbäume, Plätscherbach … Was will man mehr? Tour 4, Hugenpoeter Wälder bei Kettwig, Seite 44

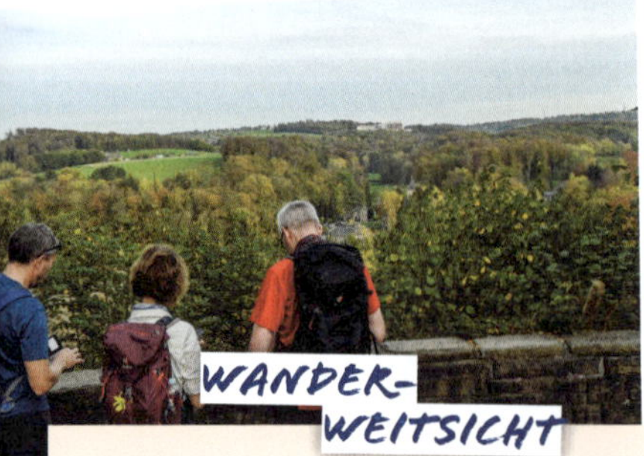

WANDER-WEITSICHT

» Ist die waldige Höhe erst einmal erreicht, kann man es sich gleich an mehreren Aussichtstribünen gemütlich machen und die Weitsicht genießen.
Tour 5, oberhalb des Kettwiger Bahnhofs, Seite 54

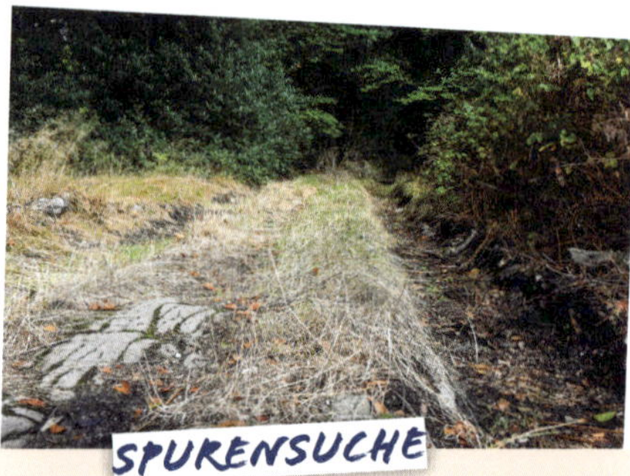

SPURENSUCHE

» Auf erdigem Waldweg durch lichte Laubbäume spazieren ist ein Hochgenuss. Nur alte Karrenspuren machen die hier einst bergbauliche Schwerstarbeit sichtbar. Tour 17, Zeitzeugnisse im Hügelland bei Sprockhövel, 174

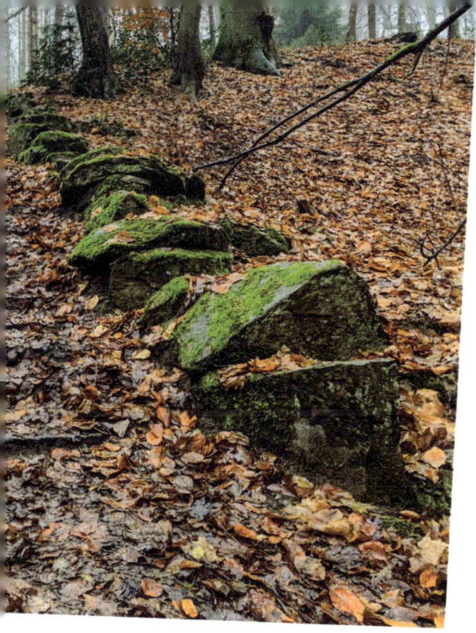

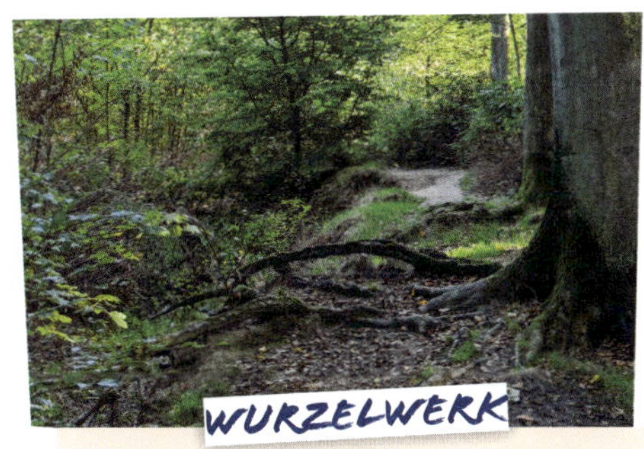

WURZELWERK

» Einfach mal vom Hauptweg abbiegen und schon fühlt man sich neben dem Bachlauf wie auf einem kleinen, wurzeligen Abenteuerpfad. Tour 3, kurz hinter Haus Seeblick an der 6-Seen-Platte, Seite 34

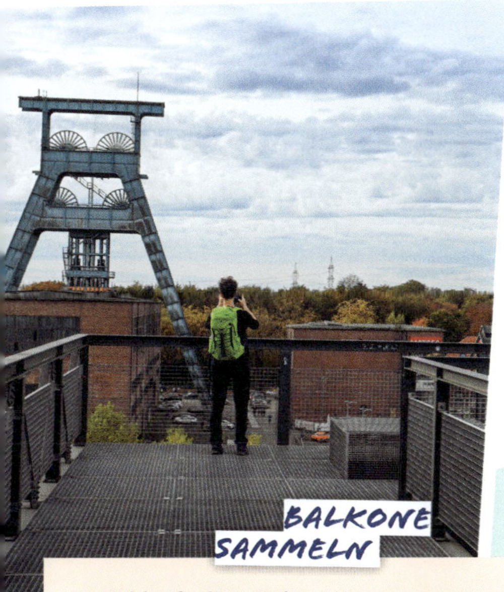

BALKONE SAMMELN

» Haldenfeeling, Ruhrpottpanorama, grünes Ambiente ... und ganz nebenbei von einem Aussichtsbalkon zum nächsten promenieren.
Tour 9, zwischen Drachenbrücke und Zeche Ewald, Seite 94

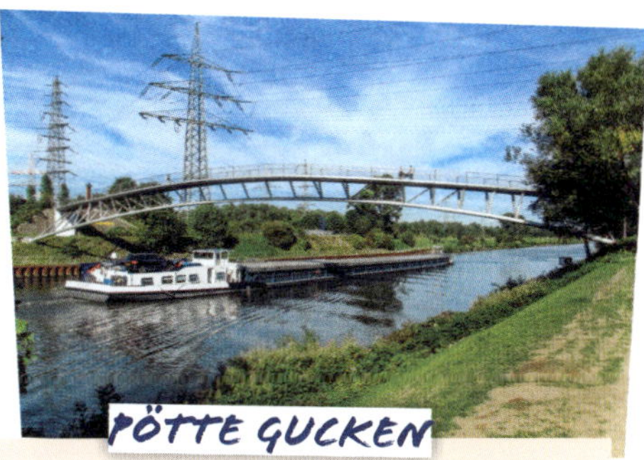

PÖTTE GUCKEN

» Wasserstraßen haben seit jeher eine magische Anziehungskraft. Vielleicht, weil man vorbeiziehende Kähne und allerhand skurrile Kanalromantik beobachten kann. Tour 7, zwischen Ripshorst und Gasometer, Seite 74

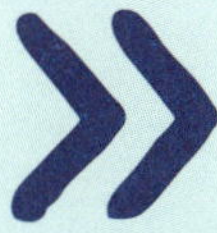

ALLE TOUREN IM ÜBERBLICK

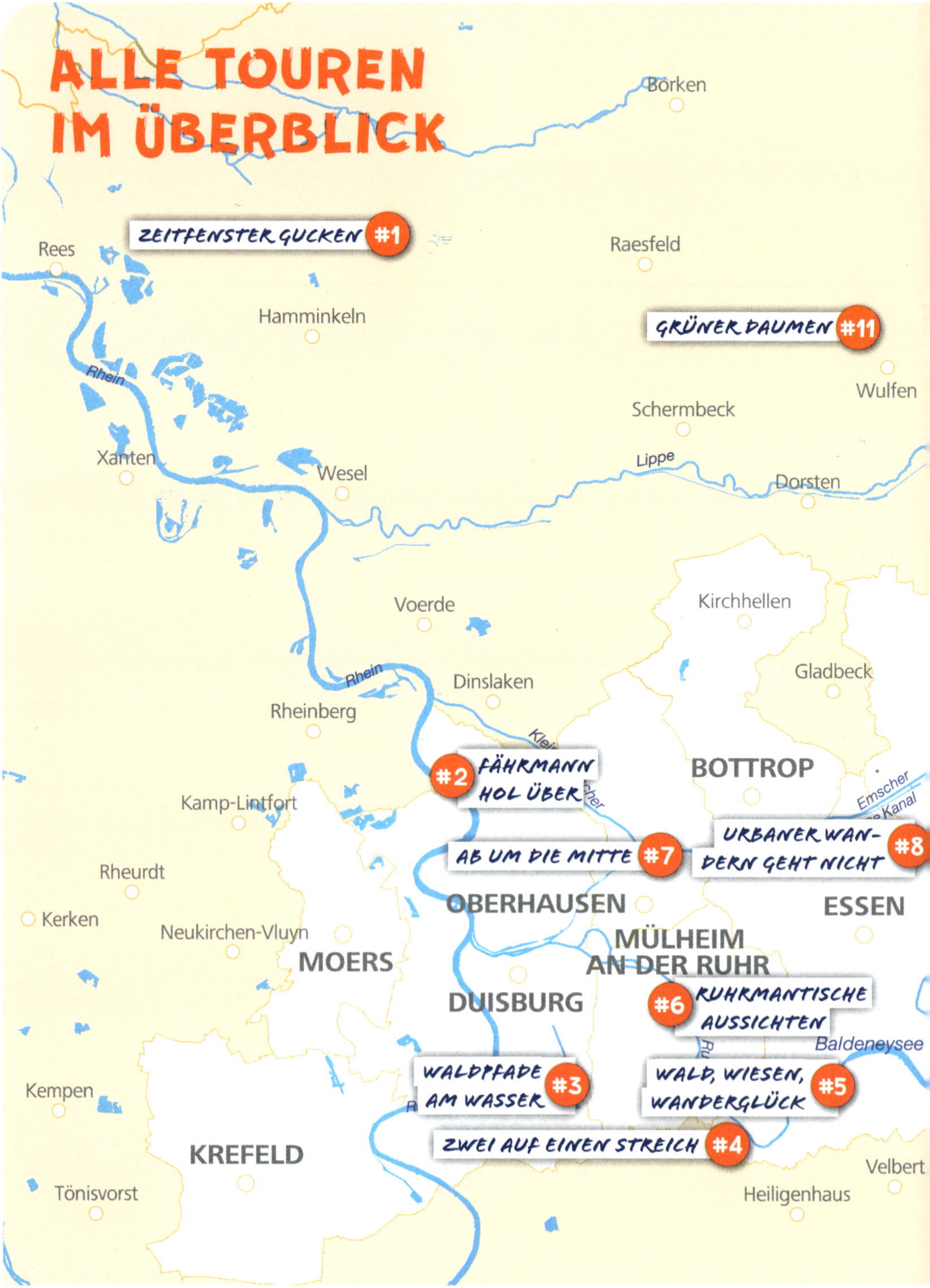

ZEITFENSTER GUCKEN #1

GRÜNER DAUMEN #11

#2 FÄHRMANN HOL ÜBER

AB UM DIE MITTE #7

URBANER WANDERN GEHT NICHT #8

#6 RUHRMANTISCHE AUSSICHTEN

WALDPFADE AM WASSER #3

WALD, WIESEN, WANDERGLÜCK #5

ZWEI AUF EINEN STREICH #4

Borken
Rees
Raesfeld
Hamminkeln
Wulfen
Rhein
Schermbeck
Xanten
Wesel
Lippe
Dorsten
Voerde
Kirchhellen
Gladbeck
Dinslaken
Rheinberg
BOTTROP
Emscher
Kanal
Kamp-Lintfort
Rheurdt
OBERHAUSEN
ESSEN
Kerken
Neukirchen-Vluyn
MÜLHEIM AN DER RUHR
MOERS
DUISBURG
Baldeneysee
Kempen
KREFELD
Velbert
Tönisvorst
Heiligenhaus

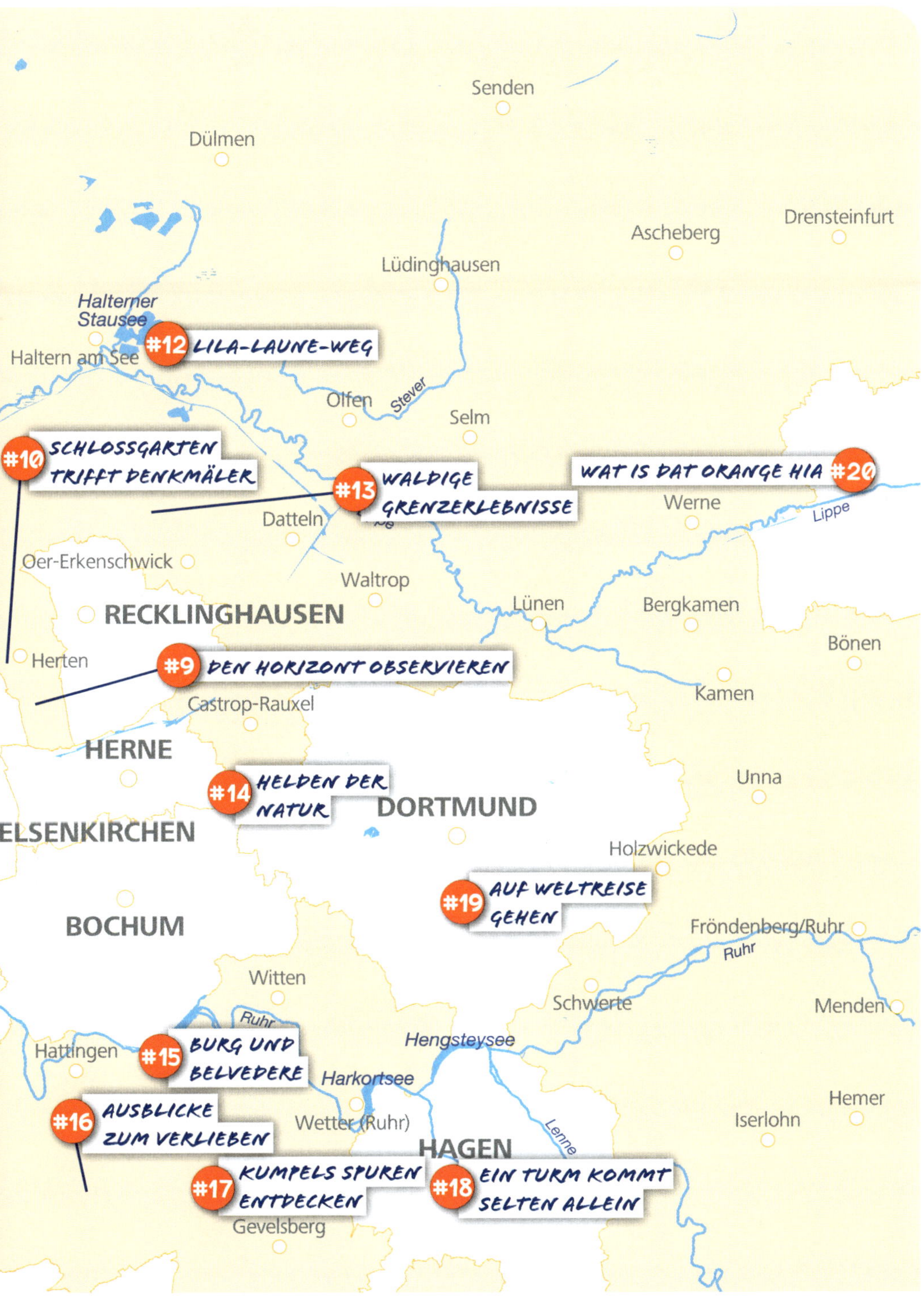
Senden
Dülmen
Drensteinfurt
Ascheberg
Lüdinghausen
Halterner Stausee
Haltern am See
#12 LILA-LAUNE-WEG
Olfen
Stever
Selm
#10 SCHLOSSGARTEN TRIFFT DENKMÄLER
#13 WALDIGE GRENZERLEBNISSE
WAT IS DAT ORANGE HIA #20
Werne
Lippe
Datteln
Oer-Erkenschwick
Waltrop
RECKLINGHAUSEN
Lünen
Bergkamen
Bönen
Herten
#9 DEN HORIZONT OBSERVIEREN
Kamen
Castrop-Rauxel
HERNE
#14 HELDEN DER NATUR
DORTMUND
Unna
GELSENKIRCHEN
Holzwickede
#19 AUF WELTREISE GEHEN
BOCHUM
Fröndenberg/Ruhr
Ruhr
Witten
Schwerte
Menden
Ruhr
Hengsteysee
Hattingen
#15 BURG UND BELVEDERE
Harkortsee
Hemer
#16 AUSBLICKE ZUM VERLIEBEN
Wetter (Ruhr)
Lenne
Iserlohn
HAGEN
#17 KUMPELS SPUREN ENTDECKEN
#18 EIN TURM KOMMT SELTEN ALLEIN
Gevelsberg

... UND AUCH PAUSE MACHEN NICHT VERGESSEN

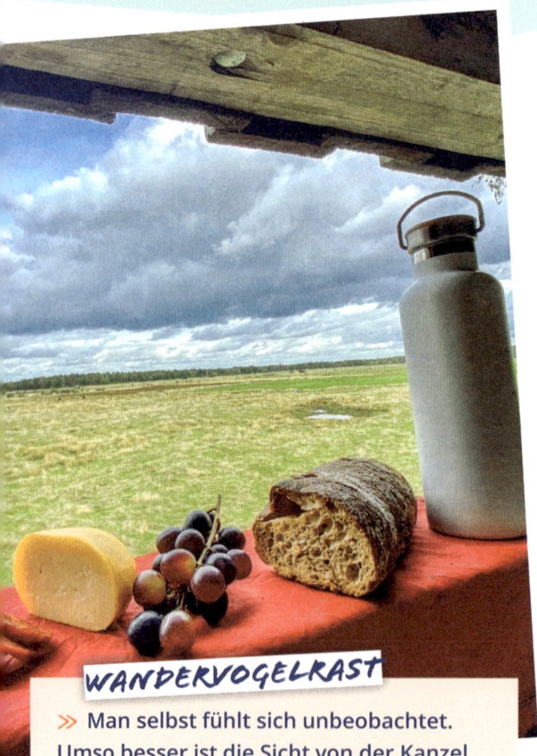

WANDERVOGELRAST

» Man selbst fühlt sich unbeobachtet. Umso besser ist die Sicht von der Kanzel auf Vögel, Bisams und Wasserbüffel. Ein perfekter Picknickort. Tour 1, Stopp 4, Aussichtskanzel zum Venn, Seite 20

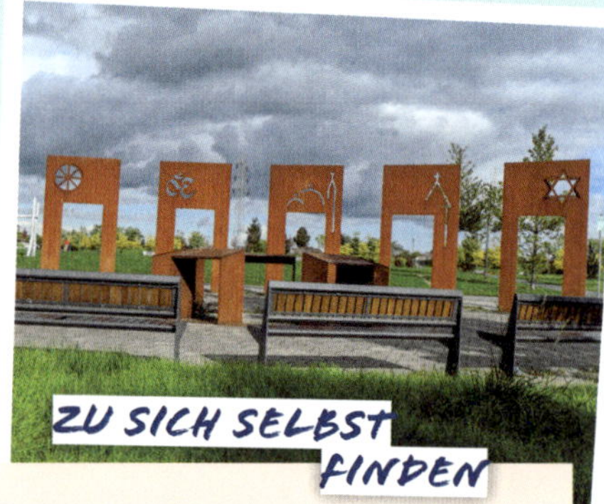

ZU SICH SELBST FINDEN

» Singen, tanzen, reden oder einfach nur still dasitzen. An diesem Rückzugsort im Lippepark ist alles erlaubt, auch die Beine ausstrecken und Kraft tanken. Tour 20, Stopp 5, Ort der interreligiösen Begegnung, Seite 210

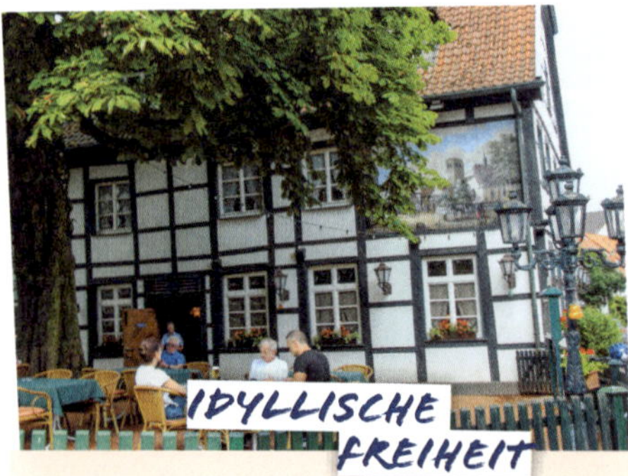

IDYLLISCHE FREIHEIT

» Beim Schlendern zwischen den liebevoll restaurierten Fachwerkhäusern wird es einem warm ums Herz. Ein Dorfjuwel mit mittelalterlichem Charme – und das mitten im Pott. Tour 10, Stopp 6, Altes Dorf Westerholt, Seite 111

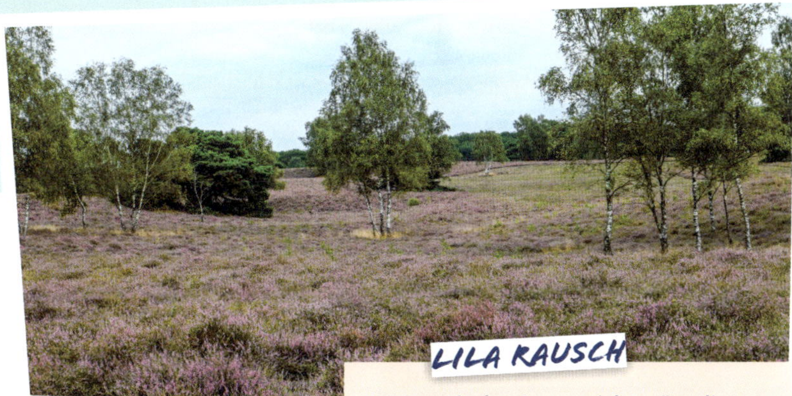

LILA RAUSCH

» Soweit das Auge reicht trägt die Landschaft in der Westruper Heide im Spätsommer ihr violettes Gewand. Ein beeindruckendes Farbspektakel, passend für eine kurze Pause. Tour 12, Stopp 1, Heidschnucken, Seite 128

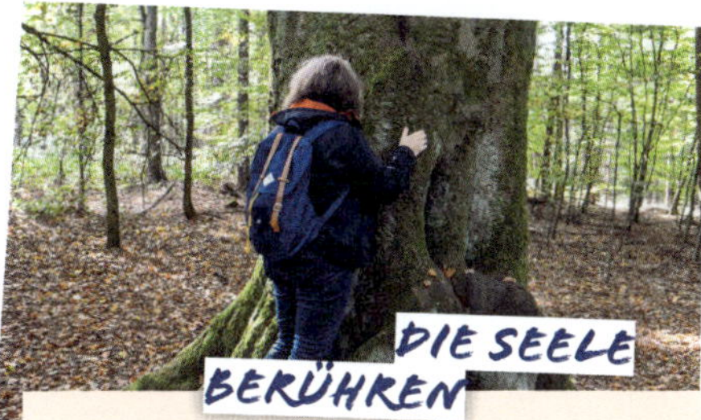

DIE SEELE BERÜHREN

» Man muss gar nicht einen ganzen Baum umarmen. Sich einfach mal auf den Energiefluss einlassen. Anlehnen, spüren, riechen und tief Luft holen. Tour 13, Stopp 1, Ehrwürdige Rotbuche, Seite 137

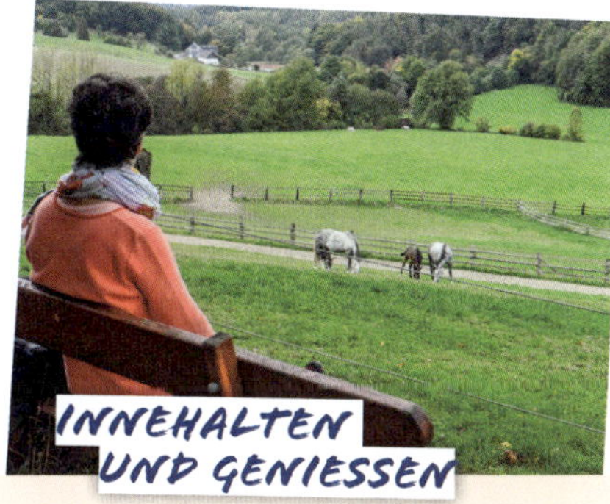

INNEHALTEN UND GENIESSEN

» Weit geschwungene Wiesenflächen und anheimelnde kleine Häuser: Auf der Bank oberhalb vom Waldhof mit Blick in die Weite spürt ein jeder uneingeschränkte Harmonie. Tour 16, Stopp 3, Rote Bank, Seite 169

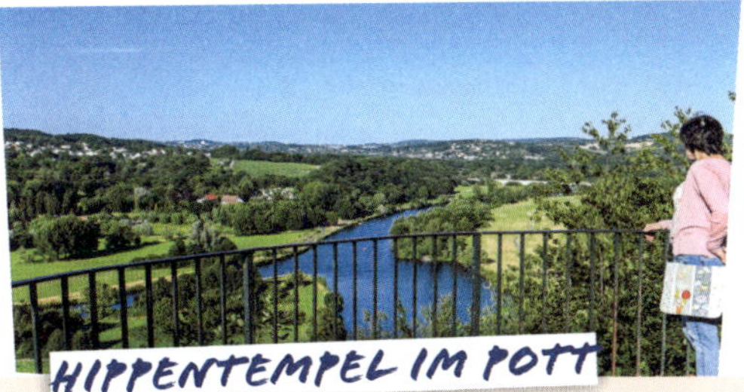

HIPPENTEMPEL IM POTT

» Nicht ganz leicht zu finden, aber fast noch originalgetreu erhalten thront das Belvedere über den Ruhrauen. Hier hat man eine Mega-Aussicht. Tour 15, Stopp 4, Gethmannscher Garten, Seite 160

EINFACH LOSWANDERN

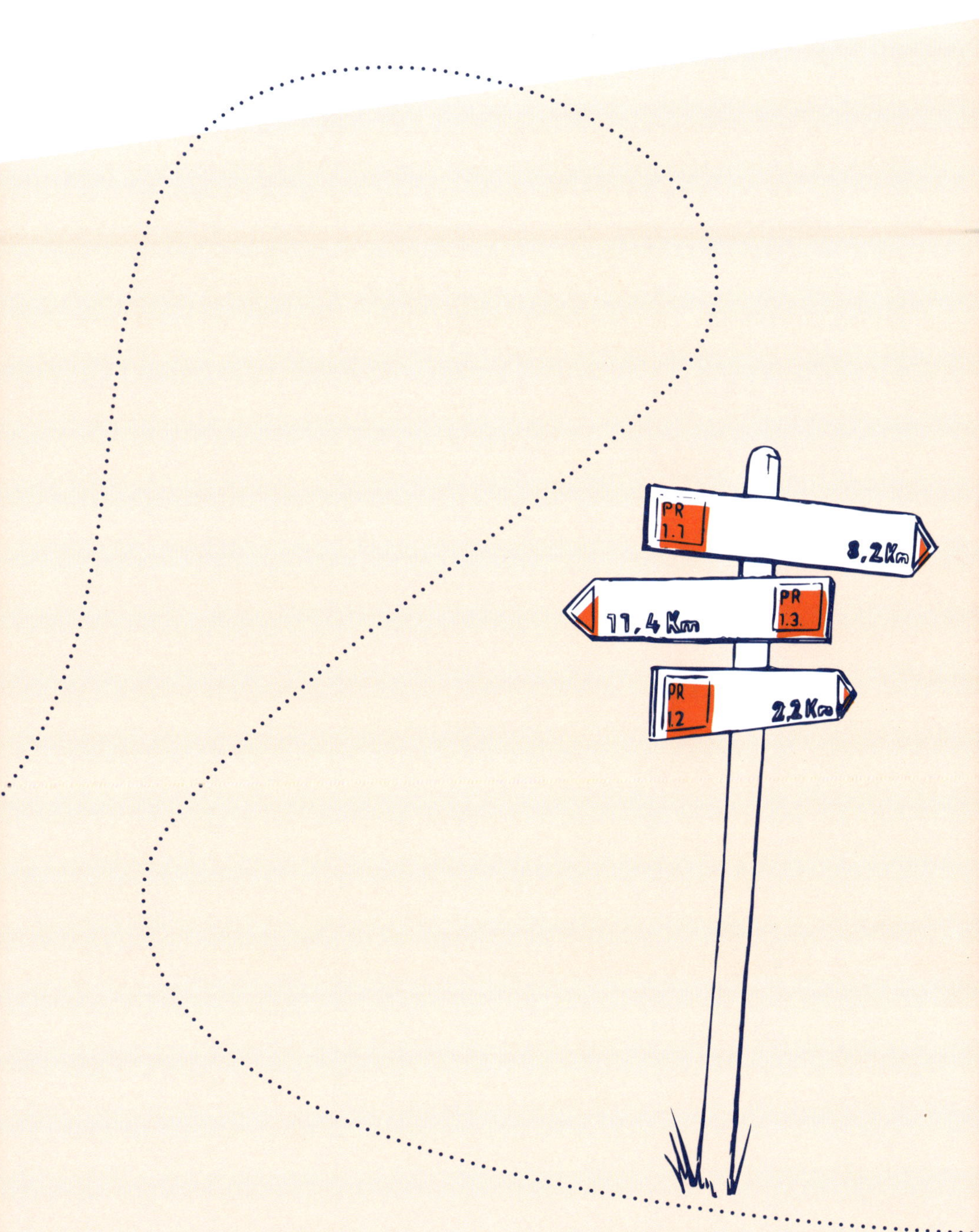
PR
1.1
8,2Km
11,4 Km
PR
1.3.
PR
1.2
2,2Km

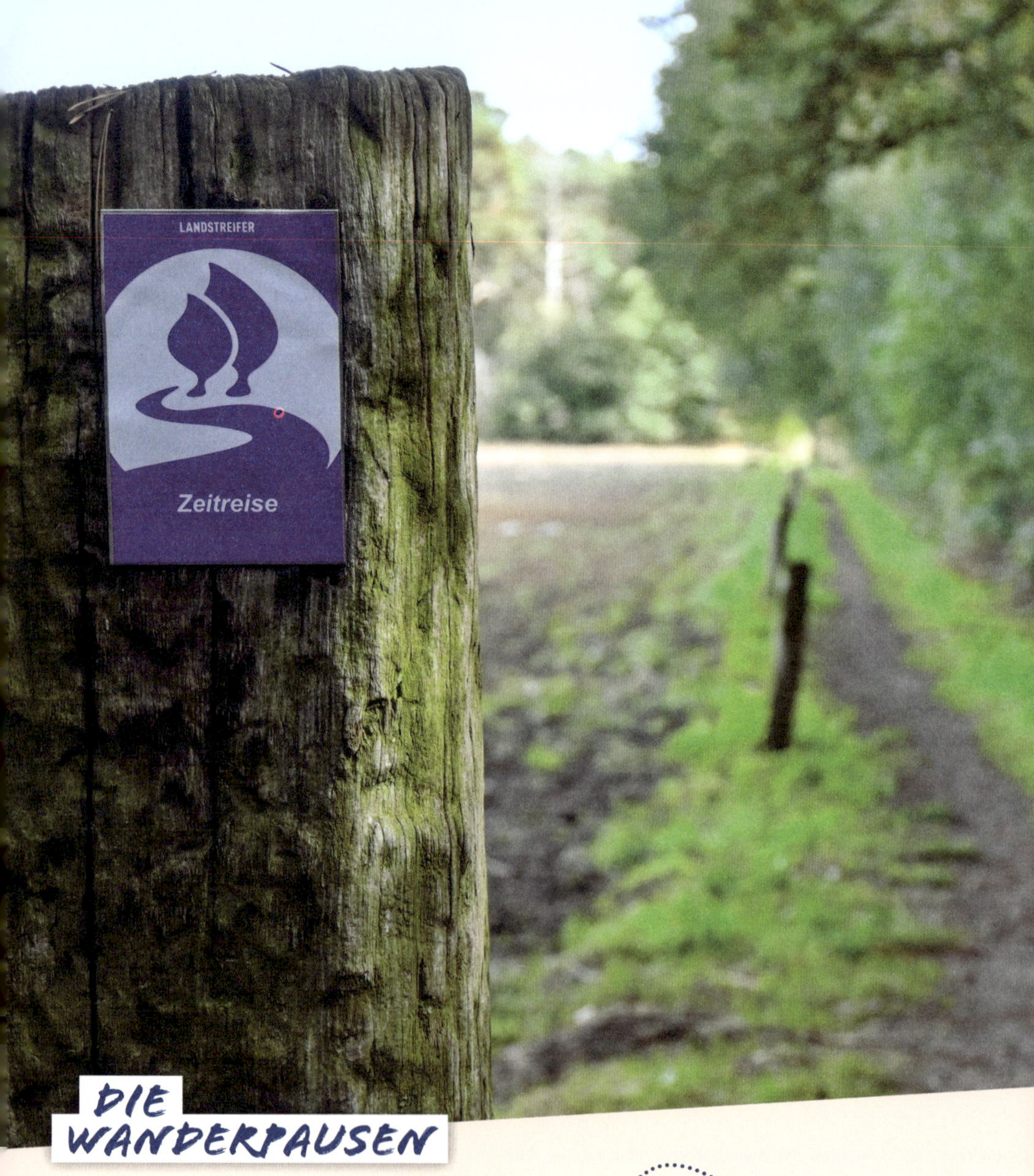

DIE WANDERPAUSEN

» START

Wanderparkplatz Krechtinger Straße, Dingden

KM 0,7

1 Lost Place Märchenwald

Weckt fantastische Kindheitserinnerungen

KM 2,5

2 Parkplatz Alte Schäferei

Jagt ein Wolf in der Dingdener Heide?

KM 3,8

3 Historische Ziehbrunnen

Als sichtbare Erinnerung an früher

1 ZEIT-FENSTER GUCKEN

In der Dingdener Heide bei Bocholt

Man könnte meinen, die Zeit wäre vor mehr als 250 Jahren stehengeblieben. Zwischen Feuchtwiesen, Äckern, Heideflächen und Mischwald gibt es hier Landschaftsgeschichte hautnah zu erleben. Tierische Begegnungen inklusive.

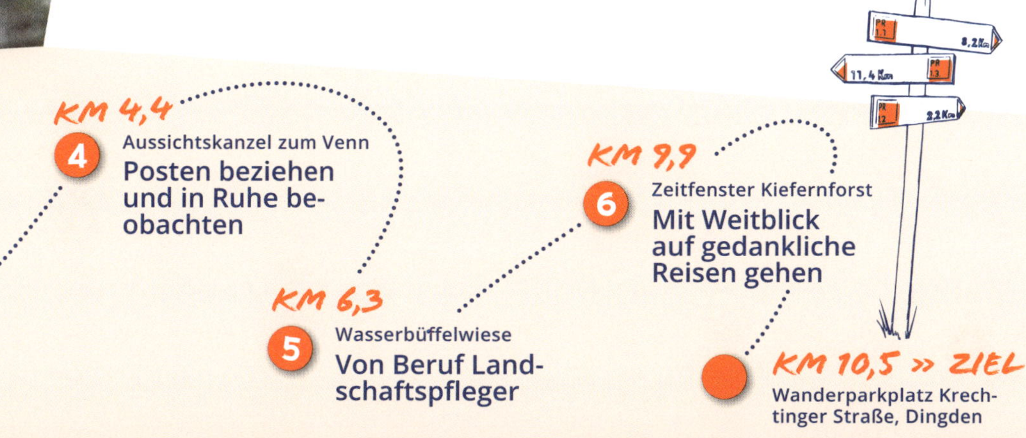

ALLES, WAS WÄCHST, HAT SEINEN SINN

Durch Zeitfenster gucken, wie es früher war? In der Dingdener Heide ist das möglich. Was auf den ersten Blick wie eine ganz normale Wald- und Wiesenlandschaft aussieht, steht seit 1987 unter Naturschutz. Wer sich nicht so gut auskennt, begibt sich mit Hilfe verschiedener Infotafeln am Wegesrand auf Zeitreise und die beginnt um 1320. Superspannend, wie früher das Wasser per **Ziehbrunnen** gefördert wurde oder die Hudewälder genutzt wurden und wie hart die Arbeit des Plaggens gewesen sein muss. Auch in eine andere, aber märchenhafte Zeit versetzt fühlt man sich gleich zu Beginn der Wanderung: Ein Schlenker entführt in die vergessene Welt eines **Lost Place Märchenwaldes.** Und wo ein Märchen ist, da ist der Wolf nicht weit. Keine Angst, der Wolf-Info-Pfad am **Parkplatz Alte Schäferei** beantwortet mit einem Wolf-Knigge so manche brennende Frage.

HERRLICH: WENN MAN STÖRCHE FAST ZUM ANFASSEN NAHE AUF EINER WIESE BEOBACHTEN KANN

In der **Aussichtskanzel zum Venn** heißt es dann, Augen auf! Je nach Jahreszeit entdeckt man durch den Beobachtungsschlitz Zugvögel, seltene Vögel wie Kiebitz oder Großer Brachvogel, Biber im Unterholz oder ganze Storchenfamilien. Im Vorbeigehen erkennen Botaniker übermannshohen Hanf, während leuchtend gelbe Sonnenblumenfelder auch ohne Fachwissen durch bloßes Anschauen Freude bereiten. Schafe und **Wasserbüffel** beziehen auf Weiden ihre Streckenposten.

Das Besondere in der Dingdener Heide sind die abwechslungsreichen Landschaftserlebnisse: nasse Grünlandflächen, Heckenstrukturen, Feldgehölze, schmale Waldwege, Ackerflächen, Kopfweiden, blühende Heide, Wirtschaftswege durch Kiefernforst. Die Geräuschkulisse entspringt ausschließlich der Natur und ihren Bewohnern. Fast störend kann man das Knistern vom eigenen Butterbrotpapier während der Rast empfinden. Wer sich nicht selbst verpflegt, lässt sich in der Waldschänke verwöhnen, sie liegt etwas abseits des Rundweges direkt am Campingplatz.

Einige Abschnitte der Tour gehören zum Landstreifer »Zeitreise« des Hohe Mark Steigs. (www.hohe-mark-steig.de/Landstreifer).

«

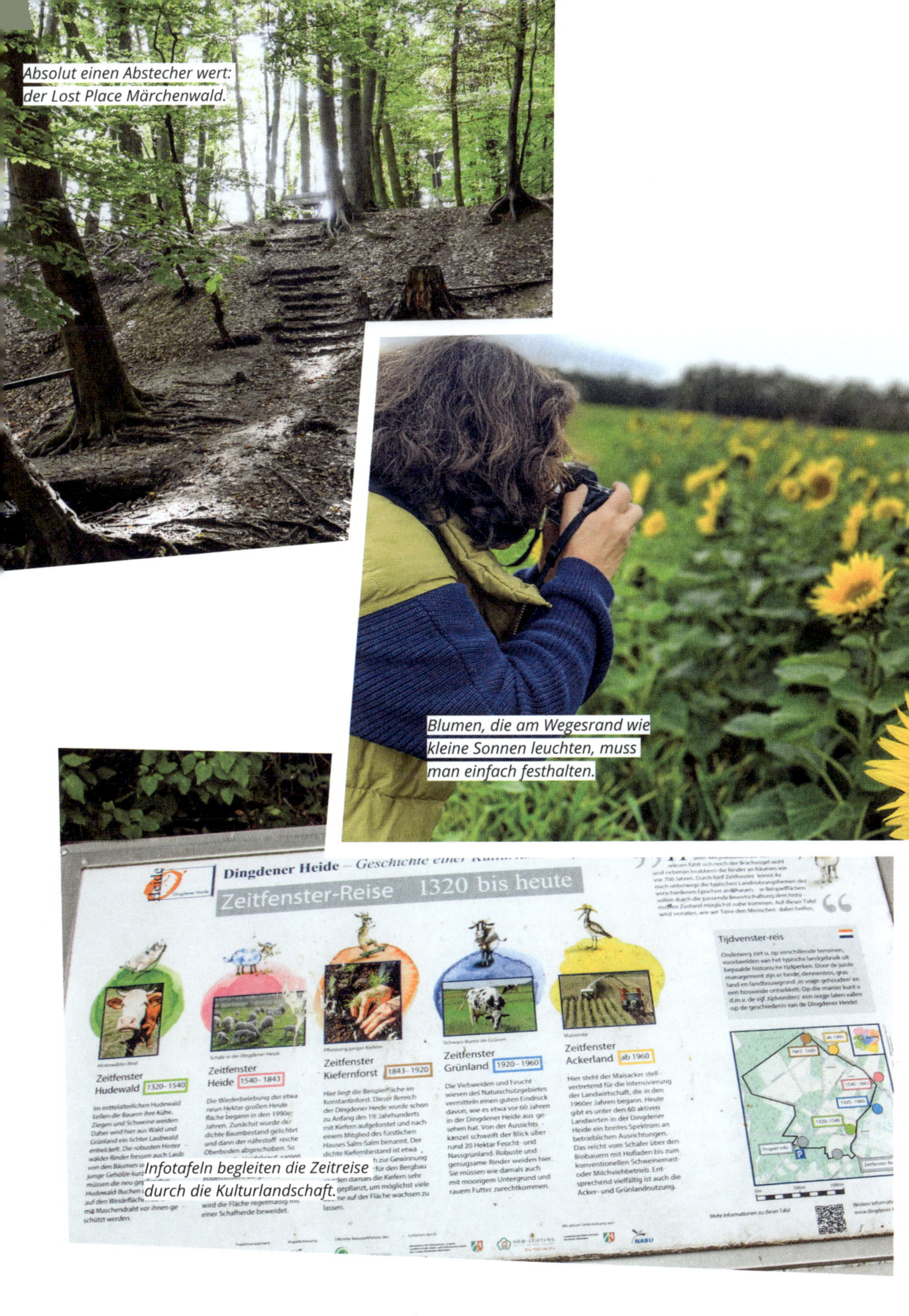

Absolut einen Abstecher wert: der Lost Place Märchenwald.

Blumen, die am Wegesrand wie kleine Sonnen leuchten, muss man einfach festhalten.

Infotafeln begleiten die Zeitreise durch die Kulturlandschaft.

WANDERN & GENIESSEN

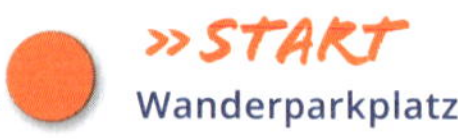

»START

Wanderparkplatz

Den Parkplatz Krechtinger Straße (Dingden) Richtung Wald bis zum Mumbecker Bach verlassen und diesem nach rechts folgen.

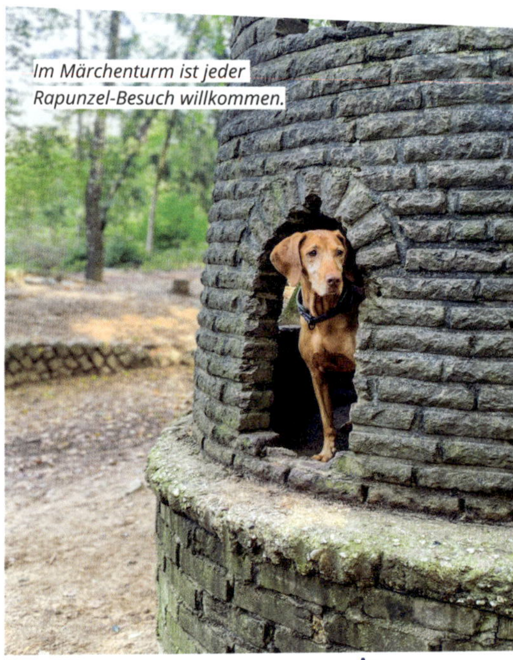

Im Märchenturm ist jeder Rapunzel-Besuch willkommen.

KM 0,7

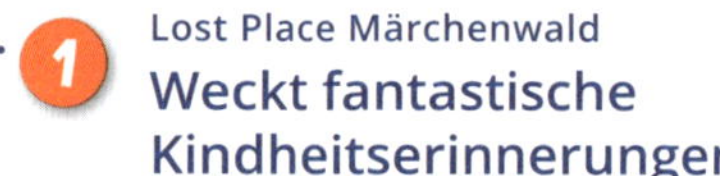

1

Lost Place Märchenwald

Weckt fantastische Kindheitserinnerungen

Mini-Burgruinen, Mauerreste, Brückenfragmente, marode Stege ... all das verstreut auf blankem Waldboden unter großen Laubbäumen, mittendrin der Mumbecker Bach. In den 1960er-Jahren baute August Driessen für seine Kinder diesen Märchenwald. Später konnten sich auch andere Familien von der Fantasiewelt verzaubern lassen – gegen Eintritt. Seit den letzten 25 Jahren dümpelt der Wald nun vor sich hin. Man läuft über Trampelpfade den Bach entlang und kann sich als großes Kind kaum dem Charme dieses Lost Place entziehen. Einfach mal hinsetzen und den Erinnerungen freien Lauf lassen.

Auf der anderen Bachseite zurück, auf einem schmalen, verwunschenen, von Farn bedrängten Pfad rechts halten bis zum Parkplatz Alte Schäferei.

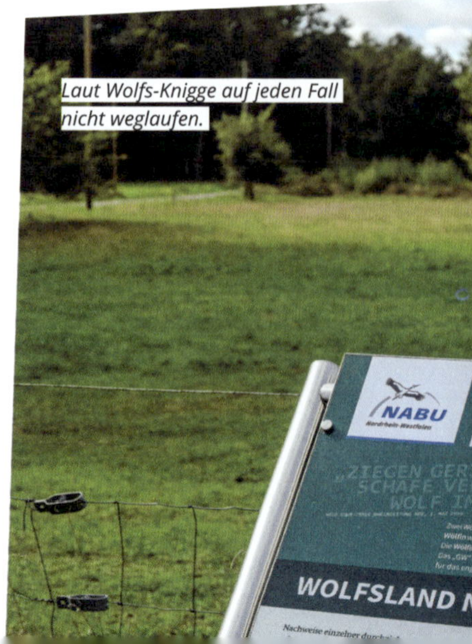

Laut Wolfs-Knigge auf jeden Fall nicht weglaufen.

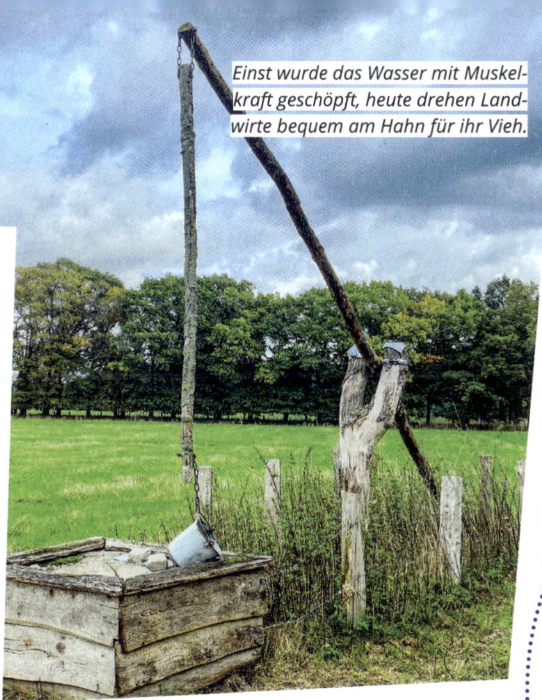

Einst wurde das Wasser mit Muskelkraft geschöpft, heute drehen Landwirte bequem am Hahn für ihr Vieh.

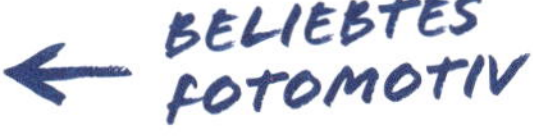

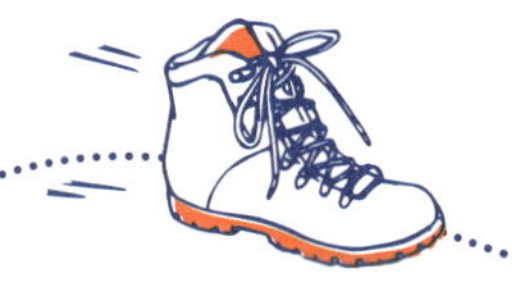

KM 3,8

Historischer Ziehbrunnen

Sichtbare Erinnerung an früher

Kleiner Stopp am kulturhistorischen Open-Air-Exponat: Ziehbrunnen waren in früheren Jahrzehnten weit verbreitet in der Dingdener Heide. Nur so konnte in den Sommermonaten das Vieh getränkt werden. Der Brunnen an der Straße Zum Venn wurde 2001 vom Heimatverein Dingden nach historischem Vorbild errichtet und steht als sichtbare Erinnerung an frühere Zeiten frei zugänglich auf einer Weide. Der Zahn der Zeit nagt aber auch fleißig am Nachbau: Schon zweimal musste die hölzerne Brunnenkonstruktion seit ihrer Errichtung erneuert bzw. repariert werden. Als Fotomotiv immer wieder gerne genommen.

Nur ein Stück weiter über die Wegkreuzung führt links ein kleiner Pfad zur Treppe der Aussichtskanzel.

KM 2,5

Parkplatz Alte Schäferei

Jagt ein Wolf in der Dingdener Heide?

Wölfe nutzen schnell zu erreichende und häufig vorhandene Nahrung. Schafe sind dagegen relativ wehrlos und lassen sich nur mit arbeitsaufwendigen Herdenschutzmaßnahmen wie Elektrozäunen schützen. Am Parkplatz Alte Schäferei kann man auf Schautafeln einiges über die Wildtiere lernen und wie man sich laut Wolfs-Knigge bei einer Wolfsbegegnung verhalten sollte. Ein Musterzaun zeigt, wie Herden geschützt werden können. Der Parkplatz ist auch Ausgangspunkt für den Landstreifer-Rundweg »Zeitreise«.

Vom Parkplatz links, dann rechts auf die Gerade bis zum Historischen Ziehbrunnen.

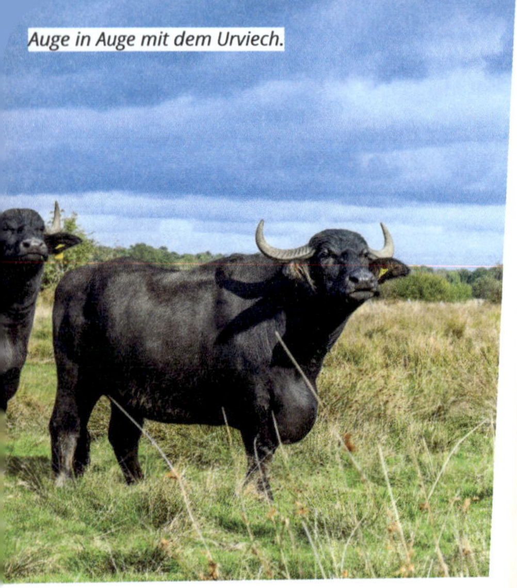
Auge in Auge mit dem Urviech.

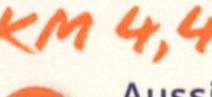

4 Aussichtskanzel zum Venn

Posten beziehen und in Ruhe beobachten

Etwas versteckt an der Wegkreuzung findet man den Zugang zur Aussichtskanzel. Vor dem schmalen Beobachtungsfenster macht man es sich auf einer Bank bequem und packt schon mal den Rucksack aus. Je nach Jahreszeit suchen Enten, Gänse, Kiebitze, der Große Brachvogel, Wiesenpieper oder Grau- und Silberreiher in den Feuchtwiesen und Tümpeln nach Nahrung. Und das kann dauern. Wohl dem, der sein Fernglas dabei hat und seine Beobachtung per Ornitho-App international teilt. Die Wasserbüffel sind zwar mit bloßem Auge erkennbar, ihre imposante Statur ist aber besser mit Teleobjektiv festzuhalten. Und wenn mal nicht so viel los ist da draußen, dann lässt die Weite der Landschaft jegliche Last leichter werden.

Zurück zu Kreuzung, hier rechts. Die Fääne links rein, rechts, wieder links ins Raßingvenn, dann kann man die Bank mit Blick auf die Wasserbüffel nicht verfehlen.

KM 6,3

5 Wasserbüffelwiese

Von Beruf Landschaftspfleger

Wasserbüffel lieben nasse Standorte und suhlen sich gerne im Schlamm. Mit ihren breiten Hufen sinken die fast eine Tonne schweren, imposanten Urviecher nicht tief ein und verhindern das Zuwachsen der Tümpel. Sogar Binsen verschmähen sie mit ihrem mächtigen Appetit nicht und kein Strauch hat die Chance, in ihrer Nähe groß zu werden. Perfekte Landschaftspfleger in Sachen Feuchtwiesenschutz also. Vor acht Jahren hat Biobauer Groß-Weege vier Büffel angeschafft und mittlerweile erfolgreich Nachwuchs gezüchtet. Die gehörnten Tiere, die friedfertiger sind als sie aussehen, werden im Laufe des Jahres immer wieder umgeweidet. Wenn man Glück hat, kann man auf der Bank Posten beziehen und in Ruhe Anatomie und Verhalten der Wasserbüffel beobachten.

An der Wiese entlang geht's links ab auf den Leopoldskamp. Feldstecher raus, und vielleicht entdeckt man Meister Adebar mit Gefolge. Etwas links zurück, dann auf dem Hauptweg links konsequent der lila Landstreifer-Markierung folgen.

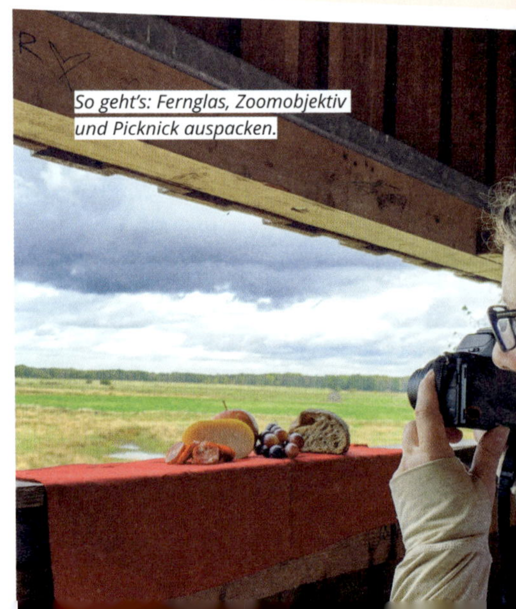
So geht's: Fernglas, Zoomobjektiv und Picknick auspacken.

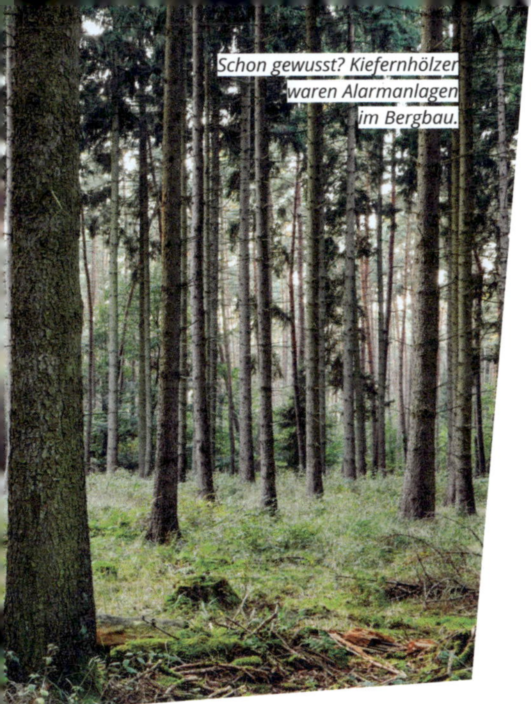
Schon gewusst? Kiefernhölzer waren Alarmanlagen im Bergbau.

EXTRA INFOS:

Wer eine längere Zeitreise unternehmen möchte, macht es sich in einem der ● **Hobbithäuser für Übernachtung** gemütlich. Die urigen, mit Fichtenschindeln bedeckten Urlaubshöhlen und -nester kann man auf dem Campingplatz Dingdener Heide beziehen. Im Heidelädchen gibt's Brötchen, gleich ums Eck bewährte Hausmannskost in der Waldschänke

Im ● **Namaste** wird man von Familie Puri mit nepalesischen Köstlichkeiten verwöhnt: authentische, einfache, aber schmackhafte Gerichte. Auch als Veganer ist man hier im alten Bahnwärterhäuschen Dingden mitsamt Garten super aufgehoben (www.namaste-dingden.de).

KM 9,9

6 Zeitfenster Kiefernforst

Mit Weitblick auf gedankliche Reisen gehen

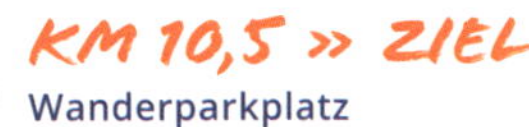
KM 10,5 » ZIEL
Wanderparkplatz

Vorbei an den Zeitfenstern Heide und Ackerland hat man der Wegmarkierung folgend bald sein ganz persönliches Zeitfenster am Kiefernforst erreicht. Mit freiem Blick in die Landschaft kann man sich auf der Bank gemütlich zurücklehnen und seine gedankliche Zeitreise unternehmen. Im Rücken steht und duftet das Stangenholz. Die schnellwüchsige Kiefer wurde früher gern als Grubenholz für den Ruhrbergbau genutzt. Denn Kiefernholz knackt warnend, bevor der Stollen zusammenbricht. Im Spätsommer trifft man ein Stückchen weiter auf ein Sonnenblumenmeer.

Die lila Abbiegung in einen schmalen Waldweg nicht verpassen, über die Straße durch die Feuchtheide mit Infos, links, dann rechts auf der Krechtinger Straße zum Parkplatz.

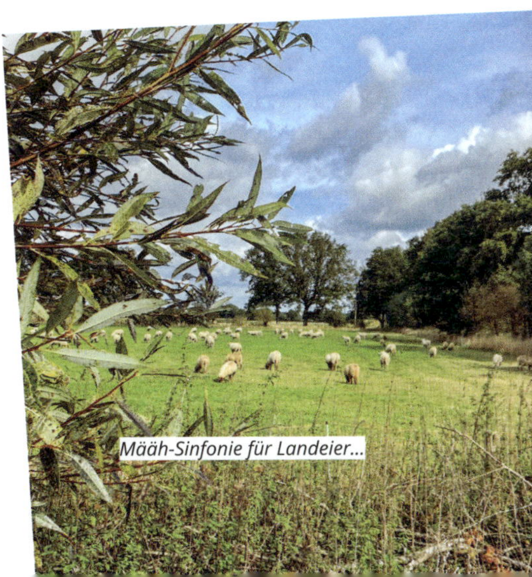
Määh-Sinfonie für Landeier...

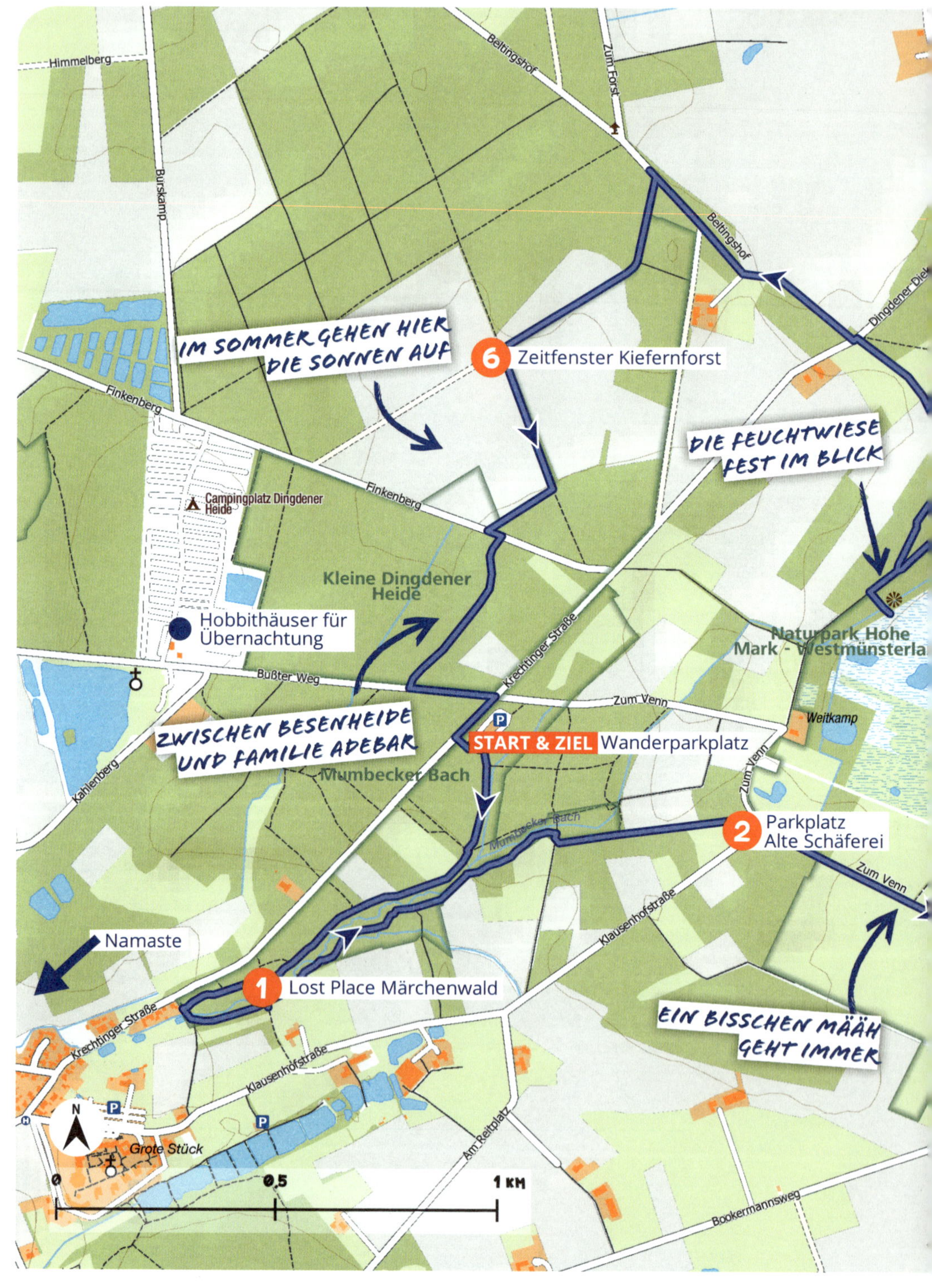
Himmelberg
Beltingshof
Zum Forst
Burskamp
Beltingshof
Dingdener Diek
IM SOMMER GEHEN HIER DIE SONNEN AUF
6 Zeitfenster Kiefernforst
Finkenberg
DIE FEUCHTWIESE FEST IM BLICK
Campingplatz Dingdener Heide
Finkenberg
Kleine Dingdener Heide
Hobbithäuser für Übernachtung
Naturpark Hohe Mark - Westmünsterla
Bußter Weg
Krechtinger Straße
Zum Venn
Weitkamp
ZWISCHEN BESENHEIDE UND FAMILIE ADEBAR
START & ZIEL Wanderparkplatz
Kahlenberg
Mumbecker Bach
Zum Venn
2 Parkplatz Alte Schäferei
Zum Venn
Klausenhofstraße
Namaste
1 Lost Place Märchenwald
EIN BISSCHEN MÄÄH GEHT IMMER
Krechtinger Straße
Klausenhofstraße
Grote Stück
Am Reitplatz
0
0,5
1 KM
Bookermannsweg

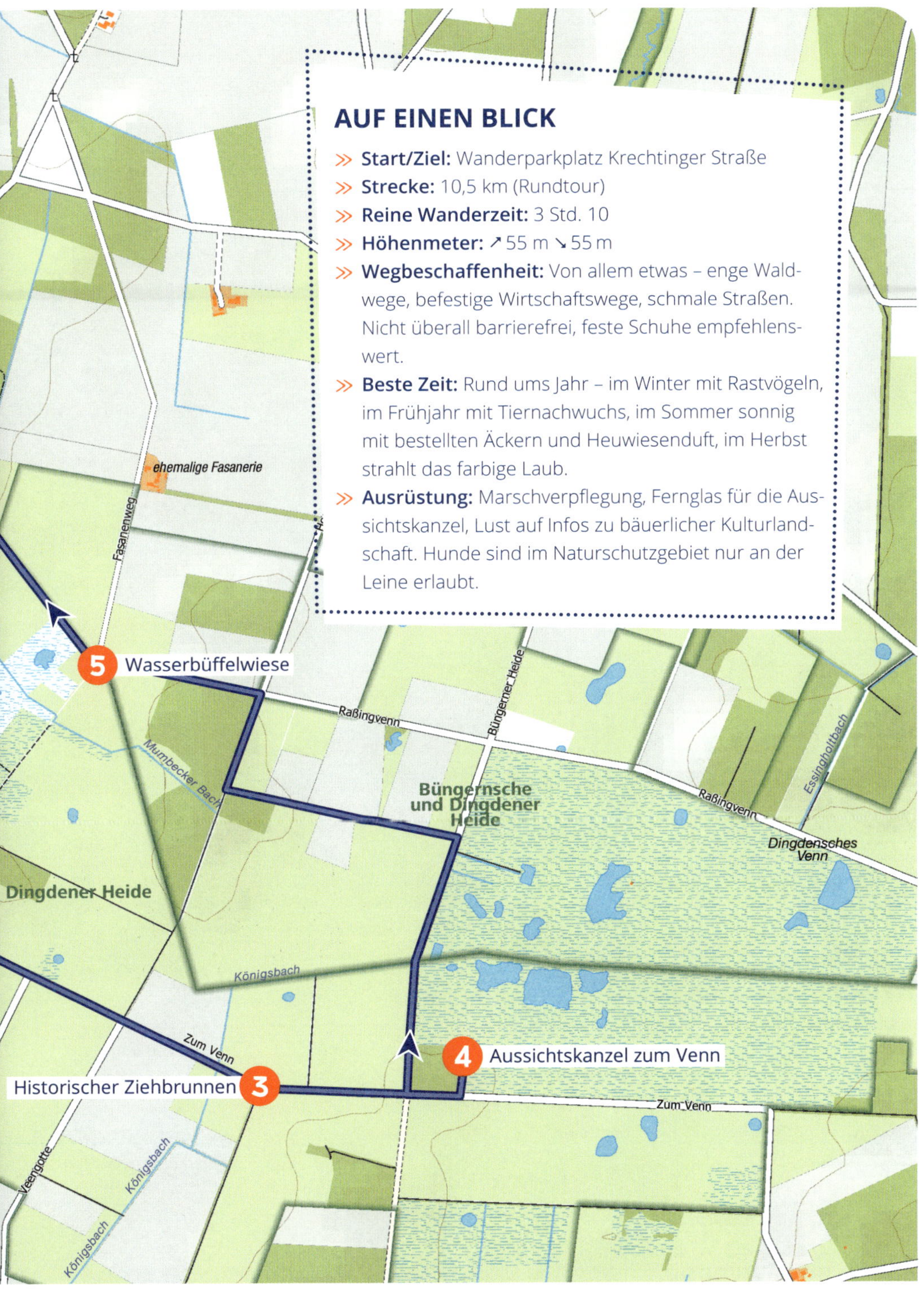

AUF EINEN BLICK

- » **Start/Ziel:** Wanderparkplatz Krechtinger Straße
- » **Strecke:** 10,5 km (Rundtour)
- » **Reine Wanderzeit:** 3 Std. 10
- » **Höhenmeter:** ↗ 55 m ↘ 55 m
- » **Wegbeschaffenheit:** Von allem etwas – enge Waldwege, befestige Wirtschaftswege, schmale Straßen. Nicht überall barrierefrei, feste Schuhe empfehlenswert.
- » **Beste Zeit:** Rund ums Jahr – im Winter mit Rastvögeln, im Frühjahr mit Tiernachwuchs, im Sommer sonnig mit bestellten Äckern und Heuwiesenduft, im Herbst strahlt das farbige Laub.
- » **Ausrüstung:** Marschverpflegung, Fernglas für die Aussichtskanzel, Lust auf Infos zu bäuerlicher Kulturlandschaft. Hunde sind im Naturschutzgebiet nur an der Leine erlaubt.

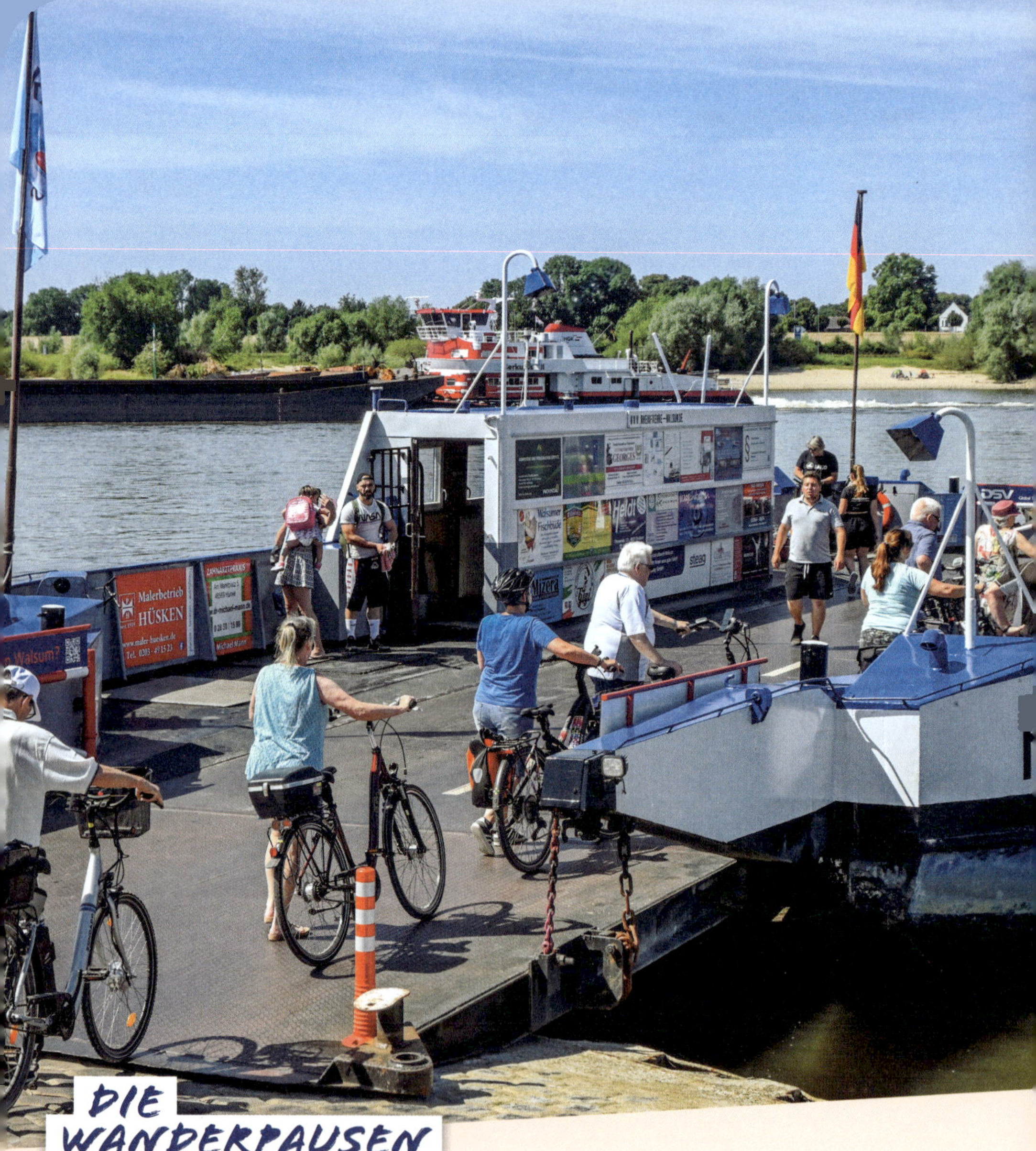

DIE WANDERPAUSEN

» START
Parkplatz Fähranleger

KM 0,5

1 Rheinfähre Walsum–Orsoy
Zwischen Strand und Kühlturm

KM 4,3

2 Auf der Deichkrone
Schiffe beobachten fasziniert immer

KM 6

3 Hasenpfad
Meister Lampe stellt sich vor

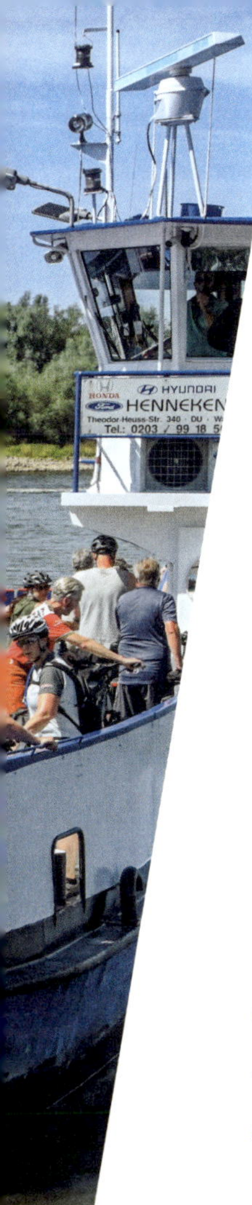

2 FÄHRMANN HOL ÜBER

Zum Rheinblick von der alten Feste Orsoy

Wie in eine andere Welt schippert man über den Rhein dem Kühlturm davon, um gegenüber in mittelalterlichem Flair zu flanieren. Auf dem Rheindeich zum Hasenpfad braucht's ein paar Schritte mehr – Schiffe gucken inklusive.

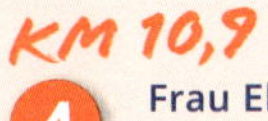

4 Frau Ella

»Tortenschlacht« im Tante-Emma-Café

KM 11,7

5 Wallpromenadenring

Romantisch wandeln auf historischen Spuren

KM 13,2

6 Rheintor

Der Fluss muss draußen bleiben

KM 14,6 » ZIEL

Parkplatz Fähranleger

IN EINE ANDERE WELT GEBEAMT

Wo sich Orsoy im Mittelalter mit einer Festung gegen Eindringlinge abschotten musste, setzen Gäste heute mit friedlichen Absichten über den Rhein. Schon auf der **Fähre Walsum–Orsoy** wechselt der Modus in Urlaubsstimmung, Strandberührung inklusive. Auf der anderen Seite angekommen kann man sein Küstenfeeling noch länger genießen: **Auf der Deichkrone** sind weite Sicht, grasende Schafe und jede Menge Schiffe auf jeden Fall garantiert.

Garantiert ungewöhnlich ist allerdings auch die kombinierte Kulisse mit Kraftwerks-Kühltürmen zu beiden Blickrichtungen. Schiffe beobachten geht aber eigentlich immer. Wo kommen die Frachter her, wo fahren sie hin, was haben sie geladen?

ACH WIE IST ES AM RHEIN SO SCHÖN, DA MAG MAN GAR NICHT NACH HAUSE GEHEN

Wer lieber Vögel beobachten möchte, wird hinter dem Deich den See als Paradies entdecken: Möwen, Kormorane, Störche, Stockenten, Graugänse, Schwäne, Schwalben – je nach Jahreszeit mal mehr mal weniger. Hier zeigt auch die niederrheinische Vegetation, was sie kann. Und ganz nebenbei wird einem das Leben von **Feldhasen** auf einem **Themenrundweg** vertrauter denn je.

Zurück im malerischen Orsoy, nun mit einigen Kilometern mehr auf dem Tracker, ist innerorts Schlenderschritt angesagt. Durch die Straßen mit ihren schmalen Backsteinhäusern weht der Hauch einer fast tausendjährigen Geschichte. Lange nicht so alt, aber nicht weniger charmant ist **Frau Ella,** ein Kaufladen samt Café. Wer vor der Stadtumrundung seinen Akku aufladen muss, ist hier mit hausgemachten Kuchen und Torten gut beraten. Von der früheren Stadtmauer aus dem 15. Jahrhundert sind noch kleine Abschnitte vorhanden. Über den **Wallpromenadenring**, der einmal um den Ortskern führt, können Teile dieser historischen Stadtbefestigung erkundet werden. Durch das **Rheintor** verlässt man schließlich das Festungsörtchen wieder. «

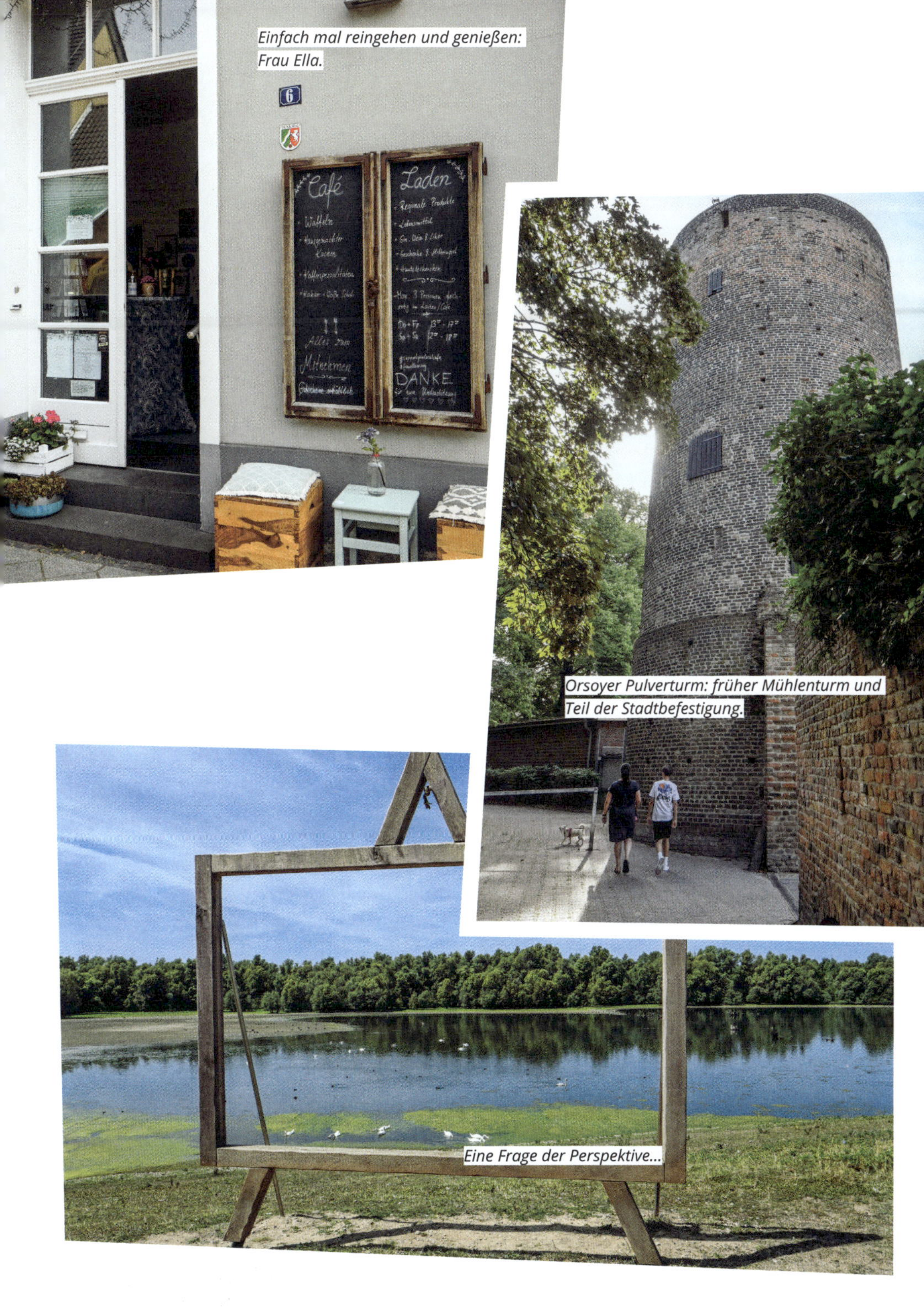

Einfach mal reingehen und genießen: Frau Ella.

Orsoyer Pulverturm: früher Mühlenturm und Teil der Stadtbefestigung.

Eine Frage der Perspektive…

WANDERN & GENIESSEN

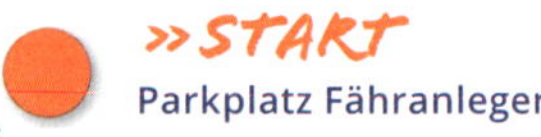

Parkplatz Fähranleger

Vom Parkplatz Fähranleger Duisburg-Walsum oder von der Bushaltestelle Königstraße (15 Min. Fußweg) einfach an Bord der Fähre gehen und für kleines Geld übersetzen.

KM 0,5

1 Rheinfähre Walsum-Orsoy

Zwischen Strand und Kühlturm

Wind um die Nase, mehr als eine Handbreit Wasser unterm Kiel, tuckernder Dieselmotor... Die langen Frachtpötte flussauf- oder abwärts haben Vorfahrt. Auch wenn das Queren des breiten Stroms nur einige Minuten dauert, hat man das Gefühl, auf eine Insel zu schippern. Kleine Strandbuchten an beiden Ufern wollen mit der dominanten Optik des Kühlturms im Rücken allerdings nicht auf Anhieb eine Symbiose eingehen. Denjenigen, die zum ersten Mal übersetzen, erscheinen sie eher fancy. Da mag manch einer schmunzeln, der täglich 30 Kilometer zur Arbeit auf diesem Weg einspart. Fotomotive gibt's an und von Bord satt. Zur Not auch auf der Rückfahrt. Kaum wird die Rampe am anderen Ufer heruntergelassen, setzen sich Fußgänger, Radfahrer und Autos schon in Bewegung.

Gleich rechts gibt's einen Trampelpfad über die Wiese in Richtung Rheintor. Das letzte Stück dann an der Straße. Weiter rheinabwärts über Deichpromenade und Hafendamm auf die Deichkrone.

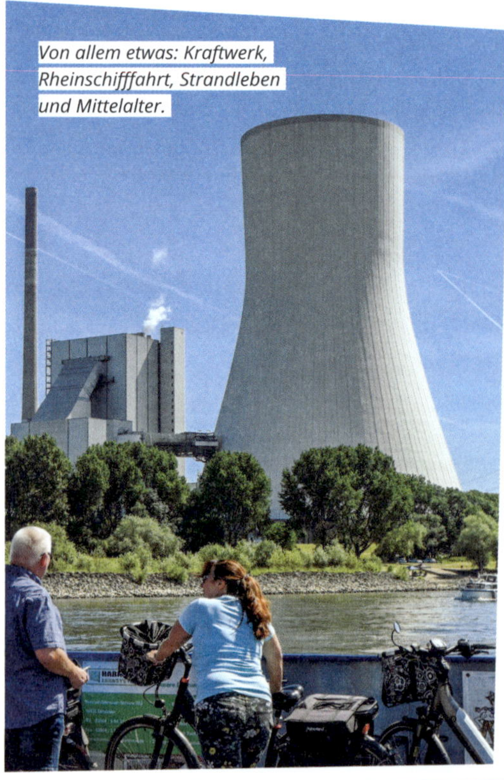

Von allem etwas: Kraftwerk, Rheinschifffahrt, Strandleben und Mittelalter.

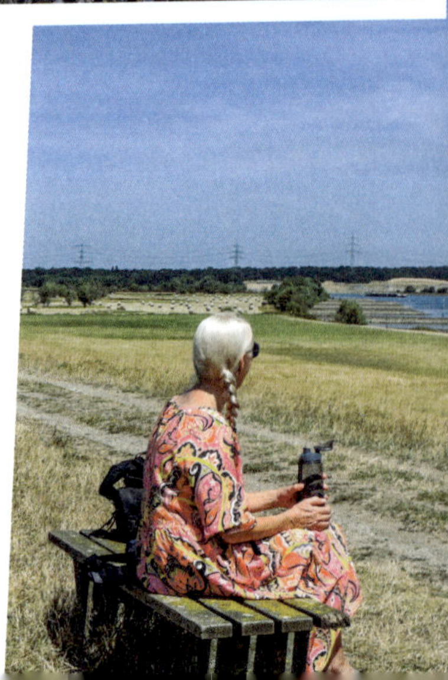

KM 4,3

2 Auf der Deichkrone

Schiffe beobachten fasziniert immer

Je nachdem, auf welchem Abschnitt die Schafe gerade das Gras kurzhalten, ist der Zugang auf die Deichkrone auch schon mal nicht auf dem direkten Weg möglich. Erstmal oben angekommen kann man sich kaum sattsehen an so viel dahinströmendem Rheinfluss. Am besten setzt man sich auf eine Bank, genießt, hält Ausschau, verliert sich in Gedanken oder spielt das Ratespiel um die Flaggen auf den Kähnen. Die Auswahl ist groß, als schippere die ganze Welt vorbei. Oder man versucht herauszufinden, welchen Ursprung die Industriekulisse flussabwärts hat. Bei kaltem Wind, der gerne ungebremst über das Wasser fegt, lieber weiterstapfen bis zum Altarmteich hinter dem Deich. Ein unübersehbares Fenster regt an, Wasservögel zu fokussieren.

Genau hier ist man schon auf dem Hasenpfad.

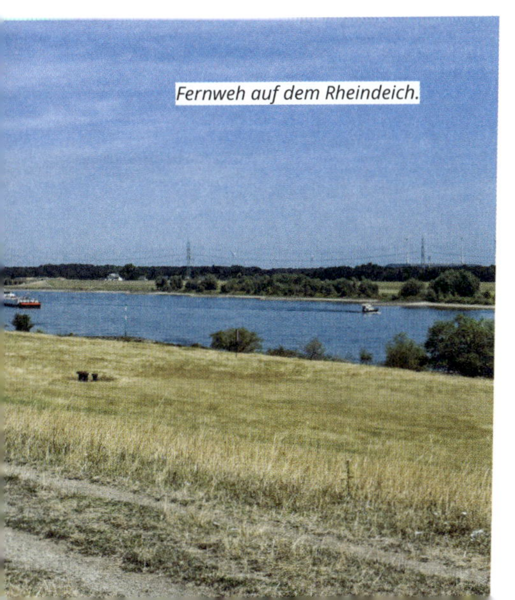

Fernweh auf dem Rheindeich.

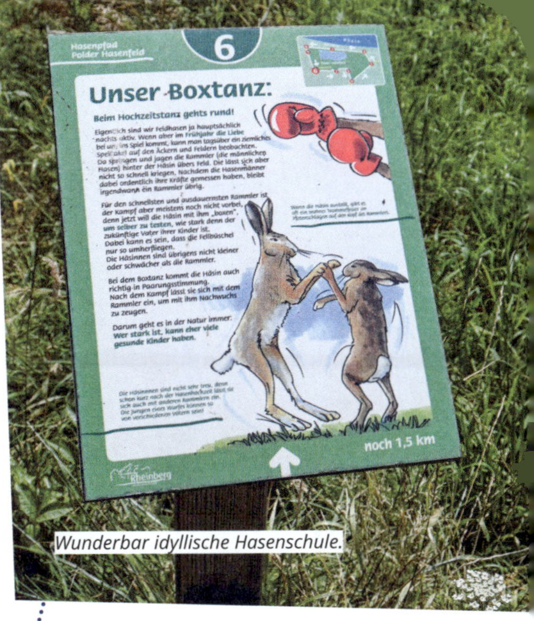

Wunderbar idyllische Hasenschule.

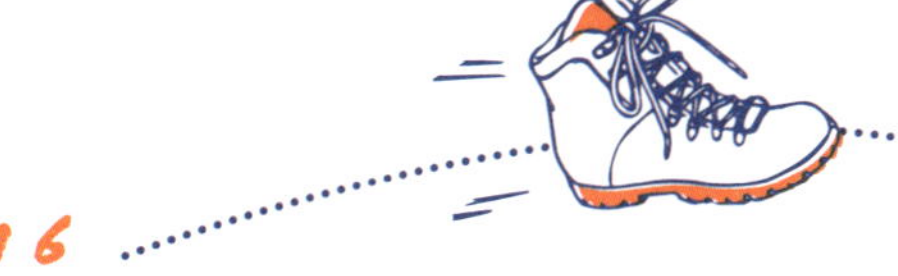

KM 6

3 Hasenpfad

Meister Lampe stellt sich vor

Wer weiß denn sowas? Hasendamen sind keine besonders treuen Geschöpfe und Hasenjunge werden schon nach zehn Tagen zu Selbstversorgern. Ob man auf dem Rundweg mit neun kindgerecht erklärten Stationen Meister Lampe tatsächlich zu Gesicht bekommt, ist jedoch fraglich. Abseits vom Rheindeich wird die Vegetation auf zum Teil abenteuerlich schmalen Waldpfaden üppiger: im Frühjahr mit blühenden Bäumen, später mit Blick über die Felder. Vom Parkplatz, dem eigentlichen Hasen-Startpunkt, führt der Weg zurück zum Deich und über die Deichkrone.

Vom Deich aus links auf Drießen, in Hafendamm und später Egerstraße übergehend, der Hafenstraße/Egerstraße in die Ortsmitte folgen, hier rechts in die Kuhstraße.

KM 10,9

4

Frau Ella

»Tortenschlacht« im Tante-Emma-Café

Die kleine Nichte war Namensgeberin des zauberhaften Cafés Frau Ella. Für die vermeintliche Frau Ella, die Alexandra heißt, eine perfekte Alternative zu Tante Emma. Kaufladen und Café im Vintagestil sind in das alte Bürgerhaus von 1778 in der Kuhstraße 6 eingezogen und bieten allerhand individuelle Kleinigkeiten wie Papeterie, Gewürze und Biofood. Während die kleine Ella immer größer wird, bleibt Frau Ella klein und fein wie gehabt. Die täglich wechselnden selbstgebackenen Kuchen und Torten, Waffeln und vegetarischen Gerichte sind unschlagbar lecker. Selbst auf der Gartenterrasse fühlt man sich wie zu Hause (www.frau-ella-orsoy.eatbu.com).

Links aus dem Café, dann rechts im Bogen auf der Seilerbahnstraße, an der Egerstraße links, wiederum links in den Westwall, dann ist rechts der Einstieg auf den Promenadenring nicht zu verfehlen.

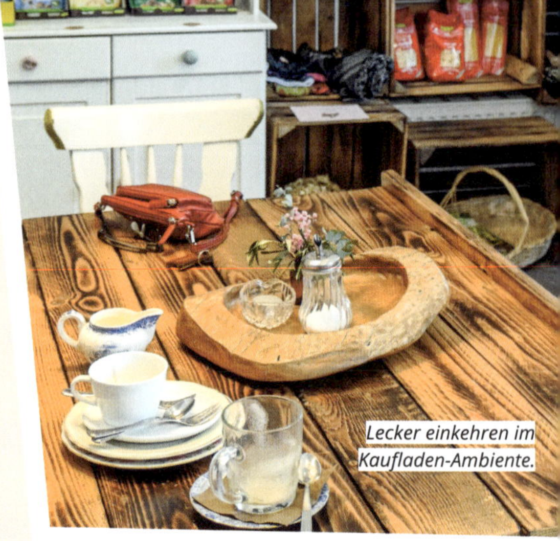

Lecker einkehren im Kaufladen-Ambiente.

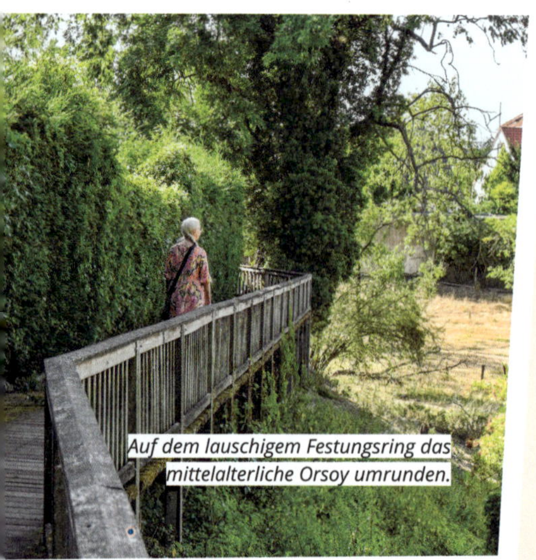

Auf dem lauschigem Festungsring das mittelalterliche Orsoy umrunden.

KM 11,7

5

Wallpromenadenring

Romantisch wandeln auf historischen Spuren

Auf dem alleeartigen Wallpromenadenring einmal um den Ortskern herum kann man die historische Festungsanlage nur noch erahnen: Westwall – Südwall – Ostwall. Übersichtspläne illustrieren markante Punkte auf dem Rundweg. Auf einem Bohlenweg um den ehemaligen Friedhof herum entdeckt man Kleintiere auf ihren Weiden. Landidylle mitten im Ort, hier scheint die Zeit stehengeblieben zu sein. Weiter auf dem Wall begleiten Wiesen als Lebensraumreservat die Sicht und auf einem ehemaligen Bollwerk finden die Toten ihre letzte Ruhestätte. Richtung Ostwall taucht der mächtige Backstein-Pulverturm mit seinen bis zu zwei Meter dicken Mauern auf. Er diente lange als Windmühle. Hier, entlang einiger Teilstücke der restaurierten Stadtmauer fühlt sich Orsoy besonders alt an.

Über den Süd- und Ostwall geht's direkt zur Deichpromenade und rechts über die Fährstraße an den Rhein zurück.

KM 13,2

6 Rheintor

Der Fluss muss draußen bleiben

Über die Rheinpromenade, jetzt wieder mit Blickkontakt zum Steag-Kühlturm auf der anderen Flussseite, ist man am Ausgangspunkt Rheintor angekommen. Durch die notwendige Erhöhung der Rheindeiche in den 1930er-Jahren erhielt Orsoy dieses standhafte Wasserschutztor, das in seiner Gestalt an historische Festungstore erinnert. Bei Hochwasser wird das Tor von der Freiwilligen Feuerwehr Orsoy gegen den Rhein verschlossen. Schaut man von der Ortsseite durch das mächtige Backsteintor auf die andere Rheinseite, entsteht ein spannender optischer Mix aus Natur, Historie und Industrie – die für das Ruhrgebiet so typische Symbiose von Gegensätzen.

Die Fähre kann man von hier aus schon sehen.

EXTRA INFOS:

Im ● **Gasthaus Mütterlein** gibt es sie noch, die gut bürgerliche Küche: von Omas Rouladen bis zum Fährmann-Teller. Bei so viel Deko aus jeder Menge Trödel fühlt man sich 50 Jahre zurückversetzt – Detailverliebte finden in jeder Ecke antike Schätze. Im Sommer unter schattenspendenden Linden auf der Kirchplatzterrasse (www.gasthaus-muetterlein.de).

Ehrlich und lecker: Der ● **Post Grill** ist keine einfache Pommesbude, sondern eine Institution! Sind die wenigen Sitzplätze besetzt, kann man Currywurst & Co auch auf der Rheinpromenade verputzen. (Friedrichplatz 1, Orsoy, Mo Ruhetag).

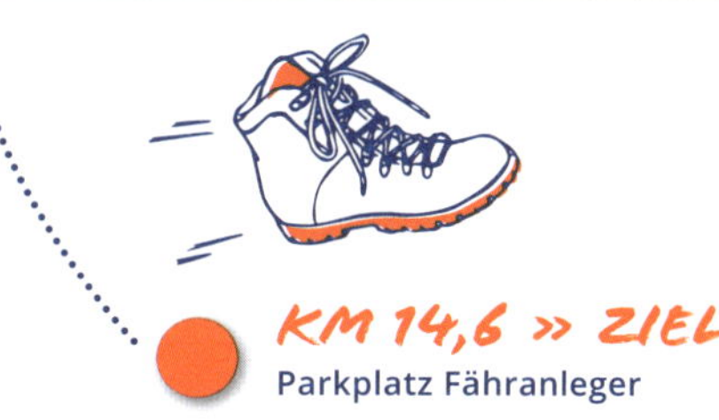

KM 14,6 » ZIEL

Parkplatz Fähranleger

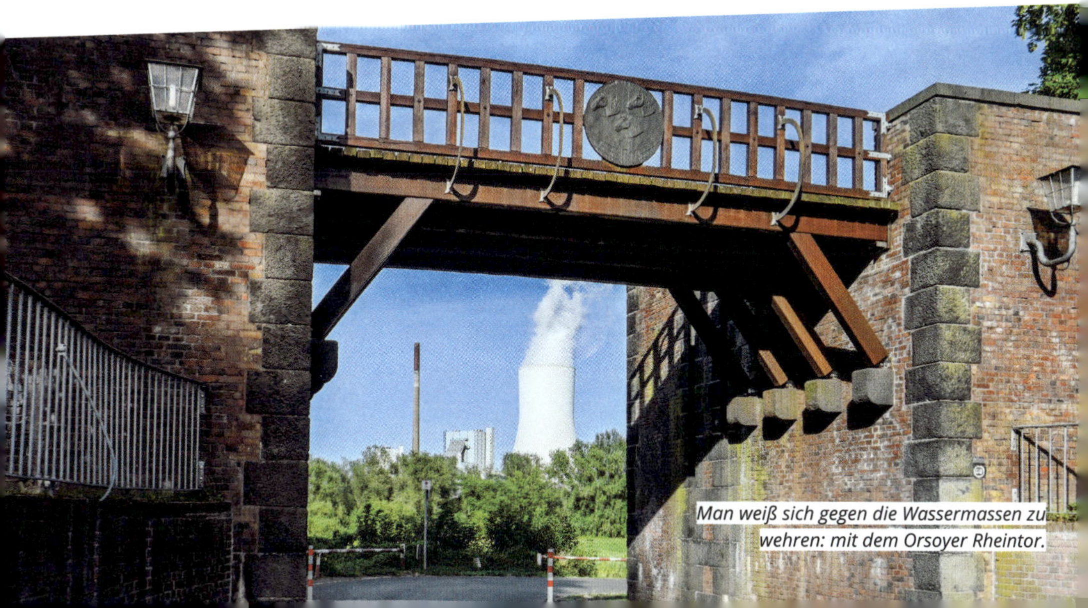

Man weiß sich gegen die Wassermassen zu wehren: mit dem Orsoyer Rheintor.

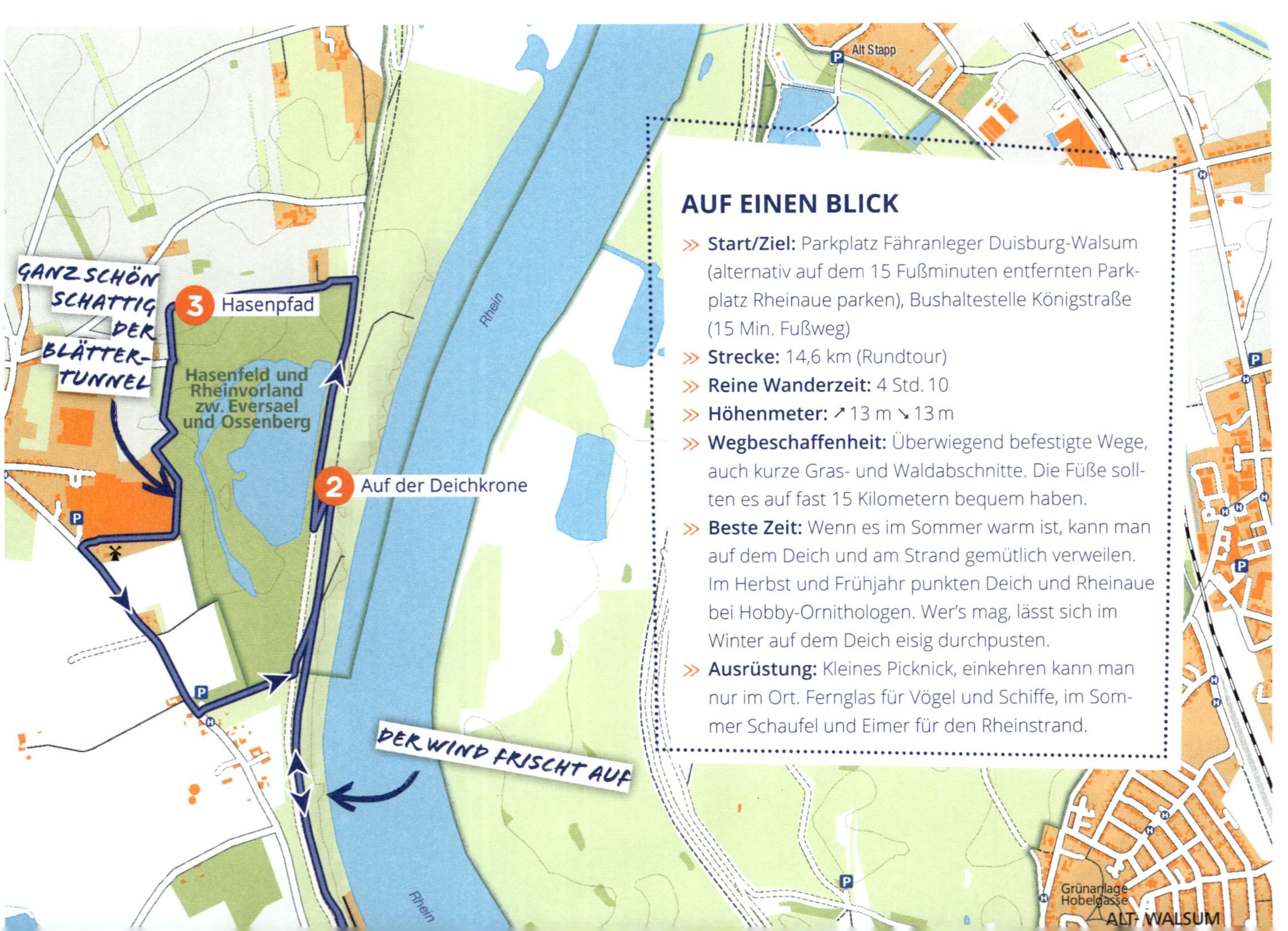

AUF EINEN BLICK

- **Start/Ziel:** Parkplatz Fähranleger Duisburg-Walsum (alternativ auf dem 15 Fußminuten entfernten Parkplatz Rheinaue parken), Bushaltestelle Königstraße (15 Min. Fußweg)
- **Strecke:** 14,6 km (Rundtour)
- **Reine Wanderzeit:** 4 Std. 10
- **Höhenmeter:** ↗ 13 m ↘ 13 m
- **Wegbeschaffenheit:** Überwiegend befestigte Wege, auch kurze Gras- und Waldabschnitte. Die Füße sollten es auf fast 15 Kilometern bequem haben.
- **Beste Zeit:** Wenn es im Sommer warm ist, kann man auf dem Deich und am Strand gemütlich verweilen. Im Herbst und Frühjahr punkten Deich und Rheinaue bei Hobby-Ornithologen. Wer's mag, lässt sich im Winter auf dem Deich eisig durchpusten.
- **Ausrüstung:** Kleines Picknick, einkehren kann man nur im Ort. Fernglas für Vögel und Schiffe, im Sommer Schaufel und Eimer für den Rheinstrand.

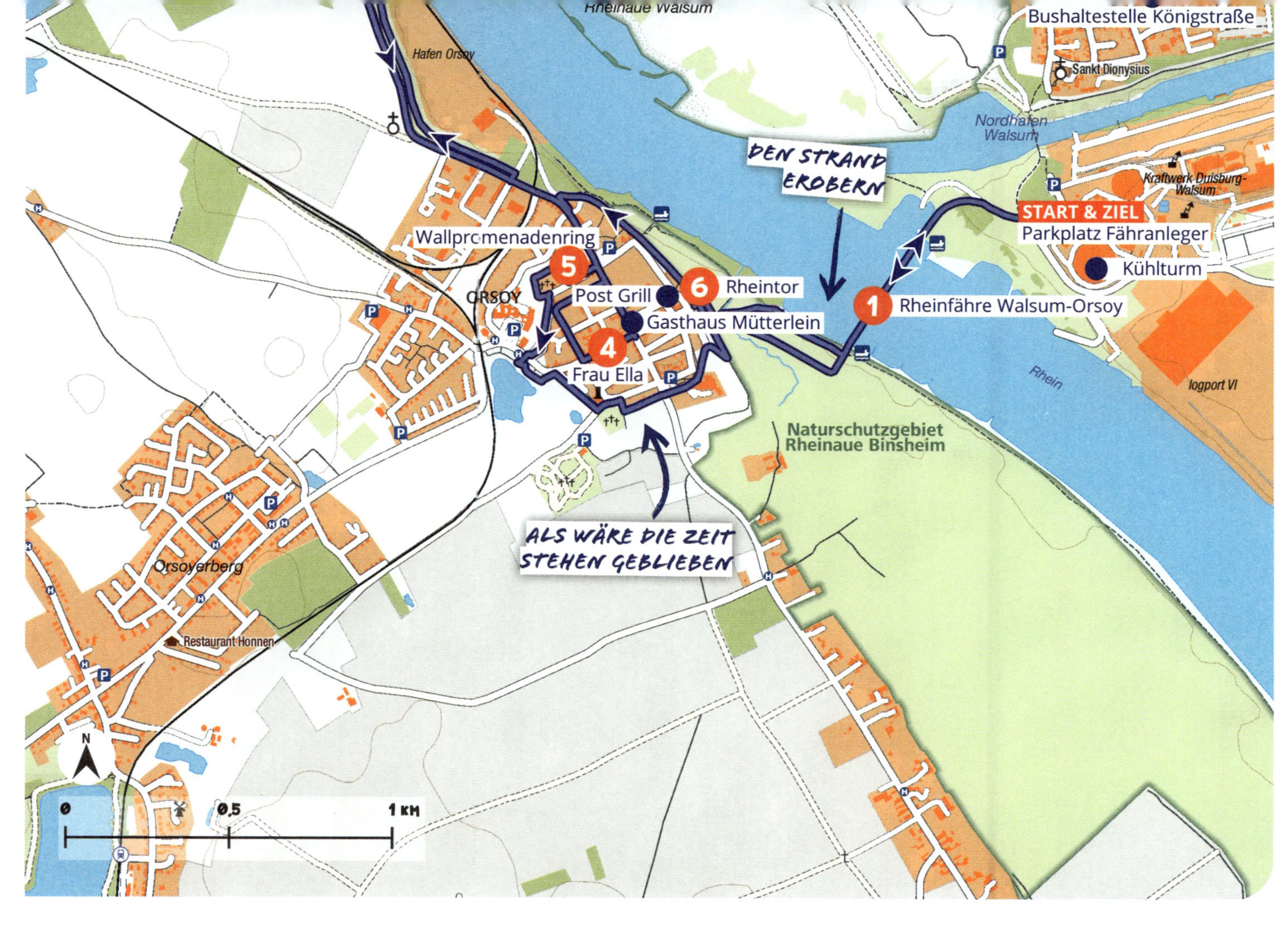
Bushaltestelle Königstraße
Sankt Dionysius
Rheinaue Walsum
Hafen Orsoy
Nordhafen Walsum
Kraftwerk Duisburg-Walsum
DEN STRAND EROBERN
START & ZIEL
Parkplatz Fähranleger
Kühlturm
Wallpromenadenring
5
6
Rheintor
Post Grill
ORSOY
1
Rheinfähre Walsum-Orsoy
Gasthaus Mütterlein
4
Frau Ella
Rhein
logport VI
Naturschutzgebiet Rheinaue Binsheim
ALS WÄRE DIE ZEIT STEHEN GEBLIEBEN
Orsoyerberg
Restaurant Honnen
N
0
0,5
1 KM

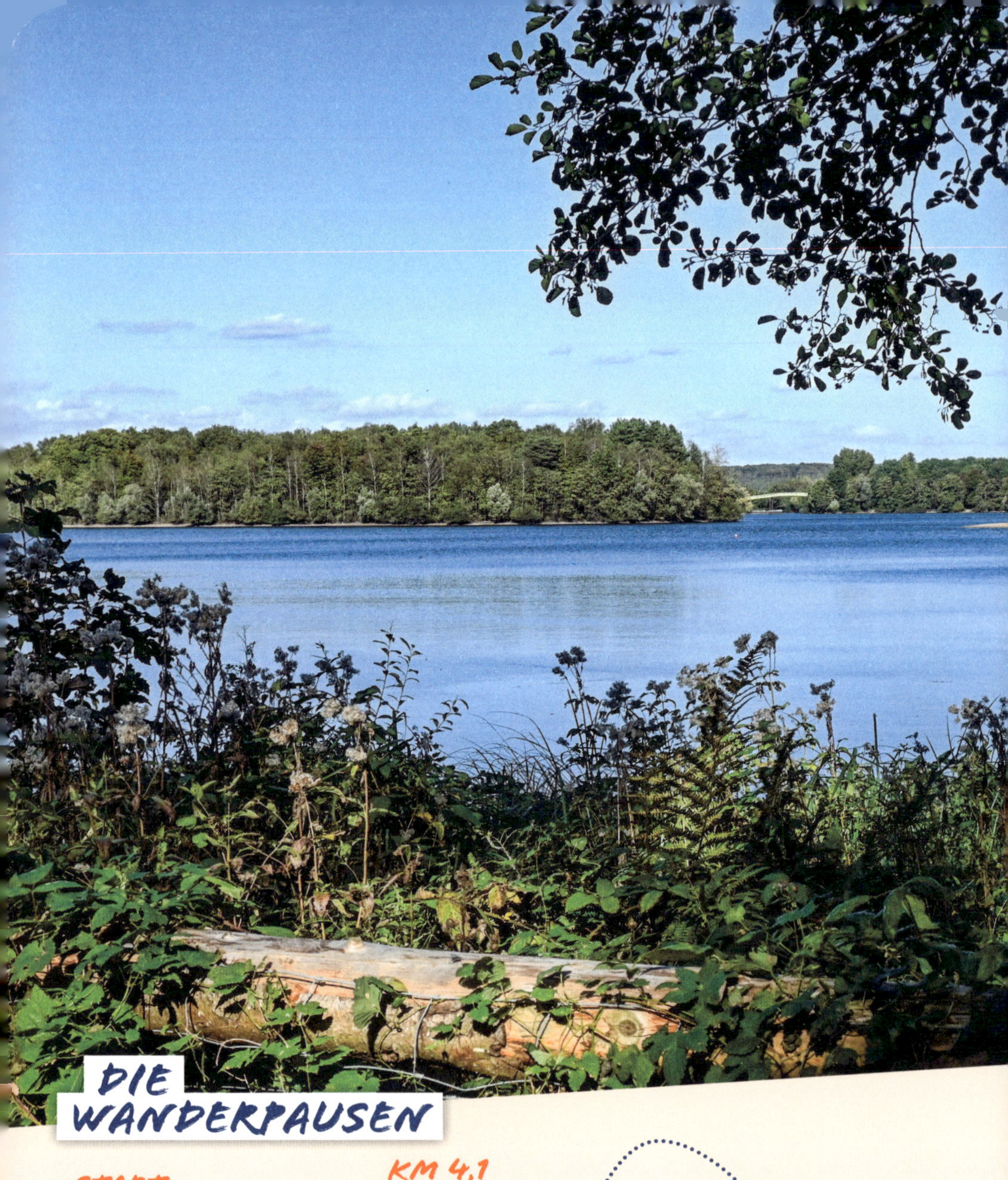

DIE WANDERPAUSEN

» START
Haltestelle Wolfssee

KM 2,6
1 Jackie's Futterkrippe
Kultige Bratnudeln vom Cheffe persönlich

KM 4,1
2 Haubach-Baum-Rast
Geheimes Plantschen und Ruhe genießen

KM 5,9
3 An den vier Steinen
Territoriales Zeichen gesetzt

3 WALD-PFADE AM WASSER

Vom Entenfang zur Sechs-Seen-Platte in Duisburg

Wer sagt, im Pott gäb's nur Grau, war noch nicht in Duisburgs Wäldern unterwegs. Schmale Pfade und versteckte Bäche wecken Abenteuerlust auf dem Walk zum grünen Wasserparadies der Seenplatte.

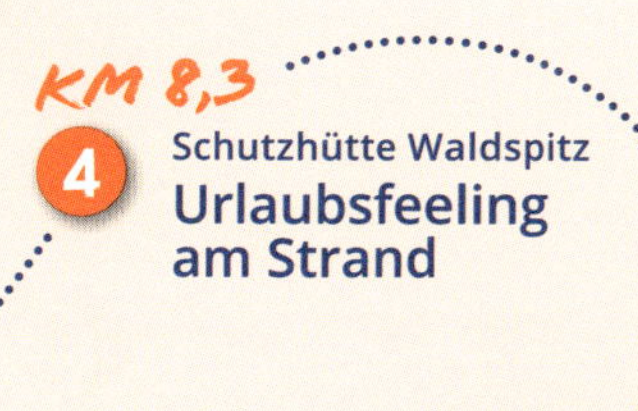

KM 8,3

4 Schutzhütte Waldspitz

Urlaubsfeeling am Strand

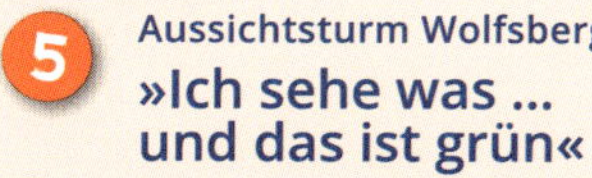

KM 8,9

5 Aussichtsturm Wolfsberg

»Ich sehe was … und das ist grün«

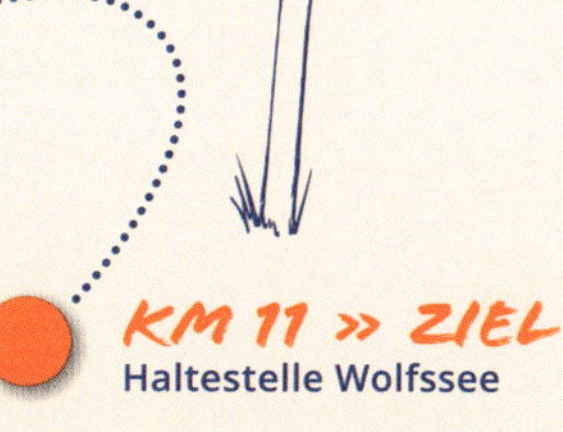

KM 11 » ZIEL

Haltestelle Wolfssee

DAS ABENTEUER WALD BEGINNT ...

... auf besseren Trampelpfaden, kaum dass man dem Wassersport auf Masuren- und Wambachsee den Rücken gekehrt hat. Und keine Frage, im Duisburger Süden gibt es viel Wald. Teils über Baumwurzeln müssen die Schritte gesetzt werden, auf manchen Abschnitten kann man je nach Jahreszeit auch schon mal nasse Füße bekommen. Einzig die Überquerung der Bahngleise erinnert an den stadtnahen Standort. Hin- und herschwingende Wasserläufe mit idyllisch abgelegenen Plätzen wie der **Haubach-Baum-Rast** laden mitten unter Bäumen zum einsamen Verweilen ein.

Das Element Wasser begleitet die Wanderung auf unterschiedliche Weise. Sechs Seen an der Zahl gehören zur städtischen Seenplatte. Die beiden südlichen Seen, Wildförster- und Haubachsee, sind der Natur vorbehalten, während man vom Strand der **Schutzhütte Waldspitz** aus den Blick über große Wasserflächen schweifen lassen kann. Nur gucken, nicht abtauchen, denn gebadet wird ausschließlich im Wolfssee. Ursprünglich wurde hier bis in die 1960er-Jahre jede Menge Kies abgebaut. Dann kaufte die Stadt dem Grafen Spee seine Gruben ab und teilte sie in Freizeit- und in Naturschutzbereiche ein.

IDYLLISCH: WENN DER WALD SO ZUGEWACHSEN IST, DASS MAN NUR HINTEREINANDER TIPPELN KANN

Drumherum ein verzweigtes gut ausgebautes Wegenetz, auf dem man trockenen Fußes vorankommt. Informationshungrige können hie und da ihren Wissendurst stillen, zum Beispiel über das historische Zusammentreffen von vier Gemarkungen **An den vier Steinen.** Die einzige Erhebung weit und breit, wenn auch nicht natürlichen Ursprungs, ist der Wolfsberg. Von seinem **Aussichtsturm** aus liegt einem die Sechs-Seen-Platte quasi zu Füßen. Nicht-Ortskundige bedienen sich des oben installierten Spickzettels und erkennen bald, dass der große weite Wald in Richtung Düsseldorf kein Ende nimmt. Im Pott gibt's also doch ganz schön viel Grün.

Und was wäre der Pott ohne seine kultigen Buden! In **Jackies Futterkrippe** am Entenfang gehen nicht nur die bewährten Snacks über die Theke. Es gibt sogar Holztische in erster Strandreihe, rustikal und original. «

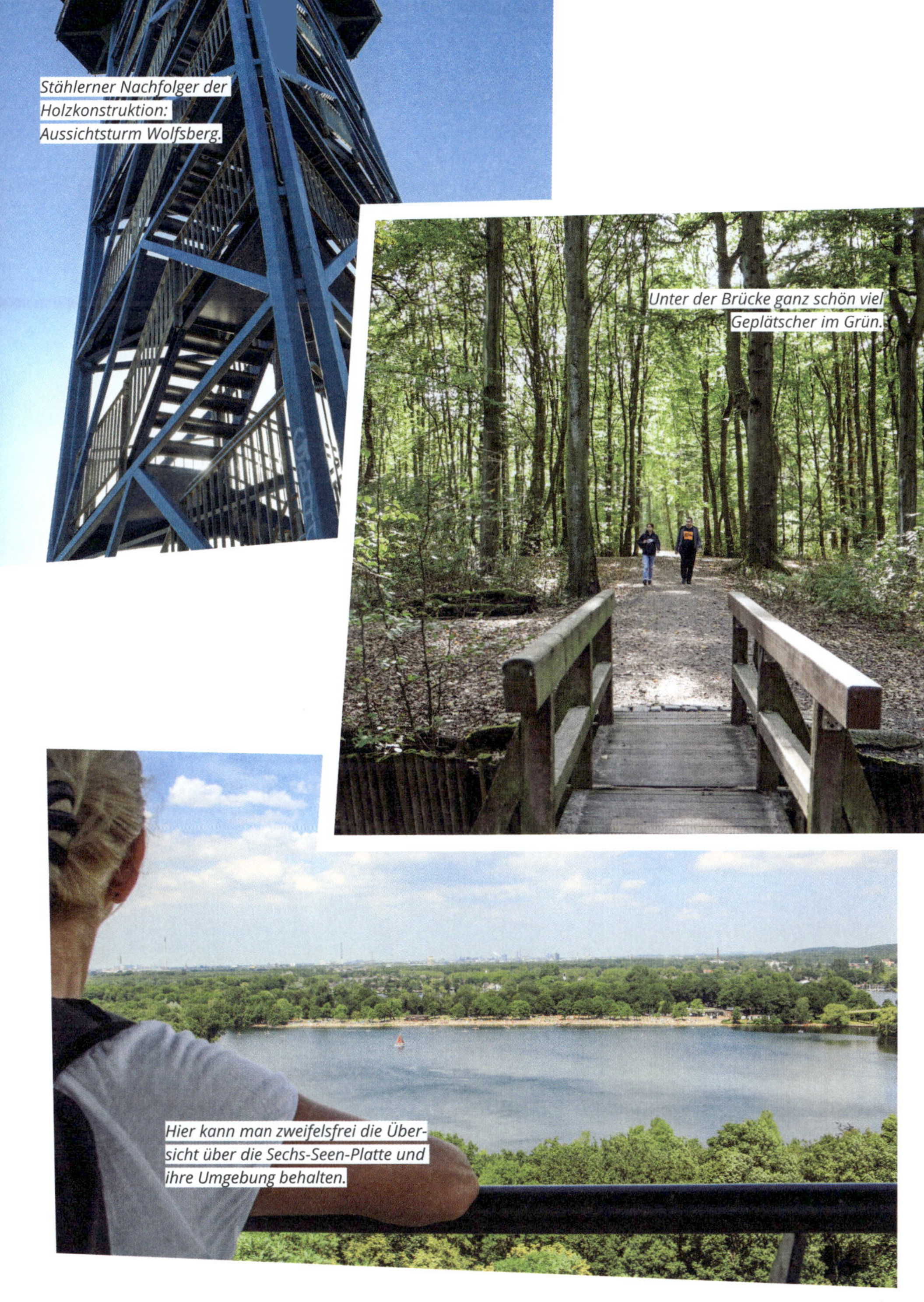

Stählerner Nachfolger der Holzkonstruktion: Aussichtsturm Wolfsberg.

Unter der Brücke ganz schön viel Geplätscher im Grün.

Hier kann man zweifelsfrei die Übersicht über die Sechs-Seen-Platte und ihre Umgebung behalten.

WANDERN & GENIESSEN

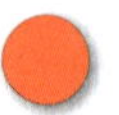

» START

Haltestelle Wolfssee

Über die Brücke, hinter Haus Seeblick an der Wegkreuzung rechts, hinter der Brücke über den Wambach direkt auf kleinem Pfad dem Wasserlauf folgen bis zur T-Kreuzung, per Brücke die Gleise queren, rechts runter, links im Uhrzeigersinn am Ufer um den Entenfang.

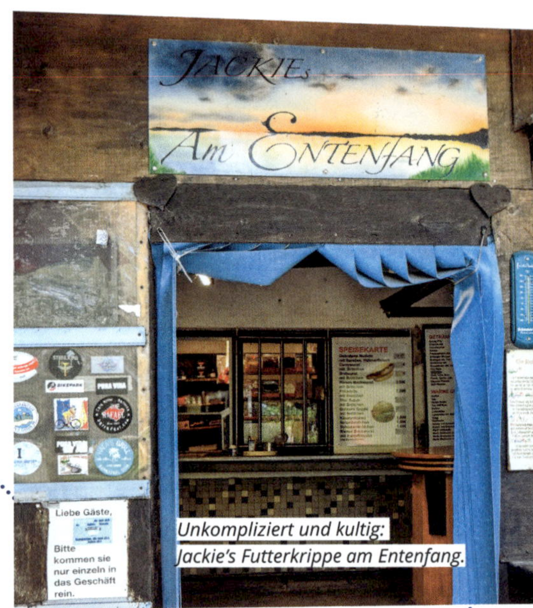

Unkompliziert und kultig: Jackie's Futterkrippe am Entenfang.

KM 2,6

Jackie's Futterkrippe

Kultige Bratnudeln vom Cheffe persönlich

Rustikale Tische, 1-a-Strandlage, Essen und Trinken vom Büdchen ... Jackie's Futterkrippe am Entenfang ist für Radelnde und Wandernde ein Muss. Wer hungrig ist, darf sich die gebratenen Nudeln von Cheffe Kiem nicht entgehen lassen. Seit über zehn Jahren genießt er das Vertrauen seiner Stammkunden. Die Nachbarn vom Campingplatz versorgen sich hier vormittags mit Kaffee, später auch gerne mit Hopfensaft. Alles mit Selbstbedienung. Pommes, Currywurst und Käsebrötchen fehlen in der Ruhrpottbude natürlich auch nicht. Gegessen wird outdoor direkt am See. Baden dürfen hier allerdings nur die Hunde. Fazit: nicht edel, auch optisch kein Knaller, aber für ein Eis oder Getränk absolut einen Stopp wert (Di Ruhetag, im Winter auch Mi geschlossen).

Auf dem Hauptweg bleiben, die Freizeitanlage rechts liegen lassen, die Radtrasse queren, gegenüber in den Pfad, dann links, rechts und am Haubach wieder rechts. Achtung: Diese Pfade sind nur wenig ausgetreten, man übersieht sie leicht.

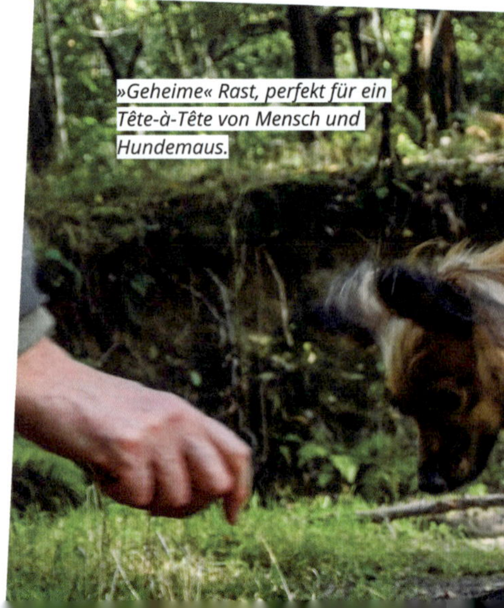

»Geheime« Rast, perfekt für ein Tête-à-Tête von Mensch und Hundemaus.

KM 4,1

2 Haubach-Baum-Rast

Geheimes Plantschen und Ruhe genießen

Wenn man dem abenteuerlichen Pfad bis zum Haubach folgt, dann nur noch ein Stückchen rechts rum. Ein liegender Stamm weist den Weg zur flachen Uferstelle und bietet sich gleichzeitig als Sitzgelegenheit an – die Ruhe des Waldes genießen und Vogelstimmen lauschen inklusive. Im Sommer kommt man glatt in Versuchung, wie in Kindertagen mit nackten Füßen im Bach zu plantschen. Vierbeinige Begleiter haben hier mindestens genauso viel Spaß beim Austoben im Wasser. Keine Hemmungen, dieses Rastidyll ist eher ein Geheimtipp und perfekt für den ungestörten Verzehr des Marschproviants. Es sei denn, Rotkäppchen kommt durch den verwunschenen Wald um die Ecke ...

Dem Bach weiter folgen, am Ende links und die Gleise queren. Links runter, dann im spitzen Winkel rechts zurück, dem Bach links auf der rechten Seite folgen, rechts auf den Langelter Weg, dann erste links.

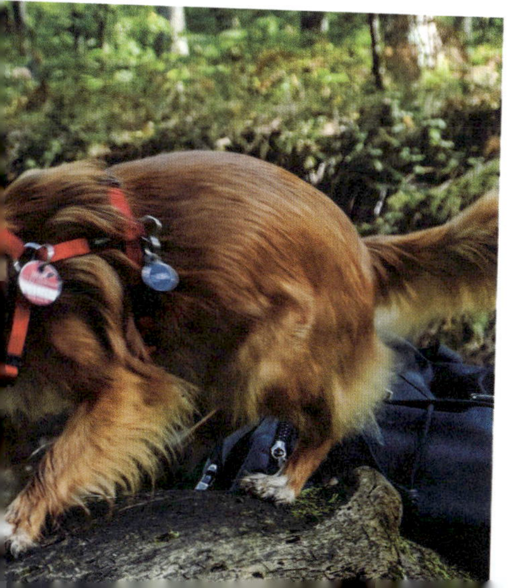

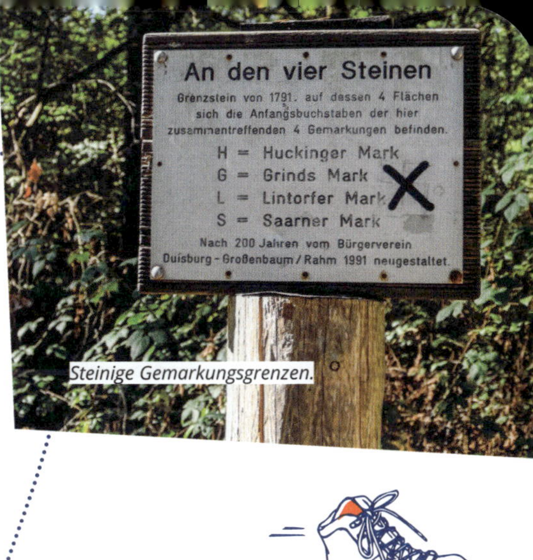

Steinige Gemarkungsgrenzen.

KM 5,9

3 An den vier Steinen

Territoriales Zeichen gesetzt

Schlichte Bänke auf einem kleinen, gepflasterten Rund, mittendrin ist der mit den Buchstaben H – G – L – S markierte Naturstein regelrecht in Szene gesetzt. Die Historie dieses Ortes erklärt ein Infoschild. Gleich vier Gemarkungen stießen genau an diesem Punkt aufeinander, vermessen 179: Huckingen, Grinds, Lintorf und Saarn. Kaum zu glauben, wie weit die Gemarkungen Saarn und Lintorf damals bis ins heutige Duisburg gereicht haben. Ursprünglich bedeutete (Ge-)Markung »Grenze«. Die Gemarkungen wurden genau dokumentiert und mit Markzeichen abgegrenzt. Das heimliche Umsetzen der Steine zur Landgewinnung wurde nach der »Peinlichen Halsgerichtsordnung« von 1532 bei Leibesstrafe verboten. Erlaubt ist natürlich das Ablegen von Wandersteinen.

Auf dem Hauptweg links bis zur markanten Bank, hier schräg rechts auf den Pfad wechseln, immer geradeaus über kleine Kreuzungen, bis an einer Kreuzung spitz rechts Wasser zu sehen ist. Am Wasser rechts und in direkter Ufernähe weiter.

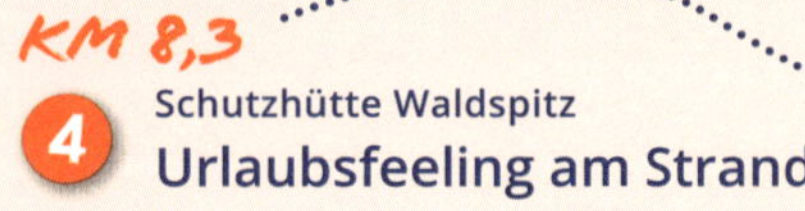

4 Schutzhütte Waldspitz

Urlaubsfeeling am Strand

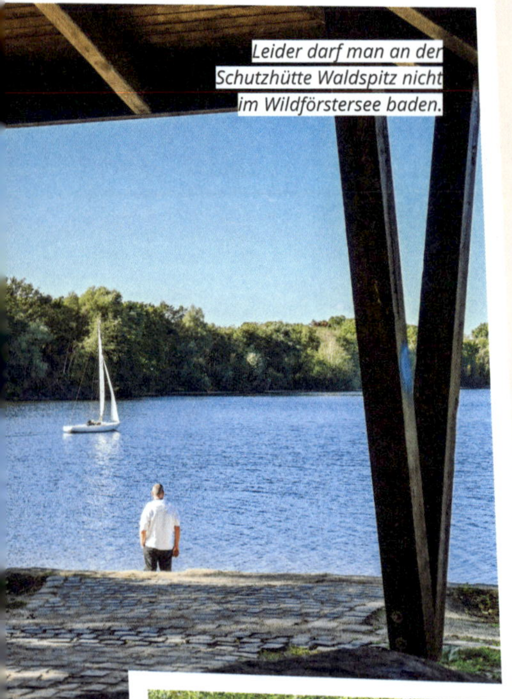
Leider darf man an der Schutzhütte Waldspitz nicht im Wildförstersee baden.

Hier ist er wieder, der Seeblick fürs Urlaubsfeeling. Vorbeihuschen an der Schutzhütte Waldspitz, nur ein paar Schritte runter zum kleinen Strand, dann kann man weit über die Seenlandschaft bis zur markanten gelben Brücke schauen. Doch hier am Wildförstersee hat die Natur Vorrang: Baden und wilder Wassersport sind nicht erwünscht. Komplett eintauchen darf man ausschließlich von Mai bis September im Freibad Wolfssee am weit gegenüberliegenden Ufer (www.freibad-wolfssee.de). Wer Ruhe und Entspannung sucht, ist an den Duisburger Seeufern an sonnigen Sommertagen fehl am Platz. Denn dann geht's hier rummeliger zu. Ein echter Tipp für Romantiker: Zum Sonnenuntergang ist der Platz am Strand vom Waldspitz kaum zu toppen.

Direkt zum Aufstieg auf den Wolfsberg.

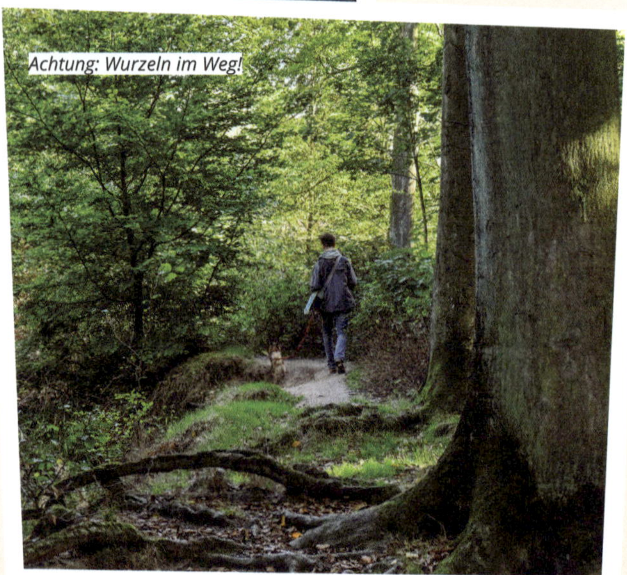
Achtung: Wurzeln im Weg!

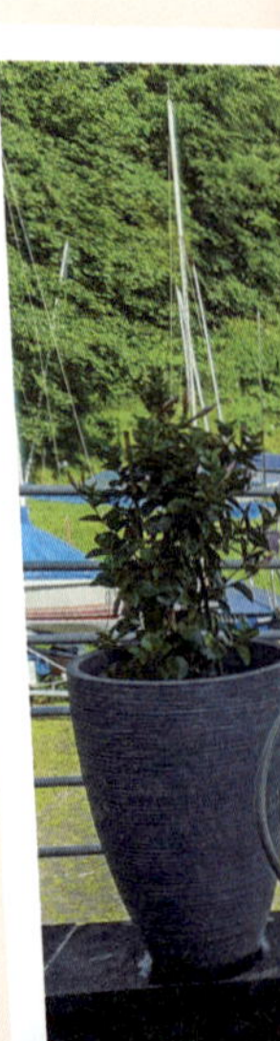

KM 8,9

5 Aussichtsturm Wolfsberg

»Ich sehe was … und das ist grün«

Dass der Wolfsberg eigentlich eine Müll- und Trümmerdeponie ist, sieht man dem etwa 28 Meter seine Umgebung überragenden Hügel nicht mehr an. Vor lauter Bäumen kann man das Ziel des Anstiegs von unten kaum ausmachen. 1994 wurde der erste hölzerne Aussichtsturm auf dem »Gipfel« errichtet, der wenige Jahre später in Flammen aufging. Von seinem stählernen Nachfolger aus lassen sich nicht nur die gesamte Duisburger Seenplatte und das Freizeitbad überblicken. Bei entsprechender Witterung reicht der Blick bis Düsseldorf, Bottrop und über den Rhein bis Moers. Beeindruckender ist jedoch die Ausicht über das endlos scheinende Grün, das nicht einmal Kenner der Region in diesem Ausmaß hier vermuten. Der perfekte Ort, um den »Ich glaube nur, was ich sehe«-Kandidaten die Augen zu öffnen.

Rechtsherum, dann den Berg über die Treppen nach unten verlassen. Rechts ein Stück in Ufernähe weiter, dann hoch zur Brücke. Hier ist ein Abstecher zum Haus Seeblick möglich. Über die Brücke links zurück zur Haltestelle Wolfssee.

EXTRA INFOS:

Was gibt es Schöneres, als bei sonnigem Wetter eine Paddeltour auf dem See zu unternehmen? Der kleine ● **Bootsverleih** am Parkplatz Kalkweg – unweit von der Haltestelle Wolfssee – bietet Tret- und Ruderboote an.

● **Haus Seeblick** mit seiner großen Terrasse liegt direkt neben dem Duisburger Kanu- und Segelclub. Von hier kann man das maritime Treiben beobachten und zuschauen, wie die Boote in den Masurensee stechen. Legendär sind die großen Pfannekuchen, ob süß oder deftig. Aber auch mit einem Steak auf dem Teller bleibt der Blick wunderbar und man könnte meinen, in einer Urlaubsstrandbar abzuhängen (www.haus-seeblick.de).

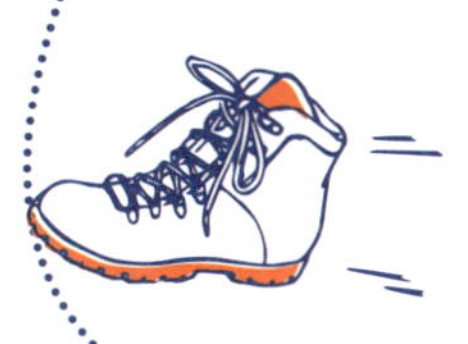

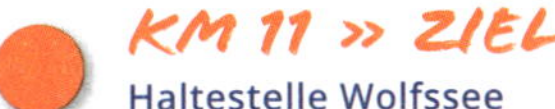

KM 11 » ZIEL

Haltestelle Wolfssee

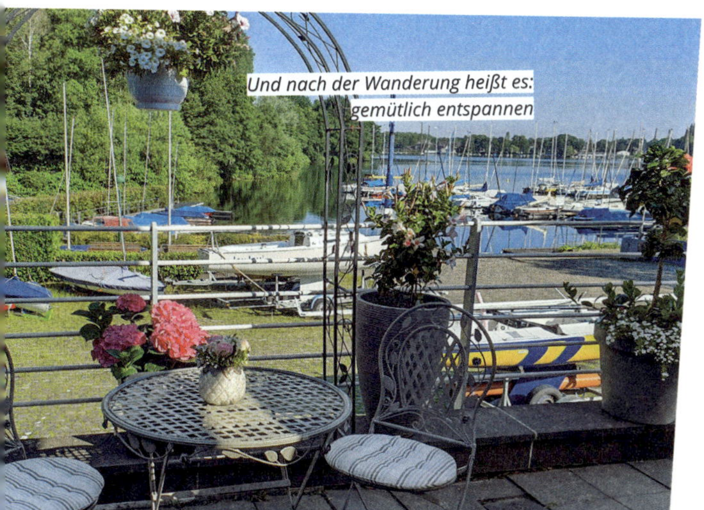

Und nach der Wanderung heißt es: gemütlich entspannen

ERHOLUNG PUR

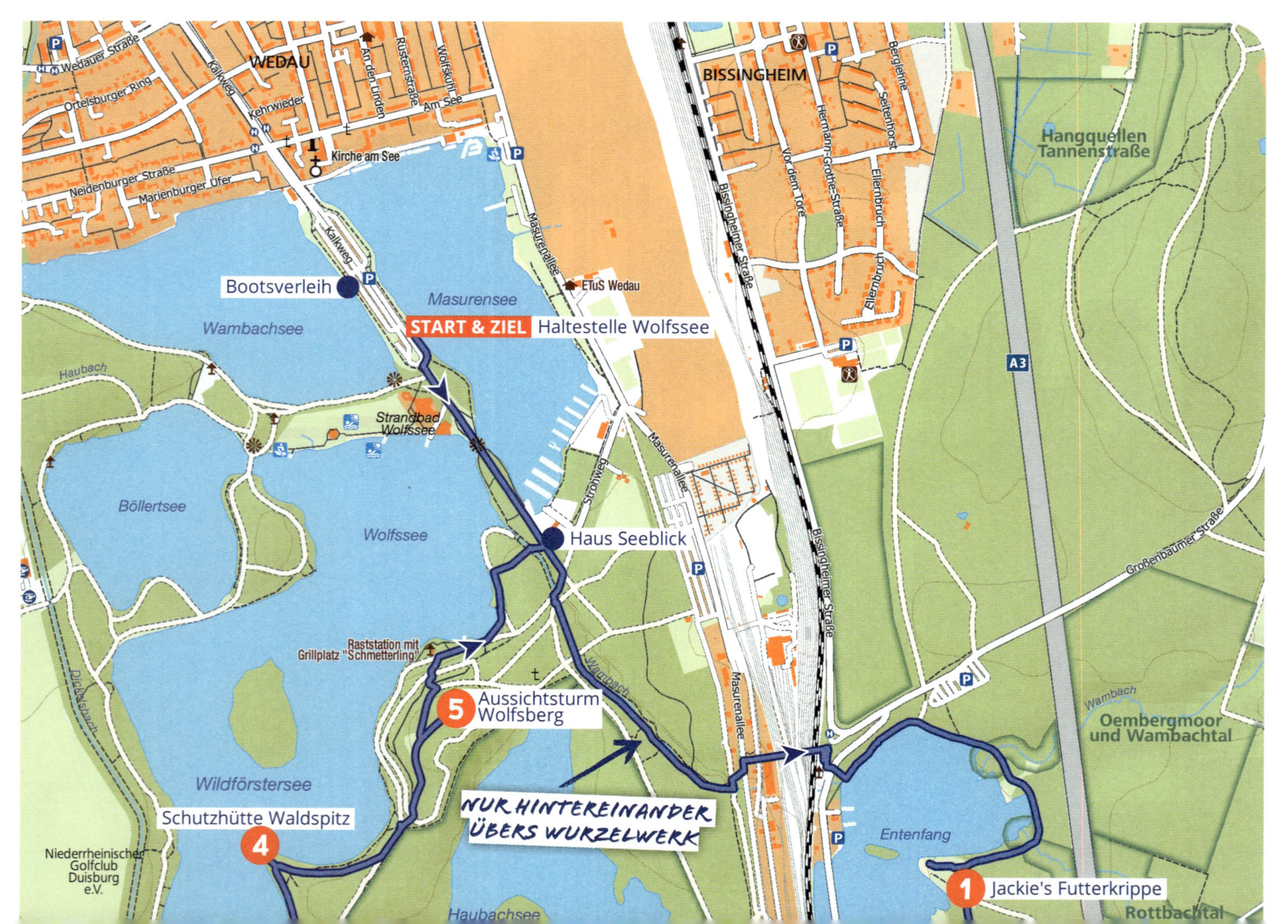
START & ZIEL Haltestelle Wolfssee
Bootsverleih
Haus Seeblick
1 Jackie's Futterkrippe
4 Schutzhütte Waldspitz
5 Aussichtsturm Wolfsberg
NUR HINTEREINANDER ÜBERS WURZELWERK
WEDAU
BISSINGHEIM
Wambachsee
Masurensee
Wolfssee
Böllertsee
Wildförstersee
Haubachsee
Entenfang
Strandbad Wolfssee
Raststation mit Grillplatz "Schmetterling"
Kirche am See
ETuS Wedau
Hangquellen Tannenstraße
Oembergmoor und Wambachtal
Rottbachtal
Niederrheinischer Golfclub Duisburg e.V.
A3
Kalkweg
Masurenallee
Strohweg
Bissingheimer Straße
Großenbaumer Straße
Wedauer Straße
Ortelsburger Ring
Kehrwieder
Neidenburger Straße
Marienburger Ufer
An den Linden
Rüsternstraße
Wolfskuhl
Am See
Vor dem Tore
Hermann-Grothe-Straße
Ellernbruch
Seitenhorst
Berglehne
Haubach
Wambach
Dickelsbach

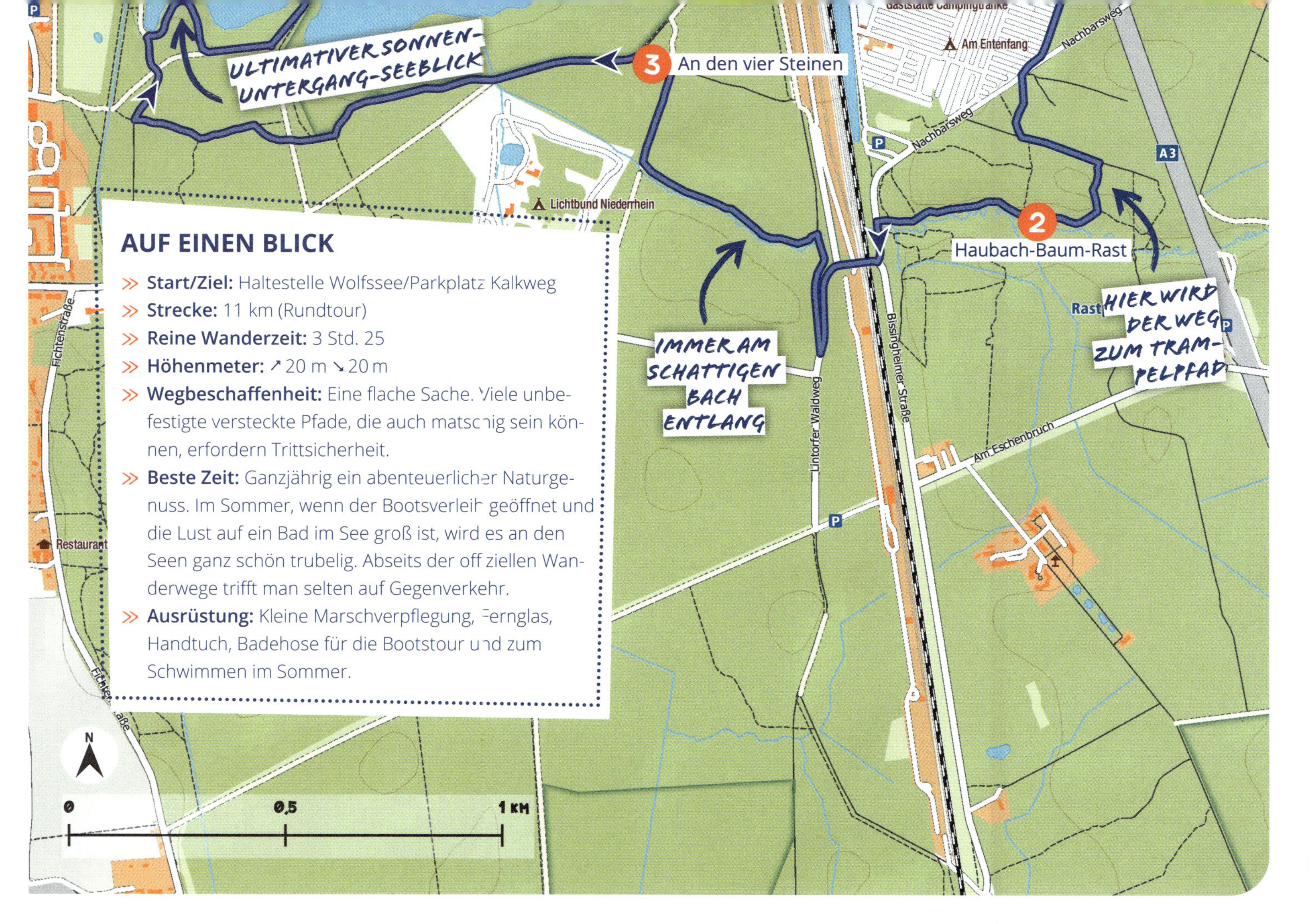

AUF EINEN BLICK

- **Start/Ziel:** Haltestelle Wolfssee/Parkplatz Kalkweg
- **Strecke:** 11 km (Rundtour)
- **Reine Wanderzeit:** 3 Std. 25
- **Höhenmeter:** ↗20 m ↘20 m
- **Wegbeschaffenheit:** Eine flache Sache. Viele unbefestigte versteckte Pfade, die auch matschig sein können, erfordern Trittsicherheit.
- **Beste Zeit:** Ganzjährig ein abenteuerlicher Naturgenuss. Im Sommer, wenn der Bootsverleih geöffnet und die Lust auf ein Bad im See groß ist, wird es an den Seen ganz schön trubelig. Abseits der offiziellen Wanderwege trifft man selten auf Gegenverkehr.
- **Ausrüstung:** Kleine Marschverpflegung, Fernglas, Handtuch, Badehose für die Bootstour und zum Schwimmen im Sommer.

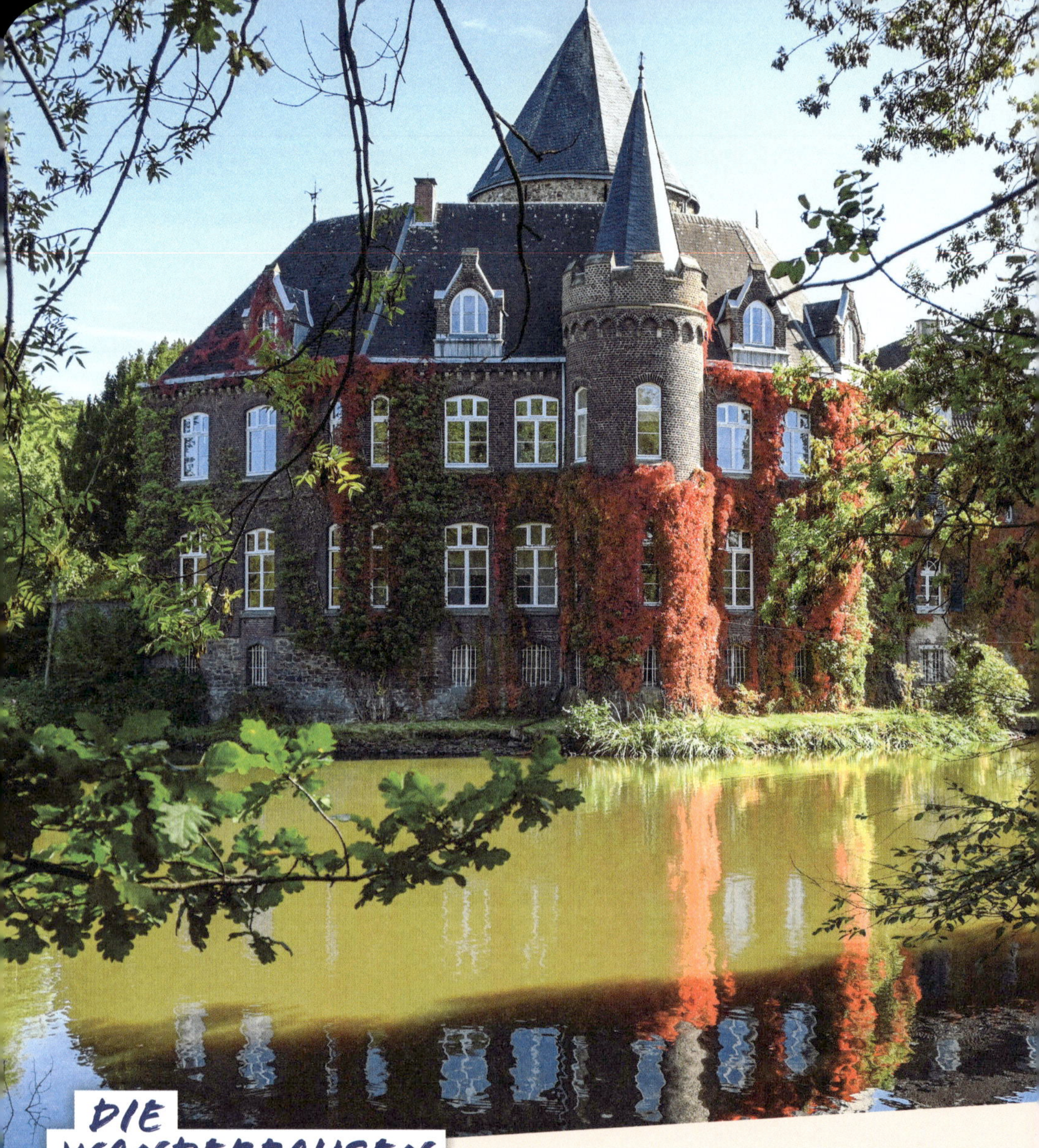

DIE WANDERPAUSEN

» START
Parkplatz Schloss Landsberg/Bushaltestelle Essen am Strang

KM 2,7
1 Luftige Landlust
Auf den Ruhrhöhen tierische Begegnungen machen

KM 4,7
2 Schloss Linnep
Eine äußerst fotogene Angelegenheit

KM 8,2
3 Jüdischer Friedhof
Ein mystischer Ort zum Innehalten

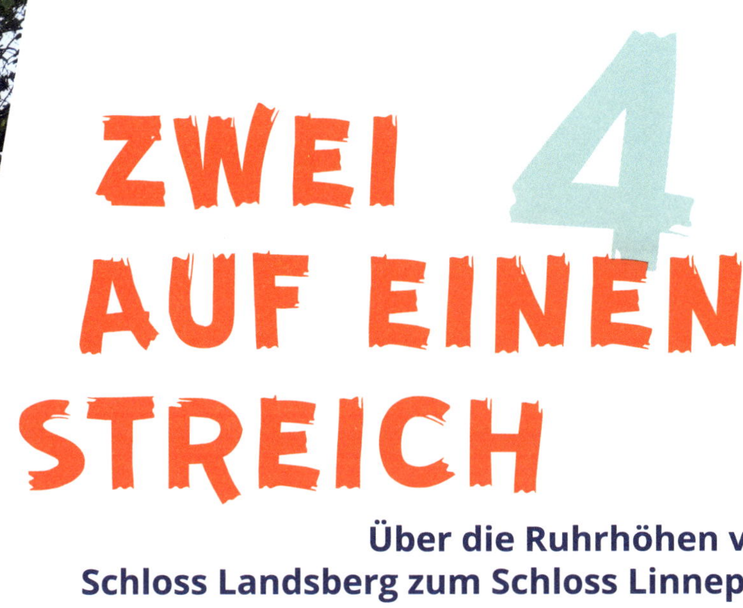

4 ZWEI AUF EINEN STREICH

Über die Ruhrhöhen vom Schloss Landsberg zum Schloss Linnep

Über steile Pfade durch die Hugenpoeter Wälder und über die Ruhrhöhen geht's zu zwei ehemaligen Adelssitzen. Wer will nach so viel Waldfeeling schon die Gemäuer von innen sehen? Da reizt die Dornröschenschlaf-Stimmung des Schlossgartens Landsberg doch viel mehr.

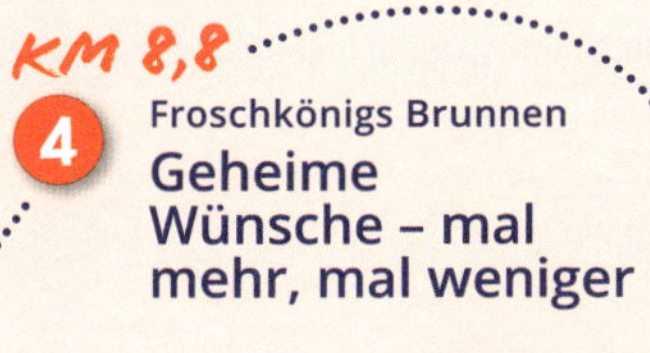

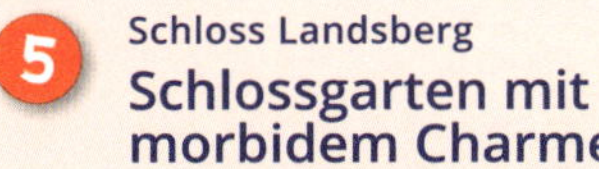

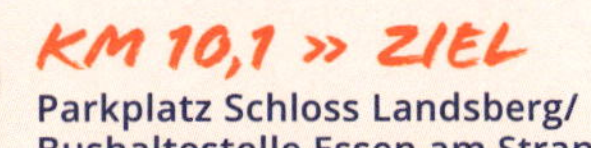

WER DER VERSUCHUNG WIDERSTEHT, …

… das große Tor schnurstracks zu durchschreiten, hebt sich Landsberg als »Dessert« auf. Denn zuerst wird die notwendige Trittsicherheit auf die Probe gestellt: Über schmale Waldpfade geht's bergauf ins hügelige Gebiet, wo der feuchte Boden mit darunter liegendem Naturfels etwas rutschig werden kann. Erst an der fast höchsten Stelle erreichen die Wandernden die **luftige Landlust** und den befestigten Ruhrhöhenweg.

Zwischen Weiden, Äckern und verstreuten Fachwerkhäusern begegnet man Reitern und einer neugierig blökenden Schafherde. Luft, Licht und Sicht sind die Elemente auf der Höhe, bevor **Schloss Linnep** hinter Bäumen versteckt auftaucht. Gucken, staunen und fotografieren von allen Seiten – ja; eintreten in den Privatbesitz – leider nein.

MAN KÖNNTE GLAUBEN, DASS IMPOSANTE WURZELGEBILDE IN DEN HUGENPOETER WÄLDERN GANZE ZWERGENFAMILIEN BEHERBERGEN

Also schön in Bewegung bleiben und durch den lichten Laubwald zurück in die Hugenpoeter Wälder, wo Wandersteine unterwegs auf bunte Gesellschaft treffen. Besinnlichkeit pur kommt beim Verweilen mit Blick auf den 200 Jahre alten **Jüdischen Friedhof** auf. Die Bank kann bei einer Rast auch als Sonnentanke genutzt werden. Je mehr man sich dem Endziel nähert, umso dichter und verwunschener wird auch wieder der Wald.

Apropos Wunsch. Nicht verpassen, den **Frosch** auf seinem **Brunnen** zu küssen! Ab hier geht es stetig bergab, zum Teil über schmale, wurzelige Pfade in Serpentinen, bis man **Schloss Landsberg** erreicht hat. Auch die Türen dieses ehemaligen Adelssitzes bleiben verschlossen. Die Gebäude werden ausschließlich für Seminare des thyssenkrupp-Konzerns genutzt. Das Gelände ums Schloss herum ist aber jederzeit frei zugänglich. Besonders der in Teilen wiederhergestellte barocke Garten ist mit seinem leicht morbiden Charme ein Augenschmaus. Im Sommer sprühen Jugendstilbrunnen in Reih und Glied ihre Bögen, während Blüh- und Pflanzenwerk farblich inszeniert sind. Die alten Steinbänke haben schon so manchen Gast getragen und könnten bestimmt spannende Geschichten erzählen. Aber auch im Winter, ohne Gartenspektakel, ist es rund um die Schlösser Landsberg und Linnep uneingeschränkt reizvoll. Vielleicht etwas rustikaler, unter Schnee aber umso magischer.

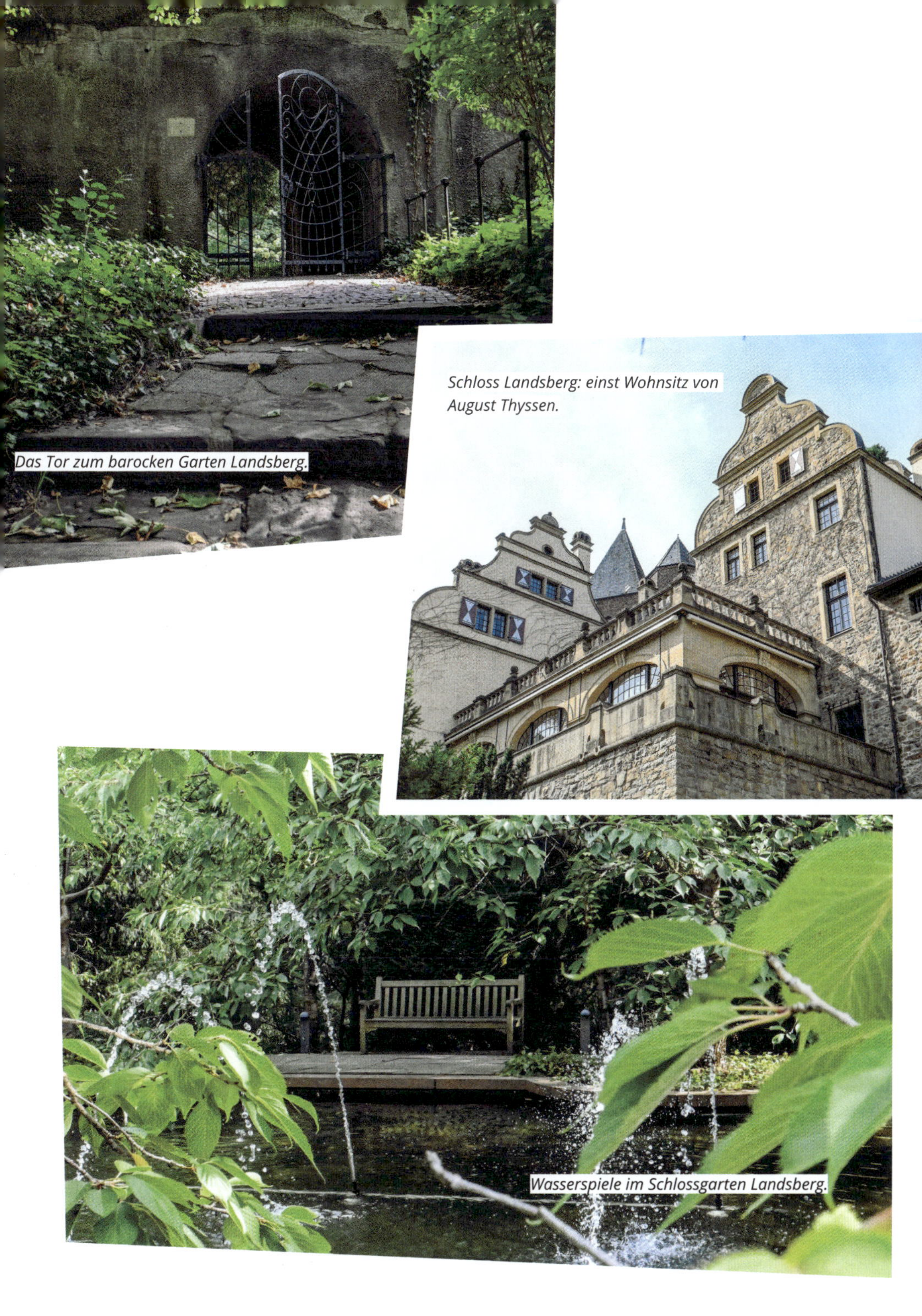

Das Tor zum barocken Garten Landsberg.

Schloss Landsberg: einst Wohnsitz von August Thyssen.

Wasserspiele im Schlossgarten Landsberg.

WANDERN & GENIESSEN

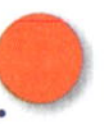

»START

Parkplatz Schloss Landsberg, Bushaltestelle Essen am Strang/Kettwig vor der Brücke

Den Parkplatz Schloss Landsberg an der August Thyssen Straße erreicht man von der Bushaltestelle Essen am Strang/Kettwig vor der Brücke nach gut einem Kilometer Fußweg über Heiligenhauser Straße und August-Thyssen-Straße. Ein verwurzelter und teils steiler Pfad beginnt als A6 gleich rechts vom Zufahrtstor.

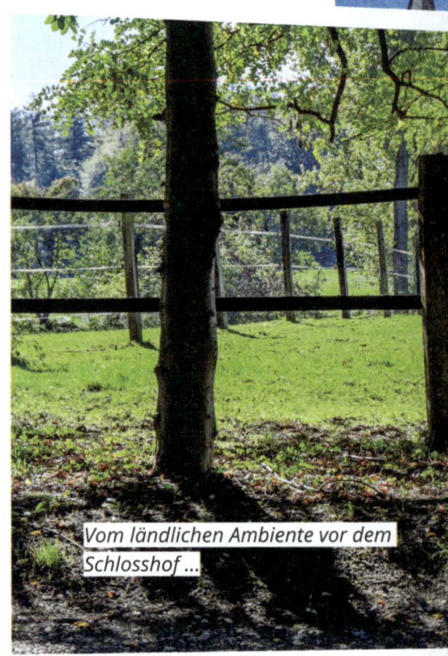

Vom ländlichen Ambiente vor dem Schlosshof ...

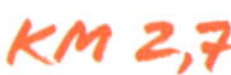

KM 2,7

1

Luftige Landlust

Auf den Ruhrhöhen tierische Begegnungen machen

Vorbei an einer romantischen Steintreppe geht es bis auf die Höhen der Hugenpoeter Wälder. Auf kurvigem Waldweg weiter bergan, nach dem Queren der Essener Straße hat man auf dem Ruhrhöhenweg allemal Höhe und damit herrlich weite Blicke gewonnen. Links durch den Reiterhof, ganz nah an Ross und Stall vorbei, geht's dann fast geradeaus über Am Fußbein weiter. Landluft schnuppern, Pferden begegnen, Fachwerkhäuser passieren und mit etwas Glück vom neugierigen Blöken einer großen Schafsfamilie begrüßt werden. Warum eigentlich schlägt das Herz so hoch, wenn man heimischen Tieren zum Anfassen nahekommt?

Geradeaus weiter über den Waldfriedhof durchs Törchen hat man das Wasserschloss Linnep fast schon erreicht.

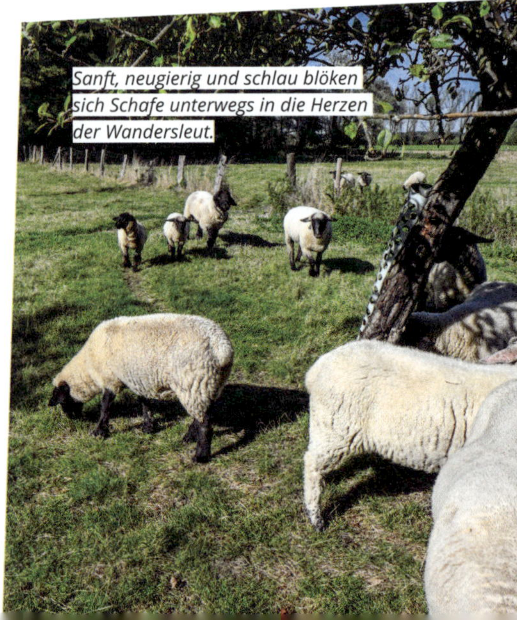

Sanft, neugierig und schlau blöken sich Schafe unterwegs in die Herzen der Wandersleut.

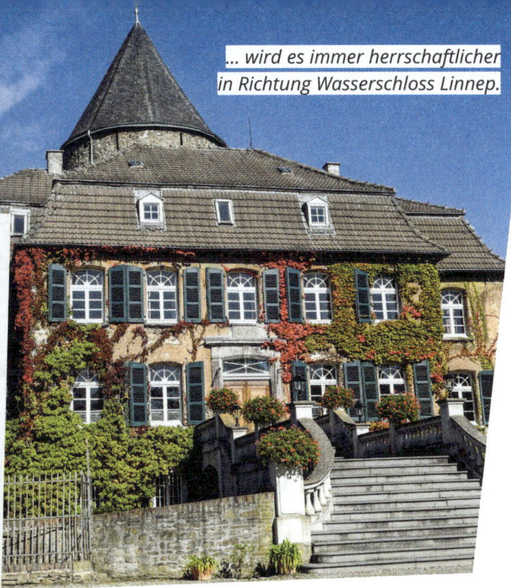

... wird es immer herrschaftlicher in Richtung Wasserschloss Linnep.

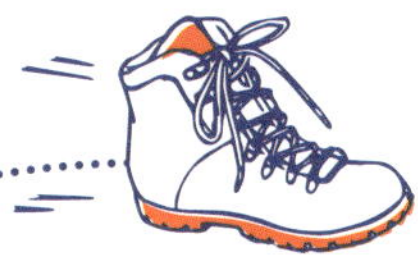

KUNTERBUNTES HERBSTIDYLL

KM 4,7

2 Schloss Linnep

Eine äußerst fotogene Angelegenheit

Am offenen Feld entlang kann man bald durch die Bäume das Wasserschloss Haus Linnep erkennen. Entstanden aus einem ehemaligen Rittersitz besteht das Schloss heute aus einem Herrenhaus mit Vorburg. Besondere Leuchtkraft entwickeln die Fassade und der tausendjährige Turm im Herbst mit ihrem knallrot anhaftenden Weinlaub. Wer sich trauen lassen möchte, ist hier genau richtig. Ansonsten bleiben die Türen vom Privatbesitzer verschlossen. Auf dem Weg am Wassergraben fast einmal um das Anwesen herum finden Fotofreaks reichlich Motive. Das private Gartentor ist tabu, dafür rechts an der Hecke dem Acker-Trampelpfad in den Wald folgen. Der nächste Abstecher nach rechts ist übrigens perfekt für ein Baumstamm-Picknick.

Auf dem Weg bis zum Langenkamp, rechts, links, rechts, die Essener Straße nach links queren, über den Wanderparkplatz zurück in den Wald und links X17 folgen.

KM 8,2

3 Jüdischer Friedhof

Ein mystischer Ort zum Innehalten

Auf einer Lichtung zwischen hohen Bäumen stehen die Grabsteine mit hebräischen Inschriften, verwittert und teilweise mit einer Moospatina überzogen. Als Zeichen des Gedenkens werden noch heute kleine Steine auf den Grabmälern abgelegt. Durch ein Gartentörchen gewährt der idyllische Ruheplatz jederzeit Zugang und lädt ein, auf der Bank Platz zu nehmen, eine kurze Rast einzulegen. Der Jüdische Friedhof Kettwig vor der Brücke wurde übrigens schon 1790 angelegt, einige Gräber sind mehr als 200 Jahre alt.

Geradeaus über die Wegkreuzung geht's durch den zunächst lichten Wald schnurstracks ins schattige Märchenland.

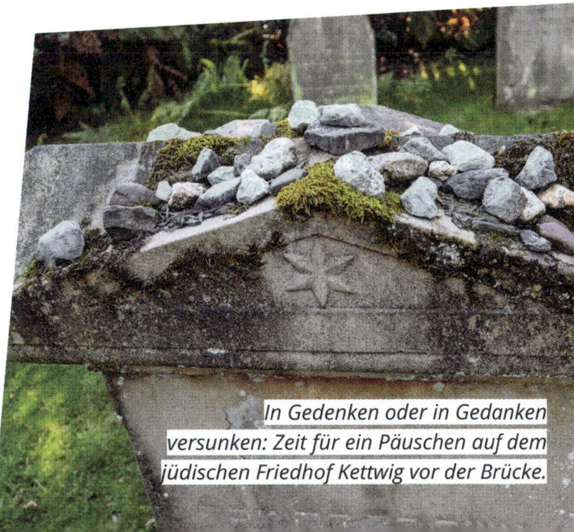

In Gedenken oder in Gedanken versunken: Zeit für ein Päuschen auf dem jüdischen Friedhof Kettwig vor der Brücke.

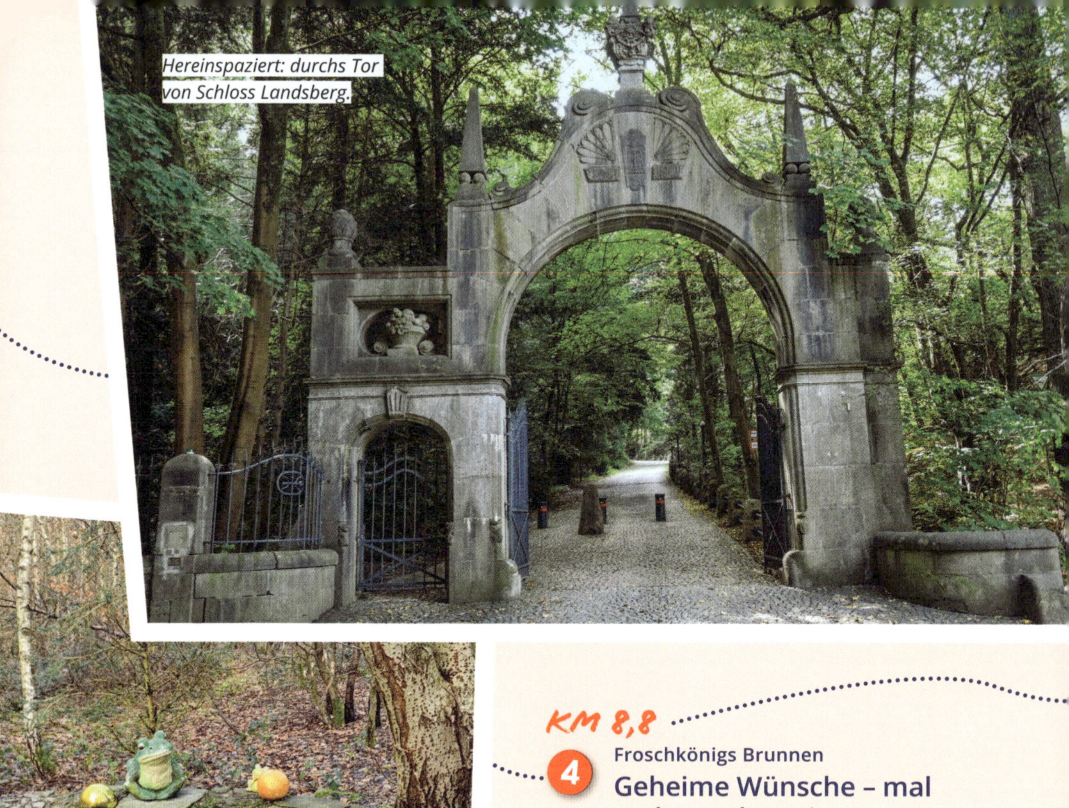

Hereinspaziert: durchs Tor von Schloss Landsberg.

Frosch, Kuss, Wunsch – oder so ähnlich.

WELCHES WUNSCHERL HÄTTEN'S DENN GERN?

KM 8,8

4

Froschkönigs Brunnen

Geheime Wünsche – mal mehr, mal weniger

Die Gebrüder Grimm hätten ihre wahre Freude gehabt: Aus Ziegelsteinen einst bis in die Tiefe gemauert wecken die Brunnenfragmente bei so manchem Besucher Kindheitsfantasien – der Froschbrunnen. Mindestens eine grüne Kitschamphibie, gerne eine Krone tragend oder mit goldener Kugel im Gepäck, sitzt einfach so da. Die Froschpopulation ändert sich immer wieder – manchmal mehr, manchmal weniger. Von Zeit zu Zeit scheinen einige Grüngeister weggeküsst zu werden. Freunde der märchenhaften Zauberei küssen im Vorbeiwandern einen der Frösche um sich etwas Geheimes zu wünschen.

Im Bogen und leicht rechts weiter auf XR, dann aber links den kleinen Pfad bergab nicht verpassen und mit achtsamen Schritten in Serpentinen zum Schloss Landsberg absteigen.

KM 9,6

Schloss Landsberg

Schlossgarten mit morbidem Charme

Schloss Landsberg liegt ein bisschen wie im Dornröschenschlaf und ist mitten im Wald erst im letzten Moment sichtbar. 1903 ließ sich August Thyssen die ursprüngliche Höhenburg als Wohnsitz umgestalten und den Garten mit geraden Wegachsen, Heckenquartieren und dekorativen Brunnen anlegen. Eine Treppe führt vom Wanderweg aus hinunter in den Garten und sofort ist man verzaubert von der besonderen Stimmung, die sich im Sommer mit Blütenduft und Brunnengeplätscher mischt. Schlendernd sollte man jeden Blick in spannende Nischen und morbide Treppengänge mitnehmen. Zwischen Ringmauer und ehemaliger Remise kann man geradeaus über die Rasenfläche zum steilen Ab- und Ausstieg gelangen. Alternativ ist die offizielle Schlossauffahrt bergab ebenso zielführend.

Nur noch zum Parkplatz bzw. zum Bushalt zurückschlendern.

EXTRA INFOS:

Wenige Hundert Meter rechts und links vom Parkplatz Schloss Landsberg locken zur Einkehr das ● **Teatro am Esel** (www.teatroesel.de) bzw. das ● **Gallo Nero** im Alten Zollhaus (www.gallonero-kettwig.de): Richtig lecker – und wer mag, isst outdoor. Ansonsten lohnt auch ein Ausflug über die Ruhr in die kleinen Gassen der ● **Altstadt Kettwig** mit ihren denkmalgeschützten Fachwerkhäusern im Essener Süden.

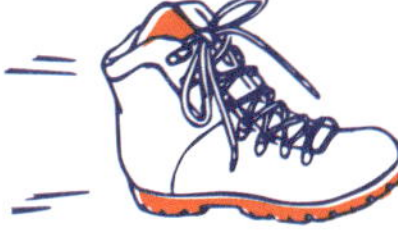

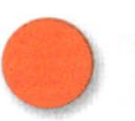

KM 10,1 » ZIEL

Parkplatz Schloss Landsberg, Bushaltestelle Essen am Strang/Kettwig vor der Brücke

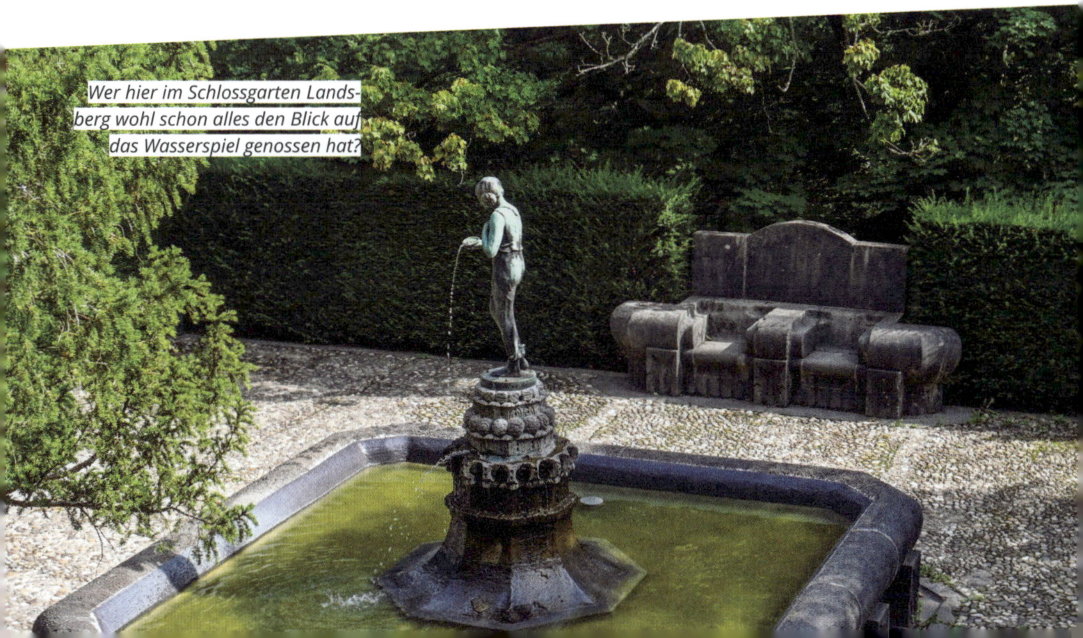

Wer hier im Schlossgarten Landsberg wohl schon alles den Blick auf das Wasserspiel genossen hat?

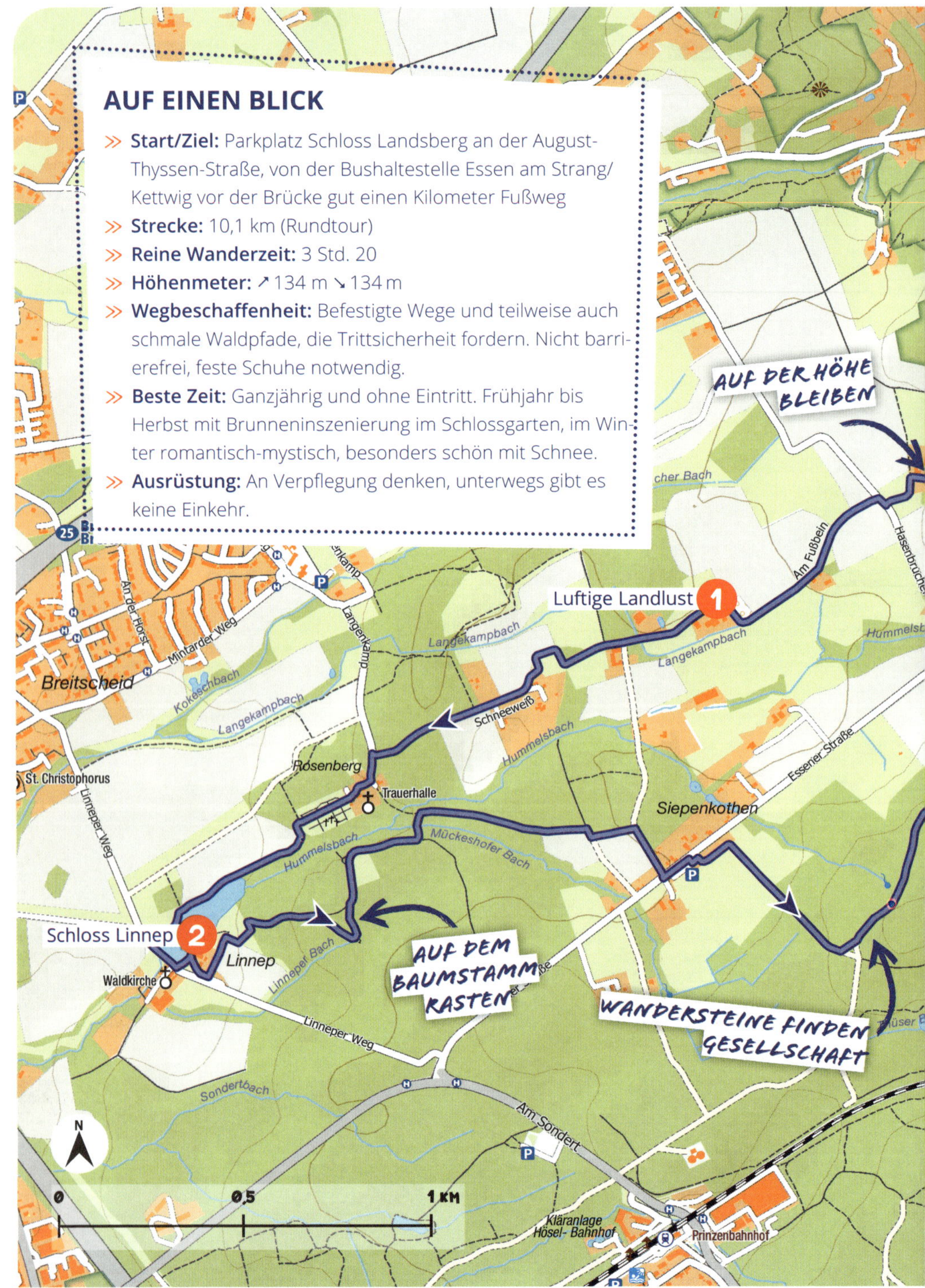

AUF EINEN BLICK

- **Start/Ziel:** Parkplatz Schloss Landsberg an der August-Thyssen-Straße, von der Bushaltestelle Essen am Strang/ Kettwig vor der Brücke gut einen Kilometer Fußweg
- **Strecke:** 10,1 km (Rundtour)
- **Reine Wanderzeit:** 3 Std. 20
- **Höhenmeter:** ↗ 134 m ↘ 134 m
- **Wegbeschaffenheit:** Befestigte Wege und teilweise auch schmale Waldpfade, die Trittsicherheit fordern. Nicht barrierefrei, feste Schuhe notwendig.
- **Beste Zeit:** Ganzjährig und ohne Eintritt. Frühjahr bis Herbst mit Brunneninszenierung im Schlossgarten, im Winter romantisch-mystisch, besonders schön mit Schnee.
- **Ausrüstung:** An Verpflegung denken, unterwegs gibt es keine Einkehr.

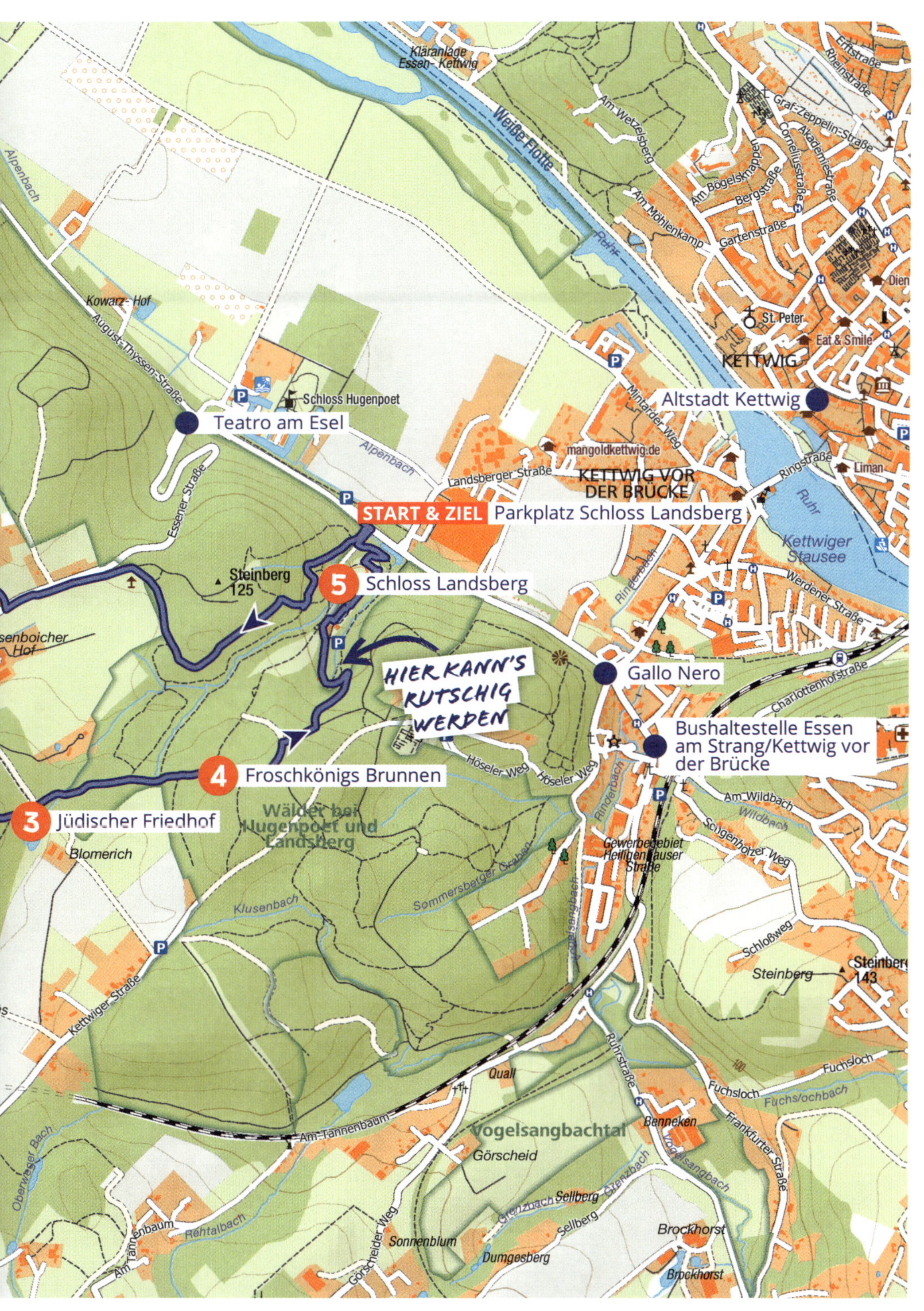

START & ZIEL
Parkplatz Schloss Landsberg
5 Schloss Landsberg
4 Froschkönigs Brunnen
3 Jüdischer Friedhof
Teatro am Esel
Altstadt Kettwig
Gallo Nero
Bushaltestelle Essen am Strang/Kettwig vor der Brücke
HIER KANN'S RUTSCHIG WERDEN
Schloss Hugenpoet
KETTWIG
KETTWIG VOR DER BRÜCKE
Kettwiger Stausee
Wälder bei Hugenpoet und Landsberg
Vogelsangbachtal
Steinberg 125
Steinberg 143

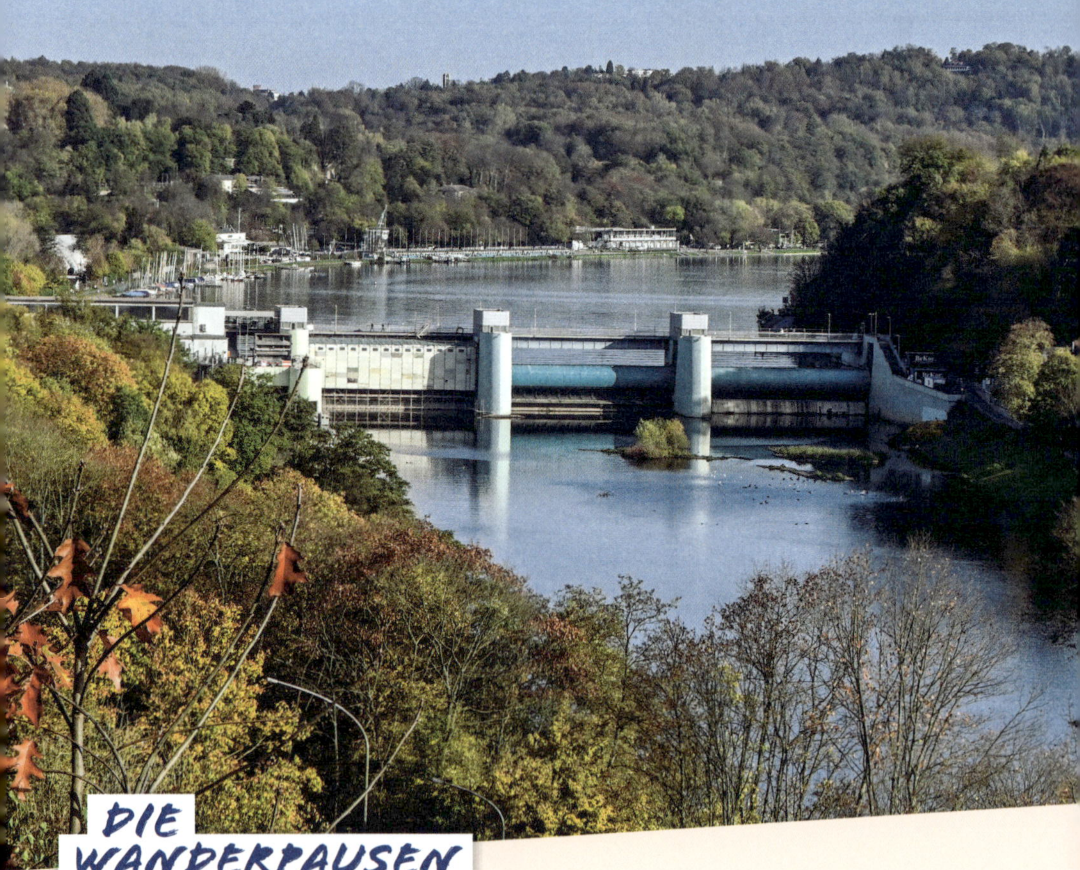

DIE WANDERPAUSEN

» START
Haltestelle Werden, Parkplatz im Löwental

KM 1,3
1 Essener Aussicht Werden
Herzklopfen beim Wehrblick

KM 3,8
2 Wolfsbachtal
Befreiende Plätschergeschichte

KM 6,4
3 Aussichtsbank
Weitwinkelmodus im Sitzen

5 WALD, WIESEN, WANDER-GLÜCK

Auf dem Kettwiger Panoramasteig

Steile, waldige Anstiege lassen die Waden glühen, bevor die Augen vor lauter Panoramaaussichten leuchten. Mittendrin plätschern lauschige Bäche durch die friedliche Landschaft – Pferdewiehern inklusive.

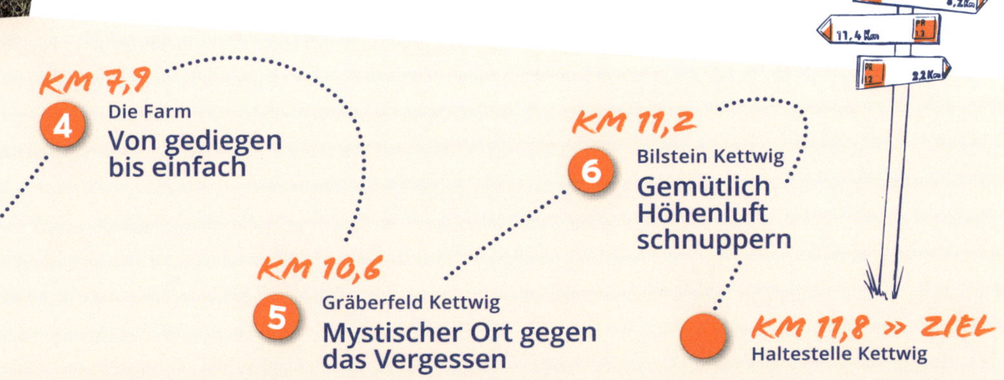

Über Berg und Tal

Zwischen leuchtenden Feldern und saftigen Wiesen muss man sich so manche schweißtreibende Passage durch dichten Wald erarbeiten. Gleich zu Beginn fordert der Steig mit einer geologischen Felsformation heraus, auf der ein schmaler steiler Pfad bis hoch zu den **Essener Aussichten Werden** führt.

Im Gemütlichmodus geht's weiter und der Weg weckt bei so manchem Ruhri Kindheitserinnerungen. Wer hat nicht irgendwann seine Kastaniensammlung am Wildgatter im Heissiwald abgeladen? Das **Wolfsbachtal** mit seinem plätschernden Bach und Schatten im Sommer wirkt regelrecht wie eine Frische-Tankstelle. Aber auch der Moment, in dem man aus dem Wald in die offene Kulturlandschaft wechselt, fühlt sich luftig und befreiend an. Auf einer **Aussichtsbank** mag man die Arme ausbreiten, ganz tief durchatmen. Perfekt, um den Augen freien Lauf bis zum Horizont zu lassen. Im Stadtteil Schuir kann man die meist ländlichen Anwesen in Blickweite fast an zwei Händen abzählen. In das ein oder andere Fachwerkensemble würde man am liebsten gleich einziehen. Die schmalen asphaltierten Straßen werden für schweres Gerät der Landwirte benötigt, lassen die Füße der Wandernden aber Schritt für Schritt wie von selbst den Weg finden.

IDYLLISCH: WENN MAN ZWISCHEN DEN FELDERN KLAPPERNDE HUFE HÖRT UND DIE PFERDE RIECHEN KANN

Im Sommer ist es in Richtung Rutherhof meist weniger einsam. Gerne rollen Radelnde auf der planen Piste und Eventsuchende sind auf dem Weg zum Swingolf. Hat man den ersten Abschlag erreicht, kann man bei der Einkehr in der **Farm** ordentlich nachtanken für den Aufstieg in den Kettwiger Stadtwald. Auch im Ruhrtal, fast auf Flussniveau, begleiten Pferdeweiden den sandigen Pfad. Bevor das mystische **Gräberfeld Kettwig** auf der Höhe erreicht ist, säumen »Bäume des Jahres« den Weg. Auf dem mit hölzernen Tafeln ausgeschilderten Waldlehrpfad werden Wissenslücken gefüllt.

Für ein letztes Päuschen fällt die Wahl zwischen zwei Aussichtstribünen mit Blick aus dem Wald heraus nicht ganz leicht. An der Schattenvariante vorbei ist die Aussicht **Bilstein Kettwig** mit der bekannten Stele markiert und gehört zu den offiziellen Essener Panoramapunkten. Man mag den weitsichtigen Ort über Kettwig kaum wieder verlassen. «

WANDERN & GENIESSEN

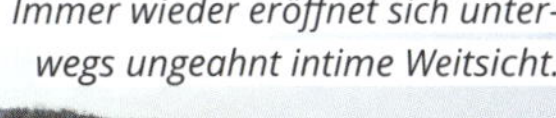
Immer wieder eröffnet sich unterwegs ungeahnt intime Weitsicht.

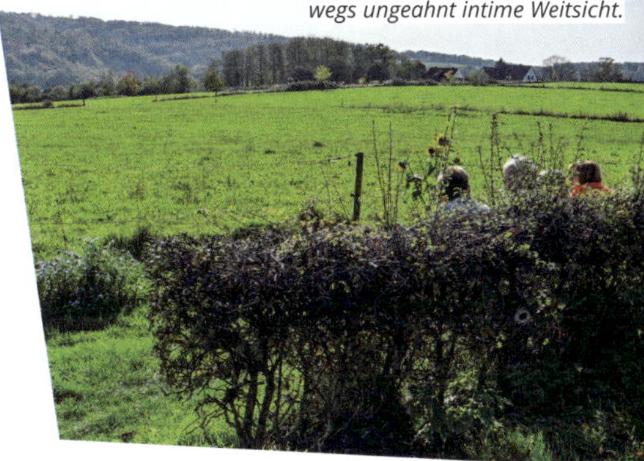

» START

Haltestelle Werden, Parkplatz im Löwental

Nach Unterqueren des Bahnhofs rechts den Weg hinauf und dem Wanderzeichen Kettwiger Panoramasteig (rote Welle über blauem Strich) folgen. Hinter dem Turmhaus rechts auf dem Pfad hinunter, vorbei am geologischen Aufschluss und dahinter immer links stetig bergauf. Den Abzweig links zum Aussichtspunkt nicht verpassen.

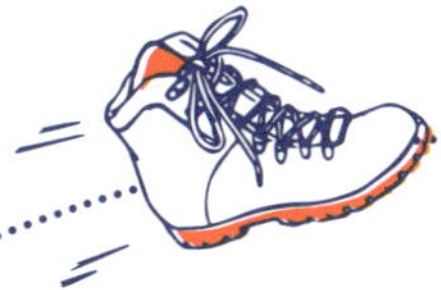

KM 1,3

Essener Aussicht Werden

Herzklopfen beim Wehrblick

Den ersten knackigen Anstieg bewältigt, wird man auf der kleinen Aussichtskanzel belohnt mit dem Blick auf das Stauwehr und den Stadtteil Werden. Von hier kann man sogar den Höhenunterschied vom aufgestauten Baldeneysee zur abgelassenen Ruhr gut erkennen. Links oben die Villa Hügel mit ihrem markanten Glasbelvedere, unten am Wasser der Regattaturm mit Tribüne. In Werden ragen die beiden kupfernen Kirchtürme der Basilika St. Ludgerus neben der Folkwang-Universität der Künste und der Evangelischen Kirche empor. Wer's nicht so genau wissen möchte, lässt einfach den Blick schweifen oder lehnt sich zur Senkung der Pulsfrequenz auf einer Bank zurück.

Weiter auf dem Weg, dann rechts, auf Weg zur Platte links und das Wildgatter Heissiwald rechts liegen lassen. Auf die rote Welle am Wanderzeichen achten! Am Ende links, am Korintenberg rechts auf dem Kanonenberg im großen Bogen um den Berg hinunter. Im Tal rechts und rechtsseitig am Bach entlang (Wanderzeichen).

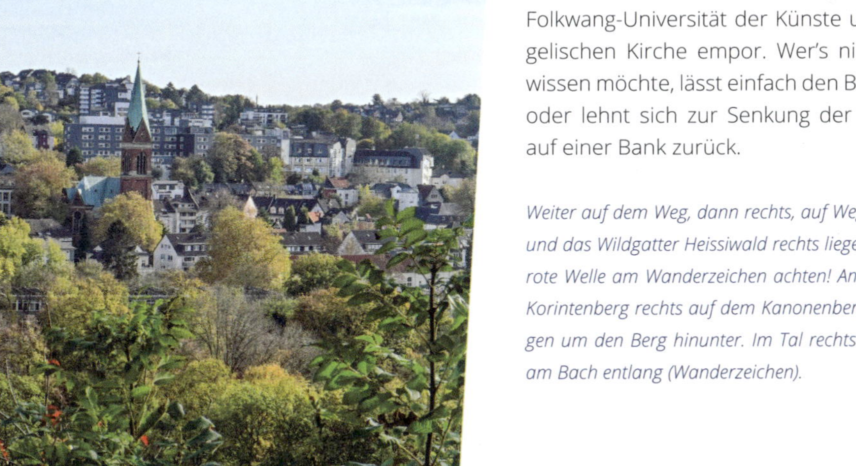
Essen-Werden fest im Blick.

KM 3,8

2 Wolfsbachtal
Befreiende Plätschergeschichte

Einmal eingetaucht ins Wolfsbachtal fühlt man sich wie in einem Märchenfilm: Im dichten Laubwald vereinen sich riesige Buchen und Eichen im Sommer zu einem wunderbaren Blätterdach. Aber auch im Frühjahr, wenn das Leben aus dem Winterschlaf erwacht, sind das zarte Grün der Bäume und die gelben Sprösslinge am Boden sehr reizvoll. Neben dem Wanderweg gluckert der Bach, als wolle er von seiner jüngsten Befreiung erzählen. Fast drei Kilometer Abwasserkanal wurden parallel zum Bach in einer jahrelangen Großbaustelle verlegt. Gleichzeitig konnte das Regenüberlaufbecken vollständig zurückgebaut und die Fläche mit jungen Bäumen besiedelt werden. Der Wolfsbach erleidet nun keine verschmutzte Regenüberflutung mehr und kann sauber in die Ruhr fließen.

Fast am Ende des Bachtals über die Brücke die Uferseite wechseln. Ab hier links hinauf und dem wurzeligen Pfad weiter links folgen. Fast auf der Höhe in freier Landschaft rechts, nächste Möglichkeit links, vorbei am Reiterhofidyll direkt auf die Bank zu (Wanderzeichen).

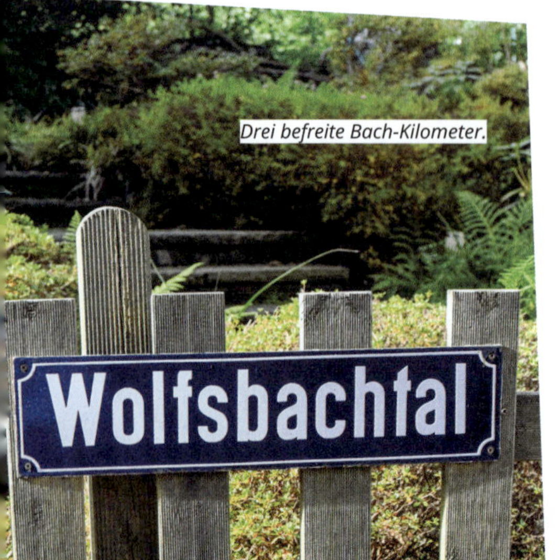

Drei befreite Bach-Kilometer.

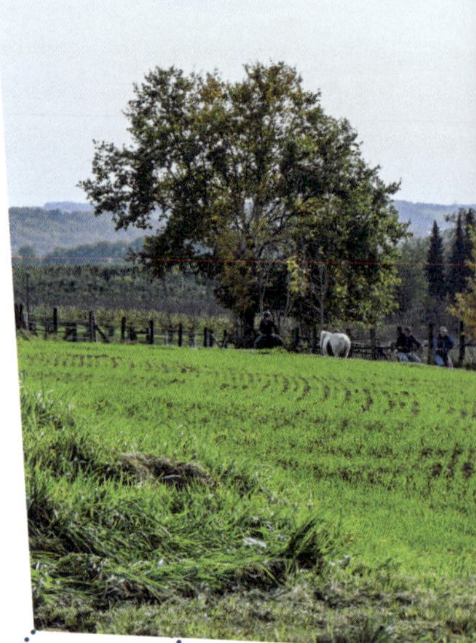

KM 6,4

3 Aussichtsbank
Weitwinkelmodus im Sitzen

Es ist diese malerisch geschwungene Weite, die das Wanderherz höherschlagen lässt. Bunt bestellte Äcker und Pferdewiesen wechseln sich ab, während die einzelnen Fachwerkhöfe im Schutz alter Bäume stehen. Direkt vor der Hoftür idealerweise Obstwiesen und Reitplatz. Die schmalen Straßen sind asphaltiert und ihre Randstreifen werden gerne und oft für einen Ausritt genutzt. Vermutlich leben im Essener Stadtteil Schuir mehr Pferde als Menschen. Auf der Bank Platz nehmen und die Augen auf Weitwinkelmodus stellen. Bis zum Kloster Schuir reicht der Blick, in die andere Richtung über seichte Täler und waldige Hänge weit übers Ruhrtal. Bevor es weitergeht noch mal tief einatmen: den Duft von frisch gemähtem Gras, von Heu, von schwitzenden Pferden – je nach Begegnung und nach Jahreszeit.

Immer weiter geradeaus, die Straße queren und parallel zum schwingenden Schuirbach bis zur Rinderweide ins märchenhafte Tal. Hier den Steig geradeaus verlassen und auf dem Rutherweg hinauf zur Farm.

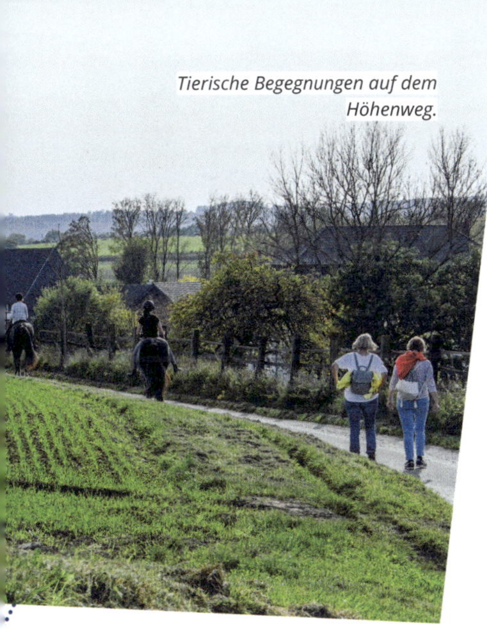
Tierische Begegnungen auf dem Höhenweg.

KM 7,9

4 Die Farm

Von gediegen bis einfach

Auf dem Rutherhof hat man die Auswahl: Golfplatz, Event-Imbissstand und Restaurant liegen nur wenige Meter auseinander. Von hochwertigen Fleischgerichten über vegetarische Varianten bis zum Ruhrpott-Klassiker »Pommes Currywurst« und Hausmacherkuchen geht hier alles, am liebsten outdoor. Rucksackträger können sich im Hofladen zusätzlich eindecken. Natürlich muss man nicht zwingend dem Swin- oder Fußballgolf frönen, auch Zuschauen kann auf der Wanderetappe unterhaltsam sein. Wer nach dem großen Federvieh Ausschau hält, sucht jedoch vergebens. Die Straußenfamilie ist nach vielen Jahren an den Niederrhein ausgezogen (www.diefarm-essen.de, www.rutherhof.de).

Weiter bergab ins Tal, vor der Kurve den im spitzen Winkel rechts abbiegenden Pfad parallel zu Weiden und Reitanlagen nicht verpassen. Am Ende links auf dem breiten Ruthertalweg hinauf in den Stadtwald Kettwig. Ab hier ist der Panoramasteig wieder ausgeschildert.

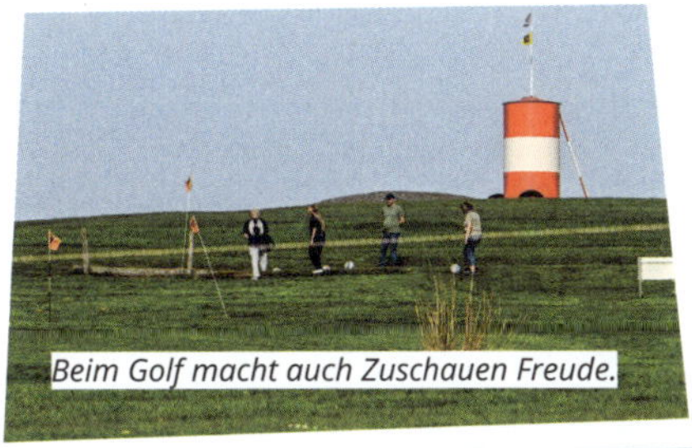

Beim Golf macht auch Zuschauen Freude.

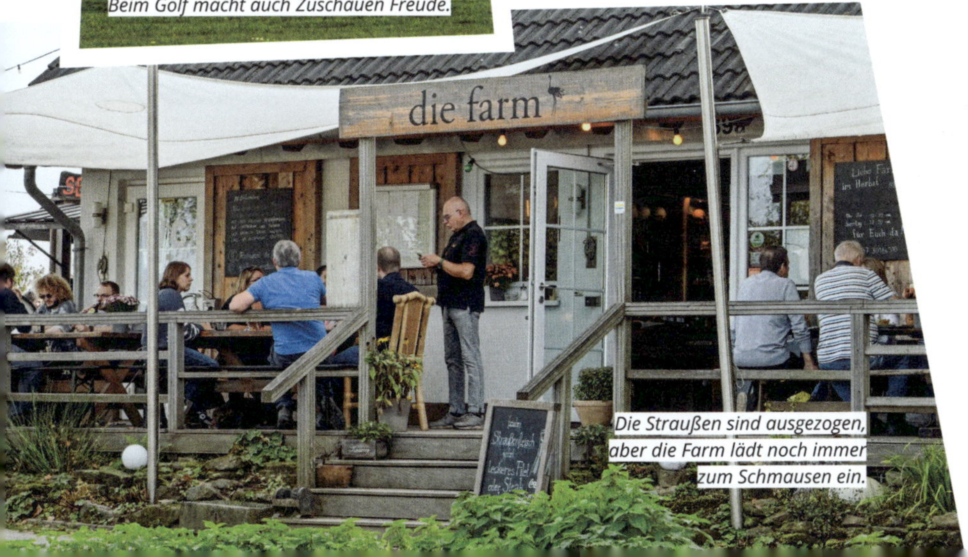

Die Straußen sind ausgezogen, aber die Farm lädt noch immer zum Schmausen ein.

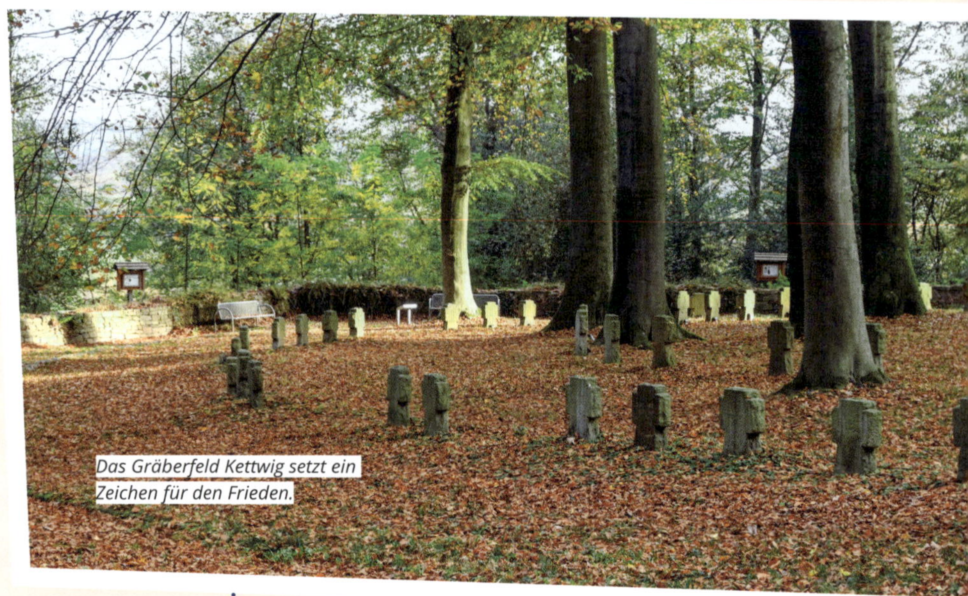

Das Gräberfeld Kettwig setzt ein Zeichen für den Frieden.

KM 10,6

5

Gräberfeld Kettwig

Mystischer Ort gegen das Vergessen

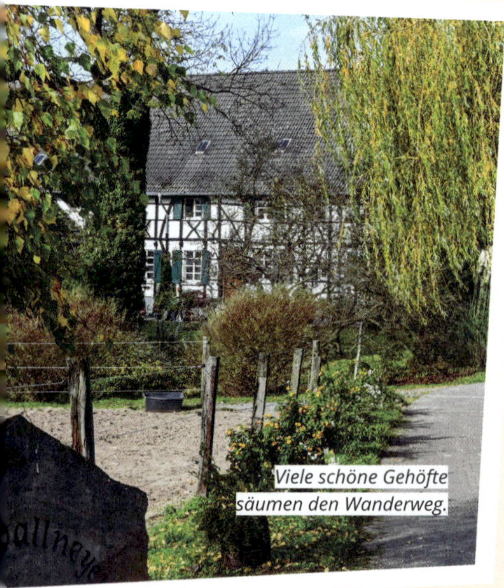

Viele schöne Gehöfte säumen den Wanderweg.

Friedhöfe umgeben oft eine geheimnisvolle Aura. Kriegsgräberfelder ganz besonders, weil die Ruhestätten einsam wirken und zum Nachdenken über Streit und Krieg anregen. Unter den riesigen Buchen stehen 161 Sandsteinkreuze für Kriegstote, die während der Kämpfe im Großraum Kettwig in beiden Weltkriegen ihr Leben verloren. Soldaten wie Zivilisten, darunter 20 Frauen, 25 Kinder sowie 43 sowjetische Soldaten. Drei Säuglinge haben 1945 nicht einmal ihren ersten Geburtstag erlebt. Alle, die hier begraben sind, haben ihre eigene Geschichte und ihr eigenes Schicksal. Die gesamte vom Mäuerchen umrundete Fläche der Kriegsgräberstätte steht unter Denkmalschutz und wird zum Zeichen gegen das Vergessen von der Stadt gepflegt.

Geradeaus dem Wanderzeichen folgen, weiter links durch ein lichtes Wäldchen.

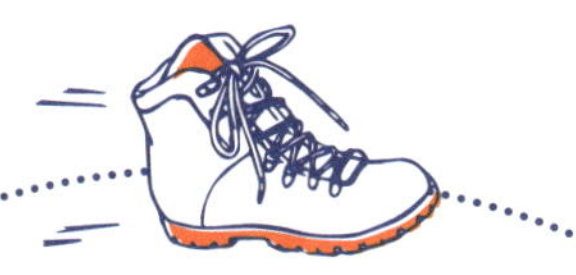

KM 11,2

Bilstein Kettwig

Gemütlich Höhenluft schnuppern

Wie war das? Drittgrünste Stadt Deutschlands? Ähnlich einem Ausrufezeichen markiert die Stele den Ausblick Richtung Bergisches Land, unten fließt die Ruhr. Insgesamt 30 Stelen stellte Essen als Grüne Hauptstadt Europas 2017 an besonderen Aussichten auf. Am gegenüberliegenden Ufer sieht man Schloss Oefte, einen der ältesten Herrensitze der Region. An manchen Tagen begegnet man am Bilstein sportlich ambitionierten Wandernden, die ihren Blick auf dem kompletten Weg über 35 Kilometer Panoramasteig kaum von der Handy-App wenden und wie auf der Durchreise wirken. Dabei kann man es sich auf den Bänken durchaus gemütlich machen und ein Schwätzchen halten.

Weiter auf dem Weg bis zur Straße Am Bilstein. Zwischen Nr. 24 und 22 links die steilen Stufen zur Hauptstraße runtersteigen.

EXTRA INFOS:

Über die Ruhrbrücke gelangt man vom S-Bahnhof Werden in die historische ● **Altstadt Werden,** heute ein Stadtteil von Essen. In der Tuchmacherstadt reihen sich in kleinen, gemütlichen Gassen Fachwerkhäuser aneinander, in denen sich so manch individuelle Einkehr findet. Kulturgeschichtlich Interessierte sollten sich die Basilika Sankt Ludgerus mit Krypta und Schatzkammer nicht entgehen lassen (Öffnungszeiten: www.ludgerus.ruhr).

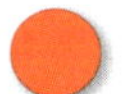

KM 11,8 » ZIEL

Haltestelle Kettwig

S6 und Bus 180 fahren zurück zum Ausgangspunkt an der Haltestelle Werden.

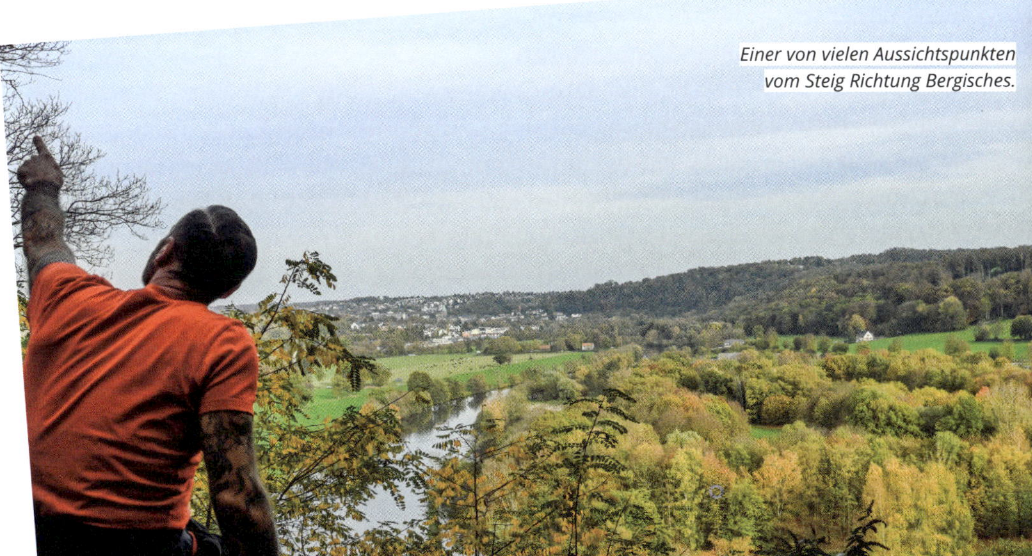

Einer von vielen Aussichtspunkten vom Steig Richtung Bergisches.

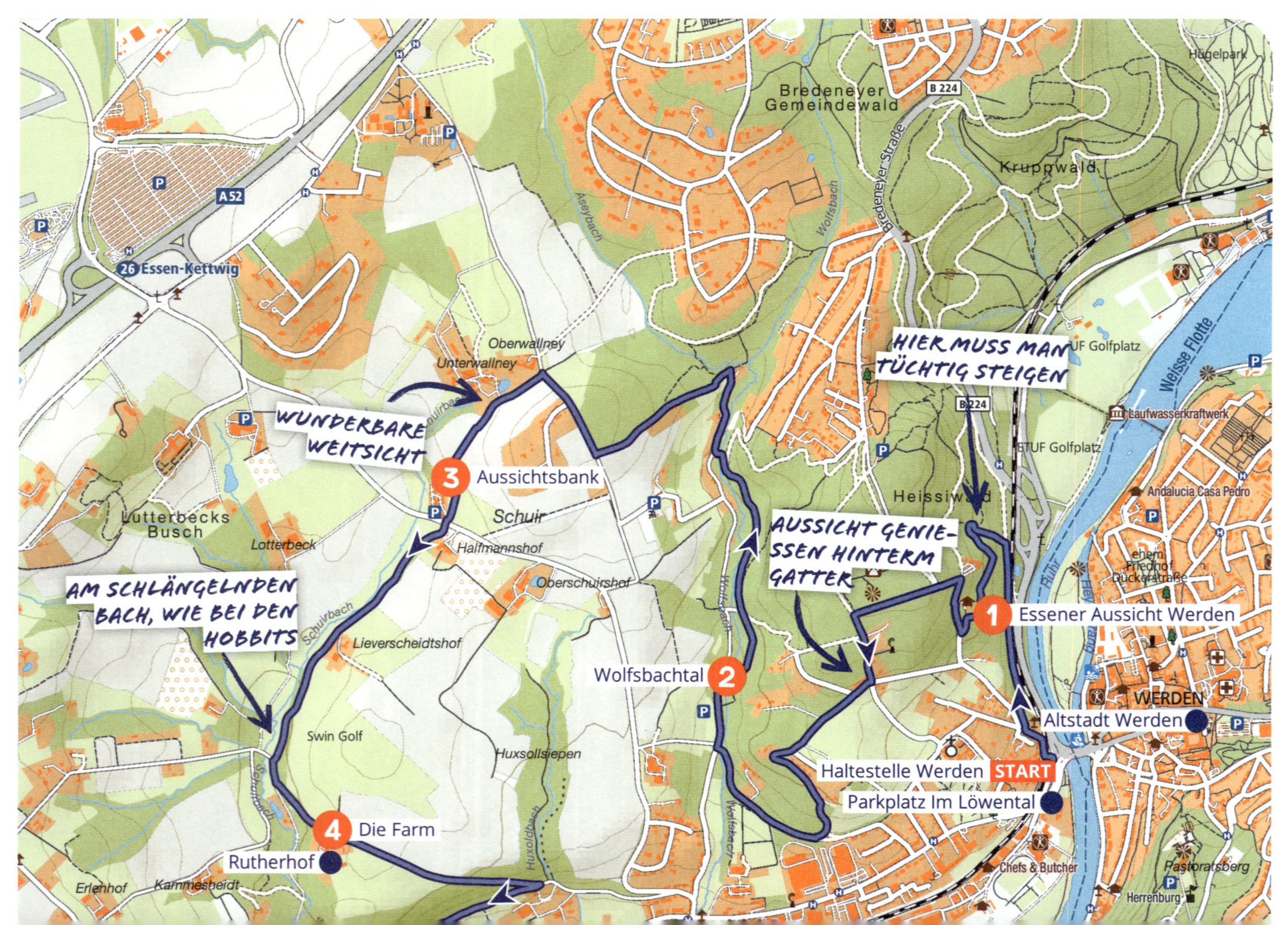

HIER MUSS MAN TÜCHTIG STEIGEN
AUSSICHT GENIESSEN HINTERM GATTER
WUNDERBARE WEITSICHT
AM SCHLÄNGELNDEN BACH, WIE BEI DEN HOBBITS
1 Essener Aussicht Werden
2 Wolfsbachtal
3 Aussichtsbank
4 Die Farm
Haltestelle Werden START
Parkplatz Im Löwental
Altstadt Werden
Rutherhof
WERDEN
Bredeneyer Gemeindewald
Kruppwald
Heissiwald
Hügelpark
Bredeneyer Straße
B 224
A52
26 Essen-Kettwig
Weisse Flotte
Ruhr
Laufwasserkraftwerk
ETUF Golfplatz
Andalucia Casa Pedro
ehem. Friedhof Dückerstraße
Chefs & Butcher
Pastoratsberg
Herrenburg
Wolfsbach
Aseybach
Oberwallney
Unterwallney
Schuir
Halfmannshof
Oberschuirshof
Lieverscheidtshof
Schuirbach
Swin Golf
Huxsollsiepen
Huxoldbach
Lutterbecks Busch
Lotterbeck
Erlenhof
Kammesheidt

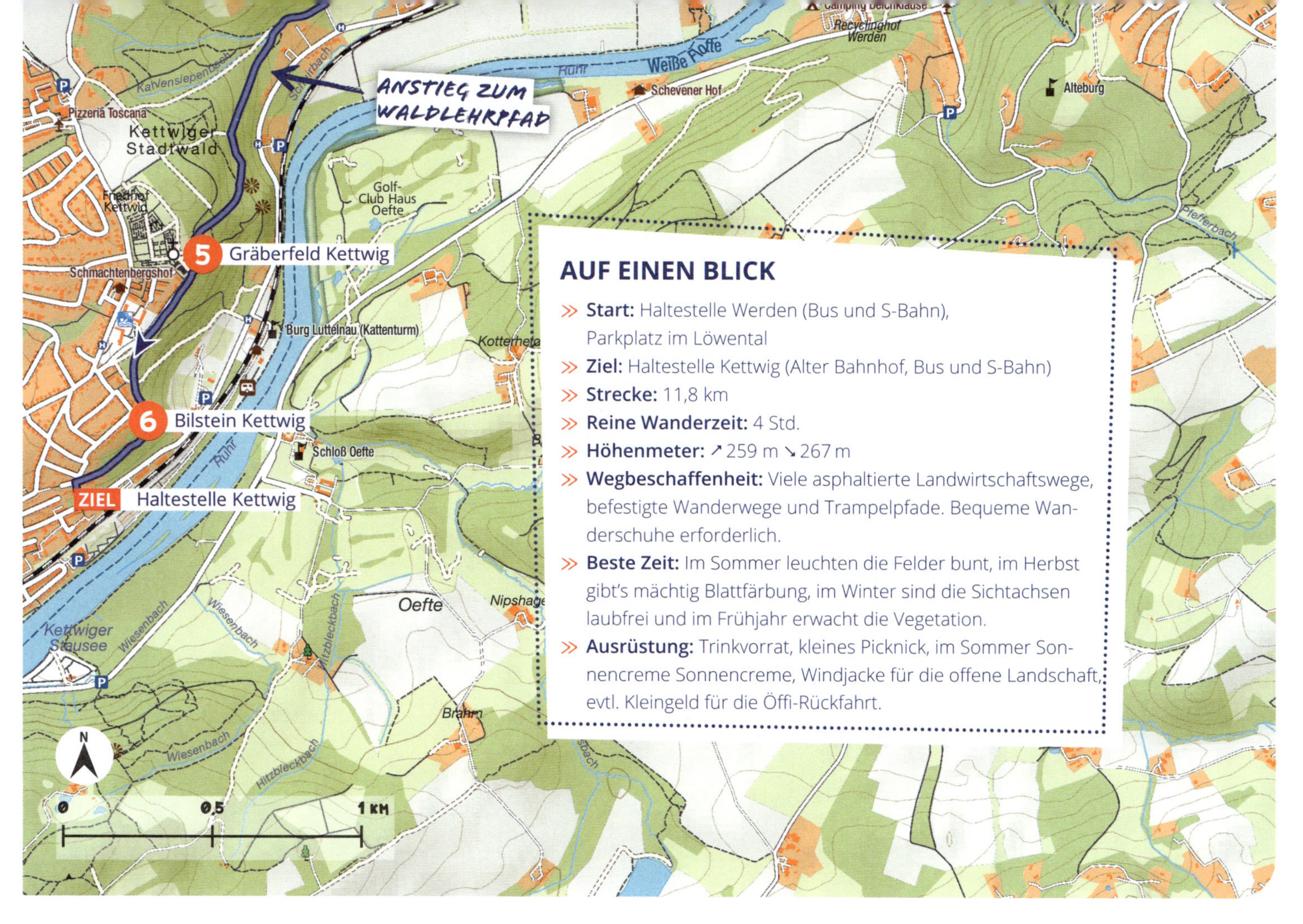

AUF EINEN BLICK

- **Start:** Haltestelle Werden (Bus und S-Bahn), Parkplatz im Löwental
- **Ziel:** Haltestelle Kettwig (Alter Bahnhof, Bus und S-Bahn)
- **Strecke:** 11,8 km
- **Reine Wanderzeit:** 4 Std.
- **Höhenmeter:** ↗ 259 m ↘ 267 m
- **Wegbeschaffenheit:** Viele asphaltierte Landwirtschaftswege, befestigte Wanderwege und Trampelpfade. Bequeme Wanderschuhe erforderlich.
- **Beste Zeit:** Im Sommer leuchten die Felder bunt, im Herbst gibt's mächtig Blattfärbung, im Winter sind die Sichtachsen laubfrei und im Frühjahr erwacht die Vegetation.
- **Ausrüstung:** Trinkvorrat, kleines Picknick, im Sommer Sonnencreme Sonnencreme, Windjacke für die offene Landschaft, evtl. Kleingeld für die Öffi-Rückfahrt.

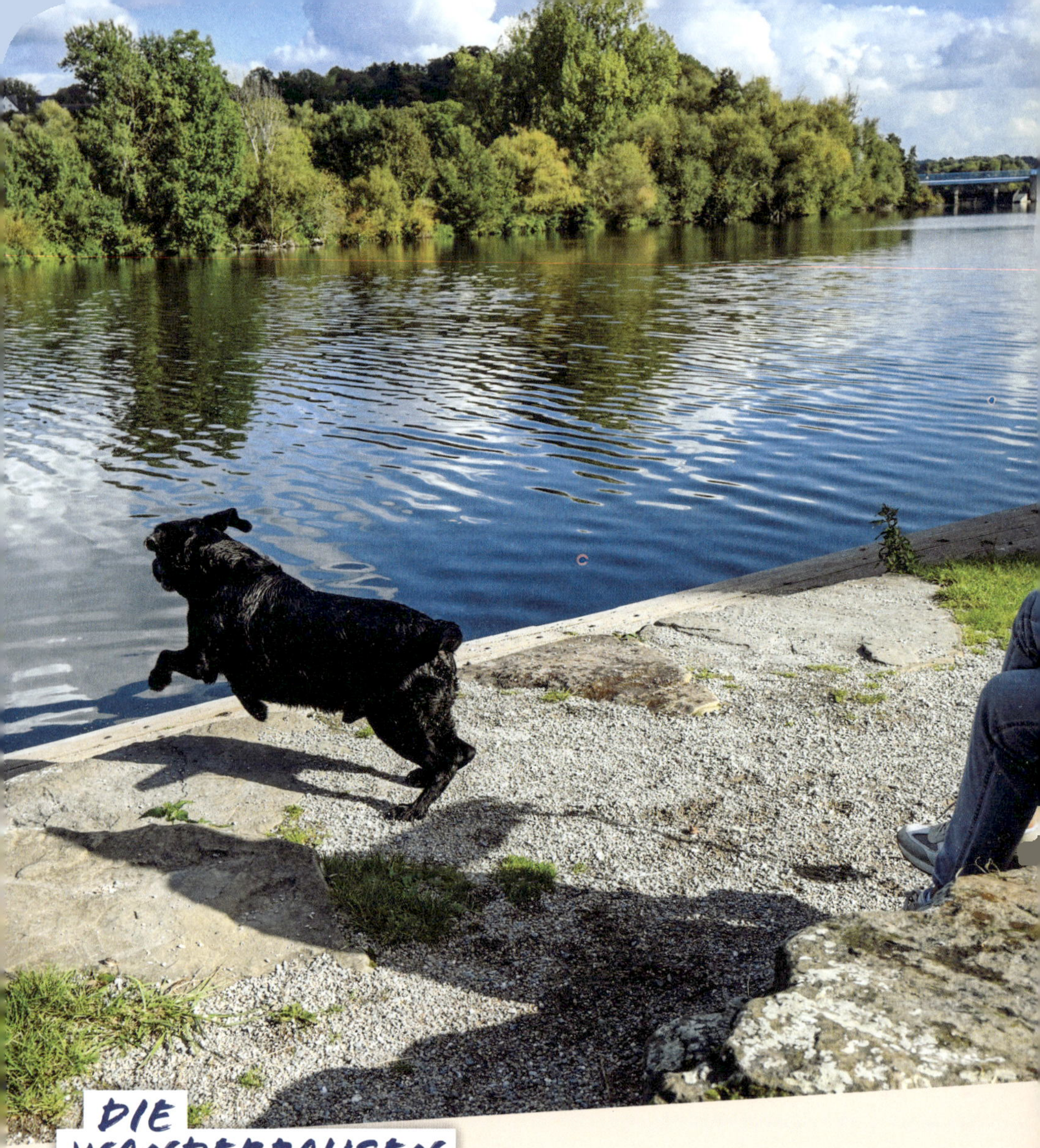

DIE WANDERPAUSEN

» START
Haltestelle & Parkplatz Schloss Broich

KM 0,7
1 Café Plati
Lecker Eis und faire Bohnen genießen

KM 1,1
2 Haus Ruhrnatur
Sich mit dem Fluss vertraut machen

KM 2,7
3 Kahlenberg
Aufstieg zum Balkon Mühlheims

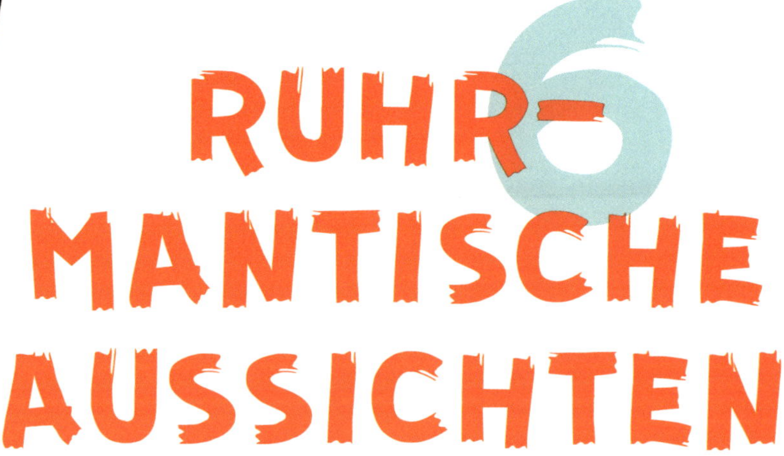

RUHR-MANTISCHE AUSSICHTEN

Mal rechts, mal links an Mülheimer Flussufern

Der Blick vom Kahlenberg über die Ruhr lässt nur erahnen, welche Vielfalt die Natur in Flussnähe hervorbringen kann. Mit Schleuse, Wasserkraftwerk und Überbrückungen bezieht mittendrin der Mensch Stellung.

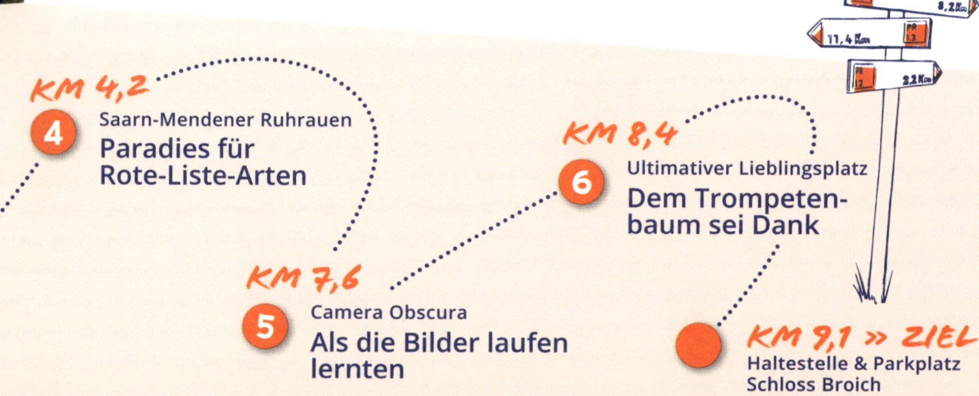

DAS WASSER FEST IM BLICK

So schnell kanns gehen. Von der innerstädtischen Schlossbrücke sind es nur ein paar Stufen, und schon befindet man sich auf Augenhöhe mit der Ruhr. Ein kurzer Kaffeestopp im **Plati** auf der von viel Grün bestandenen Ruhrpromenade, bevor der Knotenpunkt mit Schleuse, Wasserkraftwerk und **Haus Ruhrnatur** tiefe Einblicke in das Wesen des Flusses gewährt. Nun geht es rüber auf die Ruhrinsel, wo man besonders entspannt am Ufer spazieren kann, mit Blickkontakt zu Booten und Wassersportlern.

SIMPEL, ABER FASZINIEREND: SCHIFF UNTEN REIN, SCHLEUSENTOR ZU, WASSER EINLASSEN, SCHIFF KOMMT HOCH, TOR OBEN AUF

Vom Inselzipfel läuft man über die Florabrücke zurück ans rechte Ruhrufer, hier ist der nördlichste, rund 90 Meter hohe Ausläufer des Rheinischen Schiefergebirges gen Norden moderat zu erwandern. Oben im Wald sind in der Regel weniger Menschen unterwegs als unten am Wasser, obwohl die Aussicht von dem steil zum Fluss abfallenden **Kahlenberg** besonders schön ist – bis weit in die Ruhrauen gegenüber und bis zur Ruhrtalbrücke der A52. Nicht umsonst wird der markante Aussichtspunkt von Insidern gern Mülheimer Balkon genannt.

Auf der anderen Ruhrseite haben die flachen Auen durch regelmäßige Hochwasserereignisse ihr ganz eigenes Gesicht erhalten. Entsprechend siedeln hier Pflanzenarten und Tiere an, die andauernde Überflutungen tolerieren können. Im Frühling kommt es zu einer Blütenexplosion auf den Wiesen, im Winter rasten hier Zugvögel. Dann laufen Hobby-Ornithologen auf der Pirsch zu Hochform auf. Doch man muss kein Experte sein, um die Einmaligkeit der wertvollen Landschaft der **Saarn-Mendener Ruhrauen** zu erfassen und die einmalige Gelegenheit zu nutzen, auf einer Bank mit Blick aufs Wasser eine Portion Entschleunigung zu tanken, bevor die MüGa mit gänzlich anderen Reizen daherkommt.

Vom Aha-Erlebnis in der **Camera Obscura,** über Blauregendusche im Wandelgang, bis zum persönlich ernannten **Lieblingsplatz** haben die Landschaftsplaner alle Register gezogen. Fazit: Der Pott ist grüner als so mancher denkt. Aufgepasst: Alle ufernahen Wege sind bei Hochwasser gesperrt. «

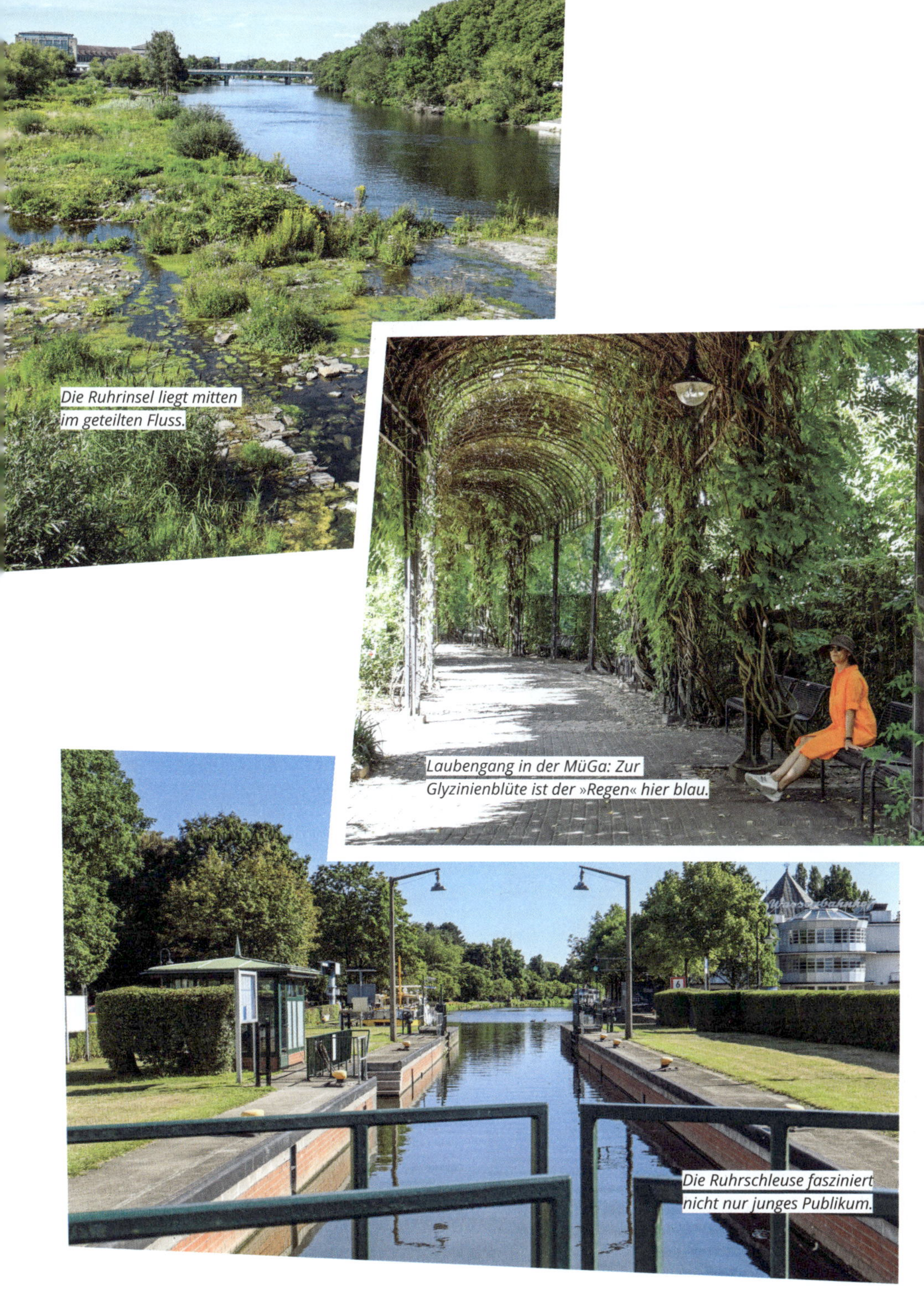

Die Ruhrinsel liegt mitten im geteilten Fluss.

Laubengang in der MüGa: Zur Glyzinienblüte ist der »Regen« hier blau.

Die Ruhrschleuse fasziniert nicht nur junges Publikum.

WANDERN & GENIESSEN

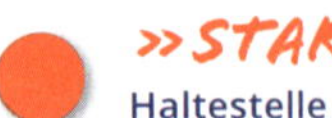

»START

Haltestelle & Parkplatz Schloss Broich

Von der Stadtbahn-/Bushaltestelle oder vom Parkplatz Schloss Broich (Theodor-Heuss-Platz vor der Stadthalle Mülheim) über die Schlossbrücke auf die andere Ruhrseite wechseln und am Ufer flussabwärts laufen.

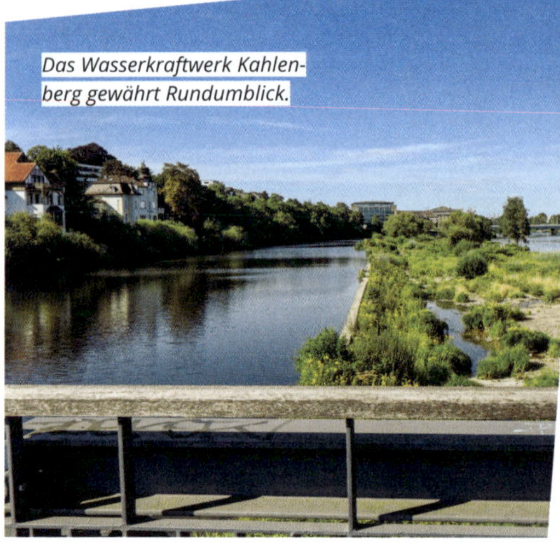

Das Wasserkraftwerk Kahlenberg gewährt Rundumblick.

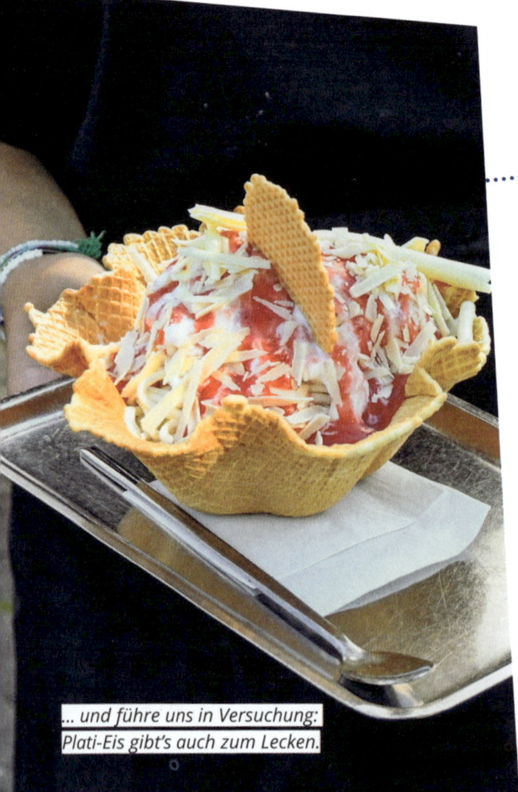

... und führe uns in Versuchung: Plati-Eis gibt's auch zum Lecken.

KM 0,7

Café Plati

Lecker Eis und faire Bohnen genießen

Verfehlen kann man das Café mit Außenbereich unter Platanen nicht. Der frühe Vogel startet mit einem leckeren Frühstück in den Wandertag, Kaffeeliebhaber schätzen die faire Bohne. Ansonsten steht dem Genuss von frischem Minztee über Affogato bis zum Fassbier fast nichts im Wege. Das von Meisterhand selbstgemachte Eis führt allerdings mächtig in Versuchung, vor allem als Spezial-Cup in essbaren Waffelschalen. Und das geht zu jeder Tageszeit (www.cafeplati.de) Wer Hummeln im Hintern hat, schnappt sich ein Leckeis auf die Hand und spaziert weiter zur Schleuse. Mit etwas Glück möchte gerade ein kleines Schiff passieren – ein sehenswertes Spektakel.

Über die Schleuse links, vorbei am alten Wasserbahnhof, liegt an der Südspitze der Schleuseninsel Haus Ruhrnatur.

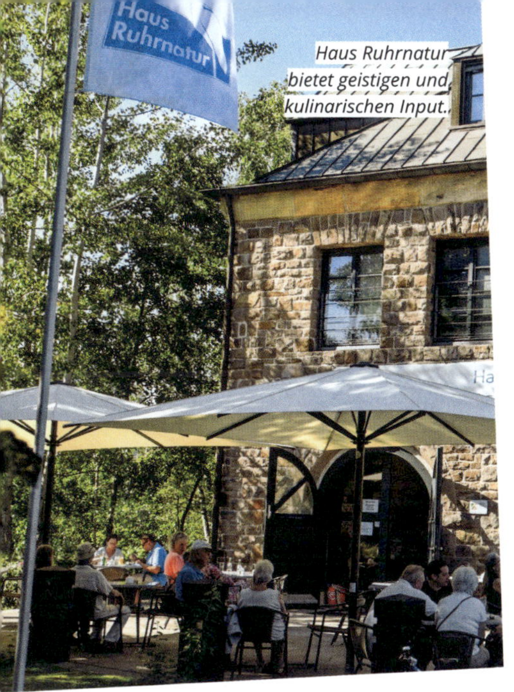

Haus Ruhrnatur bietet geistigen und kulinarischen Input.

KM 1,1

2 Haus Ruhrnatur

Sich mit dem Fluss vertraut machen

Fische, Kleintiere unter dem Mikroskop, Geräusche und Gerüche lassen Besucher das Ökosystem Ruhr hautnah erleben. In dem Fluss, in dem Baden zu Hochzeiten der Industrialisierung gesundheitsgefährdend und darum verboten war, leben heute wieder zahlreiche Fischarten, die in Aquarien gezeigt werden. Der Blick über den Tellerrand gewährt nicht nur Einblicke in die Wasserökologie, sondern auch in die Klimageschichte der Erde. Kulinarischen Input bietet ein herzhafter Eintopf im Café (www.haus-ruhrnatur.de).

Zurück und übers Wasserkraftwerk Kahlenberg auf die Insel, gleich links auf den Ruhrinselweg. Fast am Ende über die Florabrücke, an deren Ende links, dann direkt scharf rechts in den Floraweg abbiegen, bald wieder rechts ab.

KM 2,7

3 Kahlenberg

Aufstieg zum Balkon Mülheims

Stetig bergan in den Kahlenbergwald, dann gelangt man, immer am steil abfallenden Hang entlang, zur Aussichtsplattform Ruhrtalblick. Von hier reicht die Sicht weit über das Ruhrtal in die breite Saarner Ruhraue. Weiter links rückt unverkennbar die Ruhrtalbrücke der A52 ins Bild. Der mit einer Bruchsteinmauer eingefasste »Mülheimer Balkon« ist perfekt geeignet für eine kleine Fotosession. Egal ob naturbegeistert oder auf der Jagd nach ungewöhnlichen Perspektiven, hier findet man reichlich Motive. Außerdem lässt es sich hier oben prima abhängen, ob mit oder ohne Wegzehrung. Wer interessiert ist an der Geologie dieses massiven Gesteins, der findet auf einer Infotafel die Antwort.

Vom befestigten Weg aus rechts in den Waldpfad und im Zickzack über eine Holzbrücke waldig bergab. Weiter auf Mendener Straße, rechts über die Mendener Brücke, diese über Stufen an der nächsten Möglichkeit verlassen. Schräg rechts in die Ruhrauen eintauchen.

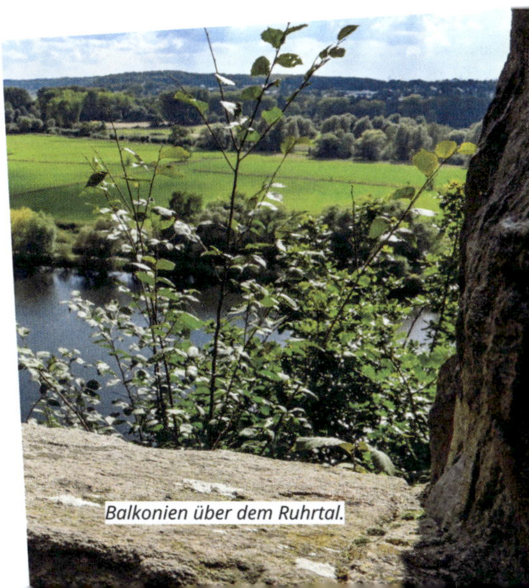
Balkonien über dem Ruhrtal.

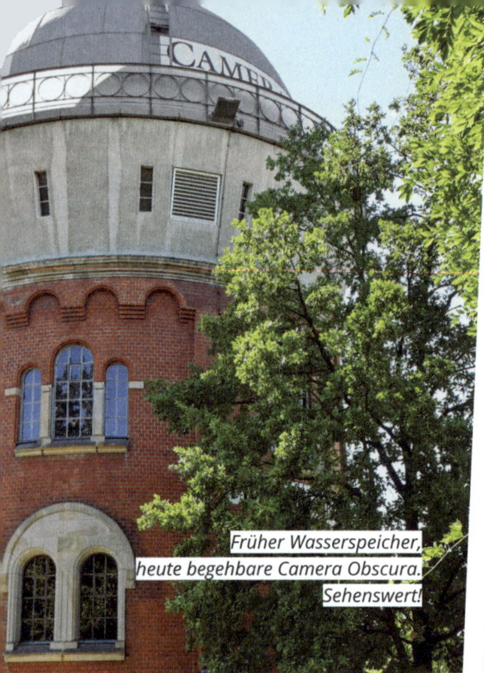

Früher Wasserspeicher, heute begehbare Camera Obscura. Sehenswert!

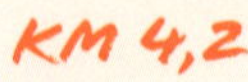

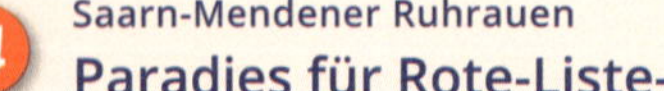

4 Saarn-Mendener Ruhrauen

Paradies für Rote-Liste-Arten

Immer in Ruhrnähe läuft man entspannt durch eine grüne Landschaft aus Wiesen, Bäumen, Kopfweiden, Silberpappeln, Sträuchern und Altwässern. Am Ufer kann man Bisamratten, Nutrias, Graureiher und Kormorane beobachten. Hunde können ihre Leine auf der Hundewiese abwerfen und einen Sprung in die Ruhr wagen. Frauchen und Herrchen machen es sich auf der Bank (bei km 6) bequem – aber auch ohne Hund darf man sich hier an der langsam dahinziehenden Ruhr eine Portion Entschleunigung abholen.

Auf dem Saarner Auenweg weiter, per Brücke die Straße queren, dann rechts. Auf dem Fossilienweg über die nächste Fußgängerbrücke. Am Schloss Broich das MüGa-Gelände ansteuern und auf Vorsterweg schräg links weiter über die Terrassen vom Ringlokschuppen, dann wieder links halten.

KM 7,6

5 Camera Obscura

Als die Bilder laufen lernten

Schon mal in der größten, begehbaren Kamera der Welt gewesen? In die Kuppel des alten Broicher Wasserturms wurde anlässlich der Mülheimer Landesgartenschau MüGa 1992 eine Camera Obscura eingebaut. Das Innere gleicht einem begehbaren Fotoapparat mit einer Spiegeloptik, die das 360-Grad-Panorama der Stadt gestochen scharf abbildet (www.camera-obscura-muelheim.de). Ursprünglich diente der Turm als Wasserspeicher für Dampflokomotiven. Ganz und gar nicht technisch beginnt Richtung Kugelbrunnen der Wandelgang, in dem man sich wie in einem verwunschenen Märchen fühlt. Besonders zur Blauregensaison. Die Wege sind der radialen Form des Ringlokschuppens angepasst. Hin und her wandeln, sich auf einer Bank blauregnen lassen: romantischer kann man nicht blaumachen.

Durch den halbrunden Blättertunnel vorbei am Kugelbrunnen, am Ende links und hinter Spielplatz und VHS-Gebäude wieder links auf der Fußgängerbrücke die Straße kreuzen.

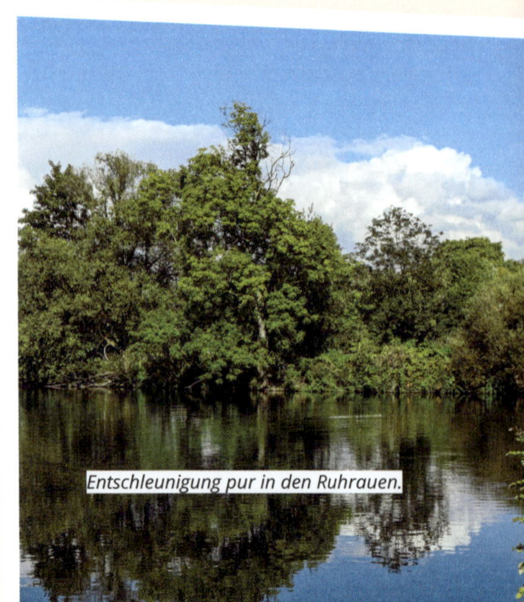

Entschleunigung pur in den Ruhrauen.

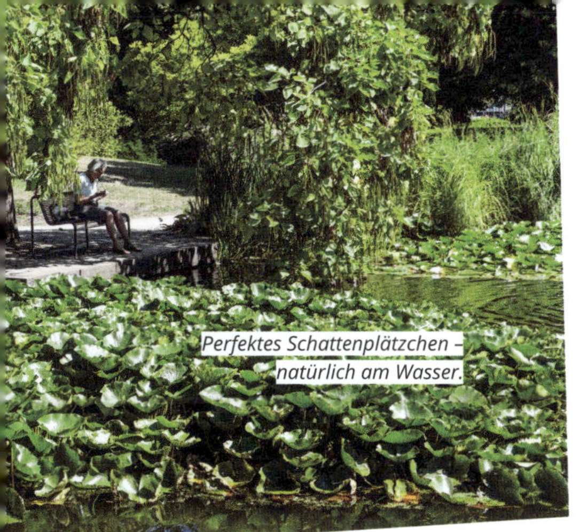

Perfektes Schattenplätzchen – natürlich am Wasser.

EXTRA INFOS:

Ausschließlich vegane und vegetarische Kreationen werden im ● **Restaurant Ronja** im Ringlokschuppen zubereitet (www.restaurant-ronja.de).

Wer noch etwas Geschichte tanken will, kann das zwischen den fast 1200 Jahre alten Mauern des ● **Schlosses Broich** tun (www.schloss-broich-muelheim.de).

Ab Wasserbahnhof schippert die ● **Weiße Flotte** von April bis Oktober nach Kettwig. Nach gut einer Stunde Ausblick in die grünen Ruhrauen hat man den charmanten Ort mit verwinkelten Gassen und Fachwerkhäusern erreicht. Zurück mit Bus- und S-Bahn, oder wieder auf der Ruhr (www.weisse-flotte-muelheim.de).

KM 8,4

6

Ultimativer Lieblingsplatz

Dem Trompetenbaum sei Dank

Wenn man ihn entdeckt hat, möchte man ihn so schnell nicht wieder verlassen und nur ungern teilen: den ultimativen Lieblingsplatz in der MüGa. Die Beine ausstrecken, dem Plätschern des Wasserspiels lauschen, Seerosen zählen, dem riesiegen Trompetenbaum für seine Schattenspende danken und einfach glücklich sein nach gut acht Kilometern Natur- und Kulturerlebnissen. Damit die letzte Knifte nicht zum Hasenbrot wird, noch mal ordentlich abbeißen vor dem Aufbruch.

Um die Teiche und über die bekannte Brücke geht's zurück, links im Halbrund, hier über den Burghof zur Hauptstraße.

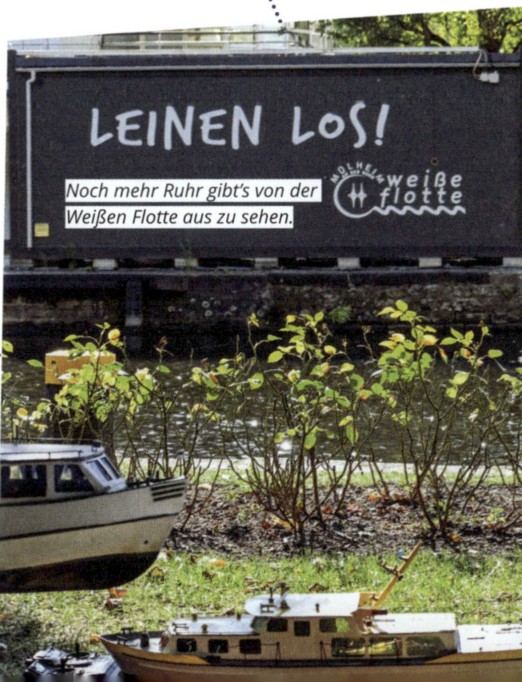

Noch mehr Ruhr gibt's von der Weißen Flotte aus zu sehen.

KM 9,1 » ZIEL

Haltestelle & Parkplatz Schloss Broich

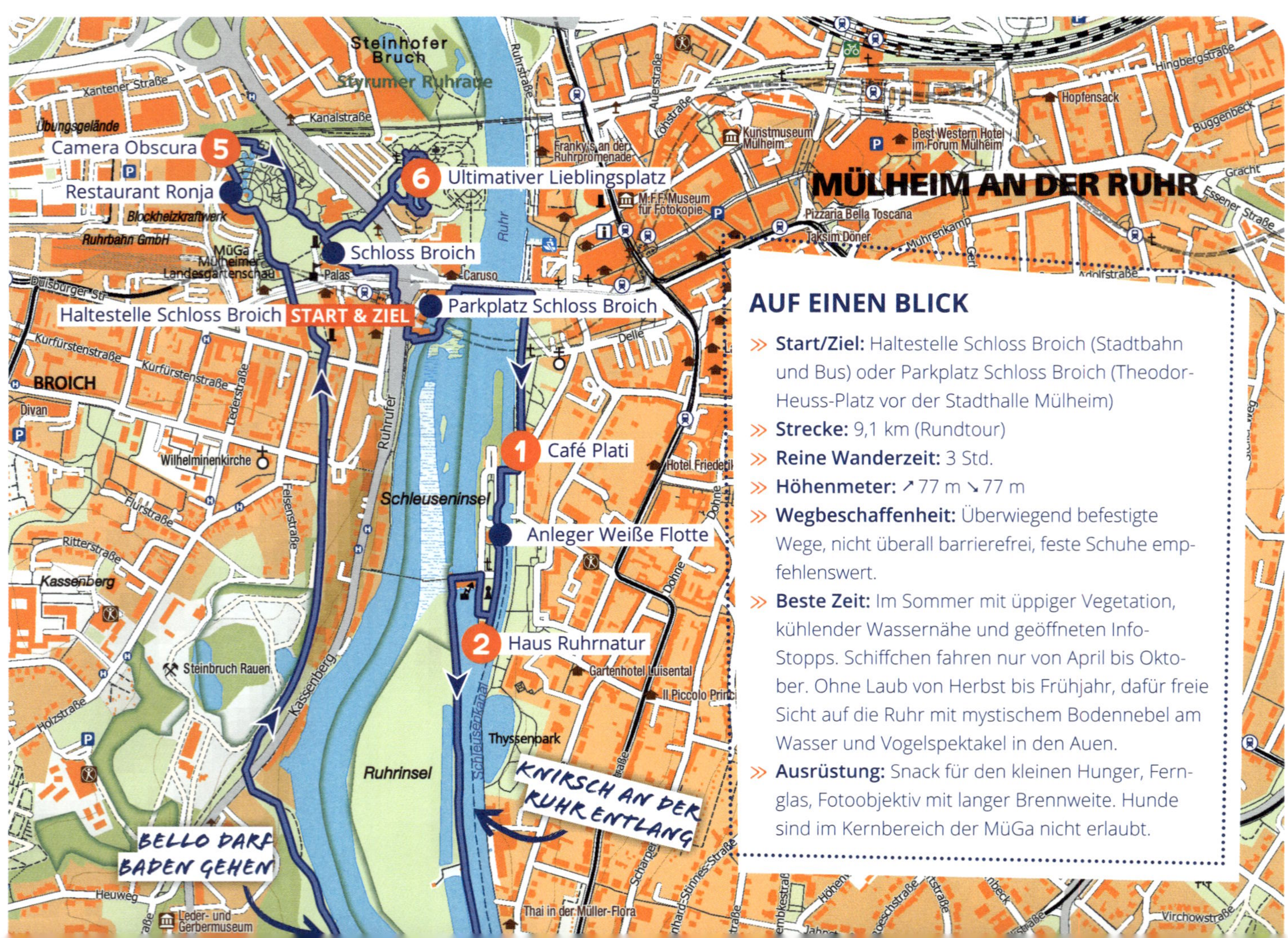

AUF EINEN BLICK

- **Start/Ziel:** Haltestelle Schloss Broich (Stadtbahn und Bus) oder Parkplatz Schloss Broich (Theodor-Heuss-Platz vor der Stadthalle Mülheim)
- **Strecke:** 9,1 km (Rundtour)
- **Reine Wanderzeit:** 3 Std.
- **Höhenmeter:** ↗77 m ↘77 m
- **Wegbeschaffenheit:** Überwiegend befestigte Wege, nicht überall barrierefrei, feste Schuhe empfehlenswert.
- **Beste Zeit:** Im Sommer mit üppiger Vegetation, kühlender Wassernähe und geöffneten Info-Stopps. Schiffchen fahren nur von April bis Oktober. Ohne Laub von Herbst bis Frühjahr, dafür freie Sicht auf die Ruhr mit mystischem Bodennebel am Wasser und Vogelspektakel in den Auen.
- **Ausrüstung:** Snack für den kleinen Hunger, Fernglas, Fotoobjektiv mit langer Brennweite. Hunde sind im Kernbereich der MüGa nicht erlaubt.

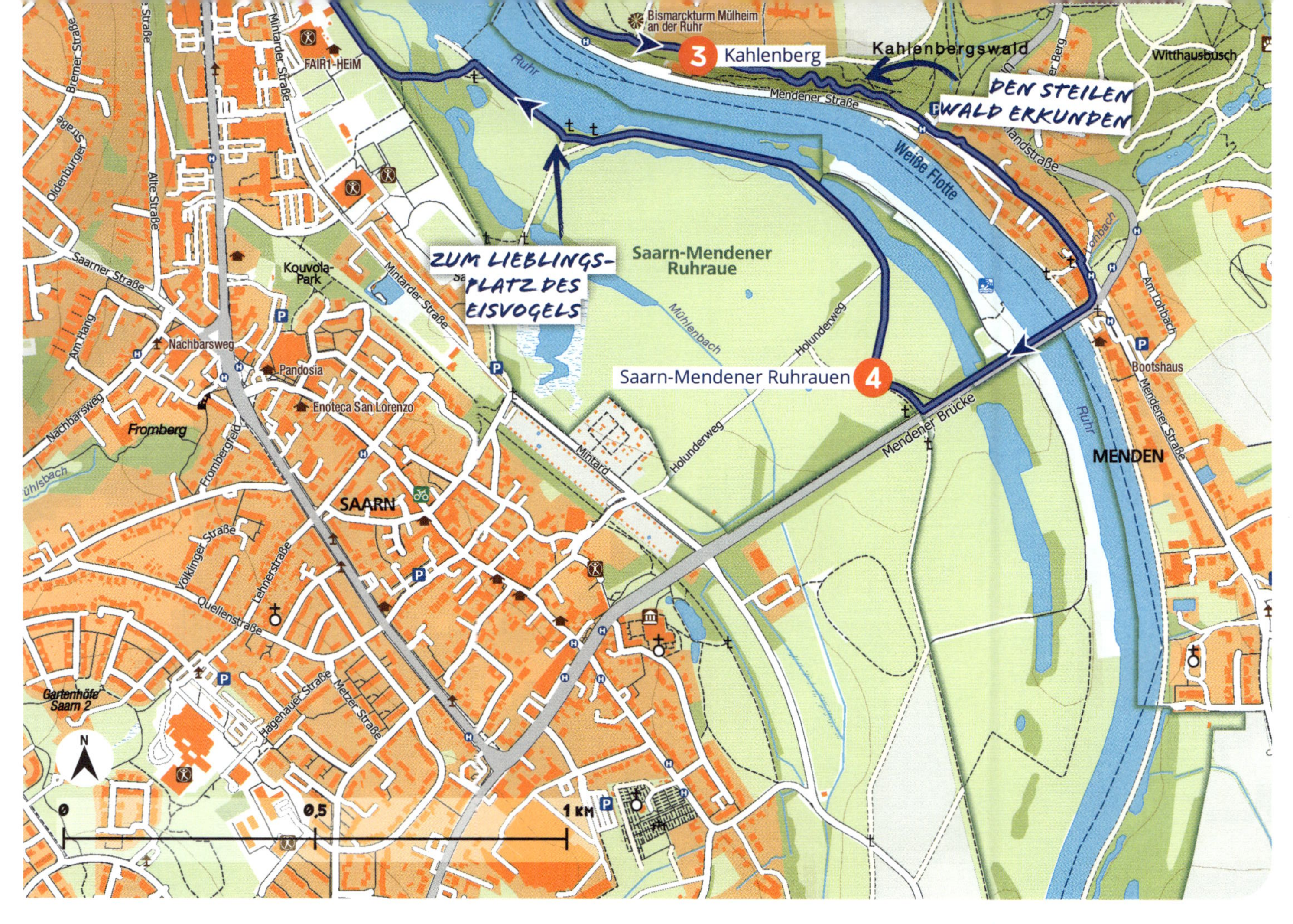
Bismarckturm Mülheim an der Ruhr
3 Kahlenberg
Kahlenbergswald
DEN STEILEN WALD ERKUNDEN
Witthausbusch
Mendener Straße
Weiße Flotte
Ruhr
Saarn-Mendener Ruhraue
ZUM LIEBLINGS-PLATZ DES EISVOGELS
Mühlenbach
Holunderweg
Saarn-Mendener Ruhrauen 4
Mendener Brücke
MENDEN
Bootshaus
Am Lohbach
Mintarder Straße
FAIR1-HEIM
Kouvola-Park
Nachbarsweg
Pandosia
Enoteca San Lorenzo
Fromberg
Frombergfeld
SAARN
Mintard
Saarner Straße
Alte Straße
Oldenburger Straße
Bremer Straße
Am Hang
Völklinger Straße
Lehnerstraße
Quellenstraße
Hagenauer Straße
Metzer Straße
Gartenhöfe Saarn 2
0
0,5
1 KM

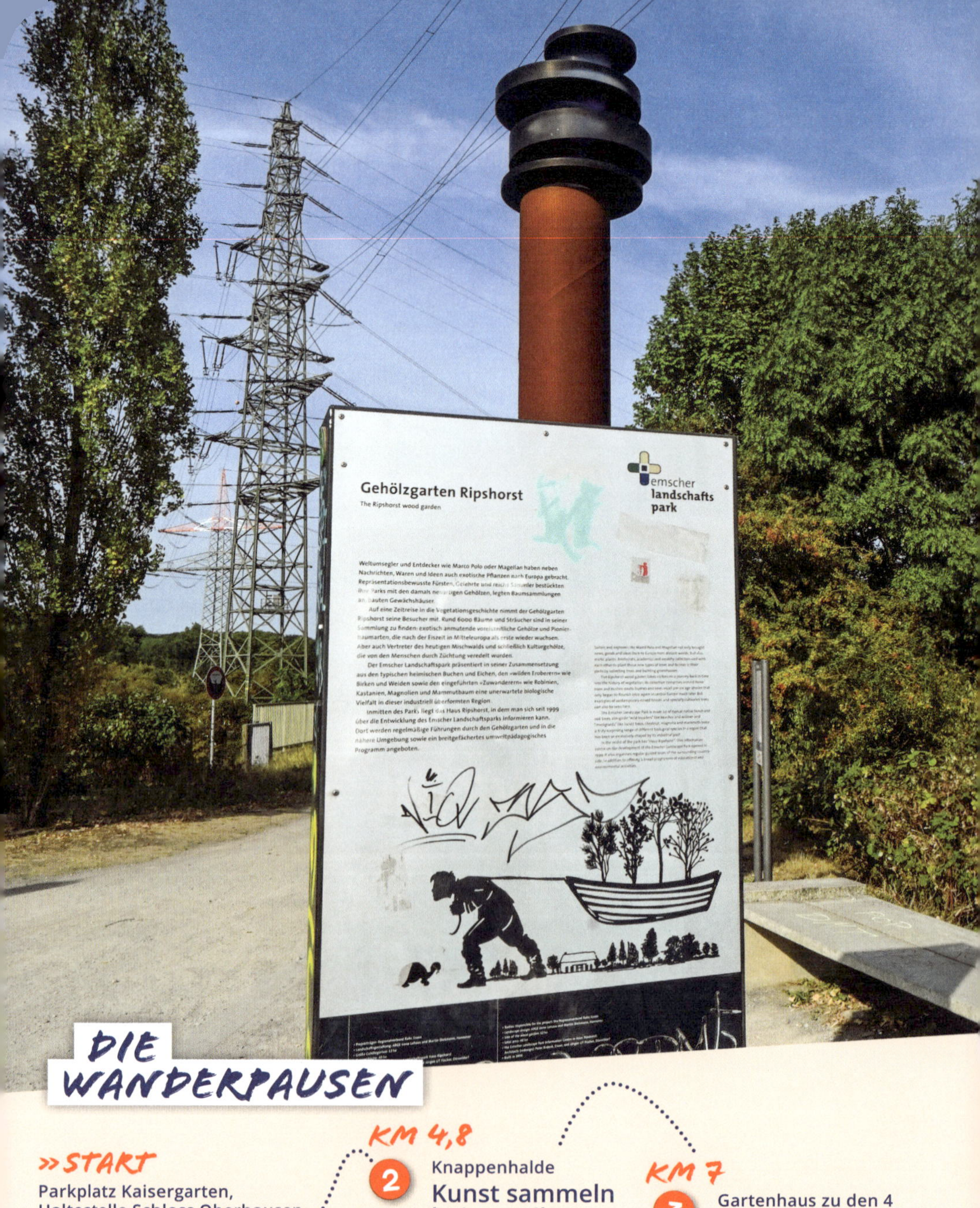

DIE WANDERPAUSEN

»START

Parkplatz Kaisergarten, Haltestelle Schloss Oberhausen

KM 0,5

1 Kaisergarten und Tierpark

Städtische Verdichtung ausblenden

KM 4,8

2 Knappenhalde

Kunst sammeln beim steilen Aufstieg

KM 7

3 Gartenhaus zu den 4 Schafen bei den 5 Gänsen

Welche Torte schmeckt am besten?

7

AB UM DIE MITTE

Im grünen Korridor um Oberhausen

Wer glaubt, eine grüne Wanderung um die Neue Mitte Oberhausens sei nicht möglich, irrt gewaltig. Haldenfeeling, Gehölzgarten, Kanalromantik, grüner Korridor, Kunst zum Anfassen, des Kaisers Garten … kein Schmarrn. Ab in den städtischen Busch!

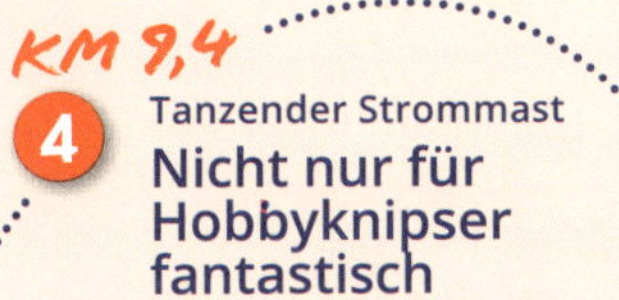

KM 9,4

4 Tanzender Strommast

Nicht nur für Hobbyknipser fantastisch

KM 11,4

5 Rhein-Herne-Kanal

Pause machen und Pötte zählen

KM 13,1

6 Slinky Springs to Fame

Jetzt nur noch die spektakulärste Perspektive finden

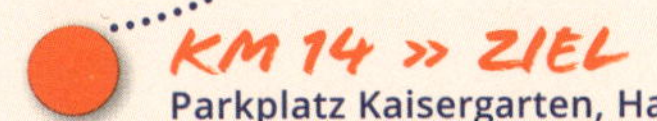

KM 14 » ZIEL

Parkplatz Kaisergarten, Haltestelle Schloss Oberhausen

JEDES RUHRPOTTKIND HAT VERMUTLICH …

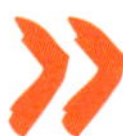

… im **Tierpark Kaisergarten** schon so manches Tier gestreichelt. Viel weiter als bis ins Tiergehege ist die Familie dann aber nicht gekommen. Schade eigentlich, denn alte Bäume, weitläufige Wiesen und mittendrin der große Teich sind im umgebenden **Kaisergarten** einfach schön.

Dass es nur einer Straßenüberquerung bedarf bis in den nächsten Grünzug, überrascht. Hier ist die städtische Geräuschkulisse zwar nicht wegzudiskutieren. Wer ein echter Ruhri ist, lässt sich von »guter Verkehrsanbindung« aber nicht so schnell abschrecken. Dicht bewachsene Nischenwege werden zum Gassigehen genutzt, Sitzgelegenheiten zeigen Spuren geselliger Zusammenkünfte und Schrebergärten beweisen ein gewisses Lokalkolorit. Mit dem von Kunst begleiteten Aufstieg zur **Knappenhalde** ist die Liste der Klassiker im Pott dann fast komplett.

Zeit für ein Break im **Gartenhaus zu den 4 Schafen bei den 5 Gänsen.** Hier trifft individuelles Ambiente auf unglaublich leckere Torten, bevor es weitergeht in Richtung weitsichtiger, ökologischer Projekte inklusive Bildungsangebot im Gehölzgarten Ripshorst. Wer wissbegierig ist, nimmt sich den Veranstaltungskalender im Besucherzentrum gleich mit. Schon aus der Ferne kann man das Winken des **Tanzenden Strommasts** nicht übersehen. Kaum jemand kann sich der magischen Anziehungskraft dieses verdrehten Kunstobjekts mitten auf der Wiese entziehen. Sein Posen ist bestens geeignet für fotografische Einfälle. Zwischen **Rhein-Herne-Kanal** und Emscher geht's unter einer Baumallee auf die Zielgerade, mit Blick auf Wassersportler und die Marina Oberhausen. Je nach Saison wird der Weg mit Radfahrern geteilt.

FERNWEH FÜHLEN: WENN MAN AUF EINER KANALBRÜCKE STEHT UND AUF DIE SCHNURGERADE WASSERSTRASSE SCHAUT

Zu anderen Ufern heißt es dann an der Tausendfüßlerbrücke am Gasometer. Hier ist genau die richtige Stelle, vorbeiziehende Pötte zu zählen oder Studien über beliebte Kanalufer-Aktivitäten zu treiben. Bis zum begehbaren Kunstwerk **Slinky Springs to Fame,** einem absoluten Foto-Hotspot, ist es nicht mehr weit. Zu später Stunde lohnt es sich, zu warten, bis die Brückenlichter angeknipst werden.

«

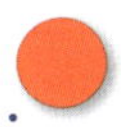

START
Parkplatz Kaisergarten, Haltestelle Schloss Oberhausen

Hinter dem Parkplatz links um die Schlossgastro direkt zum Tierpark.

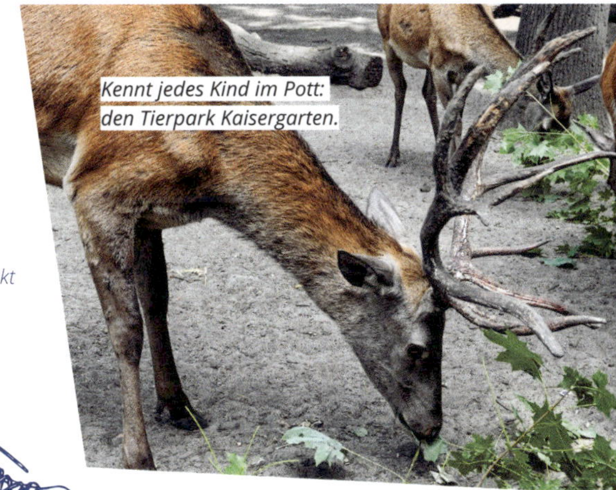
Kennt jedes Kind im Pott: den Tierpark Kaisergarten.

KM 0,5

1 Kaisergarten und Tierpark

Städtische Verdichtung ausblenden

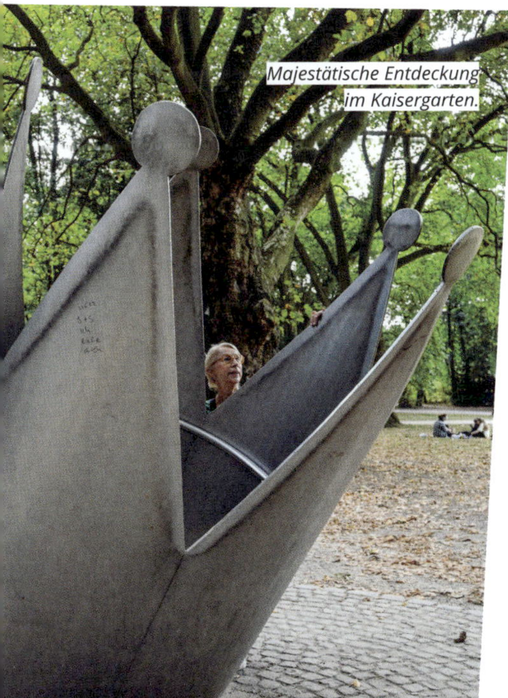
Majestätische Entdeckung im Kaisergarten.

Wer ein Herz für Tiere hat, kann sich nur schwer trennen von den heimischen Wild- und Haustieren im Tierpark. Besonders im Frühling ist der Nachwuchs einfach zum Klauen (www.tiergehege-kaisergarten.de). Der angrenzende Kaisergarten punktet dagegen als malerische Parkanlage mit waldigen Spazierwegen um den Teich.

Über die Straße geht es jenseits des kaiserlichen Erbes erstaunlich botanisch weiter. Wer hätte hier parallel zur Bundesstraße einen solch grünen Korridor vermutet? Direkt hinter der Straßenbahnhaltestelle Feuerwache geht's scharf links weiter in Sachen Naturpfad. Einmal um die Feuerwache außen herum jetzt immer geradeaus. Über eine Hundewiese, hinter der Brücke durch die Kleingärten, dann links, rechts, rechts zum Fuße der Halde. Tipp: Unterwegs hilft der Blick auf den gpx-Track, sich im städtischen Dschungel nicht zu verfransen.

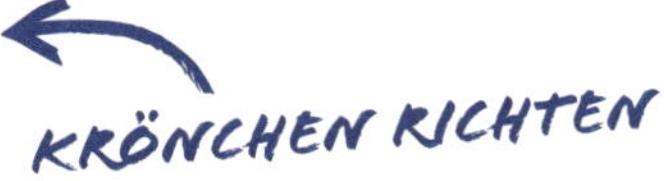

KM 4,8

2

Knappenhalde

Kunst sammeln beim steilen Aufstieg

Beim Hinaufstapfen wird der Generationenunterschied spürbar. Im Vergleich zu so mancher modern inszenierten Bergehalde muss der Spitzkegel dieser Halde mit ordentlich Muskelkraft erobert werden. Im 19. Jahrhundert dachte man noch nicht über einen möglichen Freizeitwert des Abraums nach. Noch eine Besonderheit: Ein 1943 angelegtes Stollensystem sollte die Menschen vor Luftangriffen schützen. Auf dem waldigen Weg zum Gipfel kann man am Wegesrand und ins Pflaster eingelassen einige Kunstobjekte entdecken. Im Uhrzeigersinn erreicht man den Aussichtsturm und stellt von oben fest, dass man sich in Oberhausens urbaner Mitte befindet.

Am Haldenfuß links parallel der Knappenstraße, rechts ein Stück Hauptstraße, dann gegenüber ins Grün eintauchen. Achtung: Später parallel zur Brückenrampe links halten und rechts unter der Brücke hindurch zum Café.

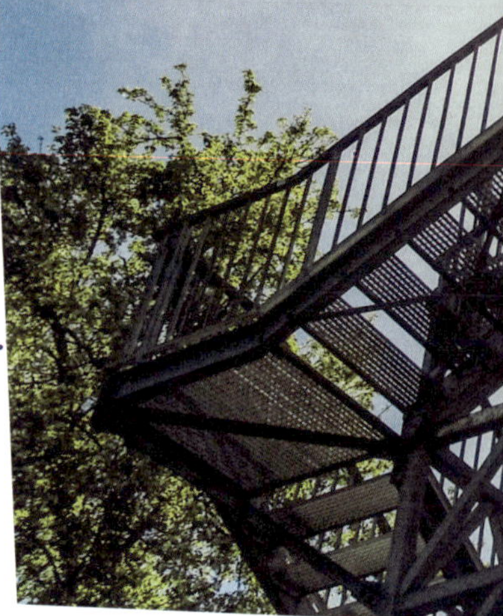

Blick vom Aussichtsturm auf einer der ersten Halden, der eher unbekannten Knappenhalde.

KM 7

3

Gartenhaus zu den 4 Schafen bei den 5 Gänsen

Welche Torte schmeckt am besten?

Ein mit Rosen bewachsenes Gartentor weist den versteckten Eingang – geöffnet nur am Wochenende. Die vier Schafe sind schnell gefunden und die fünf Gänse verraten sich durch Geschnatter. Eigentliche Attraktion ist natürlich das anheimelnde, kleine Café. Im Winter drinnen am Kamin, im Sommer im lauschigen Biergarten. Ideal, um die leckeren selbstgemachten Torten und noch viel mehr zu genießen. Für Fans des Herzhaften: Wenn das Backhaus eingeheizt ist, gibt's frischen Flammkuchen. Alles ehrlich und mit Liebe selbst hergerichtet (www.cafe-gartenhaus.de).

Zurück, jetzt über die Brücke und diese per Rampe verlassen. Links der Bachbegrenzung folgen und erst hinter der Bahnunterführung rechts über Stufen und Straße ins Wäldchen. Bald links halten und über die Wiese oder den befestigten Weg zum Haus Ripshorst RVR Besucherzentrum und weiter zum Tanzenden Strommast.

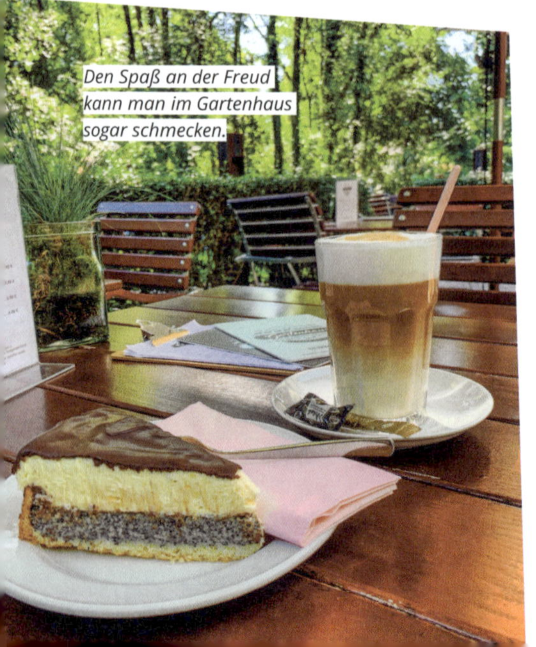

Den Spaß an der Freud kann man im Gartenhaus sogar schmecken.

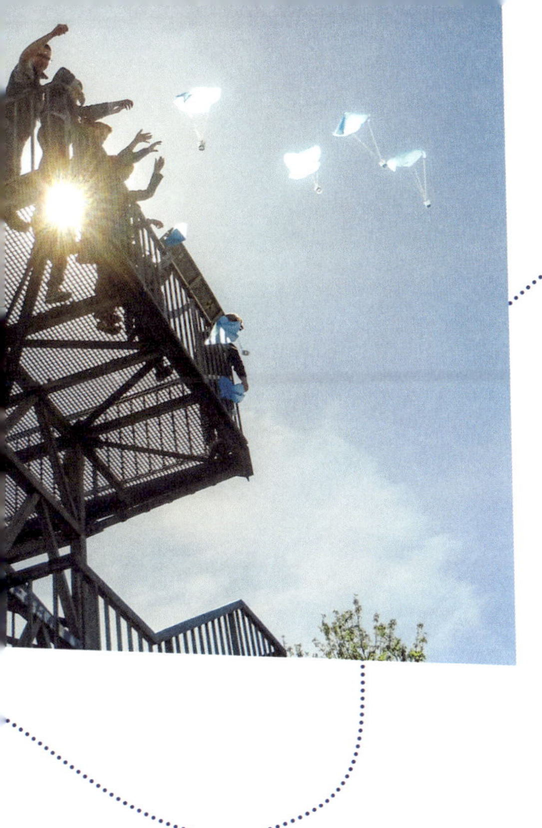

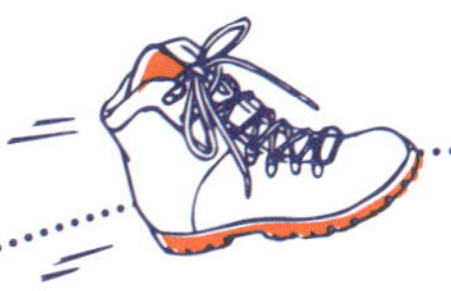

KM 9,4

4 **Tanzender Strommast**

Nicht nur für Hobbyknipser fantastisch

Der verdrehte Strommast ist nicht zu verfehlen. Ganz ohne Strom und Kameraden schwingt er in der Fantasie befreit mit seinen ausgestreckten Armen und macht eine seltsame Figur. Ob von ganz nah oder etwas aus der Ferne, die von der Künstlergruppe »inges idee" am Emscherkunstweg geschaffene Skulptur ist ungewöhnlich und vertraut zugleich. Von welcher Seite und mit welchem Abstand der Zauberlehrling besonders fotogen ist, entscheidet jeder Hobbyknipser für sich (www.rvr.ruhr, https://emscherkunstweg.de).

Ein Stück zurück, auf der Ripshorstbrücke über den Rhein-Herne-Kanal, dann direkt links herum am Wasser entlang. Über die Tausendfüßlerbrücke die Uferseite wieder wechseln mit Blick auf den Gasometer.

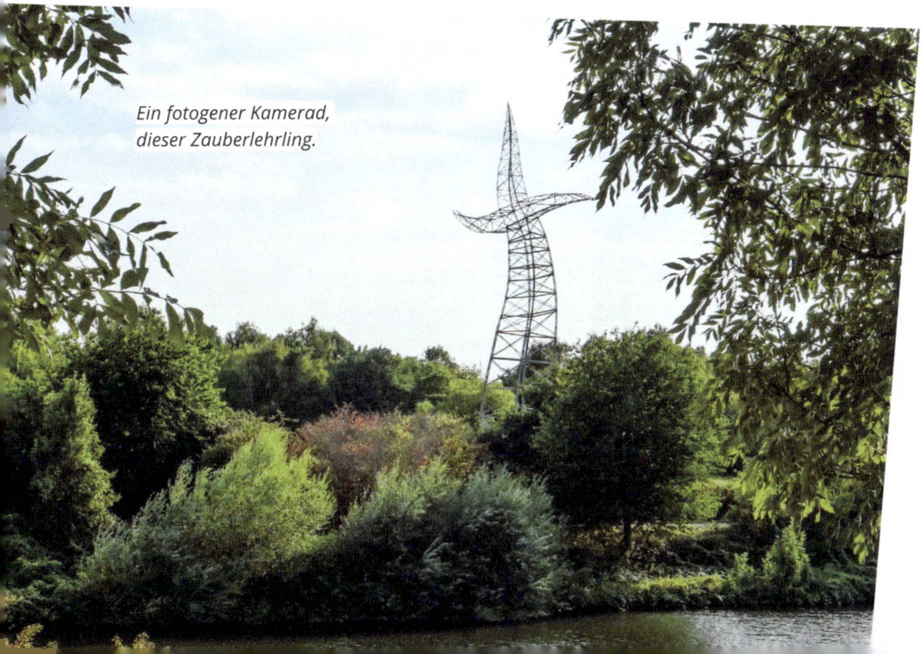

Ein fotogener Kamerad, dieser Zauberlehrling.

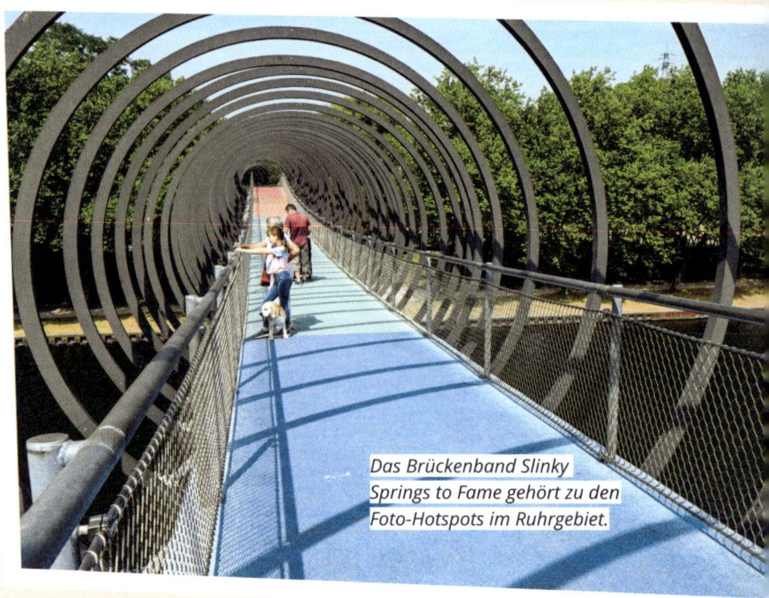

Das Brückenband Slinky Springs to Fame gehört zu den Foto-Hotspots im Ruhrgebiet.

KM 11,4

5 Rhein-Herne-Kanal

Pause machen und Pötte zählen

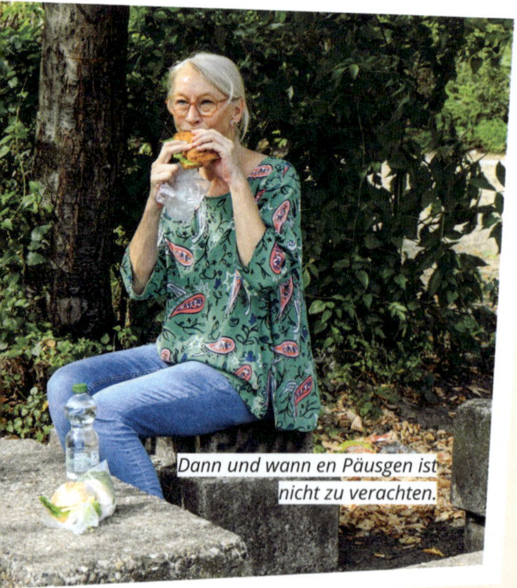

Dann und wann en Päusgen ist nicht zu verachten.

Das ist mal echte Ruhrpottromantik. Sich am Ufer platzieren, einen der 25 000 jährlich vorbeiziehenden Pötte mit Fernweh verfolgen, Steine übers Wasser werfen oder auf einer Bank einfach nur die Sonne anbeten. Ruhris haben den Rhein-Herne-Kanal längst als Quell der Entspannung für sich entdeckt. An Kilometer 10 der Wasserstraße, den Gasometer im Blick, lässt es sich unter einer Weide ganz gut aushalten. Zurückgelehnt, die Knifte ausgepackt und die Beine ausgetreckt kann man Bootsfahrer beobachten und Mal-Pause-Machern auf der anderen Kanalseite winken – urban rauschende Geräuschkulisse inklusive. Zur Wochenend-Rushhour gibt's allerdings erhöhtes Radleraufkommen.

Wer Höhenflüge beobachten möchte, macht hinter dem Gasometer einen Abstecher in den Hochseilgarten. Ansonsten weiter am Kanal bis zur unübersehbaren »Springfeder«.

KM 13,1

6

Slinky Springs to Fame

Jetzt nur noch die spektakulärste Perspektive finden

Wie das kultige Spiralspielzeug schwingt sich die Brücke scheinbar mühelos 406 Meter von einem zum anderen Ufer des Kanals. Wer dieses Kunstwerk überquert, kann sich den Schwingungen nicht entziehen. Eine ungeahnte Dynamik entwickelt sich bei jedem Schritt durch die 496 Aluminiumbögen auf dem elastischen Belag. Durch LED-Leuchten von unten angestrahlt, schlängelt sich Slinky im Dunkeln wie ein farbig leuchtender Lindwurm übers Wasser. Ob tags oder nachts, man kann gar nicht genug kriegen von den unzählig reizvollen Blickwinkeln (https://emscherkunstweg.de).

Einmal umgedreht, und schon ist man zurück am Parkplatz bzw. der Bushaltestelle. Oder doch noch ein Snack in der Gastronomie von Schloss Oberhausen?

EXTRA INFOS:

Wer mehr über den Emscher Landschaftspark wissen möchte, ist im ● **Haus Ripshorst RVR Besucherzentrum** goldrichtig. Interaktiv kann man in der Dauerausstellung allerhand über den Regionalpark zwischen Duisburg und Hamm erfahren. Hier starten auch jahreszeitliche Exkursionen zum Thema Industrienatur und Umwelt. Auf eigene Faust lassen sich die Bereiche Kulturgehölze und Tertiärwald im umgebenden Gehölzgarten erkunden (www.rvr.ruhr).

Kulturbegeisterte können *by the way* einen Kunstabstecher zum Industriedenkmal ● **Gasometer** unternehmen. Die »Kathedrale der Industrie« liefert ein einzigartiges Raumerlebnis für großdimensionale Ausstellungen (www.gasometer.de).

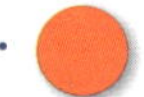

KM 14 » ZIEL

Parkplatz Kaisergarten, Haltestelle Schloss Oberhausen

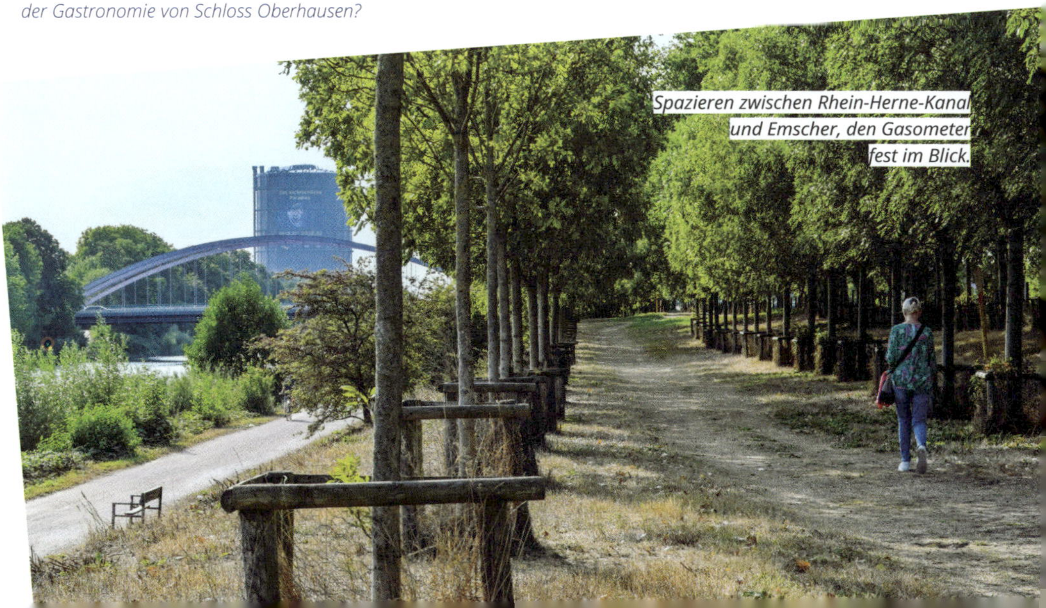

Spazieren zwischen Rhein-Herne-Kanal und Emscher, den Gasometer fest im Blick.

AUF EINEN BLICK

- **Start/Ziel:** Parkplatz Kaisergarten, Haltestelle Schloss Oberhausen (Bus)
- **Strecke:** 14 km (Rundtour)
- **Reine Wanderzeit:** 4 Std. 40
- **Höhenmeter:** ↗ 89 m ↘ 89 m
- **Wegbeschaffenheit:** Befestigte Wege und Schotter, barrierefrei. Das Schuhwerk sollte für 14 km bequem bleiben.
- **Beste Zeit:** Solange die Natur ihre Blätter hält, damit der Entspannung suchende Blick weniger auf urbanes Ambiente trifft. Das Gartenhaus öffnet nur am Wochenende, im Winter geschlossen. Am Wochenende sind mehr Radelnde unterwegs.
- **Ausrüstung:** Tourenkarte. Wochentags genügend Marschverpflegung (Gartenhaus nur am Wochenende geöffnet). Lust auf Infos über Industrienatur und Emschergedöns.

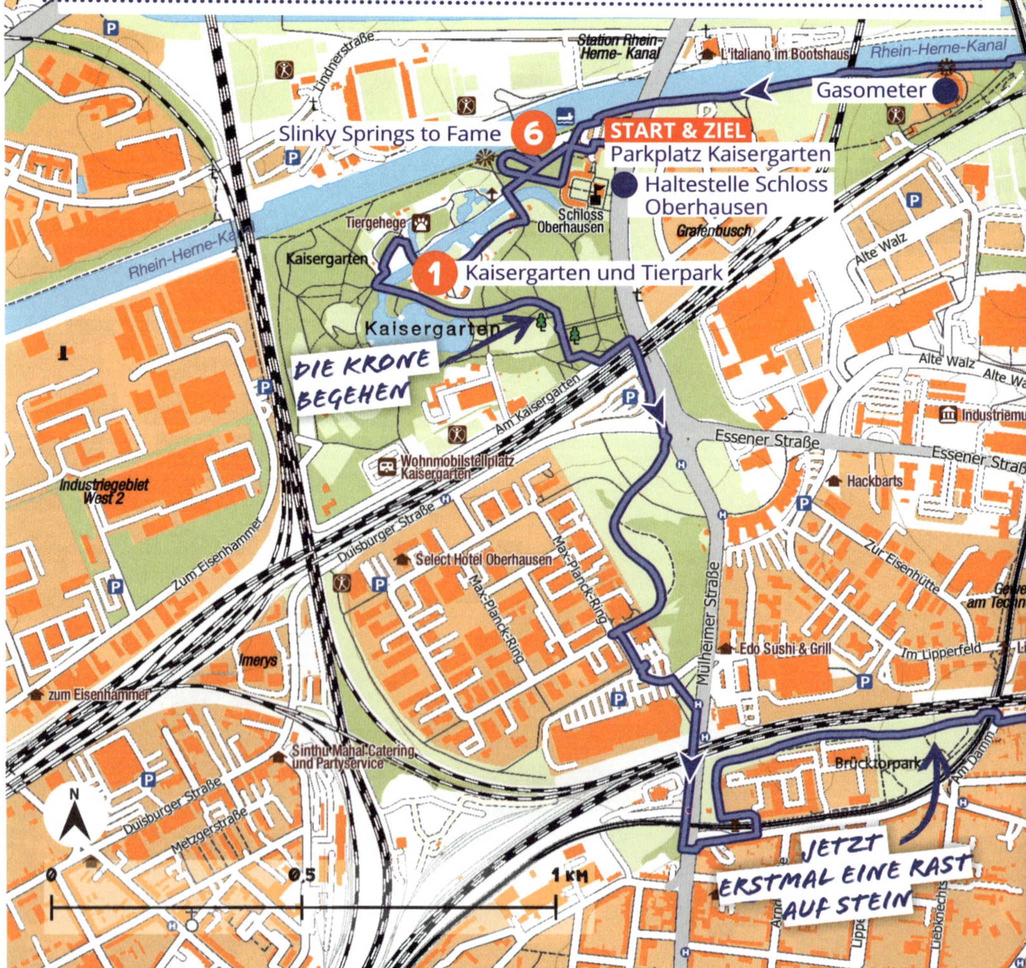

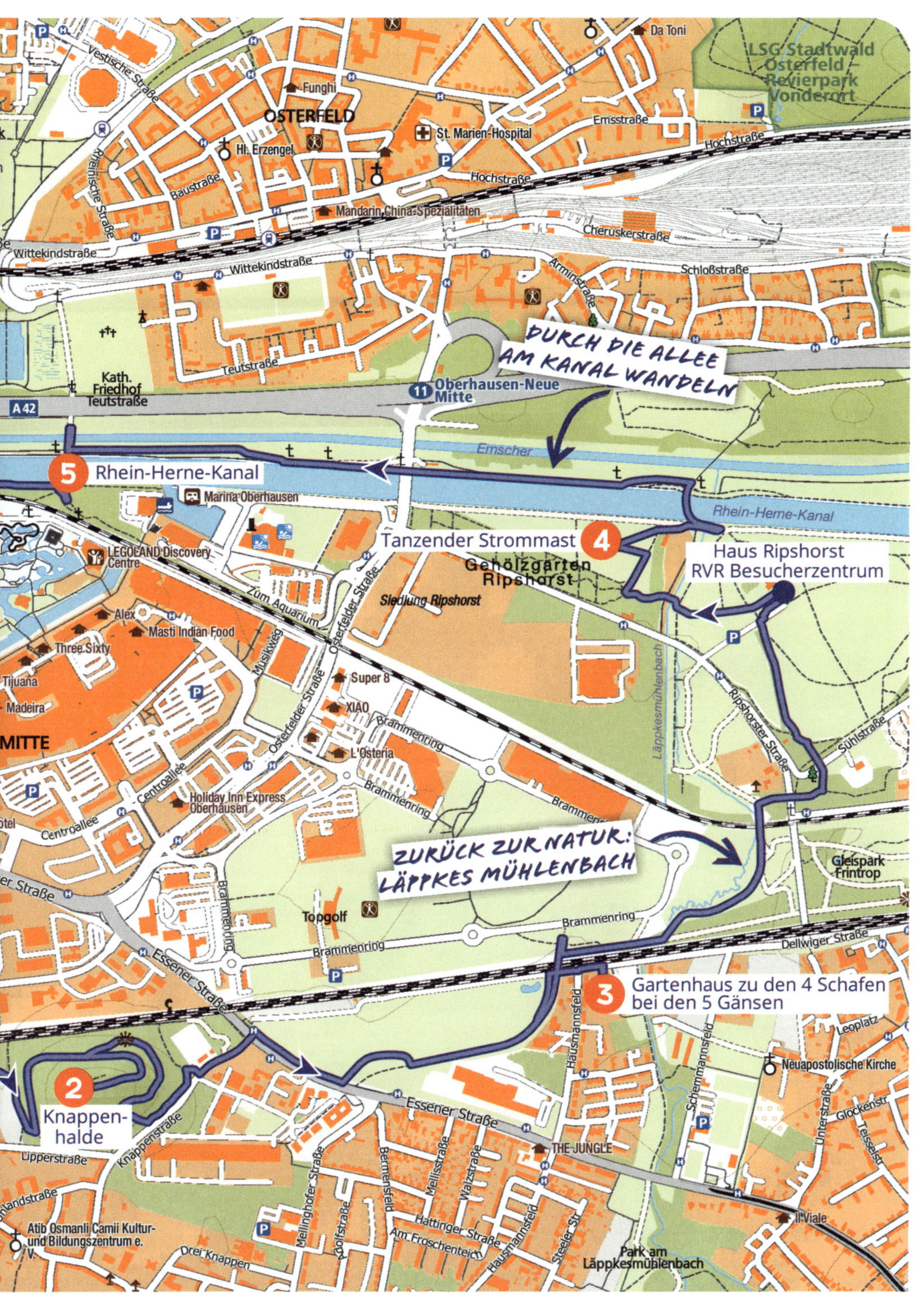

DURCH DIE ALLEE AM KANAL WANDELN
ZURÜCK ZUR NATUR: LÄPPKES MÜHLENBACH
5 Rhein-Herne-Kanal
4 Tanzender Strommast
Haus Ripshorst RVR Besucherzentrum
3 Gartenhaus zu den 4 Schafen bei den 5 Gänsen
2 Knappen-halde
OSTERFELD
MITTE
LSG Stadtwald Osterfeld – Revierpark Vonderort
St. Marien-Hospital
Hl. Erzengel
Funghi
Da Toni
Mandarin China-Spezialitäten
Vestische Straße
Rheinische Straße
Baustraße
Emsstraße
Hochstraße
Cheruskerstraße
Wittekindstraße
Arminstraße
Schloßstraße
Teutstraße
Kath. Friedhof Teutstraße
A 42
Oberhausen-Neue Mitte
Emscher
Rhein-Herne-Kanal
Marina Oberhausen
LEGOLAND Discovery Centre
Gehölzgarten Ripshorst
Siedlung Ripshorst
Zum Aquarium
Osterfelder Straße
Musikweg
Alex
Masti Indian Food
Three Sixty
Tijuana
Madeira
Super 8
XIAO
L'Osteria
Brammenring
Centroallee
Holiday Inn Express Oberhausen
Läppkesmühlenbach
Ripshorster Straße
Sühlstraße
Gleispark Frintrop
Topgolf
Dellwiger Straße
Essener Straße
Hausmannsfeld
Schemmannsfeld
Leoplatz
Neuapostolische Kirche
Unterstraße
Glockenstr.
Teisselst.
THE JUNGLE
Il Viale
Knappenstraße
Lipperstraße
Atib Osmanli Camii Kultur- und Bildungszentrum e. V.
Drei Knappen
Mellinghofer Straße
Adolfstraße
Bermensfeld
Mellisstraße
Walzstraße
Hattinger Straße
Am Froschenteich
Steeler Str.
Park am Läppkesmühlenbach

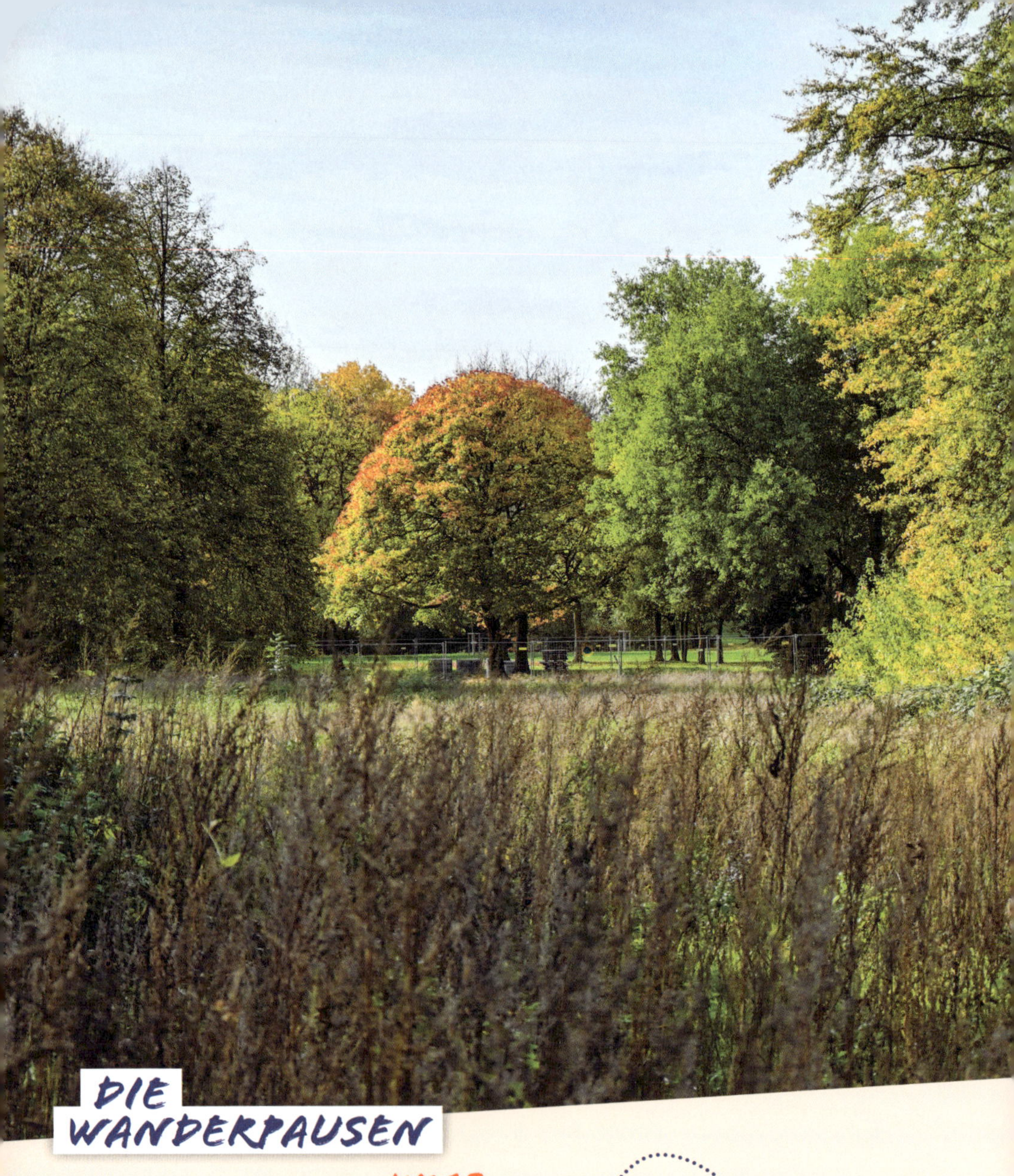

DIE WANDERPAUSEN

» START
Haltestelle Tripple Z

KM 1,4
1 Halde Zollverein 4/11
Es grünt so grün …

KM 1,9
2 Schwarzbach
Zu neuem Leben erwacht

KM 2,8
3 Platanen-Rast
Rucksack plündern erwünscht

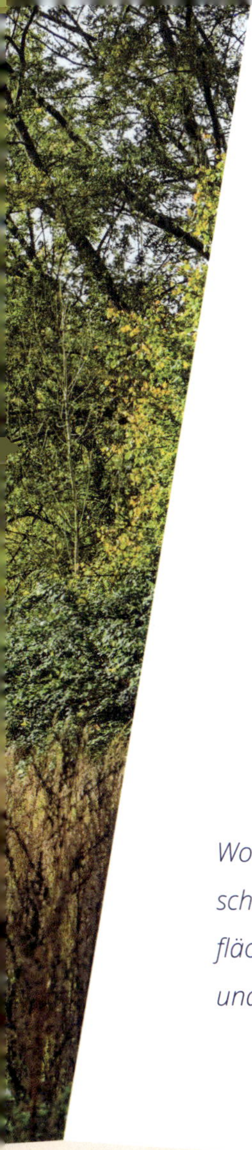

8

URBANER WANDERN GEHT NICHT

Auf dem Steig um das Welterbe Zollverein in Essen

Wo früher Maloche und wabernden Rauch ausstoßende Industrieschlote das Sagen hatten, erobert sich mittlerweile die Natur Brachflächen mit aller Kraft zurück. Wandern, wo der Ruhri spazieren geht, und da ist es grüner als gedacht.

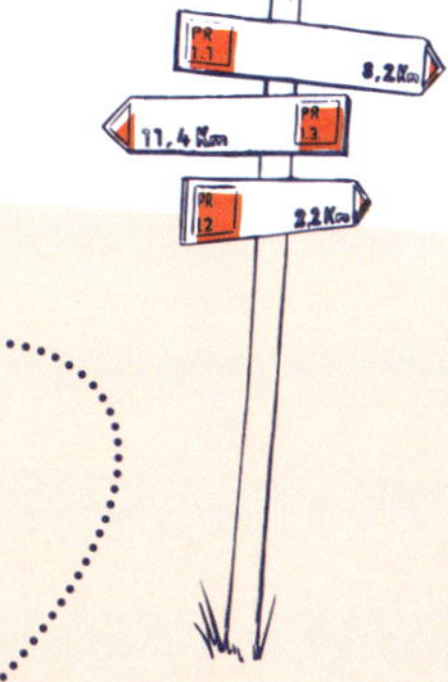

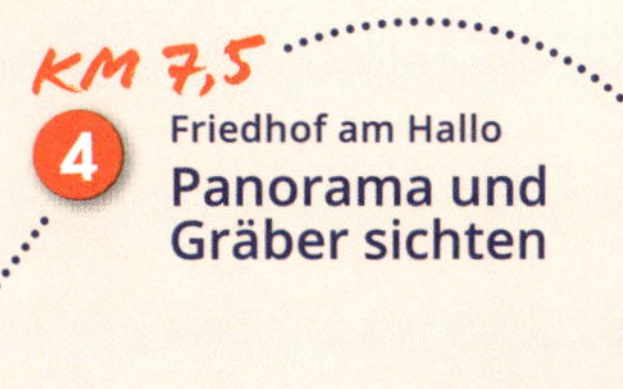

KM 7,5

4 Friedhof am Hallo

Panorama und Gräber sichten

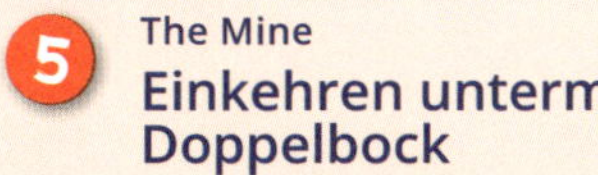

KM 9,7

5 The Mine

Einkehren unterm Doppelbock

KM 10 » ZIEL

Haltestelle & Parkplatz Zollverein

DAS ALLTÄGLICHE GRÜN ENTDECKEN

Mal ehrlich: Wer vermutet im Essener Norden einen wanderbaren Steig? Zweifler werden von der Faszination des östlichen ZollvereinSteigs überrascht sein. Hier findet man keine Landschaft zum Verlieben und keine touristischen Highlights – abgesehen vom UNESCO-Welterbe selbst. Der besondere Reiz liegt im fast lückenlosen Nebeneinander von Wiesen, kleinen Wäldern, Halde, Parkanlagen, Friedhöfen und einer Landschaft, die sich die Natur mit allen Kräften zurückerobern darf. Hierzu zählt auch der **Schwarzbach,** der ehemals – wie die Emscher kanalisiert – Abwasser transportierte und heute komplett sauber fließt. Im Gegensatz zu spektakulären Installationen auf zahlreichen »Ruhrpottbergen« ist der Aufstieg zu **Halde Zollverein** einfach grün und ruhig. Es sei denn, Mountainbiker rasen gerade in diesem Moment im Trail-Modus bergab.

BEGLÜCKEND: WENN MAN SIEHT, DASS DIE NATUR EINE ZWEITE CHANCE BEKOMMT

Den erwarteten Weitblick oben findet man nur durch ein, zwei Sichtachsen, die teilweise von Blättergardinen verhängt werden. Auch der Sichtradius von der Stele Essener Aussichten auf dem **Hallo-Friedhof** hängt vom jahreszeitlichen Blatttrieb ab. Was immer geht, ist eine gemütliche Rast im namenlosen Grünzug, der nahe dem Gesundheitspark Nienhausen vorzugsweise von Anwohnern für ihre tägliche kleine Runde besucht wird. Als Durchreisender erfreut man sich mit der Stulle in der Hand auf einer Bank an der großartigen **Platanenkulisse** und kommt mit den Multikulti-Nachbarn ins Gespräch.

Der städtische Charakter des Steigs ist nicht zu leugnen. Dennoch sind vermeintlich Ortskundige bass erstaunt, dass man auf dem gut ausgeschilderten Steig fast durchgehend in grüner Kulisse schlendert – ausgenommen in der blattlosen Jahreszeit. Eigentlich ist es genau das, was den östlichen ZollvereinSteig ausmacht: Man erwandert das alltägliche und triviale Ruhrgebiet von nebenan, entdeckt Bergmanns-Denkmäler zur Erinnerung an Grubenunglücke, streift ein muslimisches Gräberfeld und quert den Hallopark.

Wer das Zollverein-Gelände nach der Einkehr in **The Mine** weiter erkunden möchte, sollte für Fotospots und Museum genügend Zeit einplanen (www.ruhrgebiet-industriekultur.de/zollvereinsteig).

«

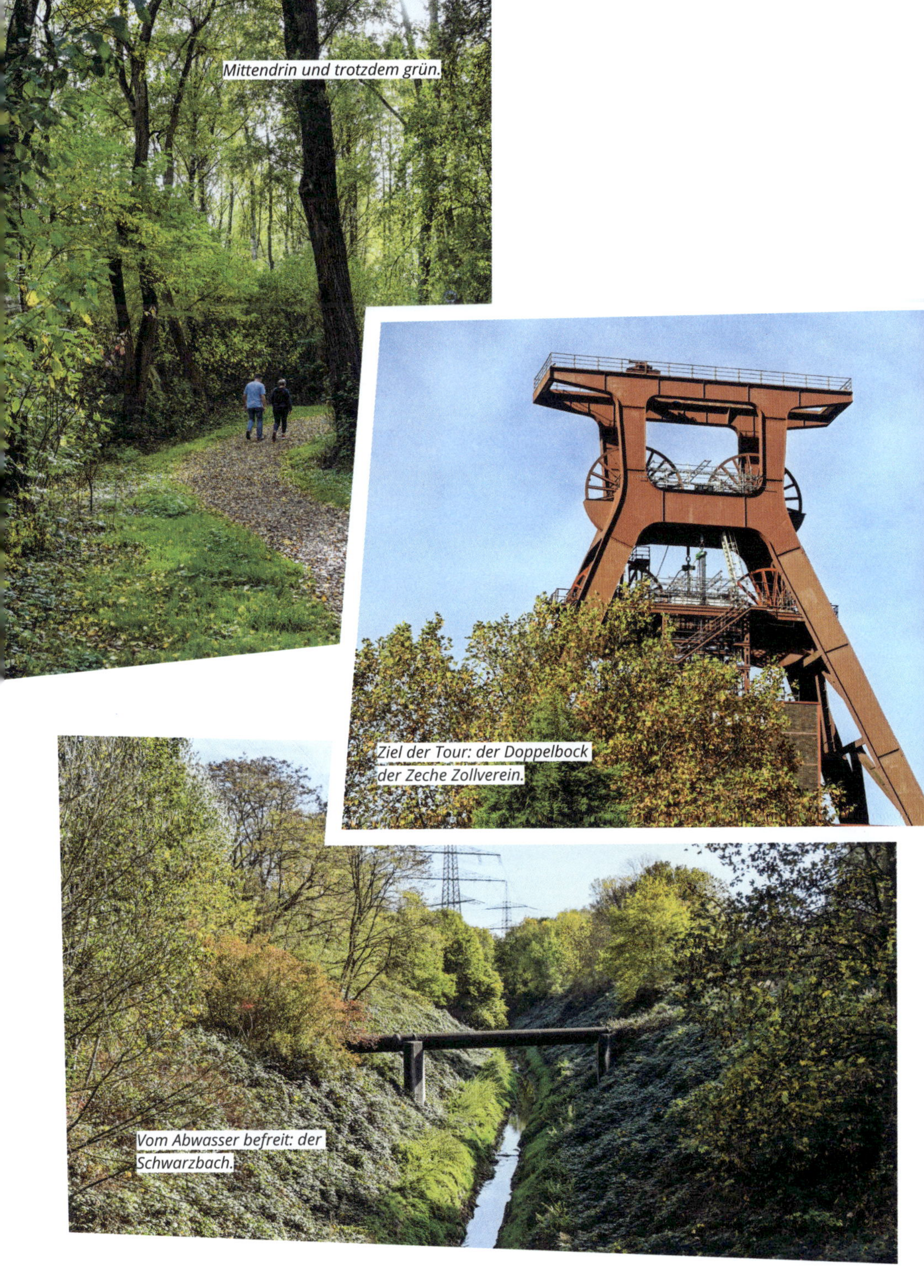

Mittendrin und trotzdem grün.

Ziel der Tour: der Doppelbock der Zeche Zollverein.

Vom Abwasser befreit: der Schwarzbach.

WANDERN & GENIESSEN

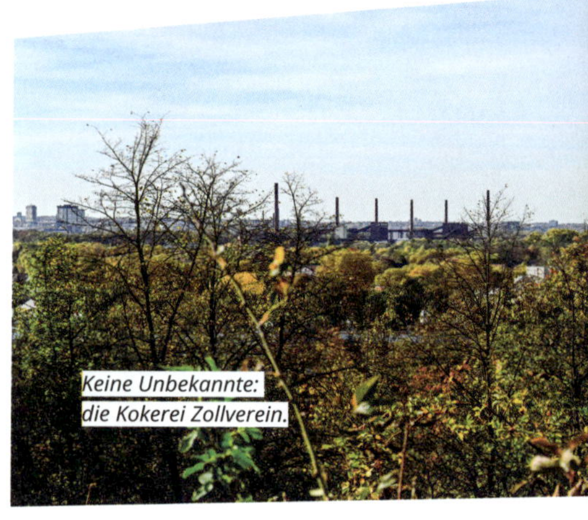
Keine Unbekannte: die Kokerei Zollverein.

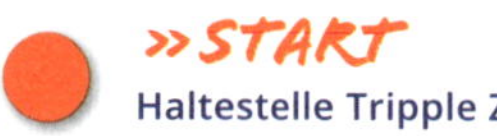

Haltestelle Tripple Z

Motorisierte können vom Parkplatz Zollverein mit der Bahn zum Tripple Z kommen. Über die Kreuzung, auf Schalker Straße bis Fatih Moschee, hier rechts auf einen Parkplatz, links in den Pfad biegen, dann rechts die Treppe hoch. Ab hier links ist der ZollvereinSteig zum Haldentop gut ausgeschildert (rote Welle/blauer Strich).

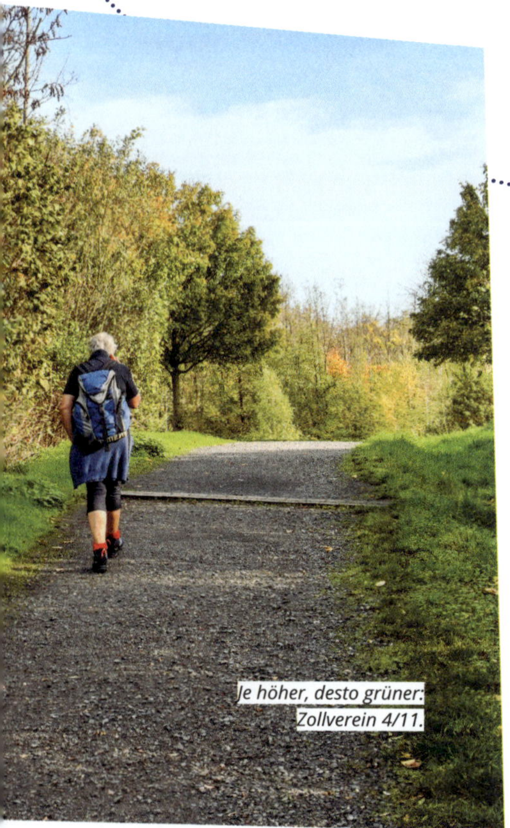
Je höher, desto grüner: Zollverein 4/11.

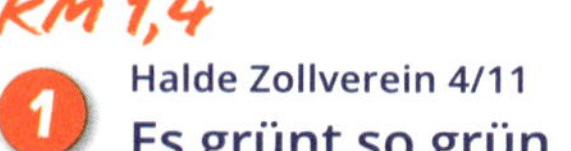

1 **Halde Zollverein 4/11**

Es grünt so grün ...

Ganz anders als die mit markanten Landmarken ausgestatteten Halden kommt Zollverein 4/11 fast komplett bewaldet daher. Ihre große Fläche gibt sie erst preis, wenn man hinaufgeht. Unterwegs treffen sich Hundefreunde beim Gassigehen, Mountainbiker auf der Suche nach dem ultimativen Trail und Ausreiter vom GelsenTrabPark. Oben sieht man von der Lichtung aus die Schornsteine der Kokerei in Reihe stehen und in der Ferne lässt sich Essens Skyline ausmachen – wenn der Bewuchs es erlaubt. Hier, im Gelsenkirchener Stadtteil Feldmark, vermuten nicht einmal waschechte Ruhris ein derart grünes Haldending.

An der Gabelung links, wieder links und den Einstieg rechts in den Waldpfad, der auch als Trail genutzt wird, nicht verpassen. Es geht bergab über kreuzende Wege. Achtung: Der letzte Teil ist sehr steil und kann rutschig sein! Unten rechts.

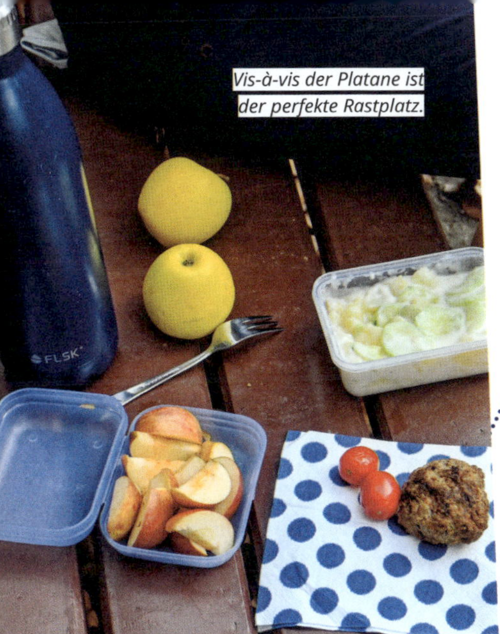
Vis-à-vis der Platane ist der perfekte Rastplatz.

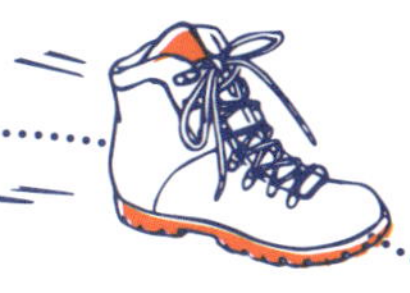

KM 1,9

2 Schwarzbach

Zu neuem Leben erwacht

Kanal oder Fluss oder Köttelbecke? Ähnlich wie die Emscher fristete der kleine Nebenfluss Schwarzbach 100 Jahre lang ein ziemlich stinkiges Dasein. Teils im Betonbett, teils unterirdisch verrohrt, transportierte er eine übelriechende Brühe aus Abwasser und Chemikalien. Weil der Bergbau im Pott fast eingestellt ist, gibt es kaum noch Bergsenkungen und die Abwässer können getrennt verrohrt werden. Nach 30-jährigem Mammutrückbau erwacht nun der Schwarzbach dank eines naturnahen Konzepts zu neuem Leben. Auf der anderen Seite der Brücke sollte in den 1970er-Jahren Glas hergestellt werden, die Pläne wurden verworfen. Heute steht das ehemalige Floatglas-Gelände unter Naturschutz.

Hinter der Brücke rechts und über die Hauptstraße bis zur Bank.

KM 2,8

3 Platanen-Rast

Rucksack plündern erwünscht

Eine zünftige Rast darf für waschechte Wandersleute nicht fehlen. Da kommen die Bänke im Schatten einer imposanten Platane zur Plünderung des Rucksacks gerade recht. Im namenlosen Grünzug sitzt es sich trotz unmittelbarer Stadtnähe unaufgeregt idyllisch. Hier kennt man sich, dreht seine tägliche Runde, mit Kind oder Hund. Nur gut 200 Meter weiter beginnt das Gelände des Gesundheitsparks Nienhausen, der in den 1970er-Jahren als Revierpark zur Erholung für die arbeitende Bevölkerung angelegt wurde. Heute stehen Sport und Wellness auf der Agenda, drumrum noch reichlich Freizeit-Halligalli.

Geradeaus, rechts über den Schwarzbach, dann links, hinter der Brücke rechts und wieder links. Unbedingt auf die Markierungen achten! Über die Wiese, den Rotthauser Friedhof queren, durch Wohnsiedlung über die Straße Am Broch, jenseits er Huestraße links und in den Wald, geradeaus halten und auf sehr steilem Pfad auf den Hallo.

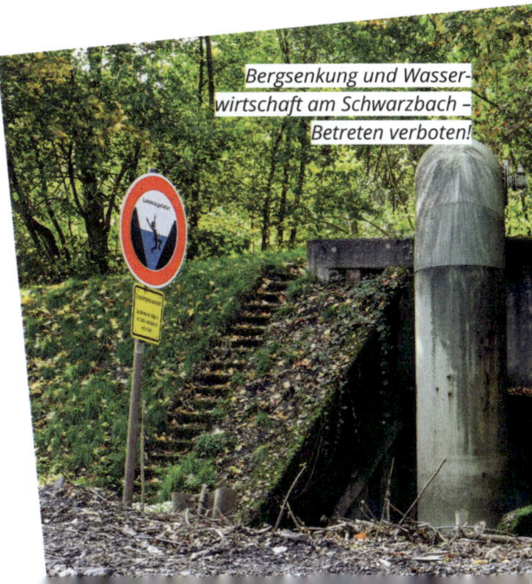
Bergsenkung und Wasserwirtschaft am Schwarzbach – Betreten verboten!

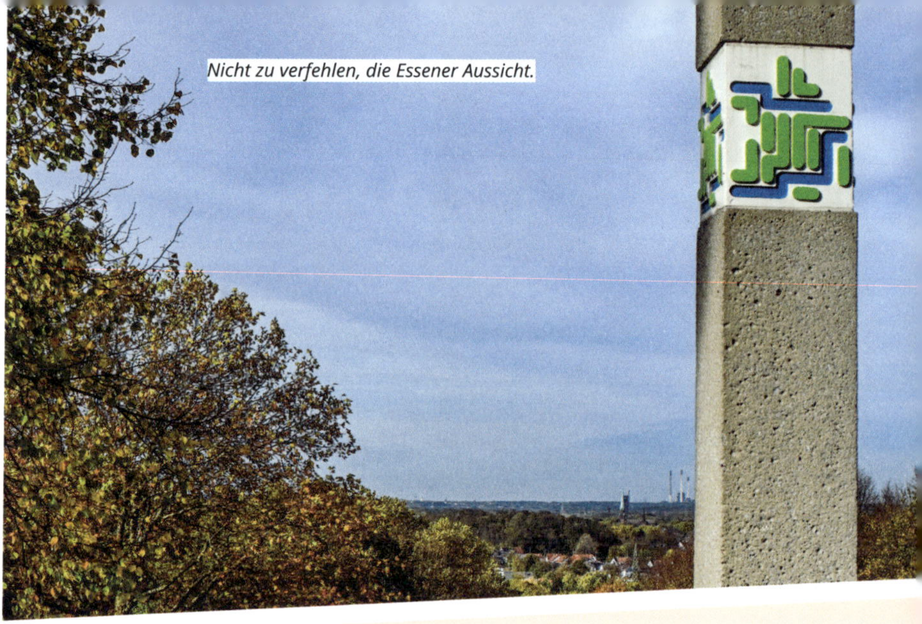

Nicht zu verfehlen, die Essener Aussicht.

KM 7,5

4

Friedhof am Hallo

Panorama und Gräber sichten

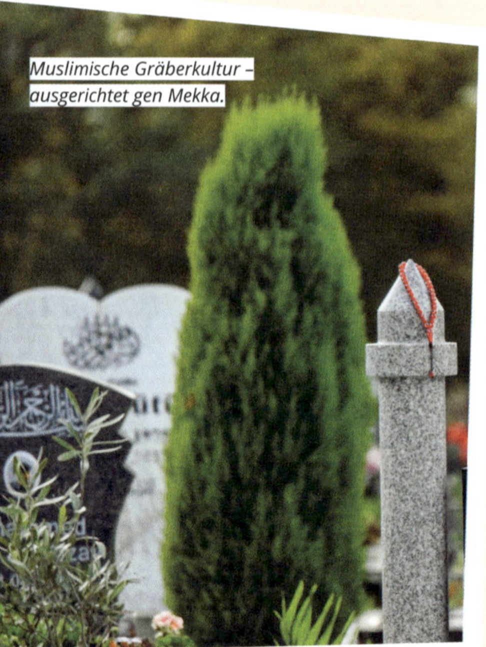

Muslimische Gräberkultur – ausgerichtet gen Mekka.

Der Hallo ist übrigens eine natürliche Erhebung, kein Abraum, kein nix. Die Essener-Aussichten-Stele ist hinter dem Modellflugplatz auf der Höhe des Friedhofs leicht zu finden - und mit ihr die Sicht bis zum Kraftwerk Scholven in Gelsenkirchen. Ortskundige kommen rasch in Versuchung, jeden erkennbaren Kirchturm benennen zu wollen. Nur in den laubfreien Monaten taucht der unverwechselbare Doppelbock von Zollverein auf. Unmittelbar neben der Stele beginnen die Muslimischen Gräberfelder, die zu den größten in Deutschland gehören. Man erkennt sie an ihrer Gestaltung: Islamische Gräber sind nach Mekka ausgerichtet und werden traditionell weder bepflanzt noch übermäßig verziert.

Geradeaus runter, 3. links, durchs Tor links, im Bogen rechts zum Hallopark, am Ende rechts über die Hallostraße auf Fuß-/Radweg durch Birkenwäldchen, über Kreuzung Gelsenkirchener Straße und über Parkplatz zum Doppelbock.

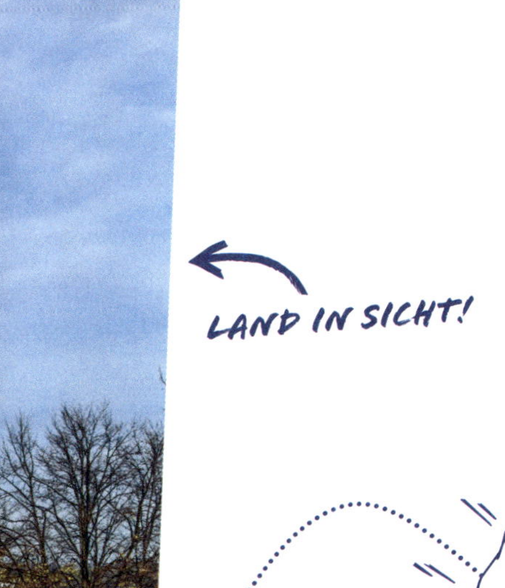

LAND IN SICHT!

EXTRA INFOS:

Highlight des Steigs ist unumstritten die ● **Zeche Zollverein:** Für Bergbauhistorie, Industriekulisse, Fotospots, Kultur und Gastronomie sollte man je nach Interesse und Vorkenntnis ein dickes Zeitpolster mitbringen. Der ebenfalls als Steig ausgeschilderte Schlenker um die Kokerei ist sehenswert und im Anschluss an die Wanderung durchaus machbar (www.zollverein.de).

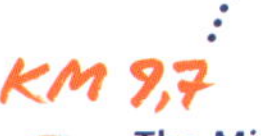

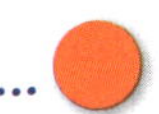

KM 9,7

5 **The Mine**

Einkehren unterm Doppelbock

Einen optisch spannenderen Genuss-Stopp als zu Füßen des Ruhrgebiet-Wahrzeichens kann man auf Zollverein kaum finden. Sitzen zwischen Doppelbock-Fördergerüst und Besucherzentrum, stylishes Industriekultur-Ambiente aufsaugen und die Bestellung aufgeben. Doch das Restaurant The Mine punktet nicht nur mit seiner Kulisse. Von Tapas über Burger und vegetarische Variationen wird hier so einiges aufgetischt (www.the-mine.eu). Die orange glühende Rolltreppe zum Besucherzentrum fest im Blick, kurzer Check in Sachen Fußwohl, dann steht der weiteren Erkundung der Welterbezeche oder der Heimkehr nichts im Wege.

Unterm Doppelbock hindurch geradeaus zur Haltestelle.

KM 10 » ZIEL

Haltestelle & Parkplatz Zollverein

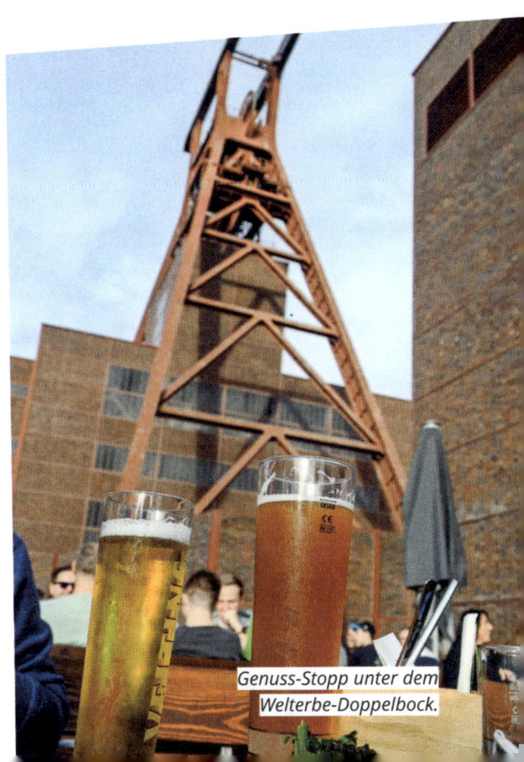

Genuss-Stopp unter dem Welterbe-Doppelbock.

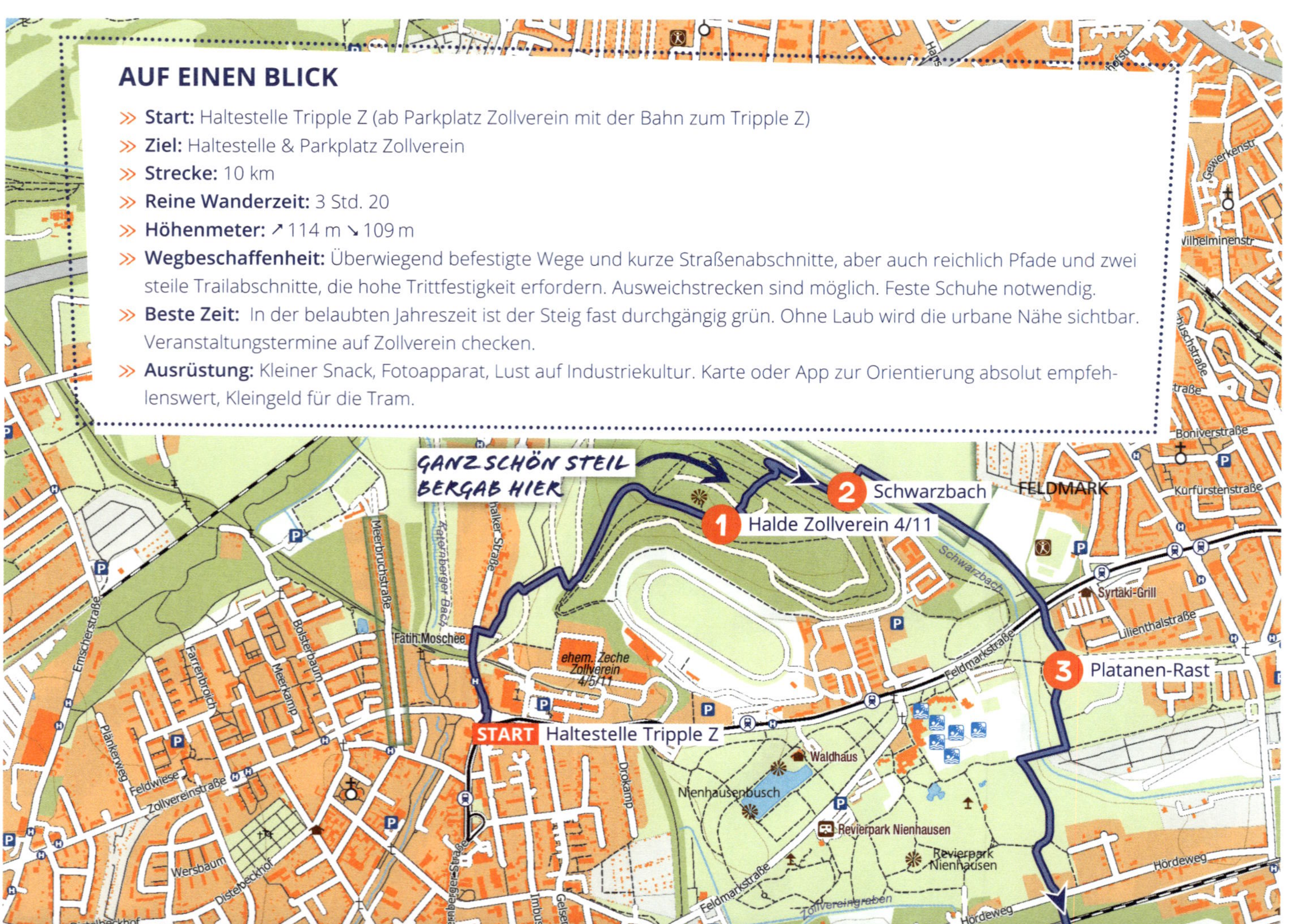

AUF EINEN BLICK

- » **Start:** Haltestelle Tripple Z (ab Parkplatz Zollverein mit der Bahn zum Tripple Z)
- » **Ziel:** Haltestelle & Parkplatz Zollverein
- » **Strecke:** 10 km
- » **Reine Wanderzeit:** 3 Std. 20
- » **Höhenmeter:** ↗ 114 m ↘ 109 m
- » **Wegbeschaffenheit:** Überwiegend befestigte Wege und kurze Straßenabschnitte, aber auch reichlich Pfade und zwei steile Trailabschnitte, die hohe Trittfestigkeit erfordern. Ausweichstrecken sind möglich. Feste Schuhe notwendig.
- » **Beste Zeit:** In der belaubten Jahreszeit ist der Steig fast durchgängig grün. Ohne Laub wird die urbane Nähe sichtbar. Veranstaltungstermine auf Zollverein checken.
- » **Ausrüstung:** Kleiner Snack, Fotoapparat, Lust auf Industriekultur. Karte oder App zur Orientierung absolut empfehlenswert, Kleingeld für die Tram.

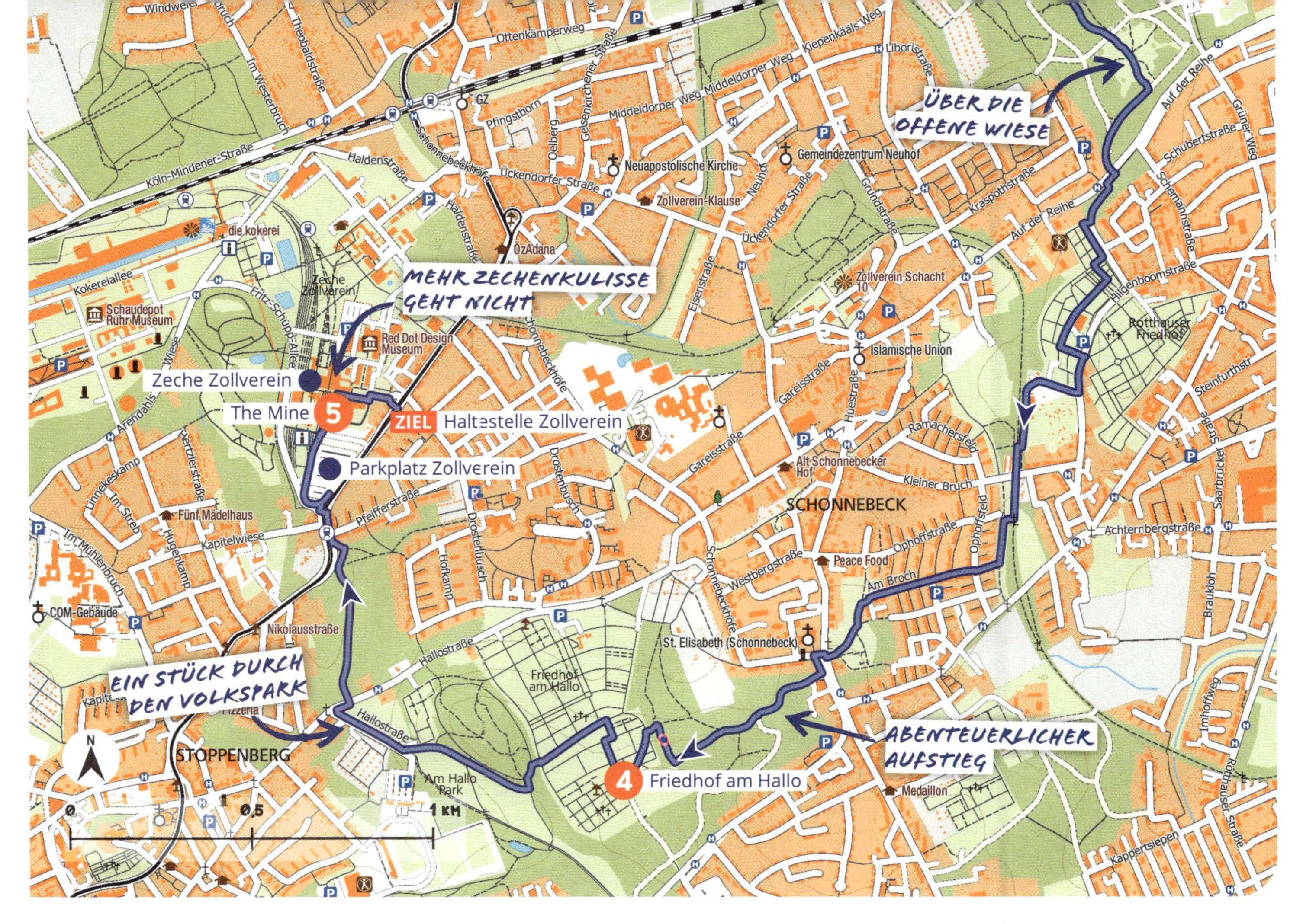

ÜBER DIE OFFENE WIESE
MEHR ZECHENKULISSE GEHT NICHT
Zeche Zollverein
The Mine
5
ZIEL Haltestelle Zollverein
Parkplatz Zollverein
EIN STÜCK DURCH DEN VOLKSPARK
4
Friedhof am Hallo
ABENTEUERLICHER AUFSTIEG
SCHONNEBECK
STOPPENBERG
die kokerei
Schaudepot Ruhr Museum
Red Dot Design Museum
Zollverein Schacht 10
Gemeindezentrum Neuhof
Neuapostolische Kirche
Zollverein-Klause
Islamische Union
Alt-Schonnebecker Hof
Peace Food
St. Elisabeth (Schonnebeck)
Medaillon
Rotthauser Friedhof
Friedhof am Hallo
Am Hallo Park
Fünf Mädelhaus
COM-Gebäude
ÖzAdana
GZ
Pizzeria
Köln-Mindener-Straße
Kokereiallee
Fritz-Schupp-Allee
Arendahls Wiese
Im Westerbruch
Theobaldstraße
Ottenkämperweg
Haldenstraße
Schonnebeckhöfe
Pfingstborn
Oelberg
Gelsenkirchener Straße
Middeldorper Weg
Kiepenkäals Weg
Liboriustraße
Ückendorfer Straße
Neuhof
Grundstraße
Kraspothstraße
Auf der Reihe
Schubertstraße
Grüner Weg
Schemannstraße
Hilgenboomstraße
Steinfurthstr.
Saarbrücker Straße
Achternbergstraße
Braukloh
Imhoffweg
Rotthauser Straße
Kappertsiepen
Eisenstraße
Gareisstraße
Huestraße
Ramachersfeld
Kleiner Bruch
Ophoffsfeld
Ophoffstraße
Am Broch
Westbergstraße
Drostenbusch
Hofkamp
Pfeifferstraße
Hallostraße
Nikolausstraße
Kapitelwiese
Hugenkamp
Hertzlerstraße
Unnekeskamp
Im Streb
Im Mühlenbruch
0
0,5
1 KM
N

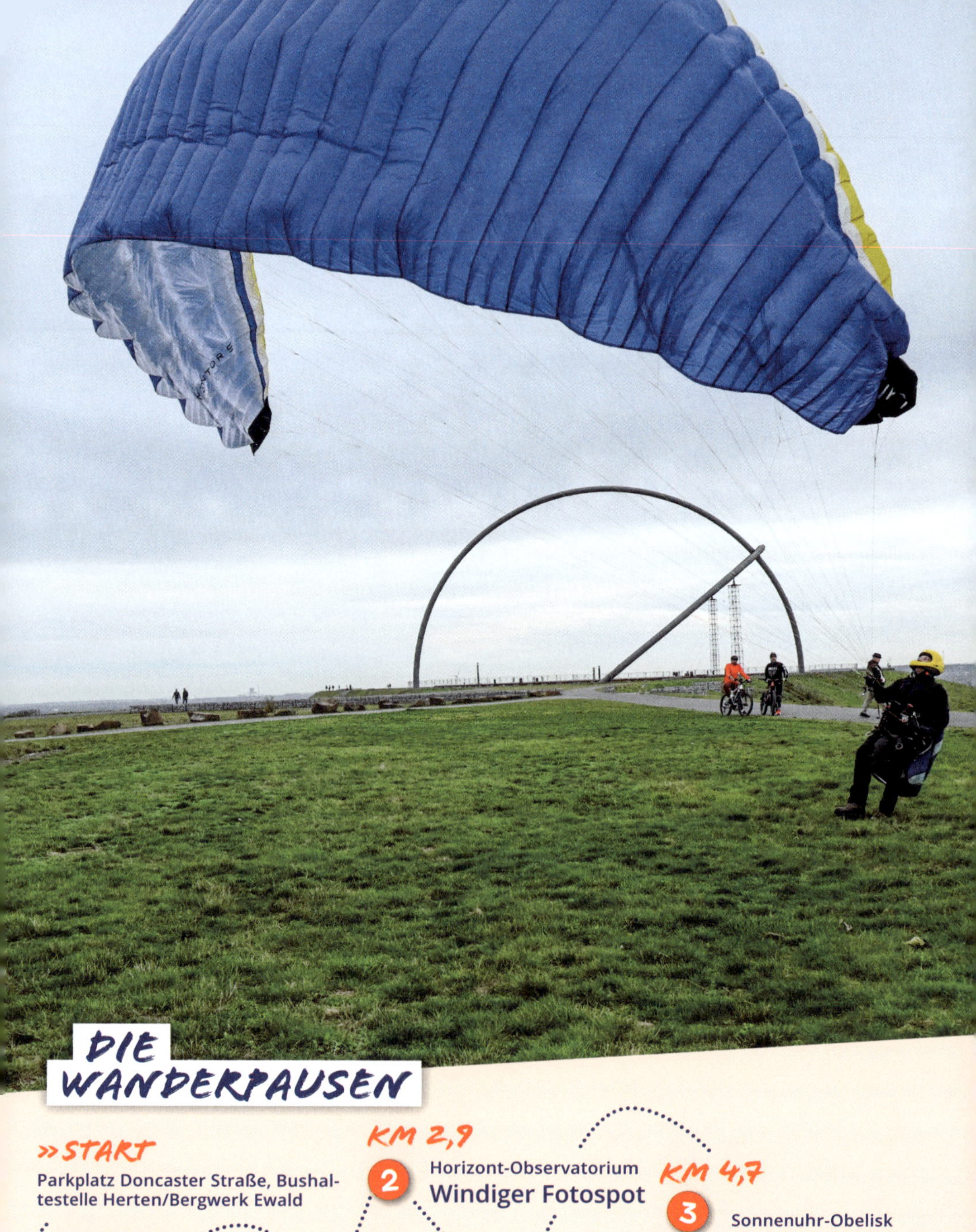

DIE WANDERPAUSEN

» START
Parkplatz Doncaster Straße, Bushaltestelle Herten/Bergwerk Ewald

KM 1,5
1 Balkon Nummer 2
Bloß nicht Kleinkram aus den Taschen ziehen

KM 2,9
2 Horizont-Observatorium
Windiger Fotospot

KM 4,7
3 Sonnenuhr-Obelisk
Das Phänomen Zeit sinnlich erfahren

9

DEN HORIZONT OBSERVIEREN

Auf Halde Hoheward in Herten

Serpentinen lassen die Beine arbeiten, bis das Zentrum für Himmelsbeobachtungen auf dem Haldenplateau erreicht ist. Anschließende Entspannung garantiert XXL-Balkonien auf der Promenade. Da kommen Hobbyastronomen und Fotofreaks in Feierlaune.

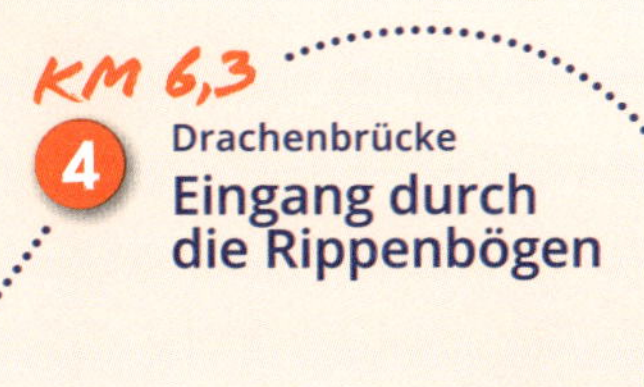

KM 6,3

4 Drachenbrücke
Eingang durch die Rippenbögen

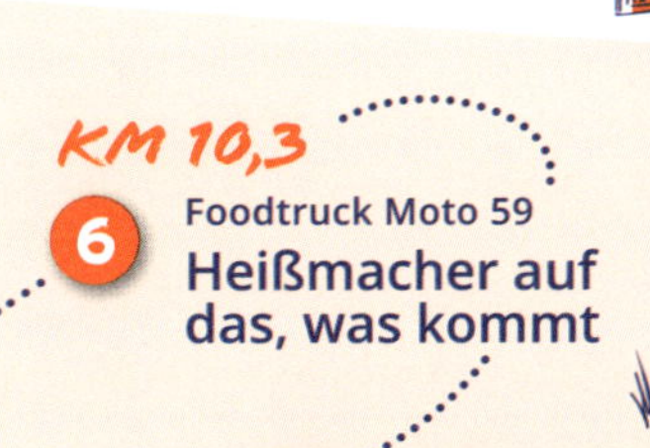

KM 10,3

6 Foodtruck Moto 59
Heißmacher auf das, was kommt

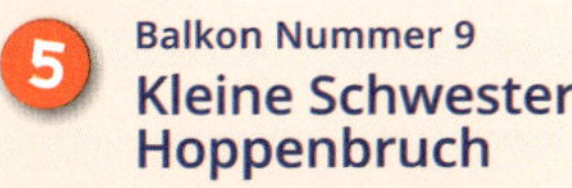

KM 8

5 Balkon Nummer 9
Kleine Schwester Hoppenbruch

KM 10,4 » ZIEL

Parkplatz Doncaster Straße, Bushaltestelle Herten/Bergwerk Ewald

SELTSAME GROSSE BÖGEN …

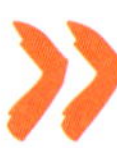

… spannen sich auf dem Berg, das fällt sogar Autofahrern auf der A2 zwischen dem Kreuz Recklinghausen und Herten auf. Dass es sich dabei um den Meridian- und Äquatorbogen der größten Landmarke auf einer Bergehalde handelt, kann man besser bei näherem Hinschauen begreifen. Halde Hoheward ist zur fabelhaften Himmelsexpedition über neun Zugänge zu erreichen. Beim direkten Aufstieg über 529 Stufen auf der Himmelsstiege kommt man ganz schön ins Schnaufen. Wer einen künstlerischen Einstieg bevorzugt, nutzt die **Drachenbrücke.**

Von Zeche Ewald aus gestaltet sich der Start noch bequemer und beschaulich über schmale Waldpfade, bevor gut ausgebaute Wege in Serpentinen nach oben führen. Noch vor Erreichen des Gipfelplateaus lädt **Balkonien Nummer 2** zur ersten Aussicht ein. Zehn Balkone sind es insgesamt, die der gut ausgebaute Promenadenweg rings um die Halde miteinander verbindet. Je näher man dem Gipfel kommt, umso spärlicher wird der Bewuchs.

GUTE-LAUNE-MOMENT: WENN KINDER IHRE DRACHEN ÜBER DEM PLATEAU STOLZ IN DER LUFT TANZEN LASSEN

Auf dem Plateau öffnet sich eine große Wiese mit dem gigantischen **Horizont-Observatorium.** Das astronomische Beobachtungsinstrument macht grundsätzliche Prinzipien sichtbar, auf denen unsere Zeitrechnung basiert. Allerdings alles auf Abstand, denn die Stahlkonstruktion darf mangels technischer Sicherheit nicht betreten werden. Zu beobachten, vor allem zu fotografieren, gibt es trotzdem immer etwas. Manchmal nutzen Gleitschirmflieger zum Beispiel den Wind auf der Höhe für ihr Bodentraining. Abheben dürfen sie allerdings nicht. Nach der Uhrzeit braucht man auf Hoheward nicht zu fragen, vorausgesetzt die Sonne scheint. Mittels Schattenwurf gibt der stylishe **Sonnenuhr-Obelisk** Uhrzeit und Datum bekannt. Das nächste Wolkenloch kann man prima bei einer Rast im Amphi abwarten.

Um einen Blick auf die Haldenschwester Hoppenbruch zu werfen, ist **Balkon Nummer 9** die ideale Parkposition. Bevor es wieder abwärts in Richtung **Foodtruck Moto 59** geht, lohnt es sich, mit dem restlichen Energieschub die Stufen zur Ewald-Empore zu nehmen. Fazit: Halde Hoheward ist ein typisches Beispiel dafür, was das Ruhrgebiet ausmacht: Klassische Industriekultur, mehr Grün als man denkt, spannend inszenierte Wanderziele, alles für umme und umme Ecke.

«

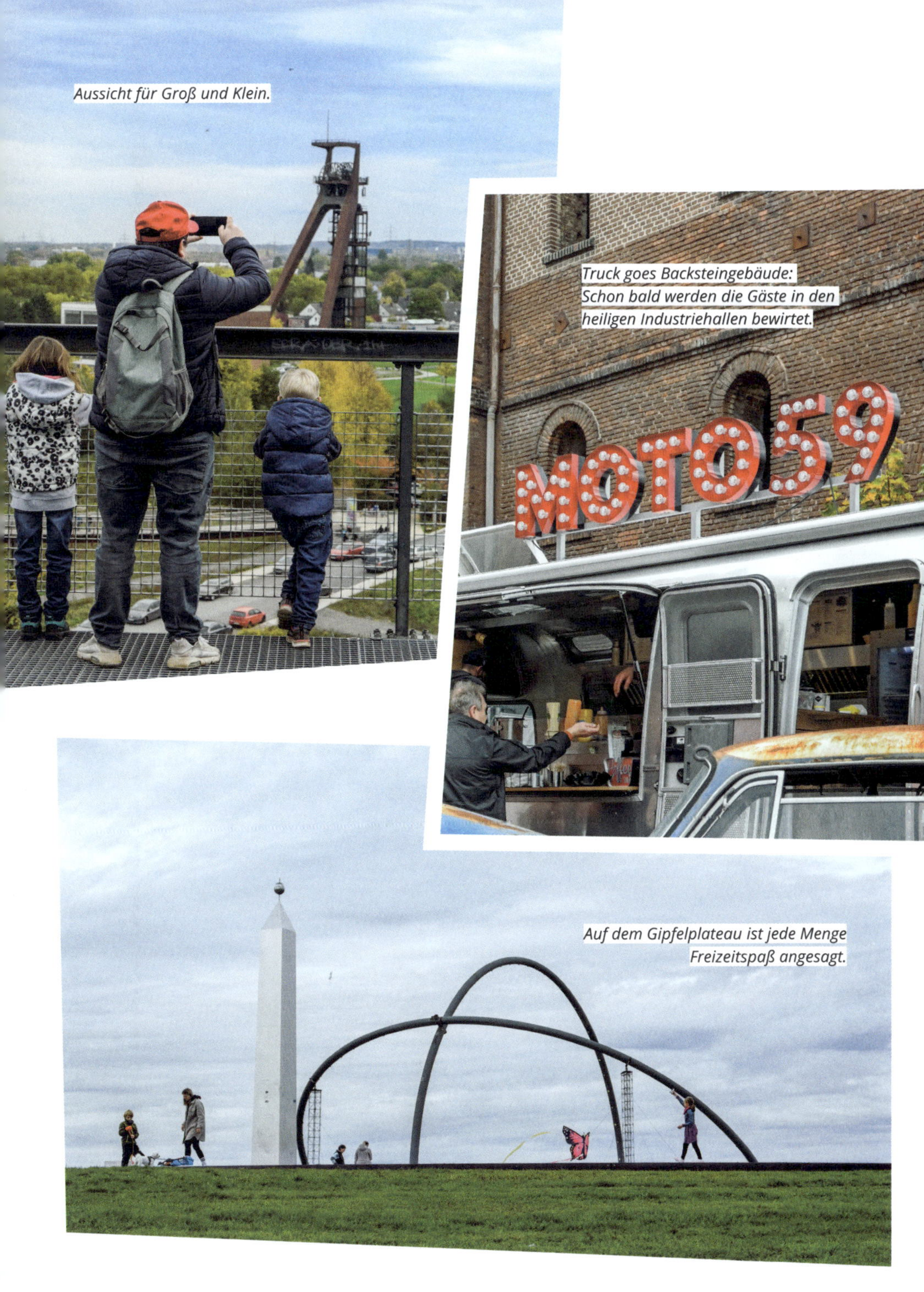

Aussicht für Groß und Klein.

Truck goes Backsteingebäude: Schon bald werden die Gäste in den heiligen Industriehallen bewirtet.

Auf dem Gipfelplateau ist jede Menge Freizeitspaß angesagt.

WANDERN & GENIESSEN

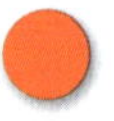

»START

Parkplatz Doncaster Straße, Bushaltestelle Herten/Bergwerk Ewald

Links vom Förderturm geradeaus zur Halde. Vor der Treppe links, vom Hauptweg ersten Pfad wieder links, dann auf blanker Erde geradeaus durchs Wäldchen (Achtung Trailstrecken). Auf dem dritten Pfad rechts nach oben.

KM 1,5

Balkon Nummer 2

Bloß nicht Kleinkram aus den Taschen ziehen

Diesem Balkon nähert man sich von unten. Wie ein Gittergehege ragt das Aussichtsplateau aus der Halde hervor. Noch eine Kurve mit dem Weg. Menschen mit Höhenangst ahnen, dass eine Begehung nur mit nach vorne gerichtetem Blick möglich ist. Geradeaus heißt hier Richtung Recklinghausen und weiter bis nach Haltern. Die vielen Baumkronen sehen wie eine Waldfläche aus und machen aus dieser Perspektive glauben, man befinde sich am Rand des Sauerlandes. Auf dem Geländer sind markante Sichtpunkte benannt. Jetzt nur keinen Kleinkram aus den Hosentaschen ziehen, der durch die Gitterroste verloren gehen kann.

Auf dem Hauptweg bis zur Spitzkehre, hier rechts, dem Weg bis zur Treppe folgen. Auf der Himmelsleiter bis nach oben.

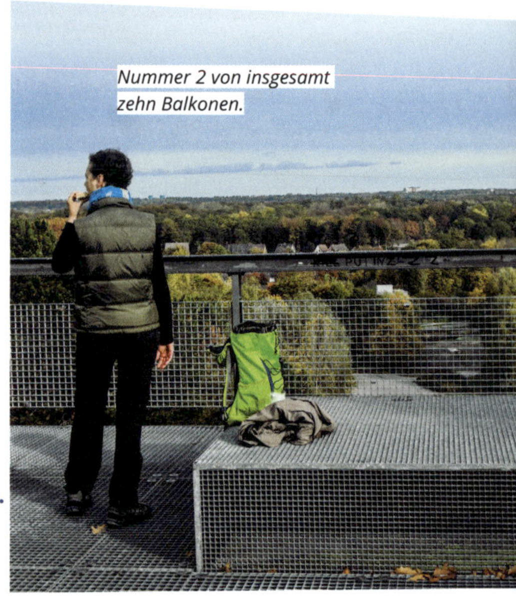

Nummer 2 von insgesamt zehn Balkonen.

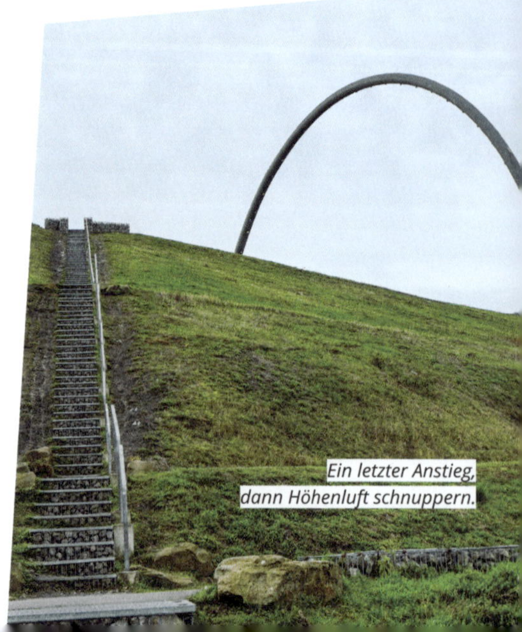

Ein letzter Anstieg, dann Höhenluft schnuppern.

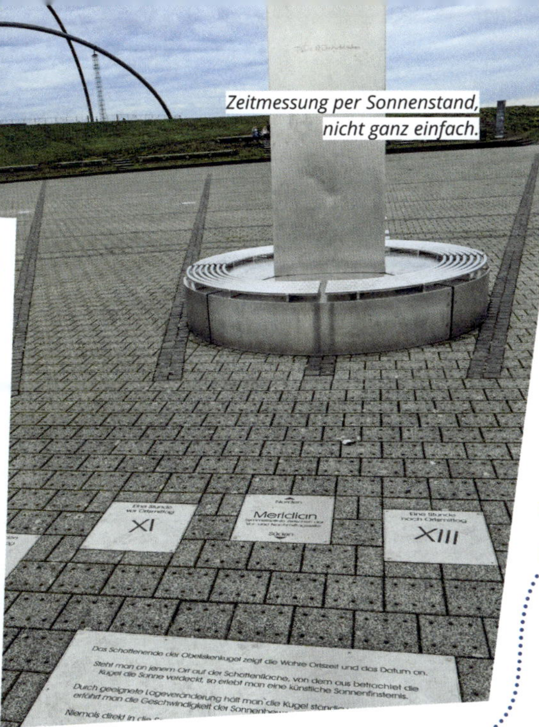

Zeitmessung per Sonnenstand, nicht ganz einfach.

SCHON BEI WENIG WIND SCHEINT HIER HÖHEN-LUFT ZU HERRSCHEN

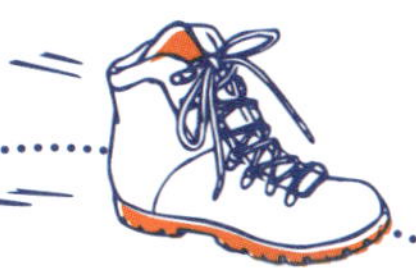

KM 4,7

3 Sonnenuhr-Obelisk

Phänomen Zeit sinnlich erfahren

Nur etwa zehn Höhenmeter tiefer – tatsächlich sieht das nach mehr aus – steht der Obelisk. Einem Amphitheater ähnlich sind Sitzgelegenheiten halb um die »Bühne« der Sonnenuhr angelegt. Die Spitzsäule wirft bei Sonnenschein einen schmalen Schatten als Zeiger auf eine große, völlig ebene und hell gepflasterte Sonnenuhr. Neben der wahren Ortszeit zeigt die Obeliskkugel auch das Datum anhand des Sonnenstands auf. Ganz schön knifflig, sich mit den ganzen Linien zurecht zu finden. Auch die in den Boden eingelassene Anleitung zur jahrtausendealten Art der Zeitmessung will erstmal verstanden sein. Dass man von diesem Ort ein tolles Panorama über das Ruhrgebiet hat, ist unmissverständlich.

Und wieder geht es über enge Serpentinen geradewegs nach unten.

KM 2,9

2 Horizont-Observatorium

Windiger Fotospot

Vom letzten Abschnitt der insgesamt 529 Stufen der Himmelsstiege sieht man den Äquatorbogen zum Greifen nahe. Oben öffnet sich eine große, weite Fläche, auf der die beiden Stahlbögen aus der Nähe wirklich riesig wirken. Ein technisches Malheur verbietet aktuell leider die Begehung und damit das Begreifen des Observatoriums, das der Beobachtung von Sonne, Mond und Sternen gewidmet ist. Seltsam leise ist es jedenfalls auf dem Haldenplateau und wetterexponiert. Die Besichtigungsfreigabe wird auf der Website bekannt gegeben (www.hoheward.rvr.ruhr).

Einmal das Plateau umrunden und dann dem Serpentinenweg hinter dem Observatorium zur Sonnenuhr folgen.

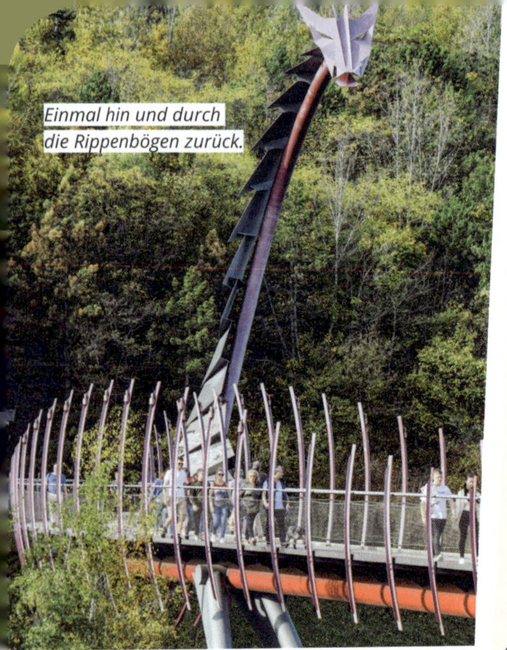

Einmal hin und durch die Rippenbögen zurück.

KM 6,3

Drachenbrücke

Eingang durch die Rippenbögen

Durch die Bäume ist der rote Drachenkopf erst spät zu sehen, denn die Dramaturgie des Fabelwesens beginnt an seinem Schwanz. Als Fußgänger läuft man durch das Rippengeländer des geschwungenen Drachenskeletts auf den imposanten Kopf zu, der den Neugierigen direkt entgegenschaut – nachts wirkungsvoll beleuchtet. Erstaunlich, wie filigran Ingenieur Ralf Wörzberger 198 Tonnen Stahl in dieser Brückenkonstruktion verbaut hat. Die Figur des Drachens wurde übrigens in Anlehnung an die sogenannten Drachenpunkte aus der Astronomie mit direktem Bezug zur thematischen Haldeninstallation gewählt.

Nach der Brücke links, zwei enge Kehren wieder nach oben, dann beginnt die Sightseeing-Tour auf dem Balkon-Promenadenring. Immer am Hang entlang, über die große Brückenschwinge, nun ist die Sicht auf Hoppenbruch optimal.

KM 8

5

Balkon Nummer 9

Kleine Schwester Hoppenbruch

Hallo Schwester. Mit ihrem Windrad als Landmarke steht Halde Hoppenbruch oft im Schatten der deutlich größeren Halde Hoheward. Dabei gelten sie zusammen als größte Haldenlandschaft des Ruhrgebiets und sind mit Zeche Ewald Teil des Landschaftsparks Hoheward (www.hoheward.rvr.ruhr). Neben der Windkraftanlage auf dem höheren der beiden Gipfel, prägen vor allem verschiedene Mountainbikestrecken das Wegesystem des Gegenüber. Darunter auch ein anspruchsvoller Enduro-Rundkurs mit drei offiziellen Abfahrtstrecken. Gepflegt werden die Trails von einem Radsportverein. Zu sehen ist davon vom Balkon auf dem üppig bewaldeten Berg aus nichts. Botaniker können im Winter den künstlich angepflanzten Schwarzkiefernwald erkennen.

In großen Bögen kann man noch zwei, drei Balkone sammeln. Von halber Höhe der Treppe runter zur Zeche Ewald. Wer genügend Kondition mitbringt, steigt die Treppe ganz hinauf zum Rundumblick von der Ewald-Empore.

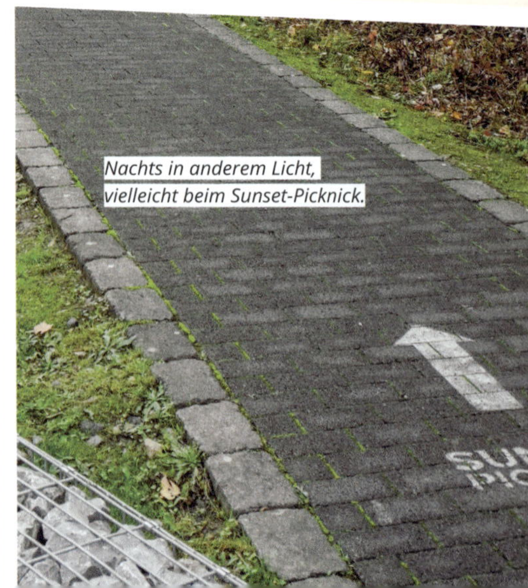

Nachts in anderem Licht, vielleicht beim Sunset-Picknick.

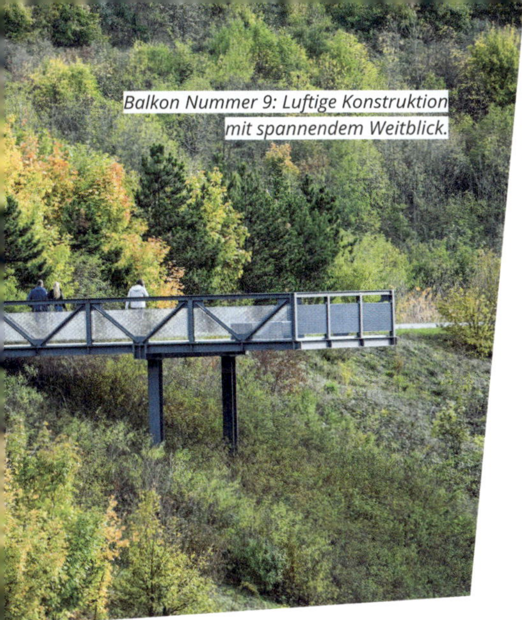
Balkon Nummer 9: Luftige Konstruktion mit spannendem Weitblick.

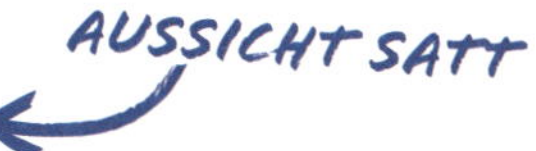

EXTRA INFOS:

Im Dunkeln hoch hinaus auf Hoheward, den Vollmond im Visier, mit Fackel in der Hand oder geführt vom Polarstern durch den Sternengarten ... Am Gipfel und auf den astronomischen Plateaus genießt man den Ausblick auf das erleuchtete Ruhrgebiet. Thematische Nachtführungen bietet das ● **RVR Besucherzentrum** an. Bei Tageslicht kann man Segway-Touren unternehmen (www.hoheward.rvr.ruhr).

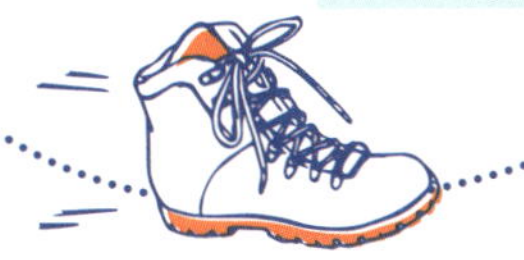

KM 10,3

6 Foodtruck Moto 59

Heißmacher auf das, was kommt

Von der Treppe aus kann man den silbrigen Foodtruck schon sehen. Fast direkt unterm Malakoff Förderturm stehen Bierbänke und aus der Verkaufsluke strömt vielversprechender Duft. Der legendäre Airstream-Imbiss ist eine zuverlässige Anlaufstation in Sachen Süßkartoffelpommes, Rusty Chili Bacon, Veggie-Würstchen und allerhand Durstlöscher. Streng genommen ist der Truck ein Heißmacher auf das, was noch kommen wird: Die Foodgarage Moto 59. Geplant ist eine dreistöckige Industrieambiente-Location in einer alten Maschinenhalle mit einfachen, ehrlichen Gerichten. Highlight soll die zukünftige Rooftop-Bar werden (www.motorworld.de/zeche-ewald-ruhr).

Ein Katzensprung ist es von hier zum Parkplatz.

KM 10,4 » ZIEL

Parkplatz Doncaster Straße, Bushaltestelle Herten/ Bergwerk Ewald

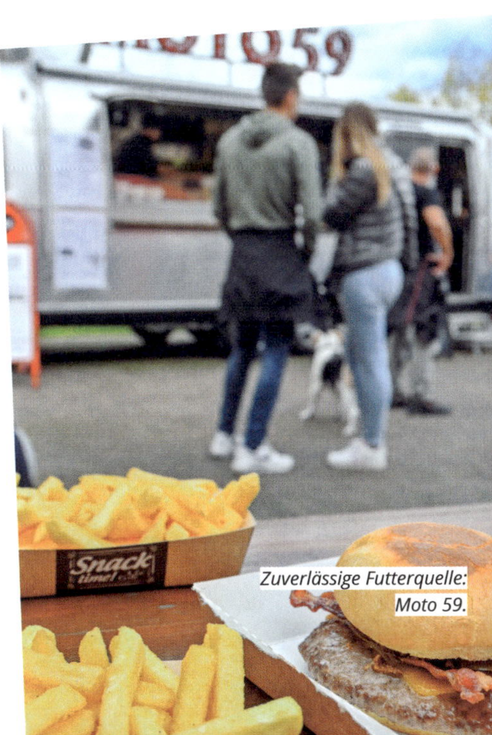

Zuverlässige Futterquelle: Moto 59.

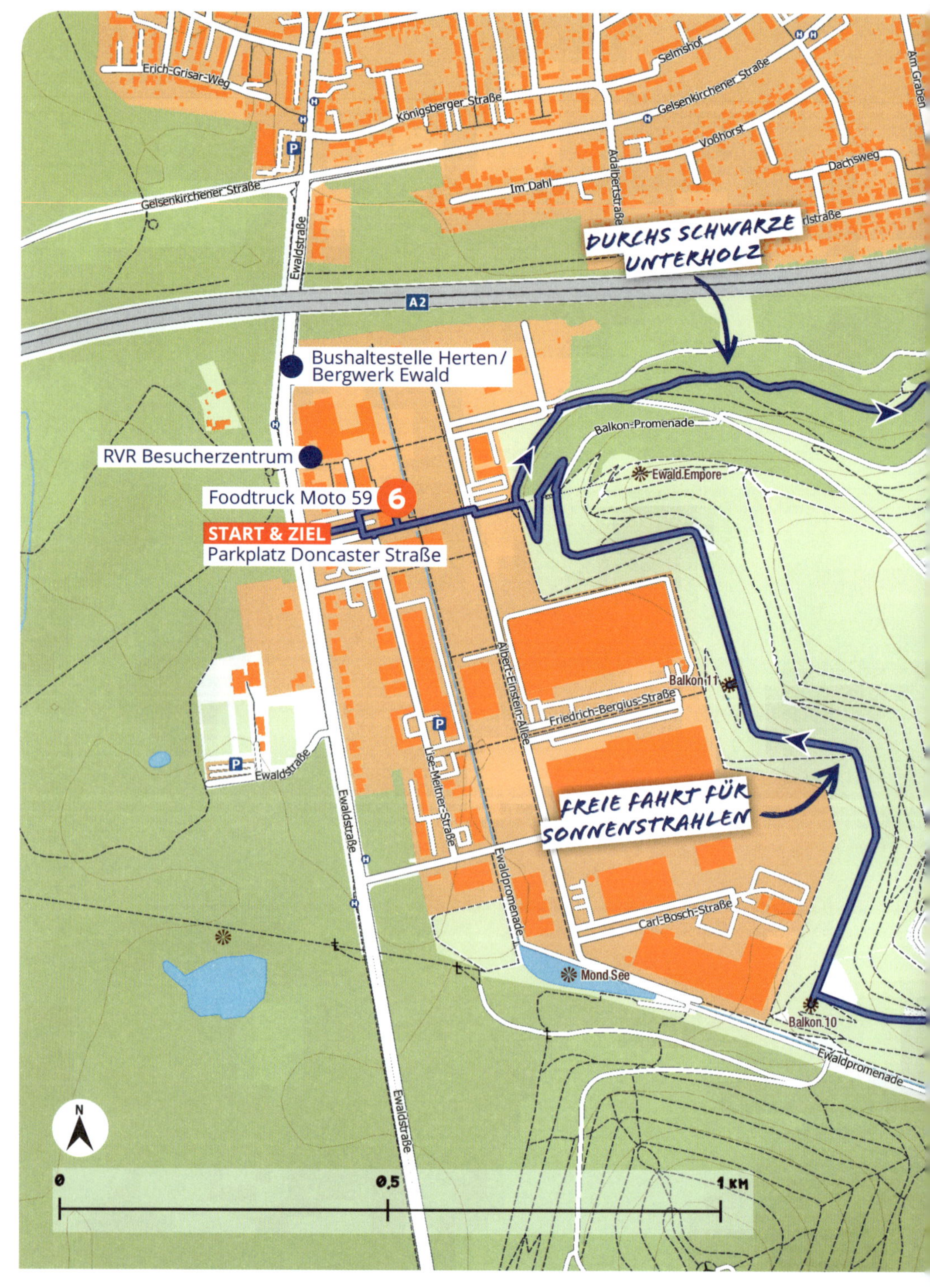

Bushaltestelle Herten / Bergwerk Ewald
RVR Besucherzentrum
Foodtruck Moto 59
6
START & ZIEL
Parkplatz Doncaster Straße
DURCHS SCHWARZE UNTERHOLZ
FREIE FAHRT FÜR SONNENSTRAHLEN
Erich-Grisar-Weg
Königsberger Straße
Selmshof
Gelsenkirchener Straße
Voßhorst
Dachsweg
Im Dahl
Adalbertstraße
Gelsenkirchener Straße
Ewaldstraße
A2
Balkon-Promenade
Ewald Empore
Balkon 11
Friedrich-Bergius-Straße
Albert-Einstein-Allee
Lise-Meitner-Straße
Ewaldpromenade
Carl-Bosch-Straße
Mond See
Balkon 10
Ewaldpromenade
Ewaldstraße
N
0
0,5
1 KM

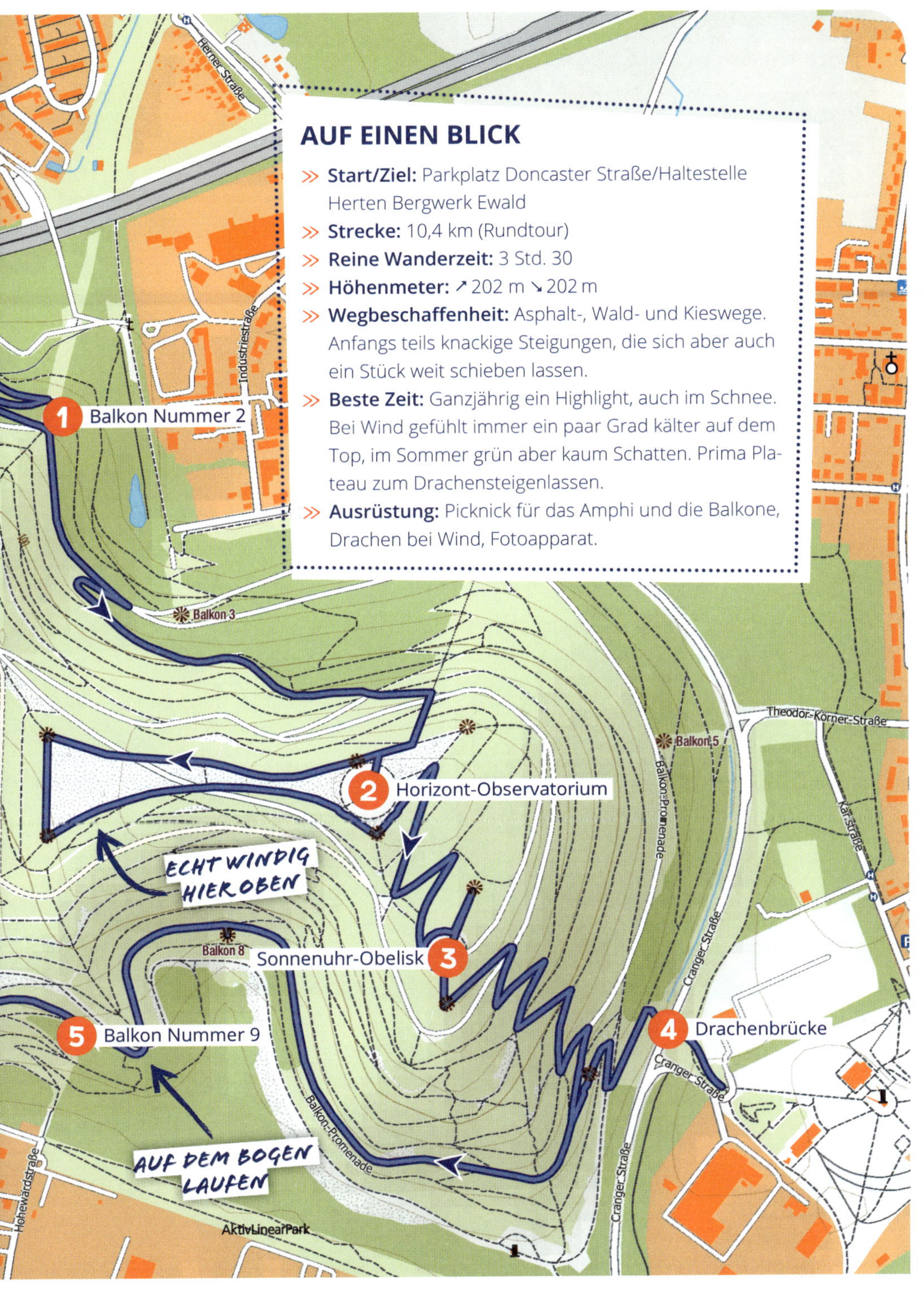

AUF EINEN BLICK

- » **Start/Ziel:** Parkplatz Doncaster Straße/Haltestelle Herten Bergwerk Ewald
- » **Strecke:** 10,4 km (Rundtour)
- » **Reine Wanderzeit:** 3 Std. 30
- » **Höhenmeter:** ↗ 202 m ↘ 202 m
- » **Wegbeschaffenheit:** Asphalt-, Wald- und Kieswege. Anfangs teils knackige Steigungen, die sich aber auch ein Stück weit schieben lassen.
- » **Beste Zeit:** Ganzjährig ein Highlight, auch im Schnee. Bei Wind gefühlt immer ein paar Grad kälter auf dem Top, im Sommer grün aber kaum Schatten. Prima Plateau zum Drachensteigenlassen.
- » **Ausrüstung:** Picknick für das Amphi und die Balkone, Drachen bei Wind, Fotoapparat.

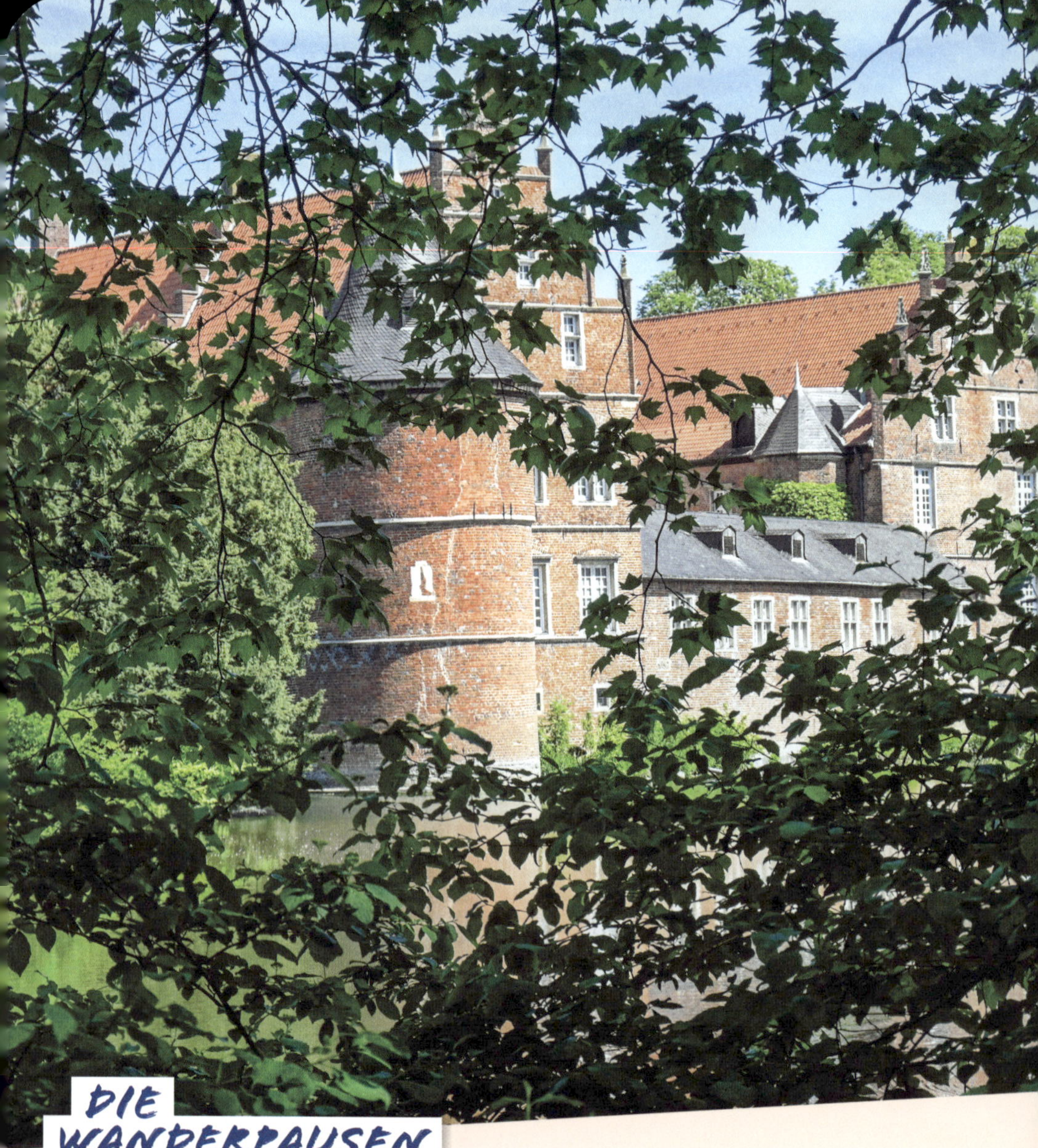

DIE WANDERPAUSEN

» START
Haltestelle Schloss Herten

KM 0,8
1 Tabakhaus
Des einen Laster ist des anderen Augenschmaus

KM 2,6
2 Kunstachse Burgenland
Innehalten am rostigen Cortenstahl

KM 6,1
3 Resser Schweiz
Wer sich hier nicht niederlässt …

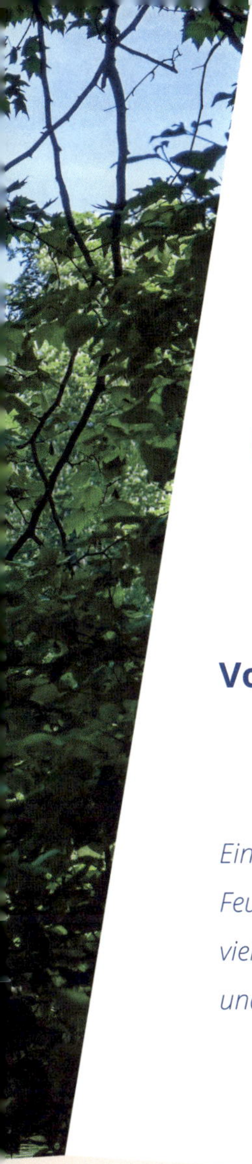

10

SCHLOSSGARTEN TRIFFT DENKMÄLER

Vom Wasserschloss Herten zum Alten Dorf Westerholt

Eintauchen in Schlossparkromantik, Landart erleben, den Blick über Feuchtwiesen schweifen lassen, schlendern durch Fachwerkidylle ... Zuviel Input für einen Tag? Auf keinen Fall! Einfach nur abwechslungsreich und ein erholsamer Hochgenuss.

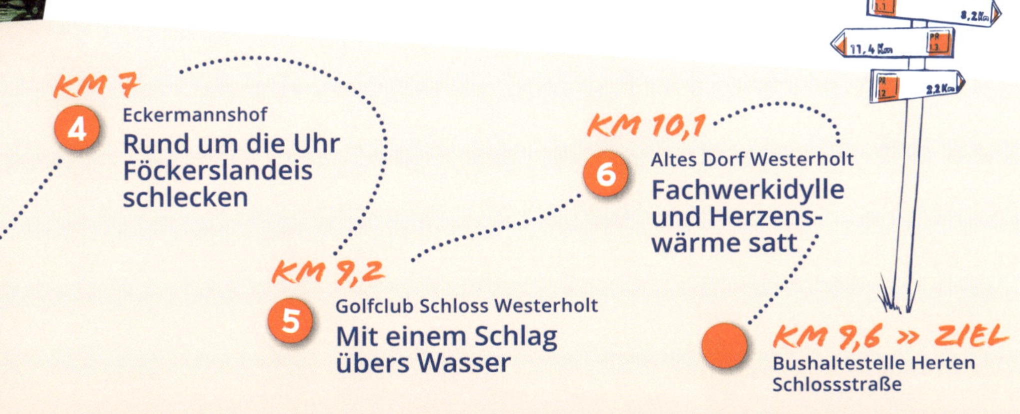

FREIHEIT IST DAS ZIEL

Damals, um 1880, brachte die gräfliche Familie Nesselrode immer wieder Bäume von ihren Reisen mit. Einige exotische Gewächse sind bis heute, zum Teil beschildert, ihrer neuen Heimat treu geblieben. Im Frühling leuchtet die Narzissenwiese gelb und Rhododendren wie Magnolien blühen in schillernden Farben. Ganzjährig ein Hingucker ist das quadratische, kleine **Tabakhäuschen** etwas abseits, leider nur selten mit offenen Türen. Spätestens in der Vorburg, innerhalb der Gräfte, kommt echte Schlossromantik auf. Schlossteich, Kapelle und der Durchgang zum Haupthaus werden schnell zu märchenhaften Fotomotiven. Wie die Gastro bleibt auch das Schlossgebäude geschlossenen Veranstaltungen vorbehalten.

Kein Problem, denn die mitgebrachte Stulle schmeckt auch am Rasttisch an der **Kunstachse Burgenland,** mit Blick auf rostige Mini-Zechen und Streuobstwiesen. Durch waldige und offene Flur ist nach einigem Fußmarsch schon bald das Feuchtwiesengebiet **Resser Schweiz** erreicht. Ob gebannt von hier lebenden Vögeln oder von größerem Weidevieh, lässt sich hier besonders gut durchatmen, am bequemsten auf Bänken mit Entdeckerblick durchs Fernglas.

DIE BANK, DAS GRÜN, DIE RUHE – MIT BLICK INS IRGENDWO IST MAN SCHNELL IM ENTSPANNUNGSMODUS

Eisjunkies kommen bei einem Abstecher zum **Eckermannshof** auf ihre Kosten, hier öffnet der Eisautomat sein Kläppchen. Nach Erreichen des gräflichen Forstes am **Schloss Westerholt** darf mit respektvollem Abstand das Geschick konzentrierter Golfspieler beobachtet werden.

Abschließender Seelenbalsam ist das **Alte Dorf Westerholt.** In den Kopfsteinpflaster-Gassen scheint die Zeit stehen geblieben zu sein. Langsam bummelnd entdeckt man so manches liebevolle und historische Detail an den Fassaden. Lecker Einkehr, dann geht's mit dem Bus zurück nach Herten.

«

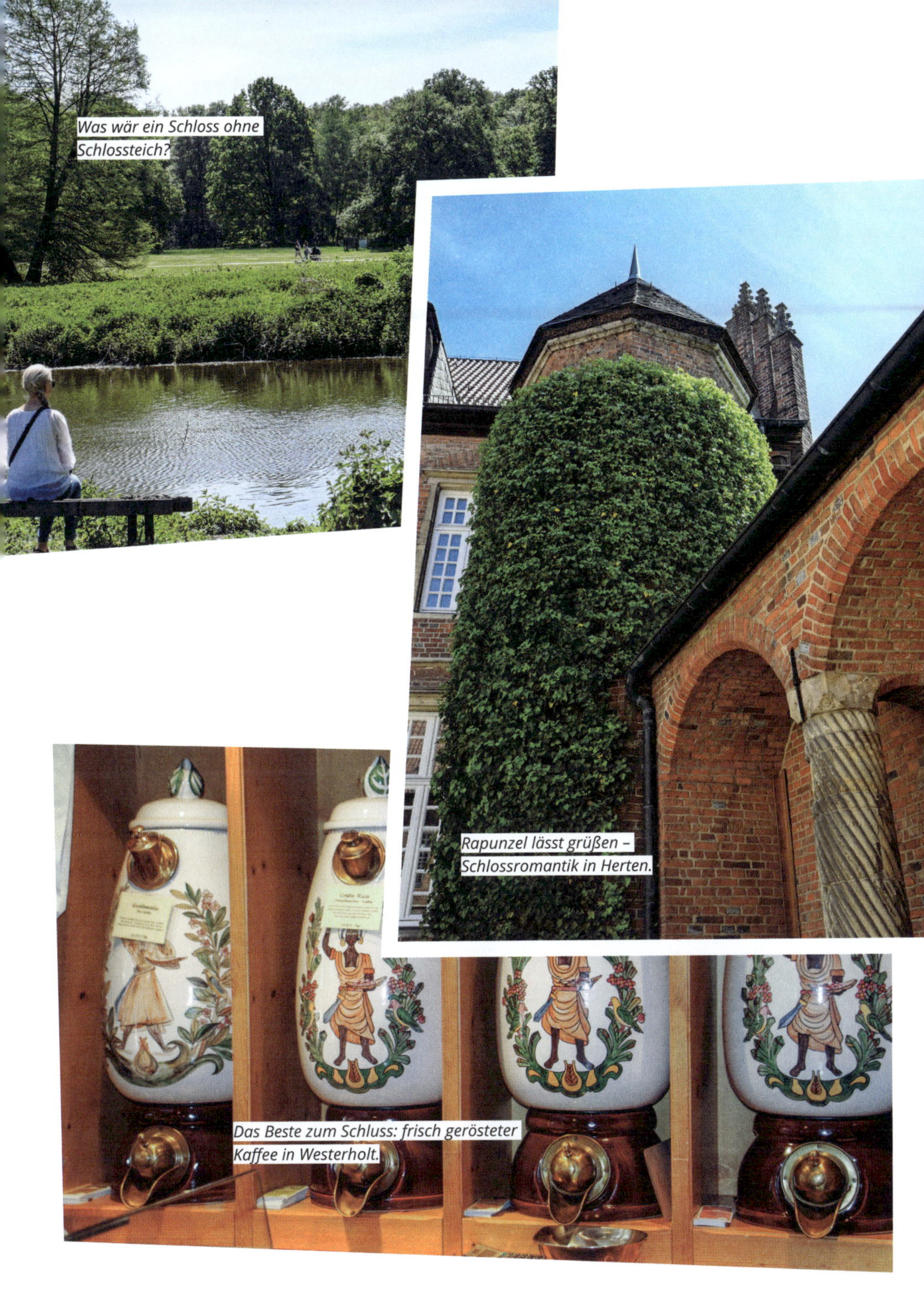

Was wär ein Schloss ohne Schlossteich?

Rapunzel lässt grüßen – Schlossromantik in Herten.

Das Beste zum Schluss: frisch gerösteter Kaffee in Westerholt.

WANDERN & GENIESSEN

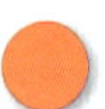

» START

Haltestelle Schloss Herten

Vom Resser Weg (dort gibt es auch einen Parkstreifen) schräg links gegenüber der Tankstelle in den Park, geradeaus, dann zweiter Weg links und am Ende wieder links.

KM 0,8

Tabakhaus

Des einen Laster ist des anderen Augenschmaus

Vor der Französischen Revolution zu ihren Verwandten geflohen fanden die beiden Grafen Riaucourt Unterschlupf in Herten. Rauchen war in Frankreich en vogue, doch – zum Pech für die Flüchtlinge – in Deutschland zu diesen Zeiten verpönt, so auch in den Schlossgebäuden. Darum frönten sie ihrem Laster im Gartenpavillon. Ganz ohne Tabakgenuss lässt es sich, vielleicht der Sonne frönend, auf den Stufen mit Blick auf die Esskastanienallee verweilen. Das kleine, quadratische Ziegelhäuschen bietet aus entsprechender Perspektive ein interessantes Fotomotiv (www.gaerten-in-westfalen.de).

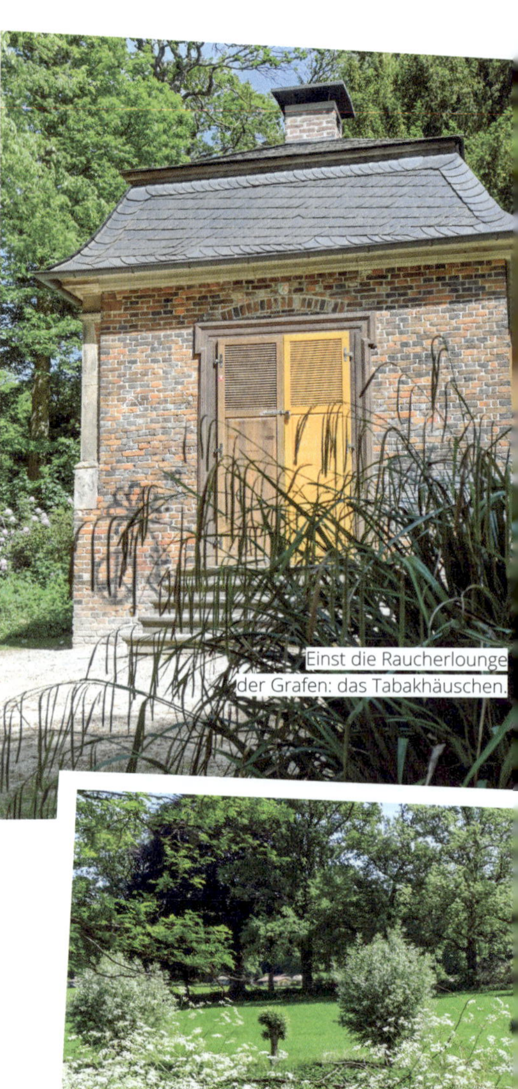

Einst die Raucherlounge der Grafen: das Tabakhäuschen.

Auf der Allee weiter geht es rechts über die Naturbühne, dann links und ab Richtung Schloss. Gegen den Uhrzeiger um die Gräfte herum, dort findet sich über eine Brücke der Zugang zu Schloss und Kapelle.

KM 2,6

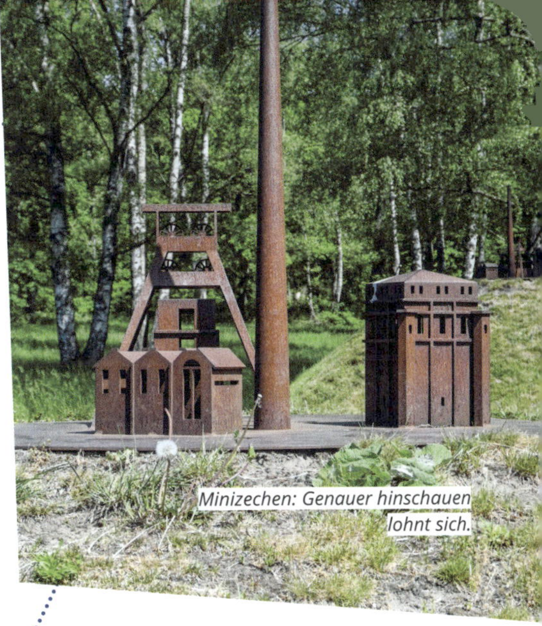

Minizechen: Genauer hinschauen lohnt sich.

2 Kunstachse Burgenland
Innehalten am rostigen Cortenstahl

Links hinter der Schlossbrücke, dann rechts entlang dem Wasser, beginnt zwischen den beiden Schlossteichen das ausgewiesene Burgenland. Links durch Wiesen und Äcker spazierend wird der Weg von kleinen grünen Hügeln begleitet, auf deren Spitzen Mini- Zechengebäude aus rostigem Cortenstahl hocken. Sie sollen an 130 Jahre Bergbaugeschichte in Herten erinnern, so die Idee des Künstlers Nils-Udo. Wie Burgen anmutend spielen sie auf die Machtposition von Industriellen an. Entlang dieser Kunstachse zwischen Rinderweise und Streuobstwiese lässt sich am Picknicktisch prima bequem eine Rast einlegen. Bello kann ein Stückchen weiter auf der Hundewiese toben.

Nächste Möglichkeit rechts in den waldigen Weg einbiegen, an der nächsten T-Kreuzung wieder rechts auf die Gerade. Nach Überquerung des Holzbaches links Richtung Ort und dann rechts herum über die Hauptstraße geradeaus.

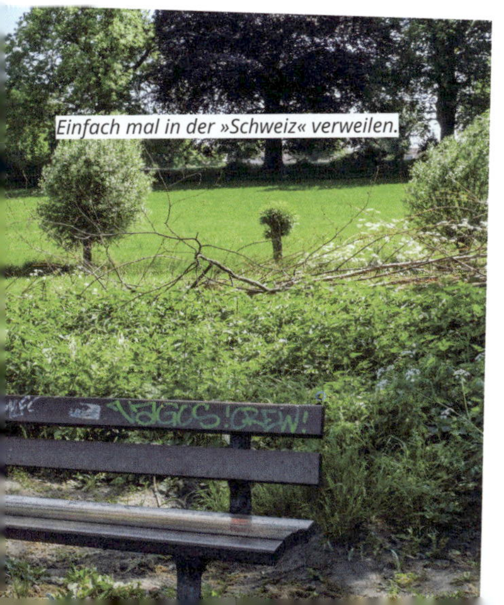

Einfach mal in der »Schweiz« verweilen.

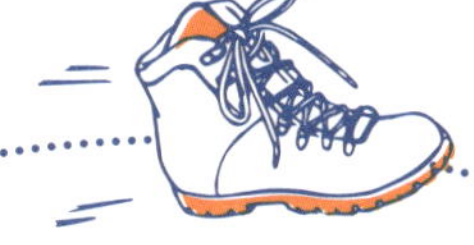

KM 6,1

3 Resser Schweiz
Wer sich hier nicht nieder-lässt

Auf dem Resser Grenzweg angelangt kann man unbeschwert schlendern. Schon der nächste Spazierweg links führt direkt durch die Resser Schweiz. Der Blick fängt ausgedehnte geschützte Feuchtwiesen mit Kopfweiden ein – ein idealer Ort für ein entspanntes Päuschen! Warum »Resser Schweiz«? 1927 wurde in Blickweite ein Ausflugslokal inklusive Badeanstalt mit selbigem Namen eröffnet. Nur neun Jahre später lief das gesamte Becken durch Risse vom Bau der Schachtanlage Hugo Ost über Nacht aus und wurde nie wieder eröffnet. Der Name hat sich aber bis heute für die Gegend gehalten.

Quasi geradeaus weiter, durch die geschwungene Wegkreuzung, dann links hinter dem Feld zum Eckermannshof. Einmal außen herum und über eine junge Allee auf den Hof.

KM 7

4

Eckermannshof

Automatisch Föckerslandeis schlecken

Megaleckeres, hausgemachtes Eis aus dem Automaten – wo gibt es denn so was? Ein Abstecher zum Eckermannshof liefert die Antwort. Die Milch stammt von den eigenen Kühen, die kreativen Rezepte sind wie die kalte Süßspeise hausgemacht. Den rund um die Uhr zugänglichen Kühlservice garantiert der Eisautomat. Wer es deftiger mag, rüstet im Hofladen mit Käse, Wurst, frischer Hofmilch oder unwiderstehlichem Bauernstuten nach. Aber Vorsicht, die angebotenen Leckereien von zum Teil benachbarten Höfen üben eine magische Anziehungskraft aus und können im Rucksack ganz schön gewichtig werden (www.eckermannshof.de).

Nicht vergessen, den Kühen auf dem Weg zurück zur Hauptstraße im Vorbeigehen ein Dankeschön zuzuwinken. Rechts ein Stück an der Straße, dann links in den Vierhöfeweg, am Ende rechts.

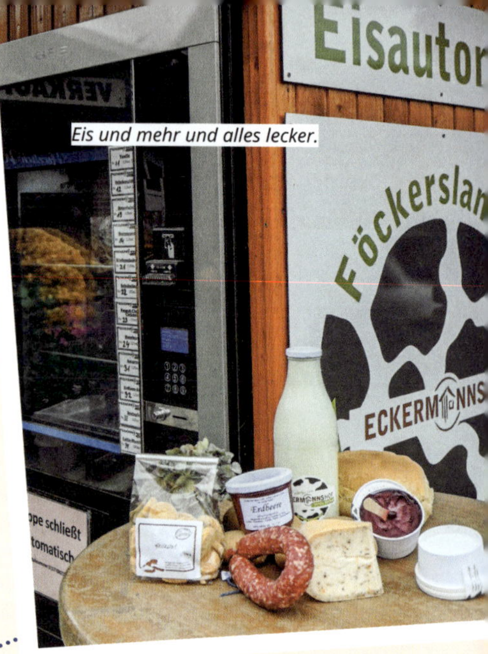

Eis und mehr und alles lecker.

KM 9,2

5

Golfclub Schloss Westerholt

Mit einem Schlag übers Wasser

Die Straße überquert geht es geradeaus in einen breiten Waldweg mit schönem altem Baumbestand. Rechts und links leuchten sattgrüne Rasenflächen, die zu einem Golfplatz gehören. 1991 beschloss Egon Graf von Westerholt, das marode Wasserschloss zu renovieren und vor seinen Mauern eine Golfanlage zu errichten. Vorbei am Taubenteich ist das Schloss bald erreicht und auf dem Parkplatz das Hantieren der Golfer mit ihren Schlägern unübersehbar. Kleiner Tipp: Gleich links hinter der Brücke befindet sich der legendäre Abschlag 10, der über das Wasser zur Fahne geschlagen werden muss. Mit respektvollem Abstand kann man hier die blanken Nerven einiger Golfer und so manchen Golfball abtauchen sehen.

Nur ein Stück weiter gehts durch das Stadttor Ostwall und schon ist man mittendrin in der Alten Freiheit.

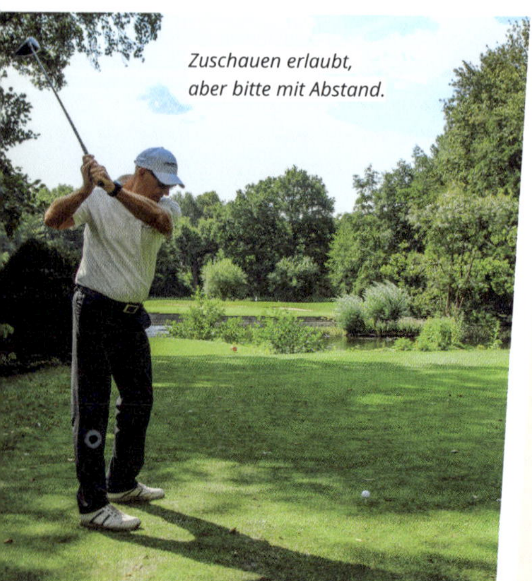
Zuschauen erlaubt, aber bitte mit Abstand.

KM 10,1

6 Altes Dorf Westerholt

Fachwerkidylle und Herzenswärme satt

Kaum eingetaucht in das malerische alte Fachwerkdorf wird es warm ums Herz. Man kann sich kaum sattsehen an den bewohnten Denkmälern – eins liebevoller hergerichtet als das andere. Hier haben die Bürger mit ihrem Engagement ganze Arbeit geleistet. Denn wäre es nach dem Willen der Stadtväter in der 1960er-Jahren gegangen, dann hätten die heute 58 unter Denkmalschutz stehenden alten Häuser zweckmäßigen Betonbauten weichen müssen. Ob unter der über 100 Jahre alten Kastanie im Biergarten des Hauses Alt Westerholt oder auf dem Kirchplatz vor Deutschlands kleinster Kaffeerösterei: Mit Essen und Trinken wird man in allen Gasthöfen charmant verwöhnt.

Vom Kirchplatz über die Schlossstraße ist es zur Bushaltestelle Herten Schlossstraße nicht weit.

EXTRA INFOS:

Wenn über den Marktplatz feiner Kaffeeduft weht, dann ist bei Ralf Brinkmanns ● **Arkade Spezialitäten** Rösttag. Auf zwölf Quadratmetern werden die edlen Bohnen handverlesen. Pro Röstgang passen fünf Kilogramm Rohkaffee durch den Trichter in seinen Röster. Gleich nebenan betreibt er mit seiner Frau das Feinkostgeschäft mit Bistro (www.arkade-spezialitaeten.de).

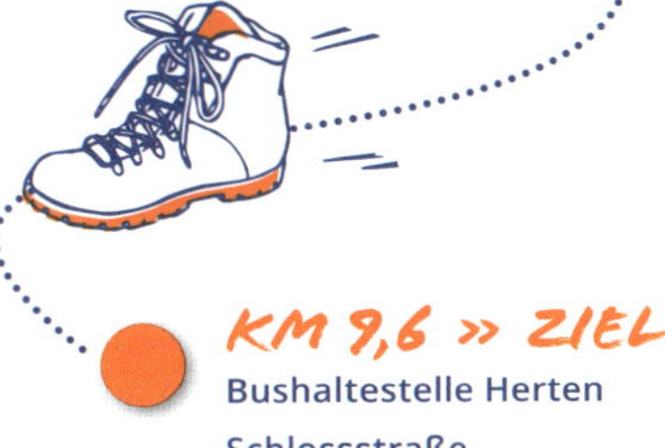

KM 9,6 » ZIEL

Bushaltestelle Herten Schlossstraße

HIER SCHEINT DIE ZEIT STEHENGEBLIEBEN ZU SEIN

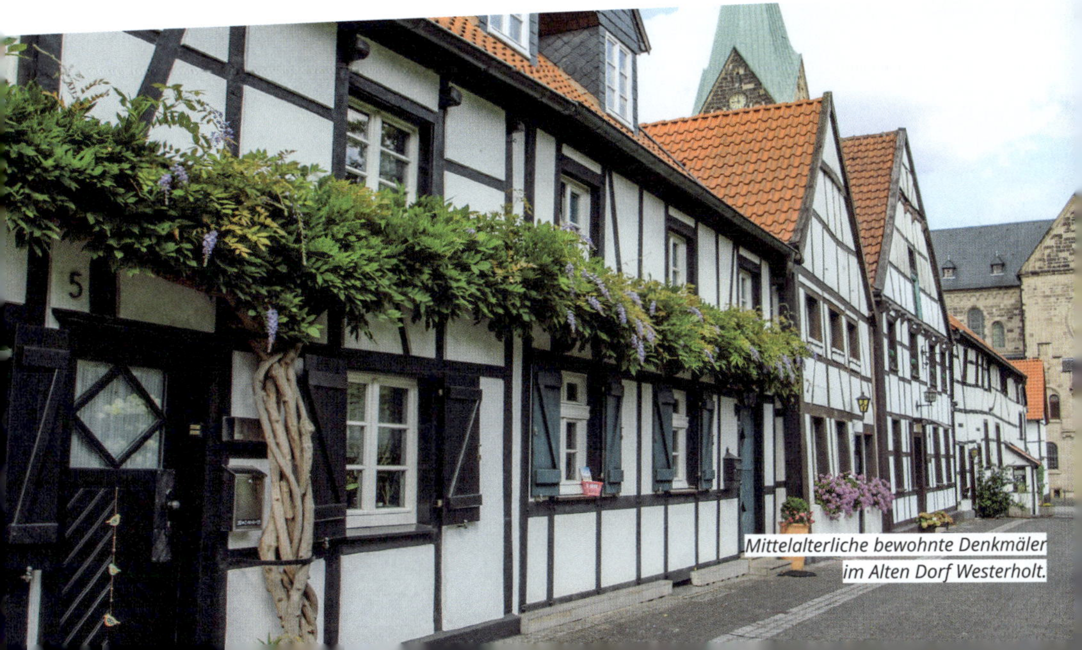

Mittelalterliche bewohnte Denkmäler im Alten Dorf Westerholt.

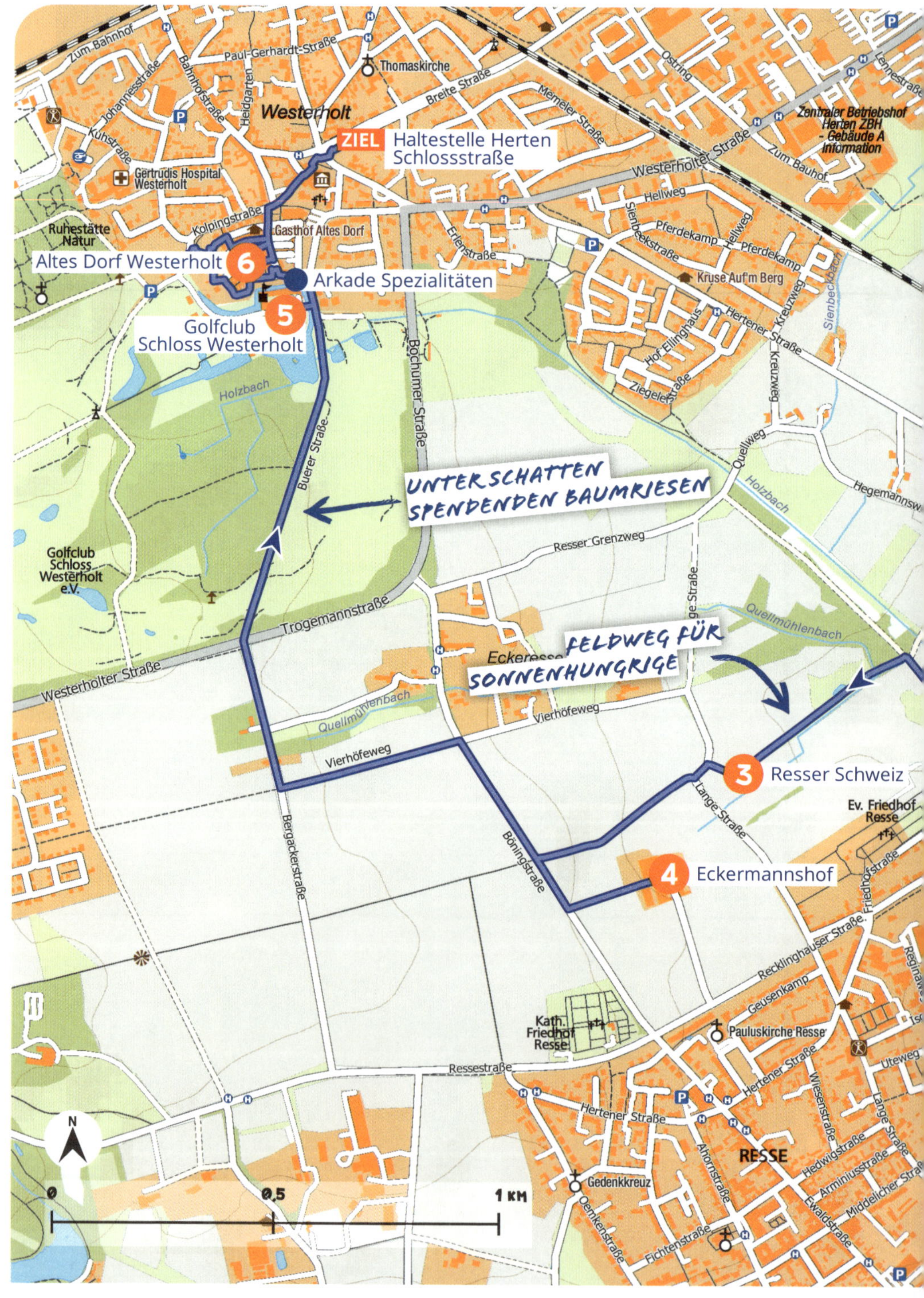

ZIEL
Haltestelle Herten Schlossstraße
Westerholt
Thomaskirche
Gertrudis Hospital Westerholt
Gasthof Altes Dorf
Altes Dorf Westerholt
6
Arkade Spezialitäten
5
Golfclub Schloss Westerholt
Ruhestätte Natur
Golfclub Schloss Westerholt e.V.
Holzbach
Buerer Straße
Bochumer Straße
UNTER SCHATTEN SPENDENDEN BAUMRIESEN
Resser Grenzweg
Trogemannstraße
Westerholter Straße
FELDWEG FÜR SONNENHUNGRIGE
Quellmühlenbach
Vierhöfeweg
3
Resser Schweiz
4
Eckermannshof
Böningstraße
Bergackerstraße
Lange Straße
Ev. Friedhof Resse
Kath. Friedhof Resse
Pauluskirche Resse
Recklinghauser Straße
Ressestraße
Hertener Straße
RESSE
Gedenkkreuz
Kruse Auf'm Berg
Zentraler Betriebshof Herten ZBH - Gebäude A Information
Zum Bahnhof
Paul-Gerhardt-Straße
Breite Straße
Bahnhofstraße
Kolpingstraße
Hellweg
Pferdekamp
Sienbeekstraße
Kreuzweg
Quellweg
Hegemannsweg
Ziegeleistraße
Hof Ellinghaus
Sienbeckbach
Erlenstraße
Memeler Straße
Ostring
Zum Bauhof
Johannesstraße
Kuhstraße
Heidgarten
Geusenkamp
Wiesenstraße
Ahornstraße
Oemkenstraße
Fichtenstraße
Ewaldstraße
Hedwigstraße
Arminiusstraße
N
0
0,5
1 KM

AUF EINEN BLICK

- **Start/Ziel:** Haltestelle Schloss Herten (Bus) oder der Parkstreifen Resser Weg daneben
- **Ziel:** Bushaltestelle Herten Schlossstraße
- **Strecke:** 9,6 km
- **Reine Wanderzeit:** 3 Std. 30
- **Höhenmeter:** ↗ 74 m ↘ 63 m
- **Wegbeschaffenheit:** Befestigte Wege, barrierefrei.
- **Beste Zeit:** Die Frühblüher-Explosion ist im Frühjahr im Schlossgarten zu erleben. Im Sommer steht das Vieh auf den Weiden und die Outdoor-Rast ist gemütlicher. Zur Weihnachtszeit verfallen die Dorfbewohner ins Dekofieber.
- **Ausrüstung:** Picknick, Sonnencreme im Sommer. Hunde sind im Schlossgarten erlaubt.

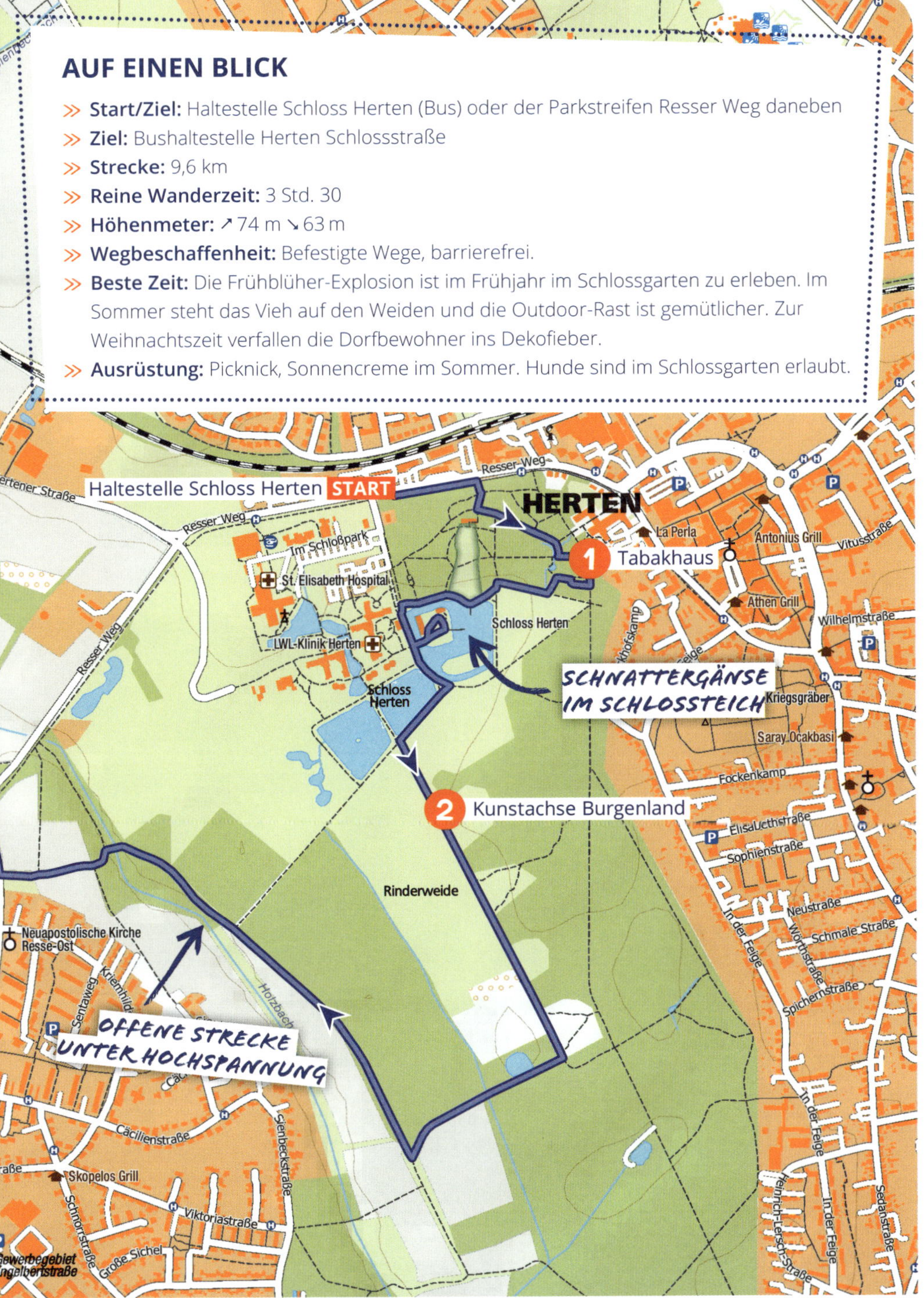

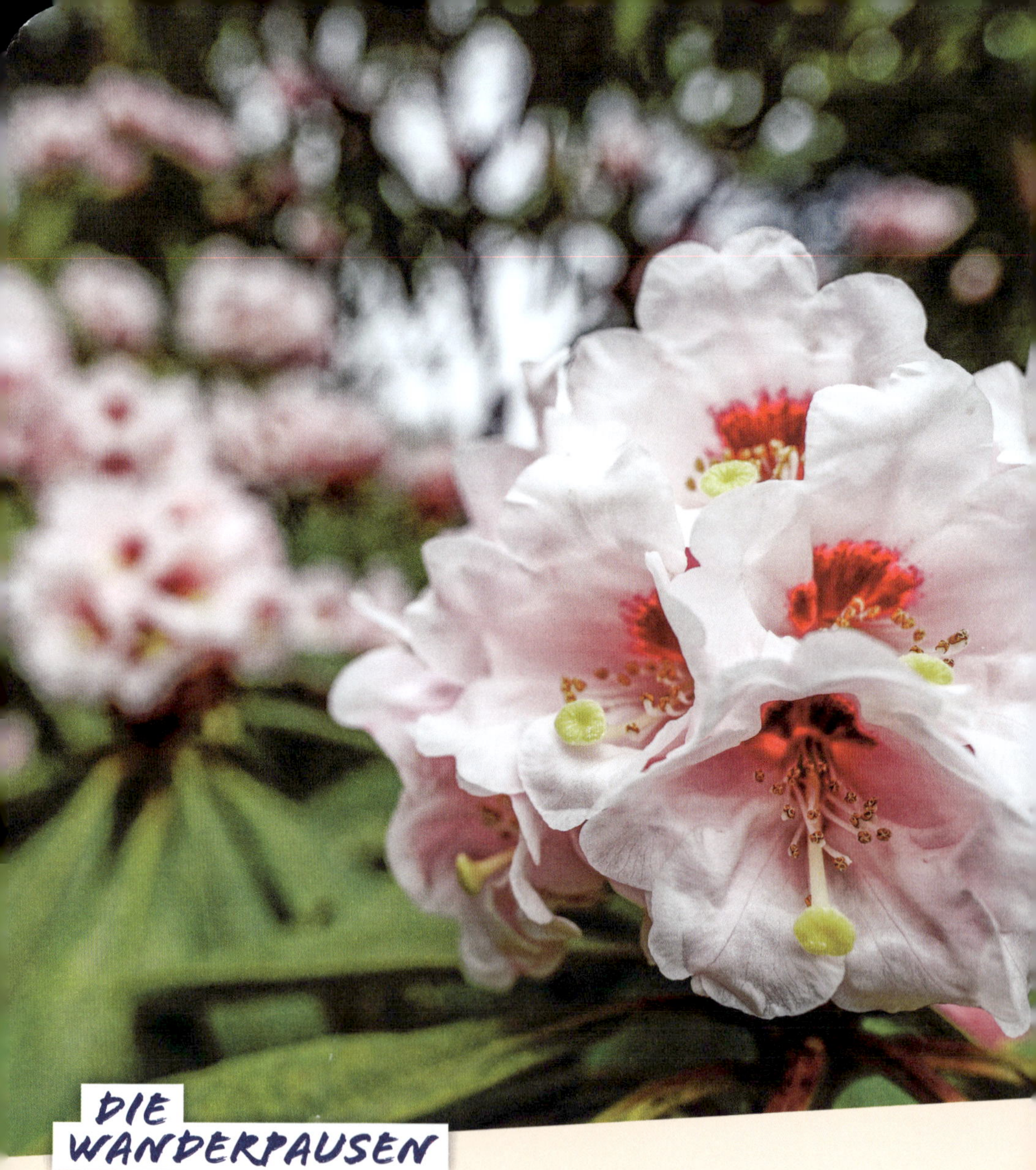

DIE WANDERPAUSEN

» START
Schloss Lembeck

KM 0,5
1 Heinrich-Nottelmann-Park
Der Gärten lässt Exoten leuchten

KM 1,1
2 Liegebank
Füße hochlegen

KM 5,4

Ziegenhof Sondermann
Meckerlecker: Käse mit Brot

11

GRÜNER DAUMEN

Im Garten und Forst von Schloss Lembeck in Dorsten

Was wäre ein echtes Wasserschloss ohne prächtigen Garten zum Flanieren? Einem Schutzpatron auf den Fersen wird durch die forstlichen Ländereien strammen Schrittes ordentlich Strecke gemacht.

KM 8,7

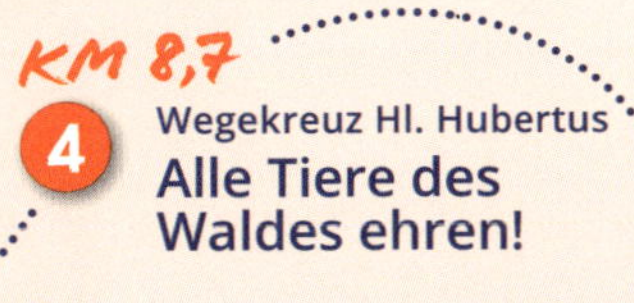

KM 9,3

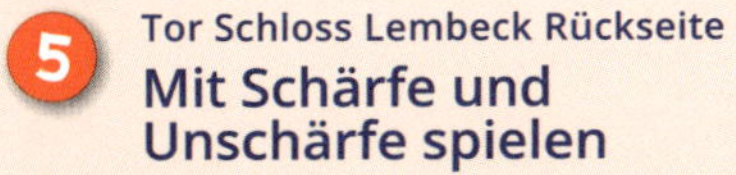

KM 11,9

6 Café am Schloss

Ein Fest für Tortenjunkies

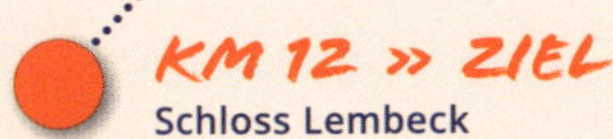

ES BLÜHT UND GRÜNT SO BUNT …

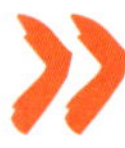

… rund ums Schloss, das ursprünglich inmitten von Sumpf und Moor stand; darum auch der für »Lehmbach« stehende Name Lembeck. Die Zugbrücken sind einer zeitgemäßen Zuwegung längst gewichen. Dass die Vor- und Hauptburg auf zwei Inseln liegen, kann man von der vor Symmetrie nur so strotzenden Außenansicht allerdings noch nicht sehen.

Wie fruchtbar der Boden für Rhododendren ist, erkannte der Schlossgärtner **Heinrich Nottelmann** und legte einen riesigen **Park** mit heute rund 150 Sorten an. Zur Blütezeit wandelt man hier durch eine gigantische Farbexplosion. Idyllische Sitzecken und exponierte **Liegebänke** gibt es reichlich, ob unter alten Bäumen oder neben sonnigen Staudenbeeten. Familien verabreden sich am Spielplatz neben dem Schlossteich zum entspannten Get-together.

WER LANG GENUG HINGUCKT, SIEHT WIE IM SCHLOSSTEICH DER FROSCH AUF DEM SEEROSENBLATT FLIEGEN SCHNAPPT

Direkt hinter dem Schlossgelände ist das Lembecker Waldgebiet Hagen zum Greifen nah. Man erreicht es seitlich zurück über die Hauptstraße und findet am **rückseitigen Schlosstor** ein spannendes Fotomotiv.

Neben den meist schnurgeraden Wegen zeigen gestapelte Baumstämme den Nutzen des Forstes. Wer genauer hinschaut, wird sich vielleicht wundern, wie viele verschiedene Baumarten es hier gibt. Mal schattige, mal lichte Wegabschnitte. Der Bodenbereich ist dicht bewachsen, Ameisen pflegen unter Fichten ihr Staatenwesen und Spurenleser entdecken Wild- und Wildschweintritte. Ein sicheres Zeichen für die naturverbundene Arbeit der Graf-von-Merveldt'schen-Forstarbeiter unter den Augen des **Heiligen Hubertus.**

Am anderen Ende des Waldes lohnt sich ein Abstecher zum **Ziegenhof Sondermann.** Auf einer Bank oder unterwegs zurück zum Schlossgarten ist so ein kleiner Käselaib leicht in mundgerechte Stücke geteilt. Für den süßen Zahn wird man im **Café am Schloss** mit der riesigen Tortenauswahl fast überfordert. Der Spannungsbogen der Schlosswanderung kann problemlos umgekehrt werden: Frühstück im Café, Waldwanderung, Schlossgarten. «

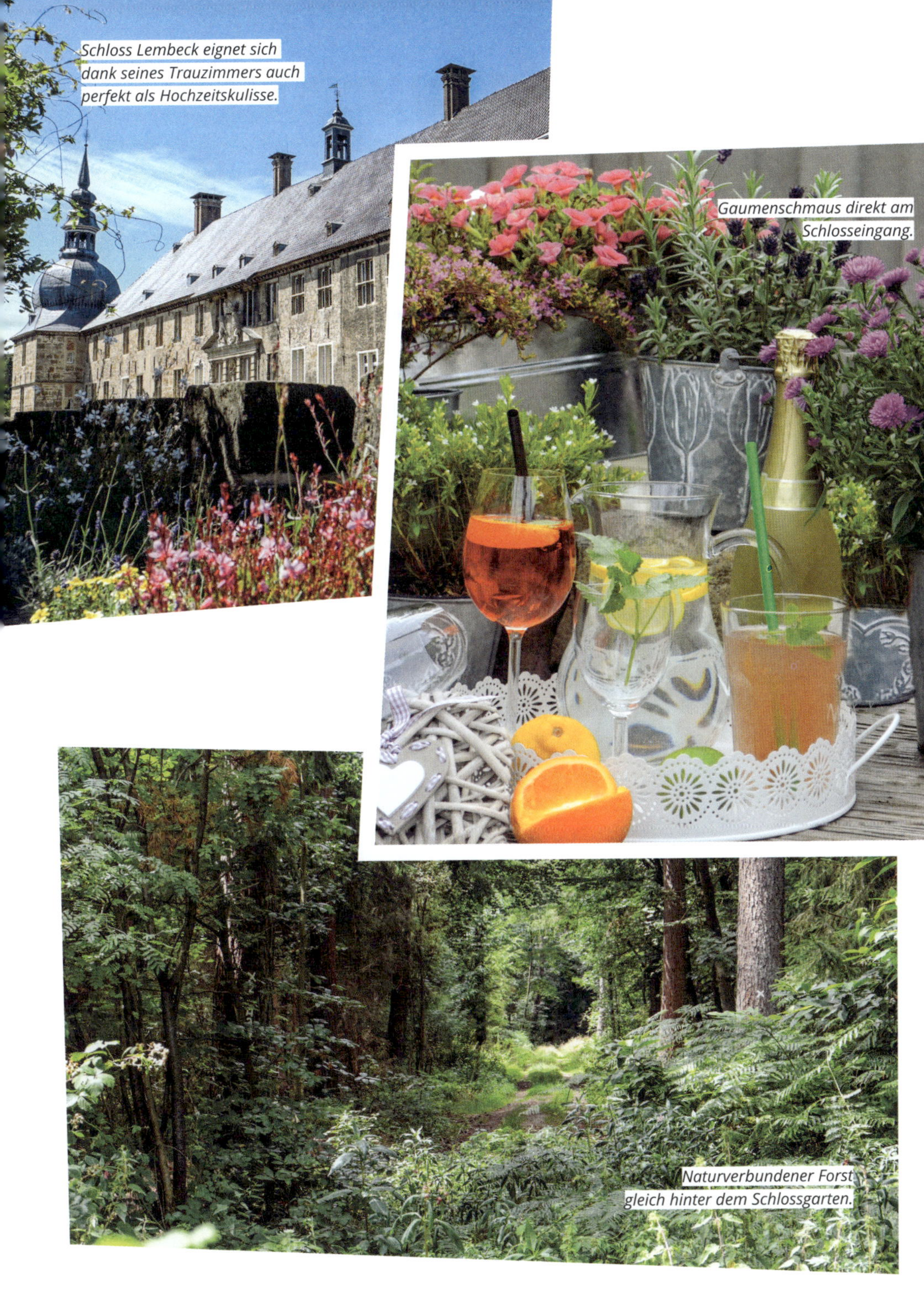

Schloss Lembeck eignet sich dank seines Trauzimmers auch perfekt als Hochzeitskulisse.

Gaumenschmaus direkt am Schlosseingang.

Naturverbundener Forst gleich hinter dem Schlossgarten.

WANDERN & GENIESSEN

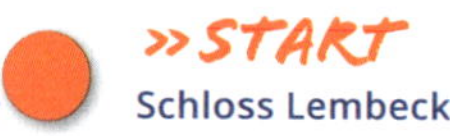

» START

Schloss Lembeck

Vom Parkplatz am Schloss Lembeck bzw. der Bushaltestelle Dorsten Schloss Lembeck ist das Torhaus des Schlosses nicht zu übersehen. Über beide Inseln bis in den Garten, rechts und am Schlossteich vorbei.

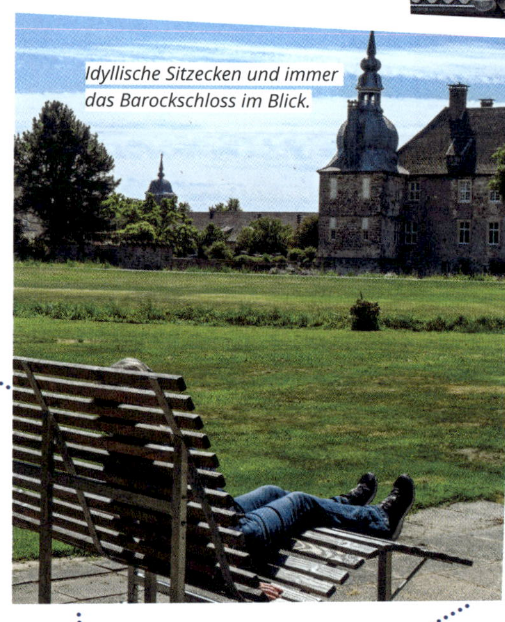

Idyllische Sitzecken und immer das Barockschloss im Blick.

KM 0,5

1

Heinrich-Nottelmann-Park

Der Gärtner lässt Exoten leuchten

Der moorige Boden rund um das Wasserschloss brachte den einstigen Obergärtner Heinrich Nottelmann in den 1960er-Jahren auf die Idee, in Lembeck eine Rhododendrensammlung aus fernen Kontinenten anzulegen. Besonders schöne Sorten stammen aus den Gebirgen Japans. Der Gärtner hatte für die exotischen Sträucher einen grünen Daumen und züchtete auch eigene Arten. Heute leuchten von Mitte Mai bis Mitte Juni rund 150 Rhododendronarten um die Wette. Zweimal wurde der Garten schon erweitert mit verschiedenen Gehölzen, die auch im Herbst auf ihre Weise strahlen.

Im Uhrzeigersinn um und durch den Heinrich-Nottelmann-Park. Wenn man von hinten auf den Spielplatz zukommt, läuft man auf die Liegen zu.

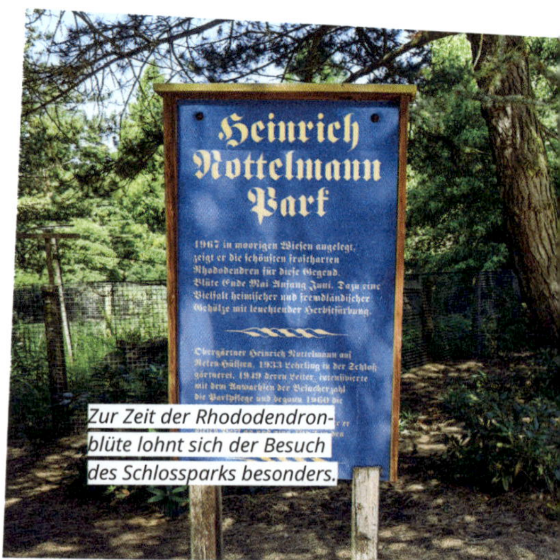

Zur Zeit der Rhododendronblüte lohnt sich der Besuch des Schlossparks besonders.

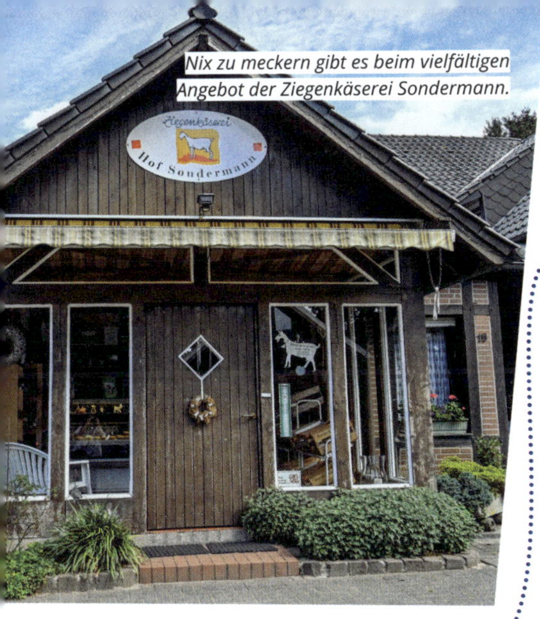

Nix zu meckern gibt es beim vielfältigen Angebot der Ziegenkäserei Sondermann.

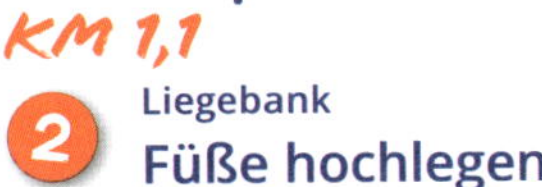

KM 1,1

2 Liegebank

Füße hochlegen

Sitzgelegenheiten findet man im Schlosspark mehr als ausreichend. Die großzügige Liegebank allerdings hat den charmanten Vorteil, dass man sie nicht, ohne die Beine hochzulegen, besitzen kann. Mit Blick auf das Schloss, den Spielplatz im Rücken, steht einem entspannten Sonnenbad nichts im Wege. Ob allein, als Paar oder mit mehreren, es macht einfach Spaß, auf der riesigen Bank die Seele baumeln zu lassen. Wem hier zu wenig Schlossgartenambiente im Blickfeld erscheint, flaniert ein paar Meter weiter und findet seinen Platz inmitten blühender Büsche.

Zurück zum Schlosstor über die Hauptstraße, links, links, links um das Feld, mit dem Wanderzeichen X2 die Straße nochmals queren und nach links dem Schlaunweg in den Wald folgen. Über den Wiesenbach, geradeaus auf X2 rechts in die Michaelisallee, am Ende links und gleich am Kreuz rechts dem Ackerrand bis zum Ziegenhof folgen.

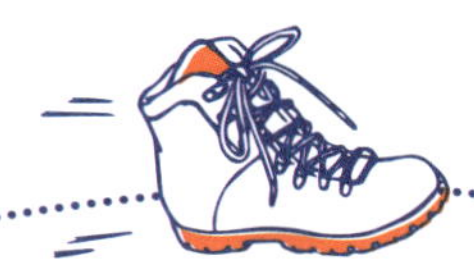

KM 5,4

3 Ziegenhof Sondermann

Meckerlecker: Käse mit Brot

Zu meckern haben auf Hof Sondermann nur die Ziegen. Rund 80 Tiere liefern Milch für die hofeigene Ziegenkäserei, aufgestockt wird mit Milch aus der Nachbarschaft. Der Schnittkäse – gewürzt mit Brennnesseln, grünem Pfeffer, Kümmel oder anderen Kräutern – darf bis zu einem Jahr reifen, so hat es sich seit über 30 Jahren bewährt. Ziegen fressen übrigens nicht nur schmackhafte Kräuter, sondern auch Brennnesseln, Disteln und Äste. Wohl dem, der ein frisches Stück Brot im Gepäck hat. Auf dem Rückweg mit der »Beute« die nächste Bank ansteuern und losfuttern. Wer den Tieren einen Besuch abstatten möchte, findet den Stall gleich ums Eck vom Hofladen (Mo–Sa 8–12.30 und 14–18.30 Uhr).

Vom Hofladen zurück rechts halten, am Acker-T links, auf Michaelisweg immer geradeaus in den Wald, an T-Kreuzung rechts auf Am Hagen, dann die zweite links in Rheuter Weg und wieder zweite links in Hubertusallee.

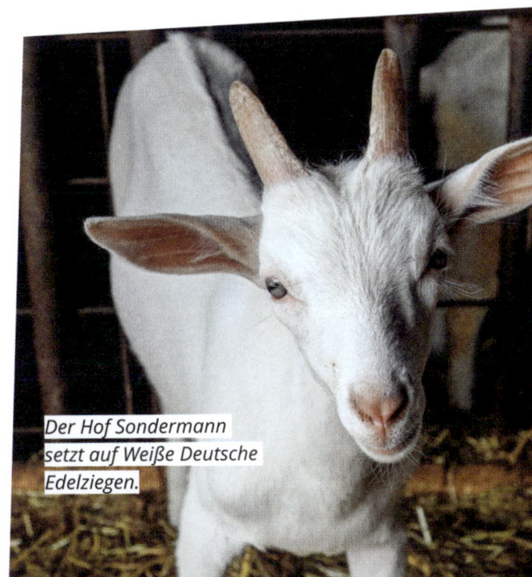

Der Hof Sondermann setzt auf Weiße Deutsche Edelziegen.

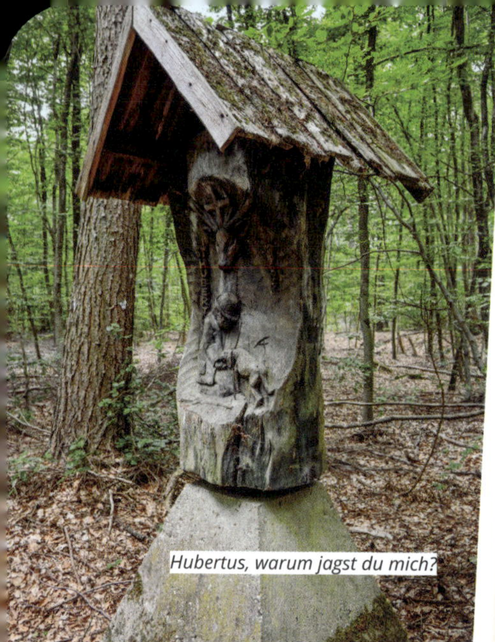
Hubertus, warum jagst du mich?

KM 8,7

4

Wegekreuz Hl. Hubertus

Alle Tiere des Waldes ehren!

Als Hubertus eines Tages bei der Jagd einen Hirsch erblickte und seinen Bogen zum Abschuss spannte, wurde er von einem leuchtenden Kreuz zwischen den Geweihstangen des Hirsches geblendet. Voll Ehrfurcht sank er auf die Knie und hörte die göttliche Stimme des Hirschs: »Hubertus, warum jagst du mich?« Hubertus veränderte von nun an sein Leben radikal, gab seine Ämter auf und verschenkte seinen Besitz an die Armen. Er gelobte, die Geschöpfe zu ehren und die Jagd weidmännisch zu betreiben. Seit dem 15. Jahrhundert wird die Legende erzählt und bis heute ist der Heilige Hubertus Schutzpatron der Jäger und aller Tiere des Waldes.

An der Kreuzung rechts auf Johannesallee zum Schlosstor.

KM 9,3

5

Tor Schloss Lembeck Rückseite

Mit Schärfe und Unschärfe spielen

Das große schmiedeeiserne Gartentor des Lembecker Schlosses macht glauben, ein kleiner Stups genüge für den Einlass. Von seiner Rückseite ist das Schloss jedoch unnahbar, begrenzt von einer Mauer, zwei riesigen Obelisken und den beiden Statuen vom Titanen Atlas und der Göttin Minerva. Als Fotomotiv reizen zwei ovale Durchlässe in der Mauer. Je nach Schärfe-Einstellung lassen sich ihre verzierten Eisengitter mit dem Schloss im Hintergrund unterschiedlich inszenieren. Vorne scharf, hinten unscharf oder umgekehrt. Wie ein Ornament kann man das Oval um den Durchblick legen. Nur kleine Elemente des Gitters im Vordergrund ausgewählt, ist der gesamte Zusammenhang mit der Mauer komplett verloren. Einfach mal ausprobieren, welche Kameraperspektive gefällt.

Auf dem kleinen Weg weiter, am Hl. Antonius links, dann rechts und wieder rechts zurück zur Hauptstraße. Von hier zurück zum Schloss.

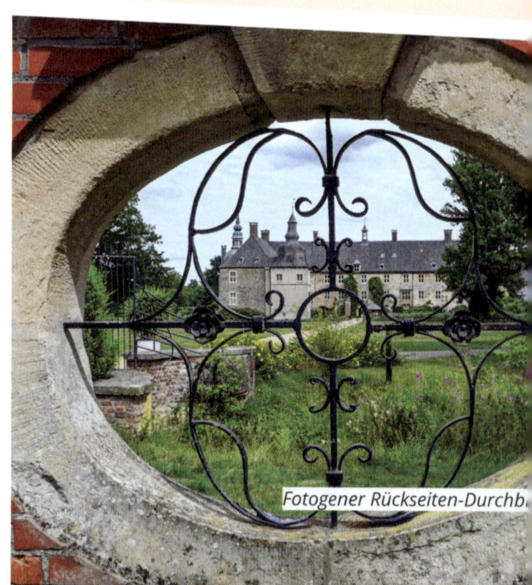
Fotogener Rückseiten-Durchb

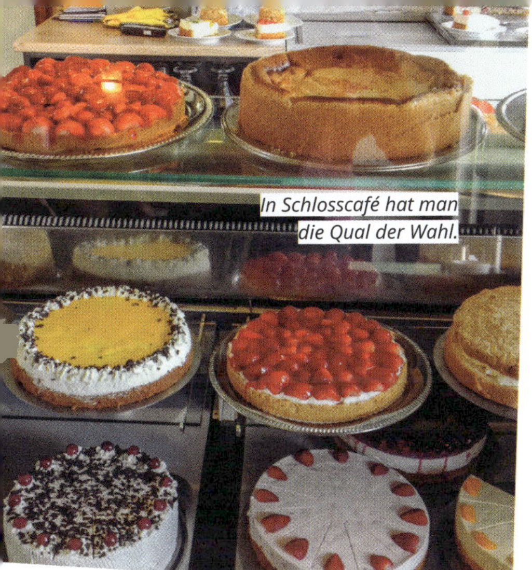
In Schlosscafé hat man die Qual der Wahl.

EXTRA INFOS:

Mit Filzpantoffeln läuft man durch die noch original möblierten Salons und Biedermeierzimmer des ● **Schlosses Lembeck** und schnuppert die Luft derer von Lembeck. Schlossmuseum mit Schlaunschem Festsaal, Merveldt-Galerie und Wittelsbacher Salon. Im Heimatmuseum fühlt man sich zurückversetzt in die gute, alte Zeit und wirft einen Blick in das damalige Leben der Landbevölkerung (Führungen und Öffnungszeiten: www.schlosslembeck.de).

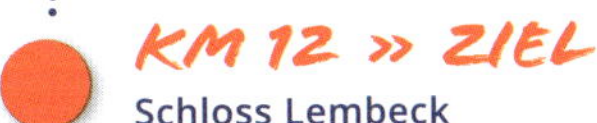

KM 11,9

6 Café am Schloss

Ein Fest für Tortenjunkies

Hausgemachter Kuchen – so ein Hinweis zieht fast immer. Einmal in das kleine Café eingetreten stolpert man rechts über die paradiesisch bestückte Theke. Das Schlaraffenland für Kuchenverrückte und andere Süßmäuler ist den beiden Schwestern Birgitt und Heike zu verdanken, die mit sehr viel Herzblut ihrer Patisserieleidenschaft freien Lauf lassen. Wer es lieber deftig mag, switcht auf Eintopf oder Currywurst um. Wer sich hingegen nicht entscheiden kann und zu den frühen Vögeln zählt, der startet seinen Ausflug mit einem regionalen Frühstück direkt vor dem Schlosseingang (aktuelle Öffnungszeiten beachten: www.cafe-schlosslembeck.de).

Einmal umdrehen und mit wenigen Schritten sind Parkplatz oder Haltestelle erreicht.

KM 12 » ZIEL

Schloss Lembeck

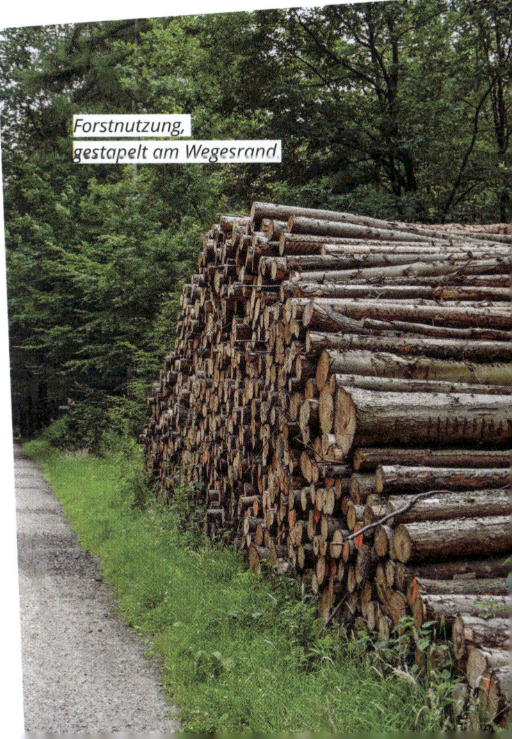
Forstnutzung, gestapelt am Wegesrand.

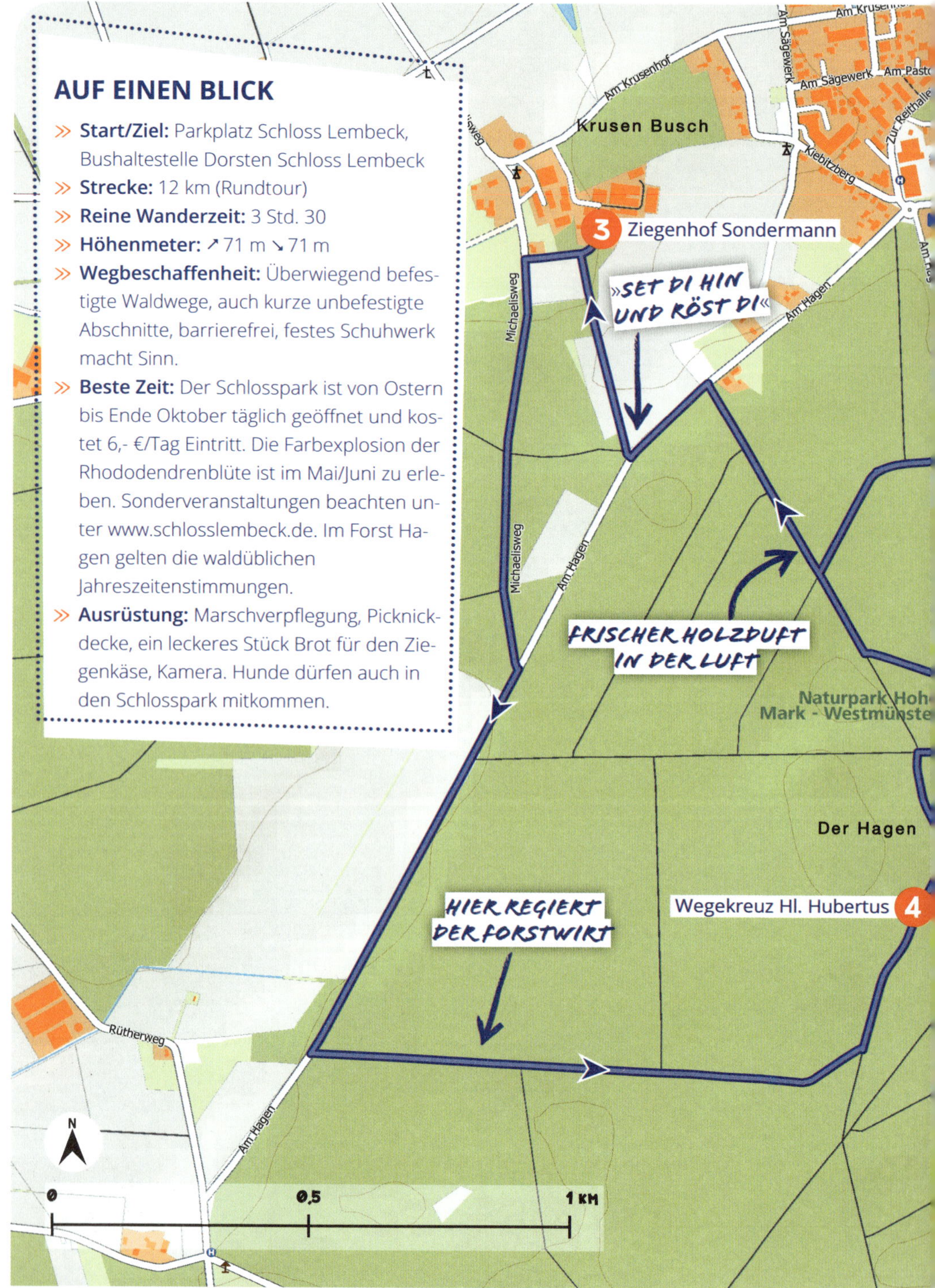

AUF EINEN BLICK

- **Start/Ziel:** Parkplatz Schloss Lembeck, Bushaltestelle Dorsten Schloss Lembeck
- **Strecke:** 12 km (Rundtour)
- **Reine Wanderzeit:** 3 Std. 30
- **Höhenmeter:** ↗ 71 m ↘ 71 m
- **Wegbeschaffenheit:** Überwiegend befestigte Waldwege, auch kurze unbefestigte Abschnitte, barrierefrei, festes Schuhwerk macht Sinn.
- **Beste Zeit:** Der Schlosspark ist von Ostern bis Ende Oktober täglich geöffnet und kostet 6,- €/Tag Eintritt. Die Farbexplosion der Rhododendrenblüte ist im Mai/Juni zu erleben. Sonderveranstaltungen beachten unter www.schlosslembeck.de. Im Forst Hagen gelten die waldüblichen Jahreszeitenstimmungen.
- **Ausrüstung:** Marschverpflegung, Picknickdecke, ein leckeres Stück Brot für den Ziegenkäse, Kamera. Hunde dürfen auch in den Schlosspark mitkommen.

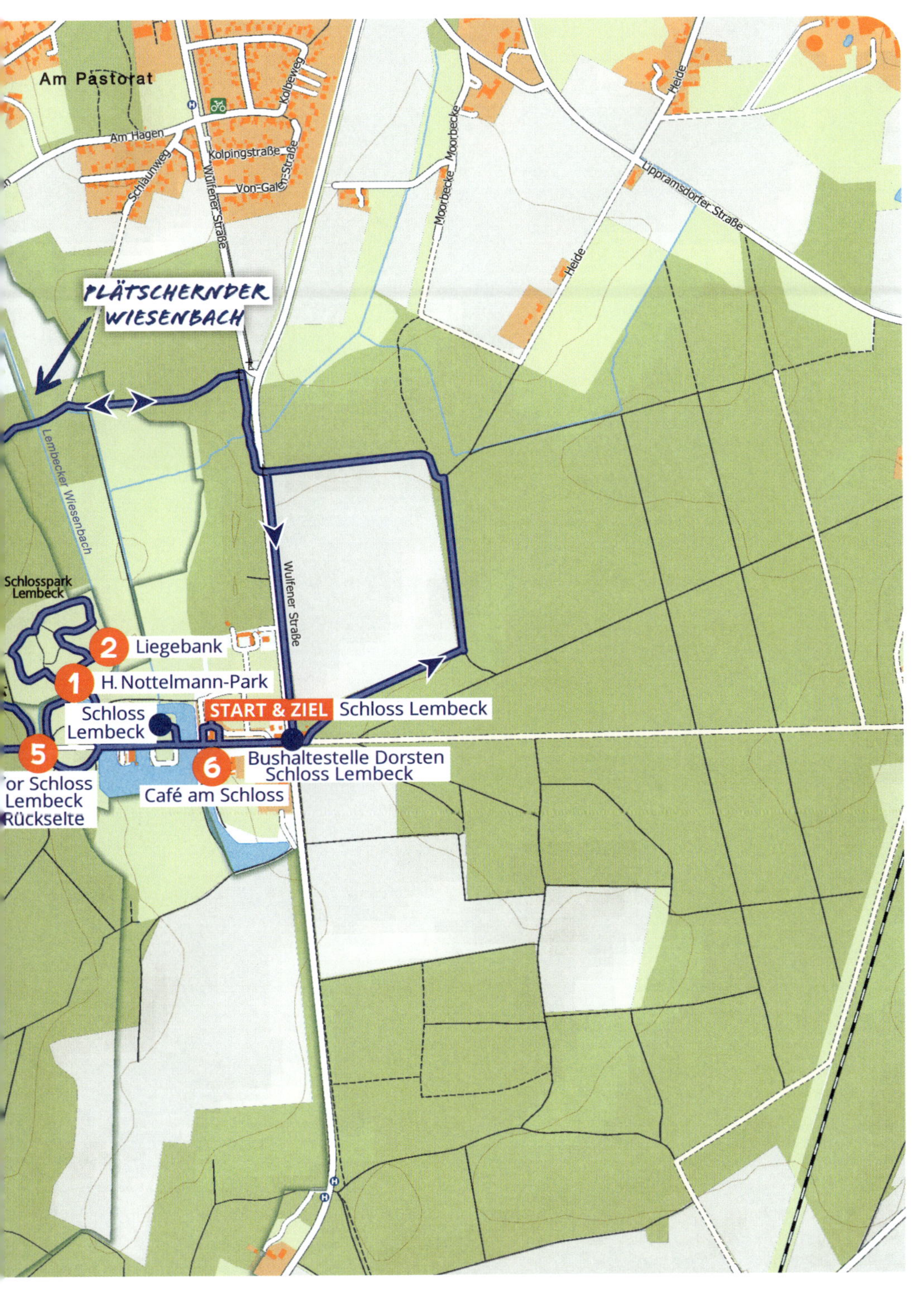

Am Pastorat
Am Hagen
Schlaunweg
Kolpingstraße
Wulfener Straße
Von-Galen-Straße
Kolbeweg
Moorbecke
Heide
Lippramsdorfer Straße
PLÄTSCHERNDER WIESENBACH
Lembecker Wiesenbach
Wulfener Straße
Schlosspark Lembeck
2 Liegebank
1 H. Nottelmann-Park
Schloss Lembeck
START & ZIEL Schloss Lembeck
5
6
Bushaltestelle Dorsten Schloss Lembeck
Café am Schloss
'or Schloss Lembeck Rückseite

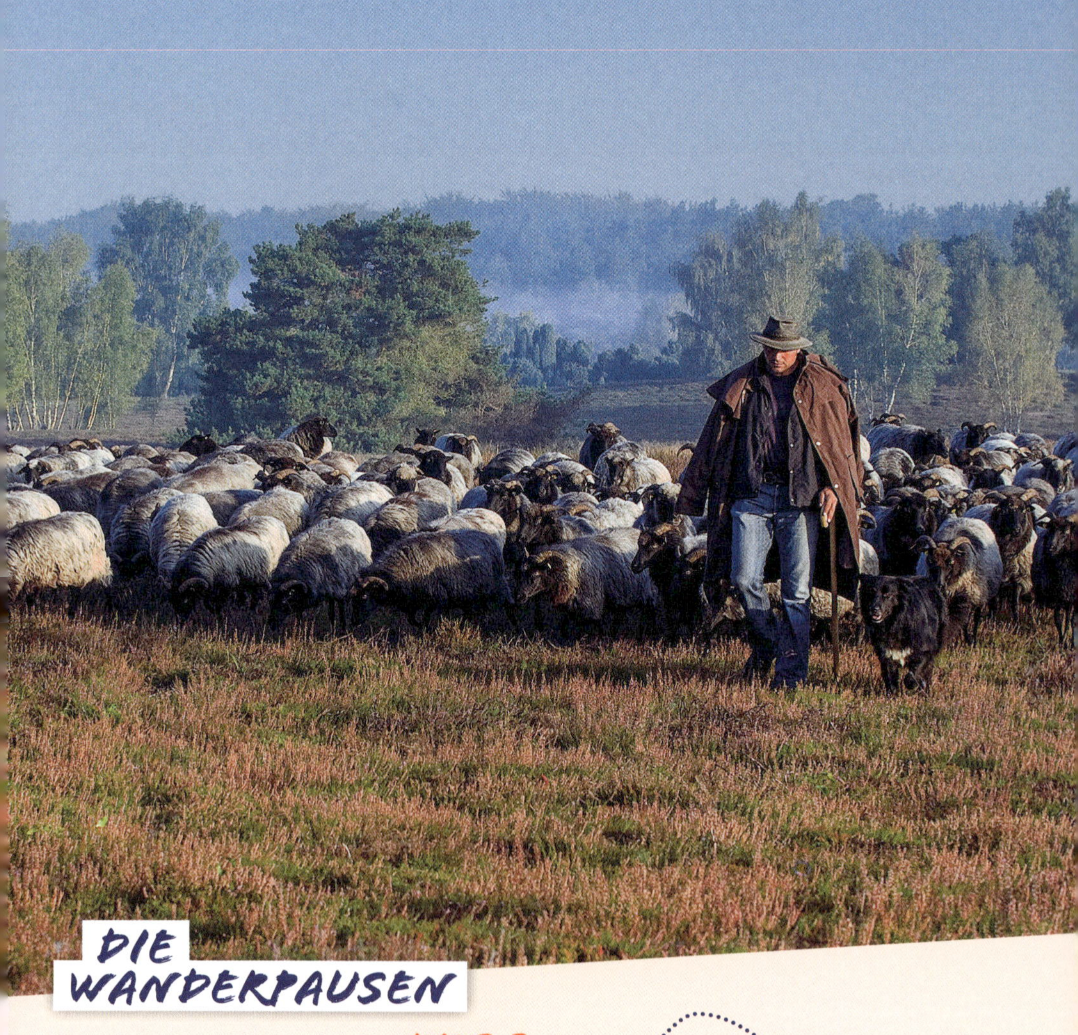

DIE WANDERPAUSEN

» START
Parkplatz Haus Niemen

KM 1,3
1 Heidschnucken
Hungrige Landschaftsgärtner

KM 2,2
2 Baumskulptur
Hotspot für Fotofreaks

KM 4,8
3 Wacholderdüne Sebbelheide
Die Natur gewinnt Oberhand

12

LILA-LAUNE-WEG

Durch die Westruper Heide zur Stever bei Haltern

Wenn Besen- und Glockenheide das Gebiet in ein leuchtendes Violett tauchen, dann läuft die Westruper Heide zur Hochform auf. Im Winter verzaubern Eiskristalle und Nebelschwaden die Gegend mit ihren bizarren Wacholderstrünken in eine Märchenlandschaft.

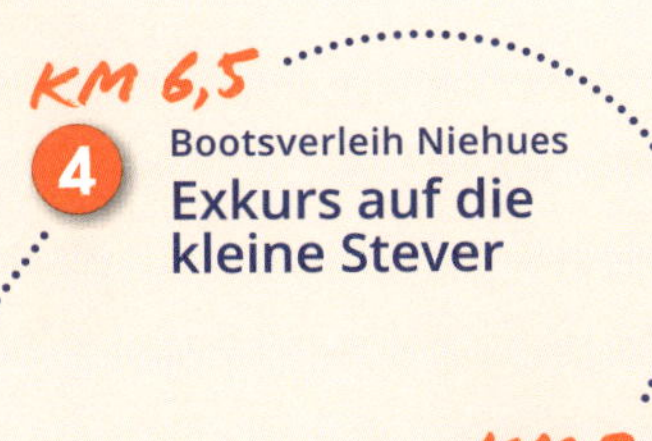

KM 6,5

4 Bootsverleih Niehues

Exkurs auf die kleine Stever

KM 9

5 Lakeside Inn

Strandfeeling inklusive American Diner

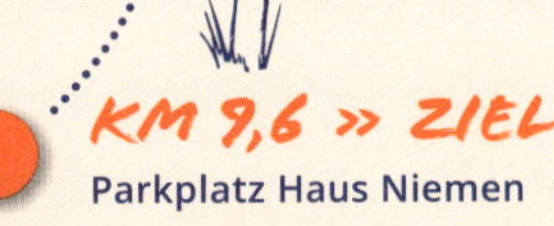

KM 9,6 » ZIEL

Parkplatz Haus Niemen

Der Eiszeit sei Dank, ...

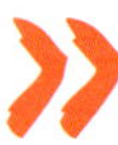

... die den Sand hier als Dünenlandschaft hinterlassen hat. Der bietet nämlich den Grund für das kitschige Spektakel: Lila, so weit das Auge reicht, wenn Millionen Blüten ihren Teppich ausrollen und für einen Farbenrausch sorgen. Unterbrochen nur vom dunklen Grün der Wacholder und Kiefern, zwischendrin die silbrig weißen Stämme der Birken. Mit Natur hat das allerdings nicht viel zu tun. Denn die romantisch-verträumte Heide ist von Menschenhand geschaffen. Erst lieferte der Wald Brennholz, dann ließen die Bauern ihr Vieh zwischen den Bäumen weiden und holten sich das Laub als Einstreu. Da blieb dem Boden kein Humus und die Flächen wurden karg.

MALERISCH: WENN TAU KUNSTVOLL GEWEBTE SPINNENNETZE IM HEIDEKRAUT SICHTBAR MACHT

Heute verteidigen **Heidschnucken** die Heide und erhalten sie durch ihre Gefräßigkeit als Kulturlandschaft. Für seltene Pflanzen und Tieren eine lebensrettende Win-win-Situation. Auf sandigen Pfaden wandelt man durch die magische Landschaft. Abgestorbene Bäume werden teilweise bewusst liegengelassen und fungieren regelrecht als **Baumskulpturen.** Am frühen Morgen und in der Dämmerung spielt das Licht mitunter ein besonders fotogenes Nebelspiel. Für Genießerpausen findet man reichlich Sitzmöglichkeiten.

Nur eine Straßenquerung weiter zeigt die **Wacholderdüne Sebbelheide,** wie sich Bäume den einst unfruchtbaren Boden zurückerobern. Hier kann sich der Lichtanbeter Wacholder kaum noch gegen Laub- und Kiefernbäume durchsetzen. Auf schmalen Pfaden bekommt man hautnah zu spüren, wie kraftvoll und hoch Natur sprießen kann.

Wer die Fortbewegungsart wechseln möchte, kann beim **Bootsverleih Niehues** auf Paddel- oder Tretboot umsteigen und die Stever erkunden. Auch zu Fuß begleitet man das Flüsschen teilweise ganz nah, bevor der Blick auf den Halterner Stausee fällt. Hier findet im Sommer das ganz große Treiben statt: mit Wassersport, Badestrand, Erlebniseinkehr und unglaublich vielen Radfahrern. Mein Tipp: Kurs nehmen aufs **Lakeside Inn,** wo es sich mit Blick auf den Steverstrand prima chillen lässt. Auch Freunde der amerikanischen Lebensart kommen hier auf ihre Kosten – auch »Inn«.

«

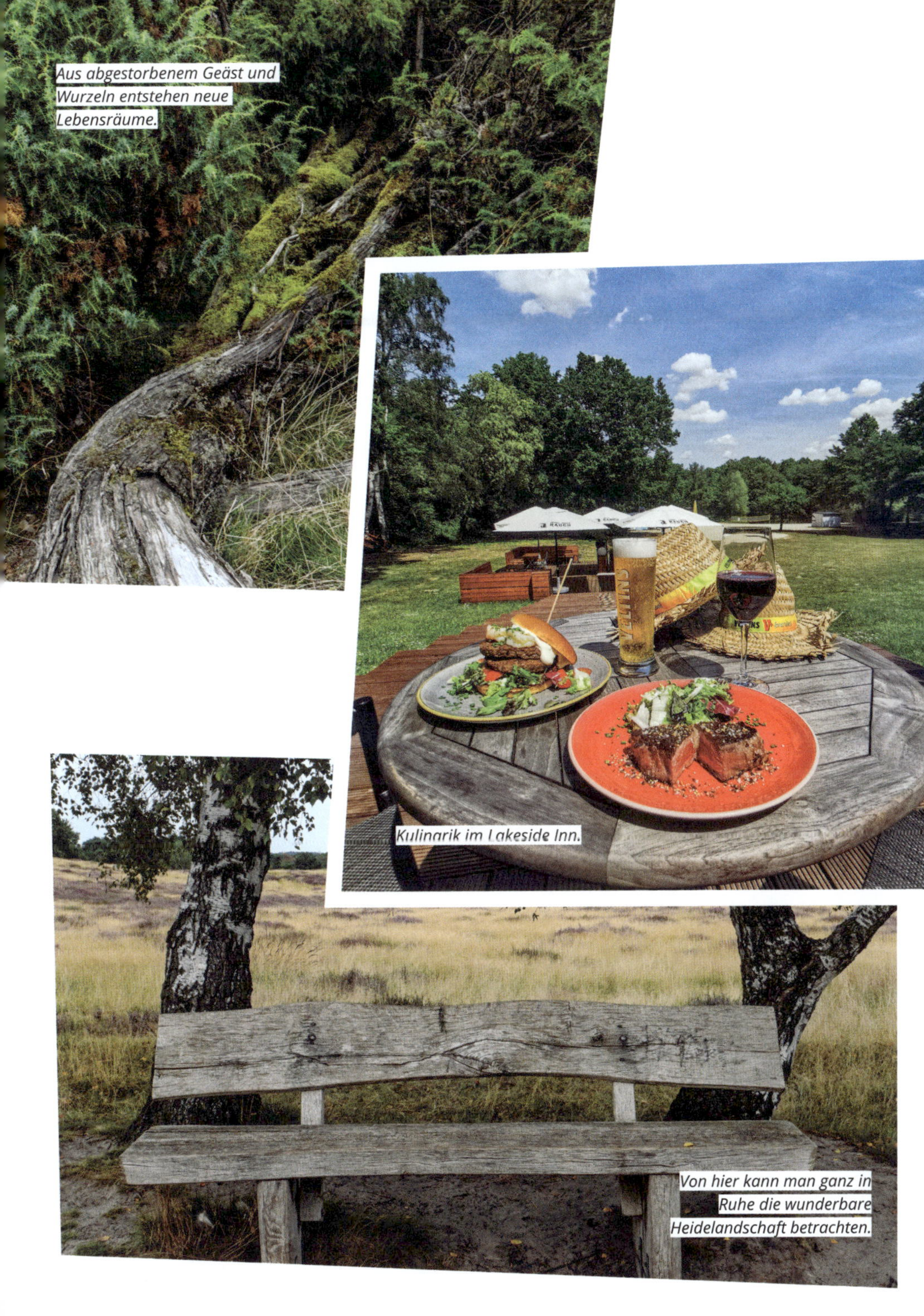

Aus abgestorbenem Geäst und Wurzeln entstehen neue Lebensräume.

Kulinarik im Lakeside Inn.

Von hier kann man ganz in Ruhe die wunderbare Heidelandschaft betrachten.

WANDERN & GENIESSEN

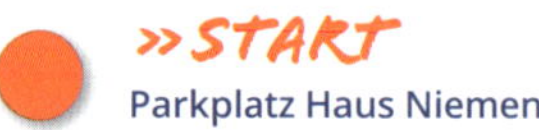

Parkplatz Haus Niemen

Vom Parkplatz bzw. von der Bushaltestelle Haltern/Abzweig Haus Niemen über die Kreuzung Hullerner Straße, geradeaus rechts A2 in die Heide (Infotafel mit Wegenetz). Dann links, rechts, links auf dem Sandweg.

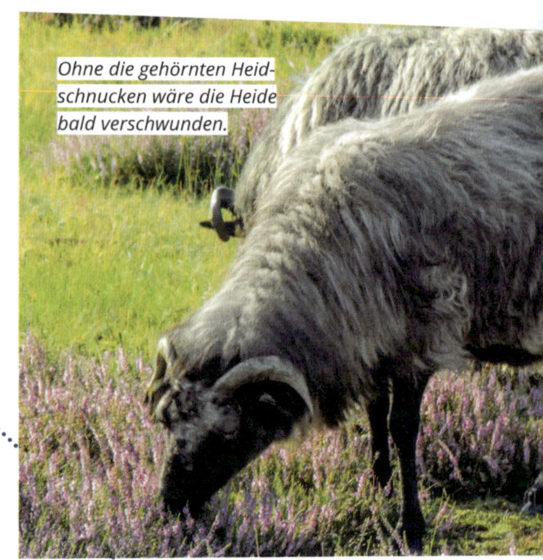

Ohne die gehörnten Heidschnucken wäre die Heide bald verschwunden.

KM 1,3

1 Heidschnucken

Hungrige Landschaftsgärtner

Über 100 Heidschnucken, mal mehr, mal weniger, sind für fünf Monate im Jahr die eigentlichen Gärtner der Heide. Ihre Aufgabe: Damit die typischen Heidegewächse und Wacholder auf dem ausgelaugten Boden überleben, dürfen sprießende Konkurrenten nicht geduldet werden. Die genügsamen Schafe knabbern karges Kraut und verschmähen weder Birkenschösslinge noch Wachholderbeeren. Nach sechs Wochen ist das ganze Gebiet im Frühjahr das erste Mal leergefuttert, dann wird umgeweidet. Außerdem zertreten die Tiere Spinnennester und machen den Heidebienen damit den Flug frei zum Bestäuben der Blüten. Ohne Pflege wäre die Heide innerhalb von 15 Jahren verschwunden. Erst würden sich Birken, später ein Eichenwald breit machen. Weil die vierbeinigen Landschaftsgärtner einen strengen Dienstplan haben, trifft man sie nicht immer und überall.

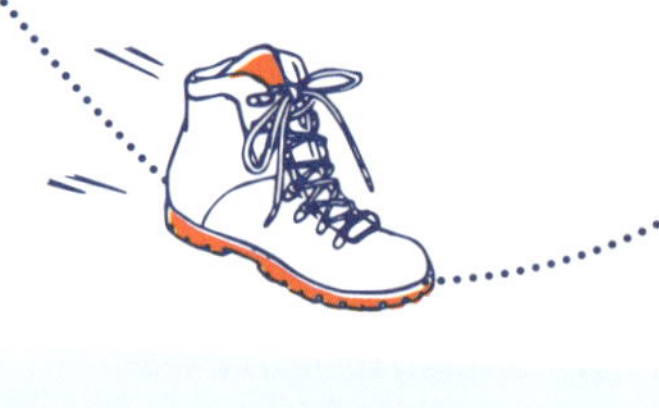

Auf dem grün markierten Weg links halten, dann einen Schlenker zur Baumskulptur machen. Tipp: Infotafel mit dem Handy abfotografieren.

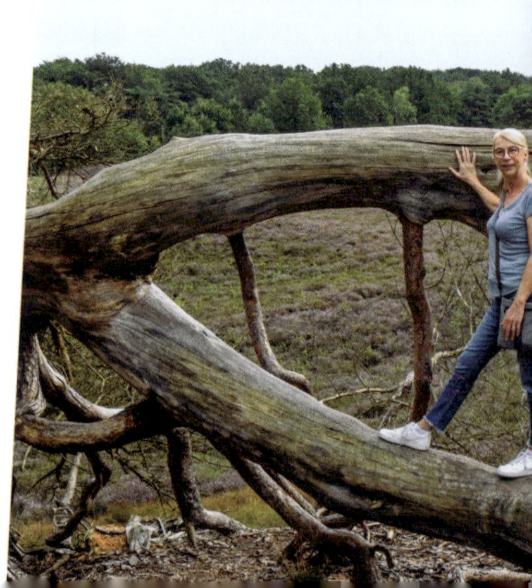

KM 2,2

2

Baumskulptur

Hotspot für Fotofreaks

Wie ein spektakuläres Kunstwerk liegt das riesenhafte Geäst da. Ohne Borke, nackt und trotzdem kann man an Resten noch erkennen, dass es sich um den Stamm einer stattlichen Kiefer handelt. Die verdrehte Bruchstelle lässt nur erahnen, welche Kräfte zu ihrem Sturz geführt haben müssen. Heute ist das zur Skulptur verwandelte Holz zum beliebten Foto-Hotspot in der Heide geraten. Die glatten, liegenden Stämme fordern geradezu zum Posieren auf. Kinder balancieren und machen Faxen. Aber auch ohne Menschen im Bild lässt sich je nach Blickwinkel ein Baumrahmen um die dahinterliegende lila Heide legen. Der Fantasie sind keine Grenzen gesetzt.

Von hier links über die höchste Erhebung mit Bänken, dann links auf dem roten Weg bleiben, die Straße queren, auf dem Parkplatz links auf A2, über die Westruper Straße, nächsten Weg rechts, wieder rechts und links den Waldpfad leicht bergauf.

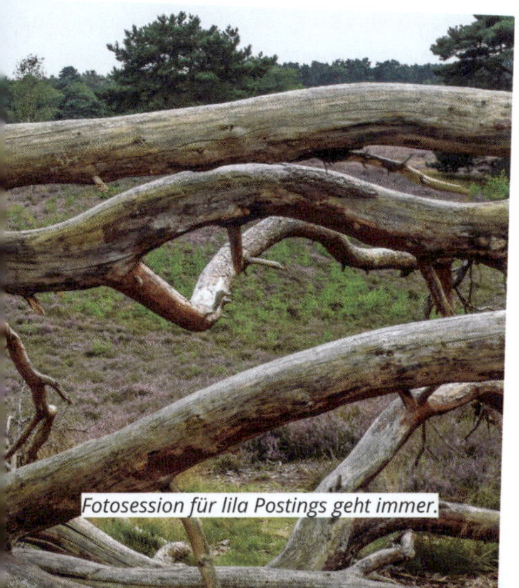

Fotosession für lila Postings geht immer.

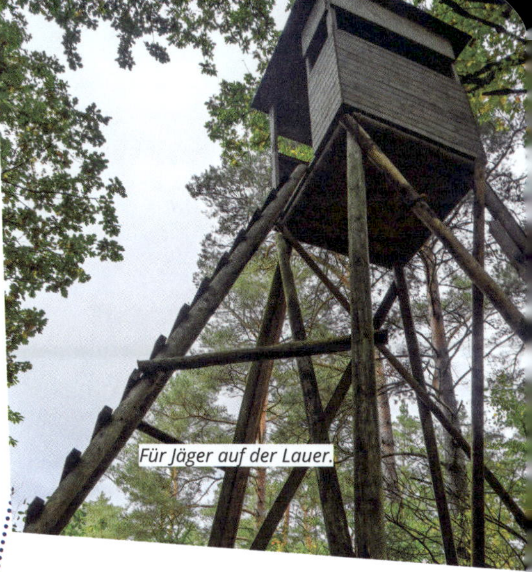

Für Jäger auf der Lauer.

KM 4,8

3

Wacholderdüne Sebbelheide

Die Natur gewinnt Oberhand

Eigentlich sind Westruper Heide und Sebbelheide Geschwister, sehen allerdings recht unterschiedlich aus. Von der ursprünglichen Heidelandschaft sind auf der anderen Straßenseite nur noch Reste von bizarr abgestorbenem Wacholdergebüsch zu finden. Über den Waldpfad stapft man bergan auf die eiszeitliche Düne, auf der der Farn teilweise übermannshoch zwischen den Bäumen steht. Für Wildtiere ein prima Versteck vor dem Jäger, der auf seinem Hochsitz lauert. Im Herbst begegnet man Pilzsuchern, die ihre Körbchen ausgesprochen erfolgreich füllen. Da sag mal einer, auf Dünen wachsen keine Pilze ...

Weiter links, am Ende rechts, sofort links und wieder rechts. An der nächsten Möglichkeit links, dann am Waldrand bis über die Hullerner Straße, geradeaus am Feld entlang. Auf dem Aalweg kann man das Bootshaus von Familie Niehues nicht verfehlen.

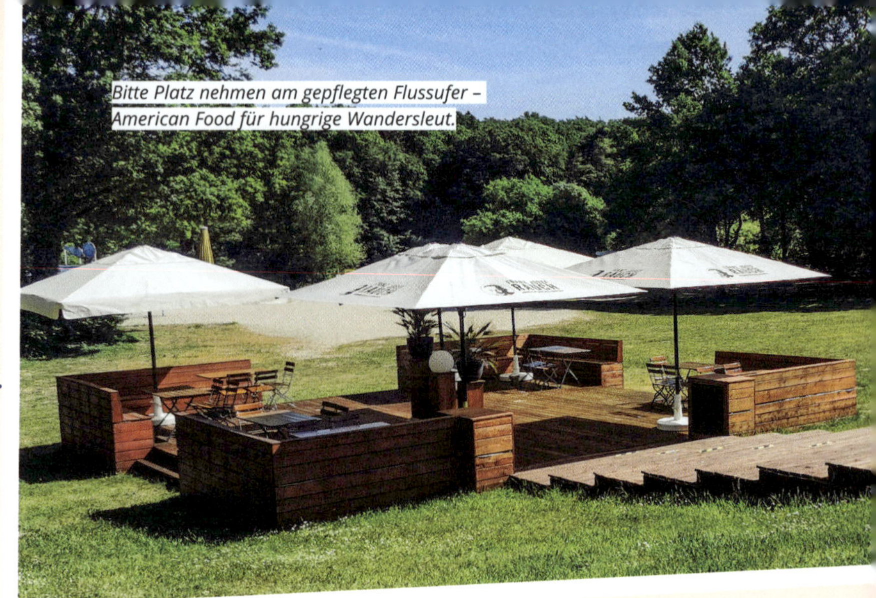

Bitte Platz nehmen am gepflegten Flussufer – American Food für hungrige Wandersleut.

KM 6,5

4

Bootsverleih Niehues

Exkurs auf die kleine Stever

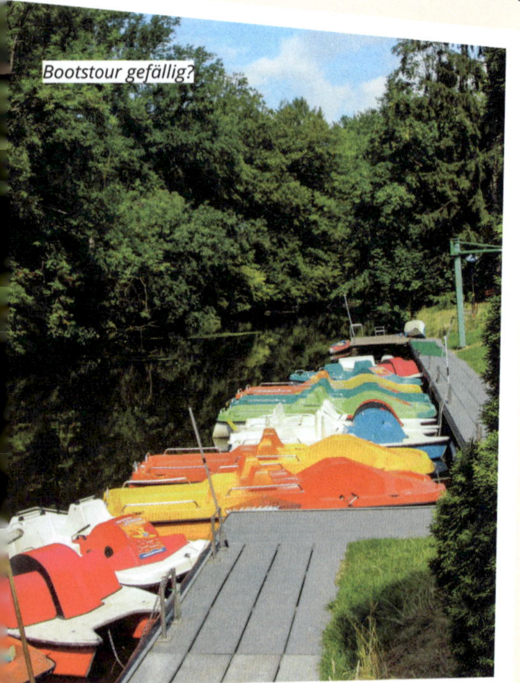

Bootstour gefällig?

Noch ein paar Schritte bis zum Steg, und schon wird man fröhlich im familiären Kleinod empfangen. Von April bis Oktober werden hier Paddelboote, Kanadier oder ganz old fashioned Tretboote verliehen. Anheuern und schon geht's los! Hoheitsgebiet ist die idyllische Stever, abseits vom sommerlichen Wassertrubel auf dem Halterner Stausee – garantiert nicht sonnenbrandgefährdet auf dem schattigen kleinen Flusslauf. Ob vor oder nach der Bootstour, für einen Schnack mit Anja sollte genügend Zeit sein. Käffchen gibt's am Steg, die eigene Stulle darf natürlich dazu ausgepackt werden. Wer es mit dem Wasser nicht so hat, freut sich am akrobatischen Spaß der anderen beim Ein- und Aussteigen (www.bootsverleih-niehues.de)

Auf X1 parallel zur Stever bis Heimingshof, von dort weiter auf A1 links über das Wehr. Auf Im Greinenkamp, später so nah wie möglich am Flussufer entlang, am Lokal Alter Garten links hoch zum Stockwieser Damm und über die Brücke.

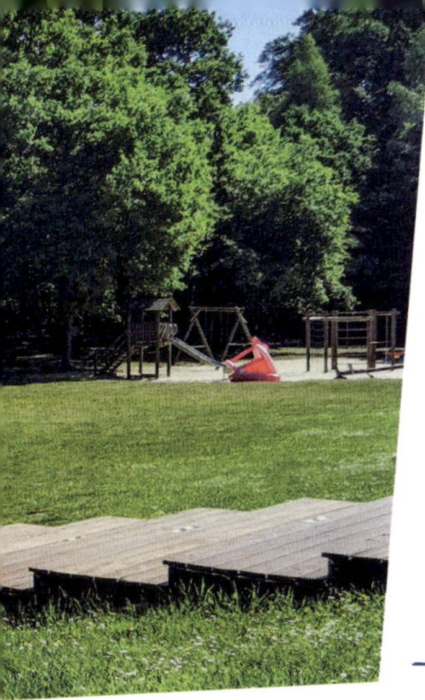

EXTRA INFOS:

Eintauchen in die einstige Lebenswelt der Heidebauern. Mit etwas Glück entdeckt man geheimnisvolle Bewohner wie Ameisenlöwe, Bienenwolf & Co. Im Anschluss an eine Heideführung kann man das kleinste Heidemuseum der Welt im ● **Heidehäuschen** besuchen und bekommt auf engstem Raum Einblicke in das Leben und Überleben von Mensch, Tier und Pflanze in der Heide. Anmeldungen, auch für Gruppen, bei Heike Kalfhues: h.kalfhues@hohemarkerleben.de, www.westruper-heide.de.

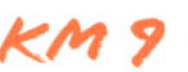

5 Lakeside Inn

Strandfeeling inklusive American Diner

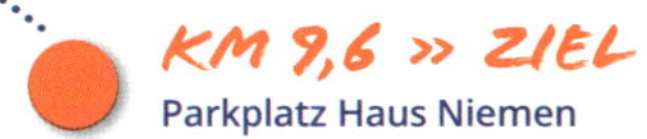

Parkplatz Haus Niemen

Lässig im Liegestuhl liegen, mit Blick auf den Steverstrand, Homemade Lemonade schlürfen ... so lässt man zufrieden den Wandertag ausklingen. Die coole Lage am Flussufer ist längst kein Geheimtipp mehr, da kann es auch schon mal ganz schön kuschelig auf der Terrasse werden. Hungrige Mäuler studieren mit Vorfreude die Karte, auf der neben Pizza und Salaten auch American Food, Wraps, Schnitzel und gewaltige Burger verlocken. Wer lieber mit dem legendären Frühstück in den Tag startet, sichert sich am Wochenende vorab einen Platz. Und falls das Wetter mal nicht mitspielt, lässt man in den amerikanisch gestylten Innenräumen auftischen (www.lakesideinn.de).

Noch ein Stück neben der Straße bis zum Parkplatz bzw. zur Bushaltestelle Haltern/Abzweig Haus Niemen auf der Hullener Straße.

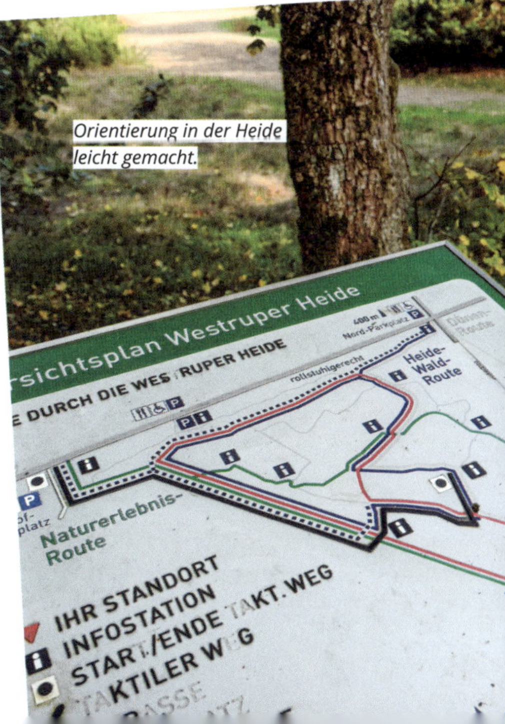

Orientierung in der Heide leicht gemacht.

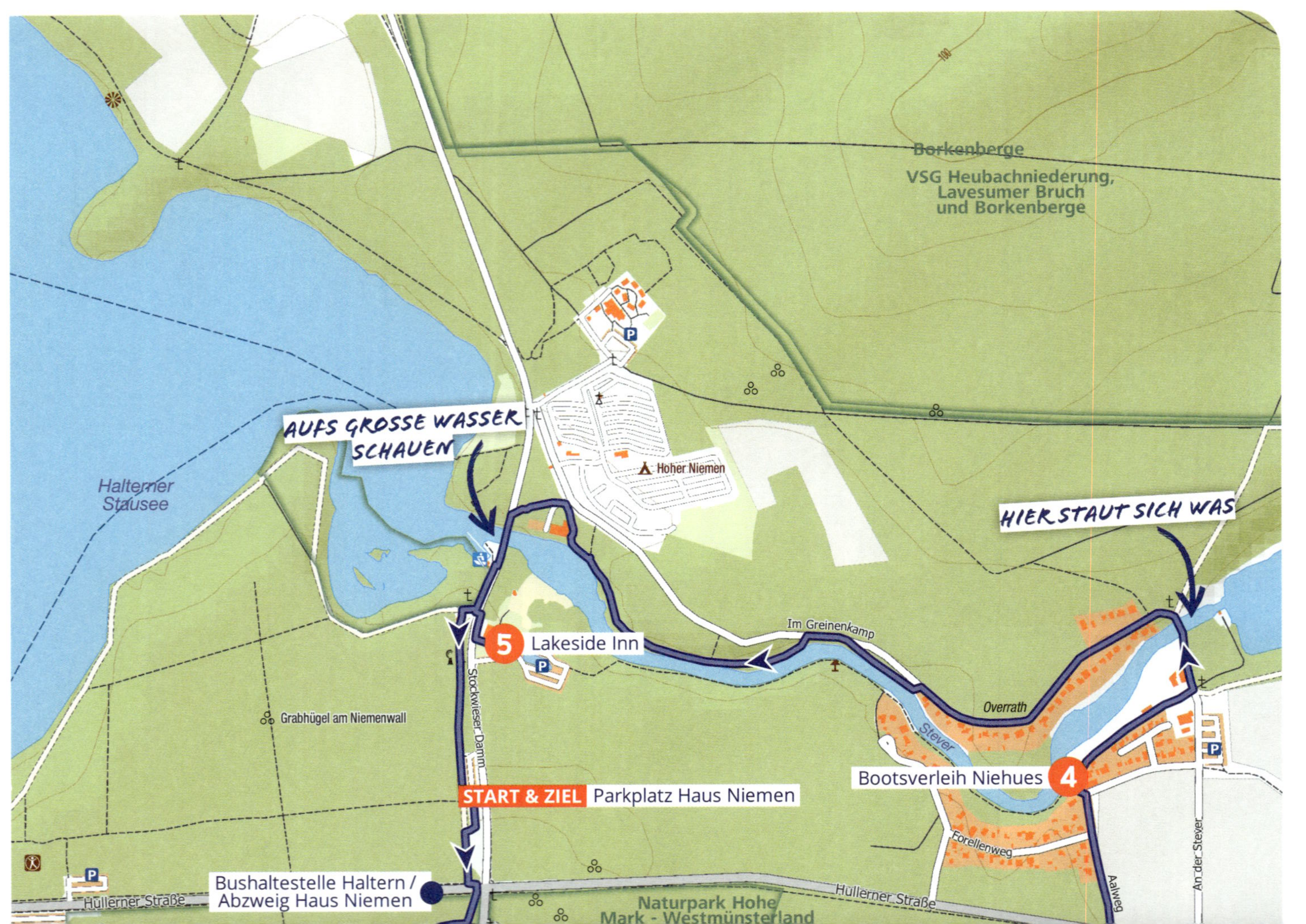

Borkenberge
VSG Heubachniederung, Lavesumer Bruch und Borkenberge
100
AUFS GROSSE WASSER SCHAUEN
Halterner Stausee
Hoher Niemen
HIER STAUT SICH WAS
5
Lakeside Inn
Im Greinenkamp
Overrath
Stever
Grabhügel am Niemenwall
Stockwieser Damm
Bootsverleih Niehues
4
START & ZIEL
Parkplatz Haus Niemen
Forellenweg
An der Stever
Aalweg
Bushaltestelle Haltern / Abzweig Haus Niemen
Hullerner Straße
Naturpark Hohe Mark - Westmünsterland

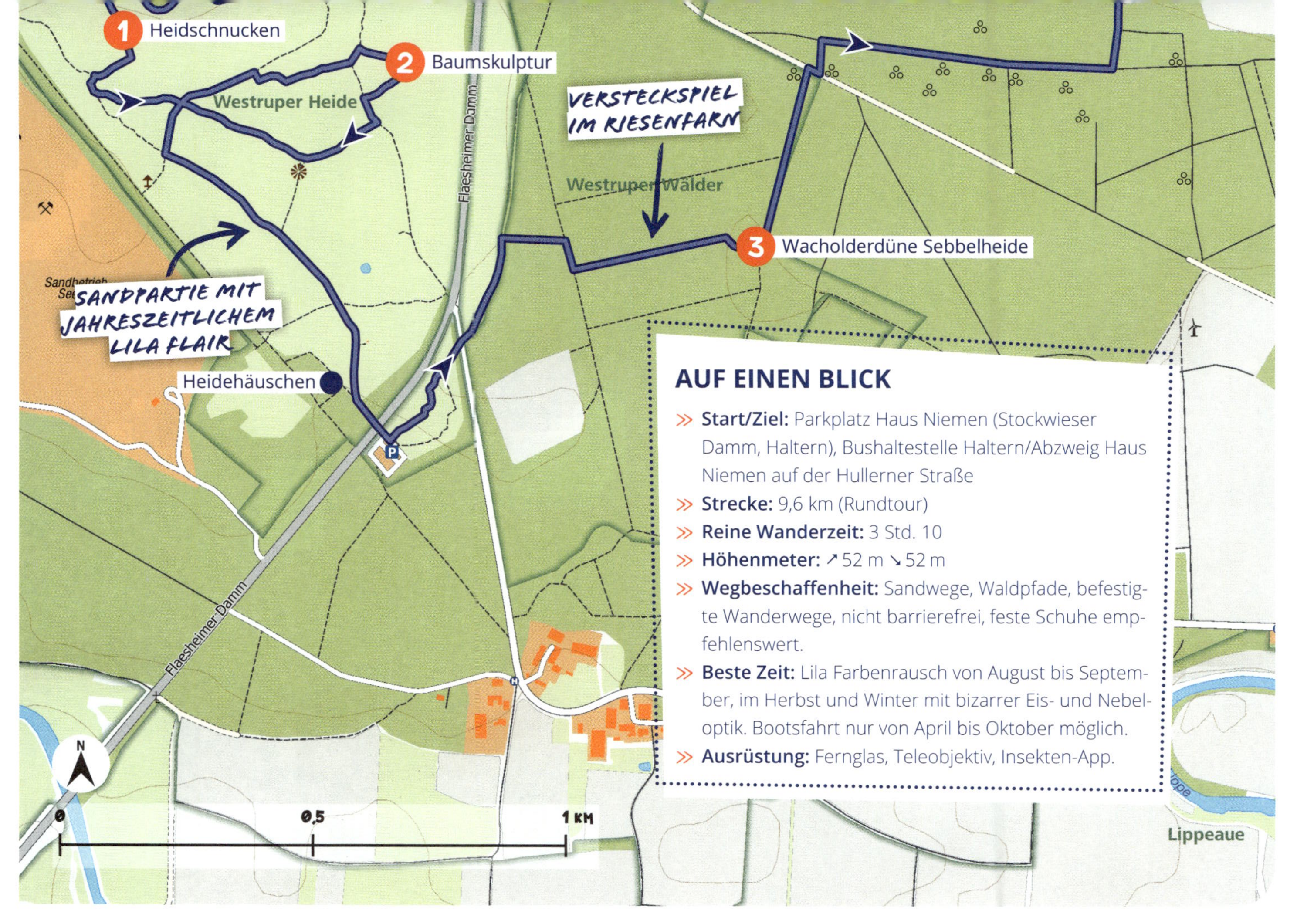

AUF EINEN BLICK

» **Start/Ziel:** Parkplatz Haus Niemen (Stockwieser Damm, Haltern), Bushaltestelle Haltern/Abzweig Haus Niemen auf der Hullerner Straße

» **Strecke:** 9,6 km (Rundtour)

» **Reine Wanderzeit:** 3 Std. 10

» **Höhenmeter:** ↗ 52 m ↘ 52 m

» **Wegbeschaffenheit:** Sandwege, Waldpfade, befestigte Wanderwege, nicht barrierefrei, feste Schuhe empfehlenswert.

» **Beste Zeit:** Lila Farbenrausch von August bis September, im Herbst und Winter mit bizarrer Eis- und Nebeloptik. Bootsfahrt nur von April bis Oktober möglich.

» **Ausrüstung:** Fernglas, Teleobjektiv, Insekten-App.

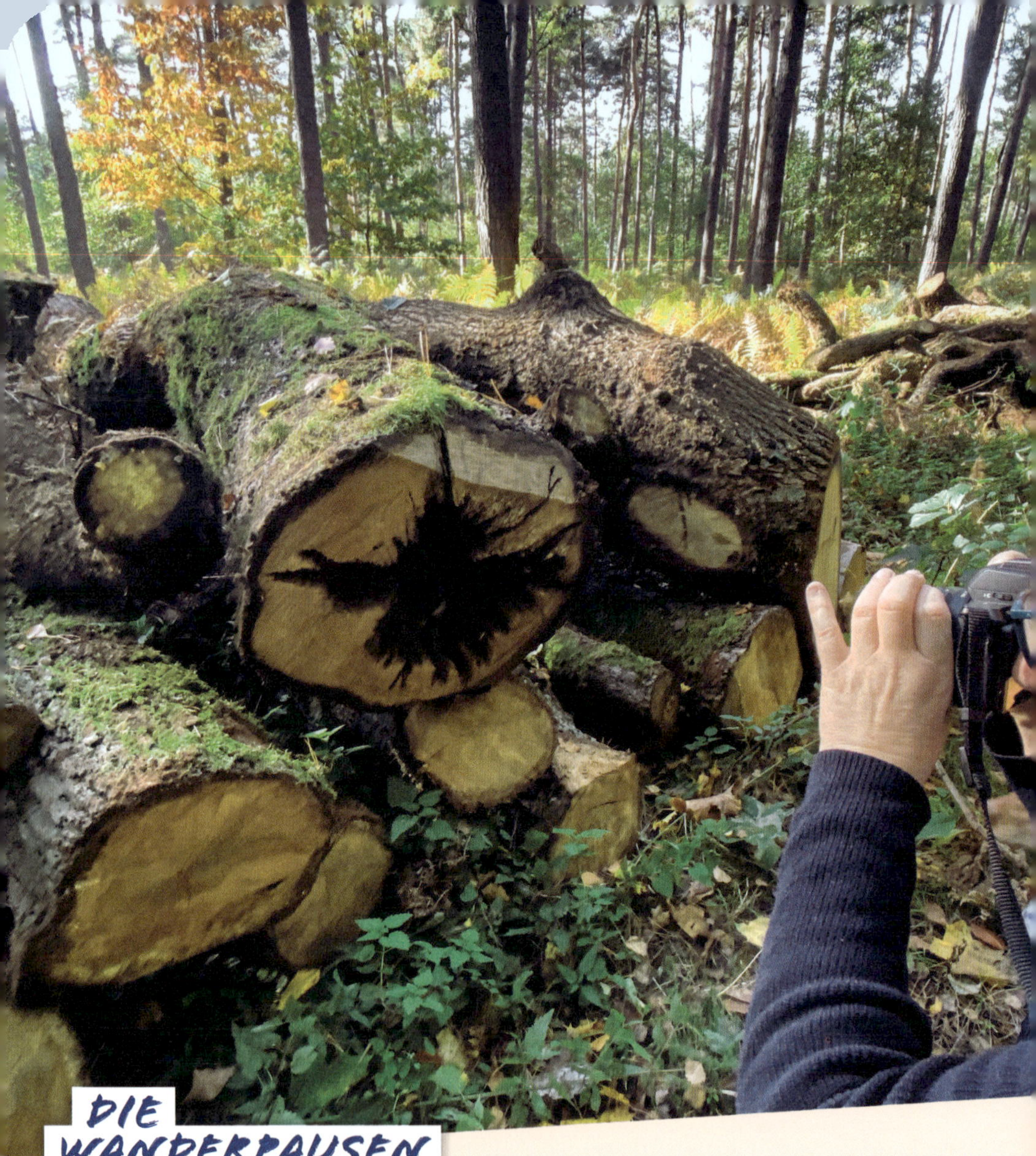

DIE WANDERPAUSEN

» START
Parkplatz Mutter Wehner

KM 0,6
1 Ehrwürdige Rotbuche
Mein Freund, der Baum

KM 1,8
2 Klima-Allee
Blick in die Zukunft

KM 6,1

Brinksknapp
Eingesprengte Kinderstube für Amphibien

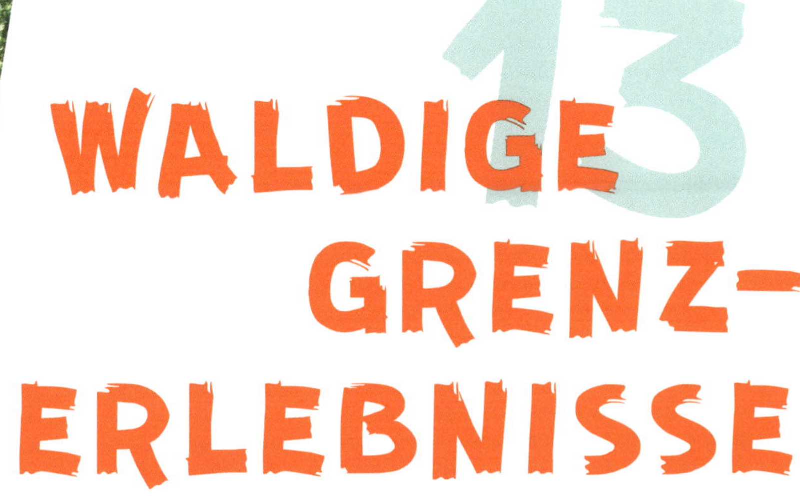

13 WALDIGE GRENZ-ERLEBNISSE

Auf dem Landstreifer durch die Haard

Waldbaden oder mit Baumriesen auf Tuchfühlung gehen und eine Blätterschlacht machen ist in der Haard ein Muss. Auf Pfaden, Wegen und Pättkes trifft man Bäume der Zukunft, tanzende Eichen, Mooswurzelzwerge und sammelt ganz eigene Grenzerfahrungen.

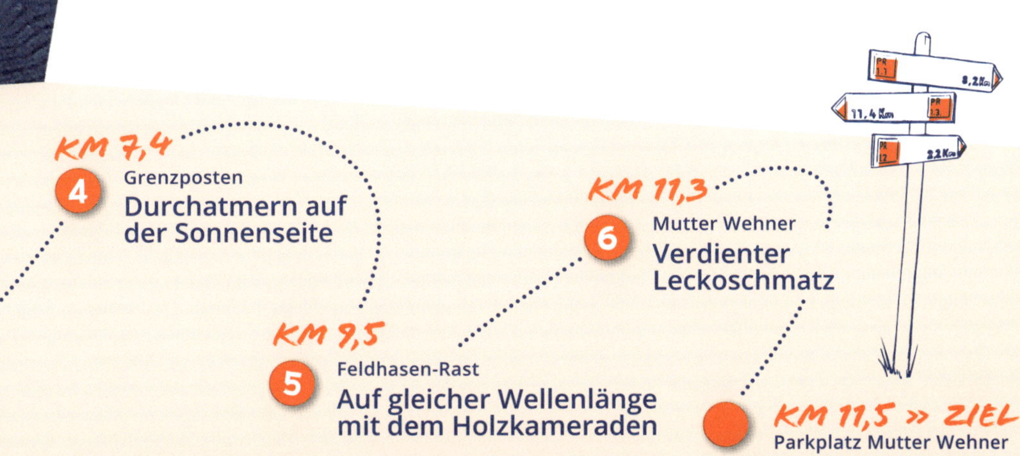

NATUR TO-GO

»Hand aufs Herz: Wer hat schon mal einen Baum umarmt? Zum Beispiel eine riesengroße **Rotbuche.** Die richtige Wahl fällt vor lauter Bäumen in der Haard ganz schön schwer. Auf gut ausgeschilderten Wegen und Pfaden begegnet man vielen Waldgesichtern. Ob lichter Kiefernwald, dichter Laubwaldbestand oder Felder und Wiesen mit Weitblick, kein Schritt ohne Freund Baum. Je nach Jahreszeit erlebt man die Wege als grünen Farndschungel unter schattenspendendem Blätterdach, im Herbst mit Rotstich und fallendem Laub. Alte Totholzbäume, die Tieren Nahrung und Versteck bieten, sowie von Moosen und Flechten überzogene Baumstümpfe sind voller Leben und wirken irgendwie mystisch.

NATURNAH: WENN DAS LAUB ZWISCHEN DEN FÜSSEN RASCHELT UND ALLES SO RICHTIG NACH WALD RIECHT

Wie die Klimaanlage Wald zukünftigen Wetterextremen trotzen kann, wird auf der **Klima-Allee** mit des Försters Hoffnungsträgern erlebbar. Denn nicht nur Douglasien sind die Waldretter von morgen. Mit der Esskastanienbeute im Gepäck kommt es im Eichenwald am Schwarzen Berg zu wundersamen Begegnungen mit tanzenden Eichen. Verschlungen gewachsen führen sie ihre bemoosten Figuren vor.

Tierische Vorführungen hingegen gibt es mit etwas Glück am Feuchtwiesenweiher **Brinksknapp.** In der Oase der Ruhe lassen sich Fischreiher auf Beutezug und Libellenkunstflieger über dem Wasser beobachten. Ihre Flugshows werden nur von kreisenden Greifvögeln am **Grenzposten** übertroffen, dort, wo die historische Grenze zwischen Wald und Ackerland heute als Waldpromenade inszeniert wird.

Auf großen XXL-Bänken entlang der Promenade macht man es sich bequem und genießt den Blick in die offene Landschaft – ohne Ziel, soweit das Auge reicht und wie es der **Feldhasen-Holzkamerad** vormacht. Ob in kalter Winterluft oder mit gleißenden Sonnenstrahlen im Gesicht, in der Haard hat man Zeit zum Genießen, zum Schauen, zum Staunen und zum Entschleunigen. Eine schöne, inspirierende Quelle, um in die Idylle des Waldes einzutauchen. So ein ausgiebiges Waldbad macht hungrig, der Rucksack ist leergefuttert, da kommt die Einkehr bei **Mutter Wehner** mehr als gelegen.«

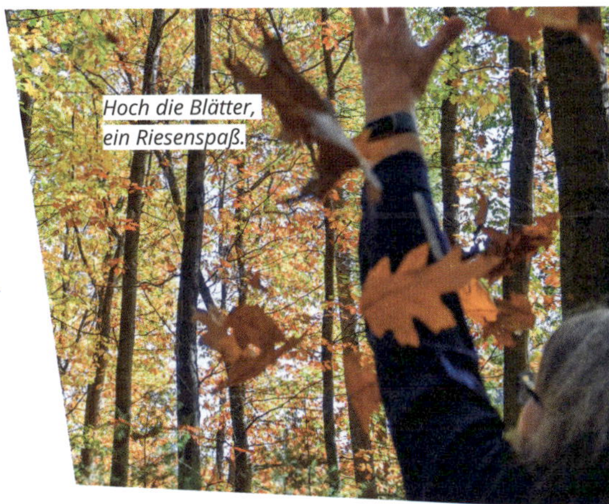

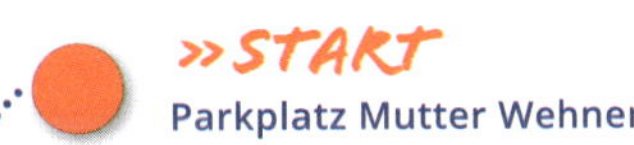

Diagonal über den Parkplatz beginnt die Haard-an-der-Grenze-Ausschilderung, leicht bergan in den Wald.

KM 0,6

1 **Ehrwürdige Rotbuche**

Mein Freund, der Baum

Bäume berühren unsere Seelen und das hat garantiert nichts mit überzogener Esoterik zu tun. Wer einen Stamm umfasst, spürt sich selbst an dessen harter Rinde. Energie tanken: Einfach alle Sorgen an der mächtigen Rotbuche wie an einer Garderobe abgeben, das befreit. Schon bei den Kelten galt die Buche mit durchschnittlich 300 bis 400 Jahren als »Mutter des Waldes«. Ihre Bucheckern wurden in Hungerzeiten gerne gegessen. Und rötlich ist nicht nur ihr Laub, sondern auch ihr Holz, das früher für Schreibtafeln genutzt wurde und als Ursprung für das Wort Buch gilt. Im Herbst färben sich ihre Blätter kräftig orange. 2022 wurde die Rotbuche zum zweiten Mal zum Baum des Jahres ernannt.

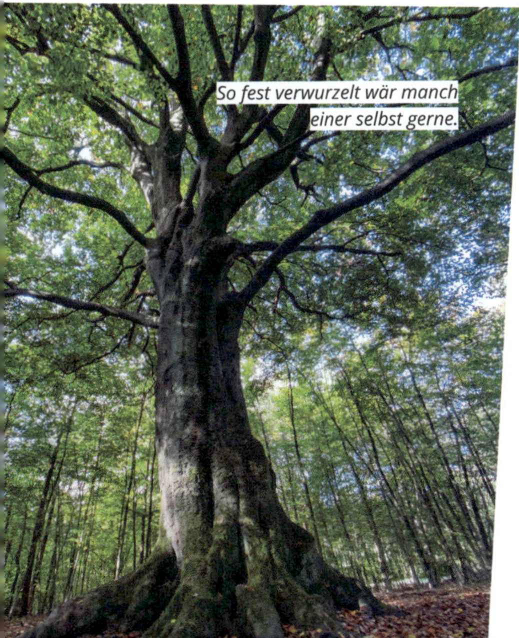

Hinter der Buche links dem lila Wegweiser nach, dann auf dem für die Haard typischen Forstweg immer geradeaus, direkt auf die lichte Schonung zu und rechts rum.

KM 1,8

2 Klima-Allee

Blick in die Zukunft

Ein ganz anderes, lichteres, Gesicht hat der Wald – oder der, der es einmal werden möchte – auf der Klima-Allee. Entlang des Weges wachsen die Bäume der Zukunft heran. Förster haben Baumarten ausgewählt, die den Wetterextremen Hitze und Trockenheit trotzen können. Roteichen und Douglasien sind als Waldretter mittlerweile in aller Munde. Hoch im Klimaschutzrennen sind aber auch Traubeneiche, Küstentanne und Esskastanie. Sie alle mögen es warm und können mit langen Pfahlwurzeln ihren Durst in der Tiefe stillen. Schädlinge wie der Borkenkäfer werden hier nicht satt. Informationstafeln helfen, sich mit den Hoffnungsträgern vertraut zu machen. Anfassen und aufsammeln der stichelig umhüllten Esskastanien im Herbst ist erlaubt. Ihr Geschmack ist allerdings etwas herber als der der Weihnachtsmarkt-Maronen.

Die Haard-an-der-Grenze-Schilder fest im Blick geht's nach einigen Abbiegungen bergauf zum Schwarzen Berg, durch faszinierend tanzende Eichen, dann am Hauptweg links in den Flaesheimer Weg. Achtung, bald links dem Hinweis Brinksknapp auf schmalen Pfaden folgen.

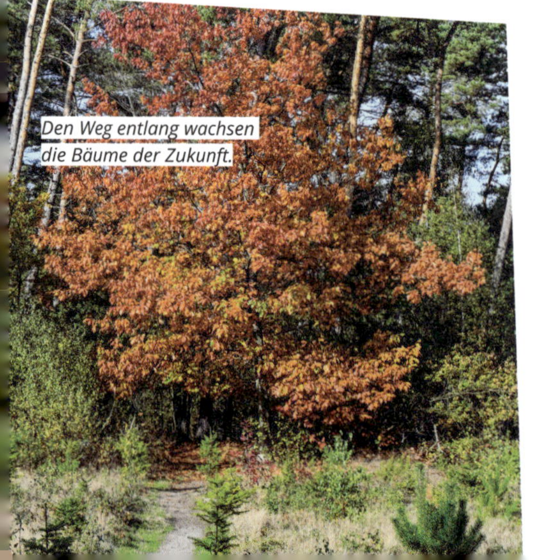

Den Weg entlang wachsen die Bäume der Zukunft.

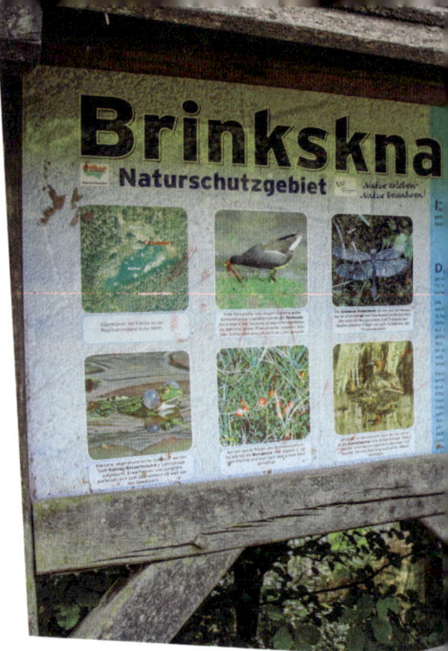

KM 6,1

3 Brinksknapp

Eingesprengte Kinderstube für Amphibien

Gezielt vom Rundweg abgekommen findet man das versteckt liegende Brinksknapp. Im Frühling immer dem Froschgequake nach. Dem ehemaligen Sprengtrichter sei Dank, dass sich der Weiher mit Feuchtwiesen in ein kleines Naturschutzgebiet verwandeln konnte. Was für Amphibien und Libellenarten eine ideale Kinderstube ist, genießen Wandernde entspannt auf der Bank als Oase der Ruhe. Wenn da nicht der Specht hämmern würde ... Wer genauer hinschauen möchte, tritt ein paar Schritte auf die Plattform und kann mit etwas Glück Graureiher auf Froschfang beobachten. Ein guter Zeitpunkt, die Schuhe auszuziehen und den Füßen freien Lauf auf dem sandigen Weg zu lassen. Mit nackten Sohlen fühlt man sich irgendwie geerdet, fast eins mit dem Wald.

Mit dem Bohlenzaun das Naturschutzgebiet verlassen, dann links auf den Wanderweg (Schäferweg) und geradeaus vorbei an der Baumeisterbank.

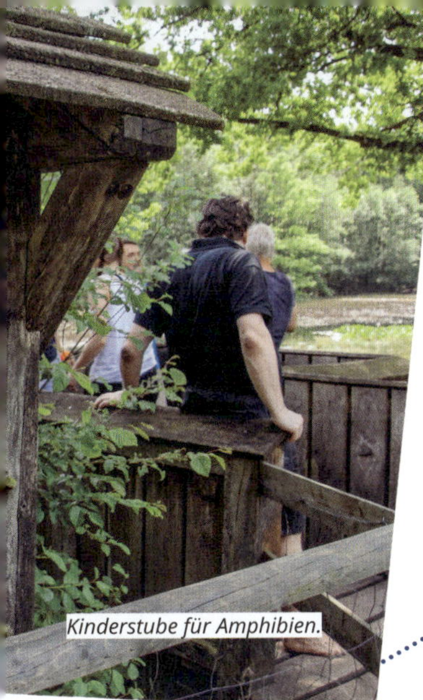
Kinderstube für Amphibien.

FROSCHGEQUAKE IM EHEMALIGEN SPRENGTRICHTER

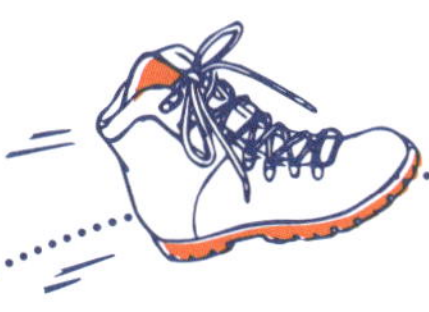

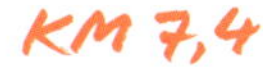

KM 7,4

4 Grenzposten

Durchatmen auf der Sonnenseite

Bald fällt mehr Licht durch die Baumstämme und die offene Landschaft ist über den Hauptweg hinaus erreicht. Haard an der Grenze, der Name macht Sinn. Bewacht von Waldohreule und Milan als majestätische Holzskulpturen, kann man sich auf einer überdimensionalen Bank der Versuchung nicht erwehren, tiefenentspannt den Blick über Äcker in die unspektakuläre Ferne schweifen zu lassen. Vielleicht zieht gerade ein Greifvogel seine Kreise auf der Suche nach Beute. An einer von zahlreichen Erlebnisstationen der ausgeschilderten Waldpromenade gibt's hier Wissen rund um die Natur ganz nebenbei. Per QR-Code können Geräusche und Tierstimmen aus der Umgebung abgespielt werden. Manchmal reicht es aber auch, für einen Moment einfach mal die Augen zuzumachen und die Ohren zu spitzen.

Zurück zur Wegkreuzung, dann rechts auf dem lila Haardgrenzweg zwischen Wald und Flur bleiben. Um der Konkurrenz mit Radfahrenden auszuweichen zu können, gibt es für Wandernde parallele Wegabschnitte. Die Feldhasen sind nicht zu verfehlen.

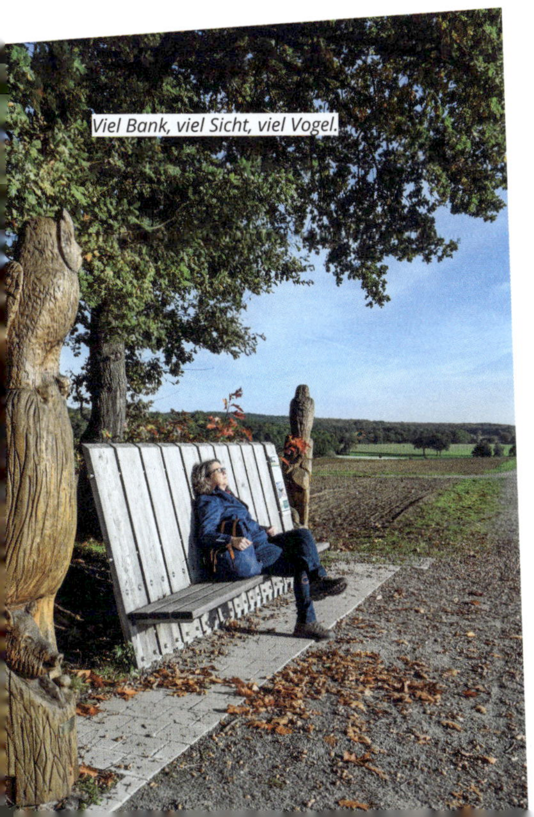
Viel Bank, viel Sicht, viel Vogel.

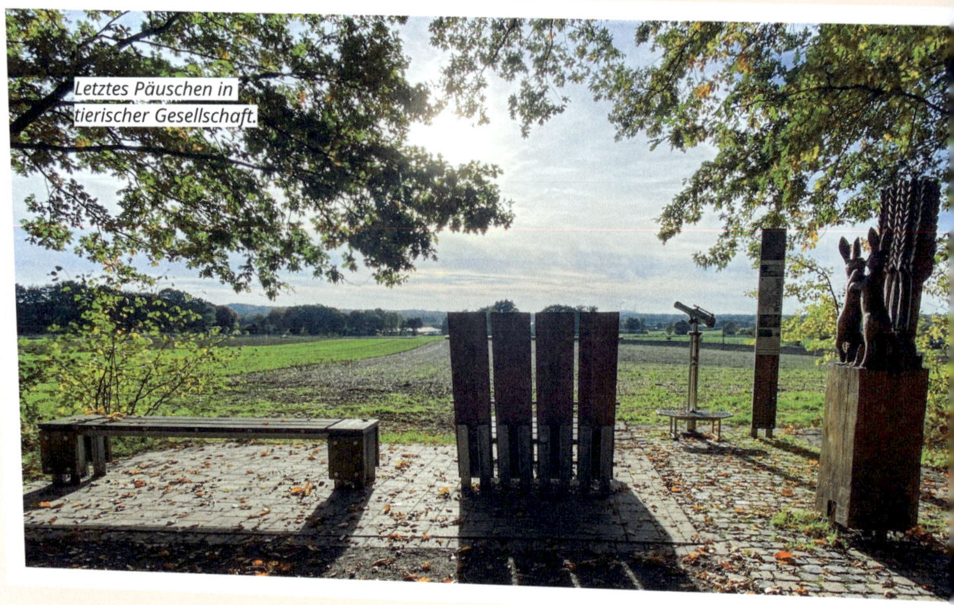
Letztes Päuschen in tierischer Gesellschaft.

KM 9,5

5

Feldhasen-Rast

Auf gleicher Wellenlänge mit dem Holzkameraden

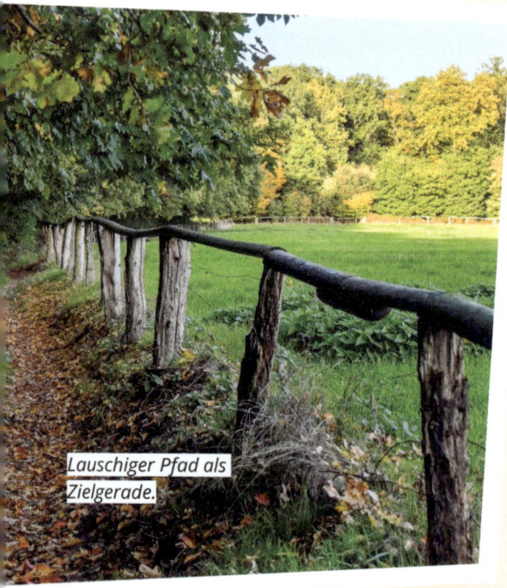
Lauschiger Pfad als Zielgerade.

Noch ein wunderbarer Platz an der Sonne auf einer Anhöhe und noch mehr künstlerische Detailverliebtheit des Kettensägenschnitzers Georg Maurus. Wie der Holzkamerad kann man nicht anders, als einfach nur weit schauen. Sitzgelegenheiten sind reichlich vorhanden und ein Fernrohr ist in Richtung Ruhrgebiet ausgerichtet. Hier wird die Ruhe höchstens von zu Pferd oder zu Rad den Weg Querenden unterbrochen. Alles im Schritttempo, mit genussvoller Gelassenheit, ideal für eine letzte Rast. Wer hier wirklich das Sagen hat, zeigt die Holzskulptur mit zwei im Kornfeld boxenden Hasen. Ein ums andere Jahr führen sie ihre echten Kämpfe hier aus, allerdings in wechselnd bestellten Äckern. Nur die Gewissheit, dass der letzte Stopp einem gedeckten Tisch gewidmet ist, lässt die Beine noch einmal munter werden.

Die lila Grenzwegschilder bleiben richtungsweisend bis zum Ziel. Vorbei an Pferdekoppeln, Reitanlagen und dem Jugendcamp. Dann links direkt an einer Koppel auf die Zielgerade.

KM 11,3

Mutter Wehner
Verdienter Leckoschmatz

Hier kannst du »futtern wie bei Muttern« lautete die Zauberformel für gelungene Sonntagsspaziergänge in der Haard schon um 1920. Muttern steht zwar schon lange nicht mehr hinter dem Herd, lecker futtern lässt es sich im Traditionslokal Mutter Wehner aber bis heute. Regional, frisch, modern kommt der Speiseplan daher; Platz genommen wird im Restaurant, im Wintergarten auch gerne mit Hund. Der Biergarten punktet mit Ambiente unter großen, alten Bäumen, hier geht es mit selbst bedienten Snacks deutlich rustikaler zu. Nach der Wanderung oder Radtour findet jeder sein Lieblingsplätzchen, je nach Saison und Wetter auch schon mal mit Ellenbogeneinsatz. Alternativ startet man mit einem Frühstück zum Waldbaden (www.mutter-wehner.de).

EXTRA INFOS:

Wer sich gerne auf gut ausgeschilderten Themenrouten oder Landstreifer-Rundwegen durch den Naturpark Hohe Mark auf den Weg machen oder den ganzen über 150 Kilometer langen **Hohe Mark Steig** wandern möchte, findet das Gesamtprogramm unter www.hohe-mark-steig.de.

Wie wäre es mit einer Verabredung mit sich selbst als Geschenk? Einfach mal mit allen Sinnen eintauchen in die Aura des Waldes, die besondere Atmosphäre spüren, tief durchatmen und die Achtsamkeit für die Natur trainieren. Wohlsein ohne Konsum kann man von einer Kursleiterin für **Waldbaden** erlernen – nicht nur in der Haard (www.seinskraft.de).

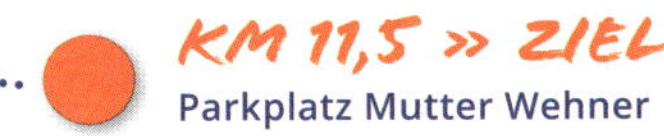

KM 11,5 » ZIEL
Parkplatz Mutter Wehner

Nur noch rüber zum Parkplatz hüpfen.

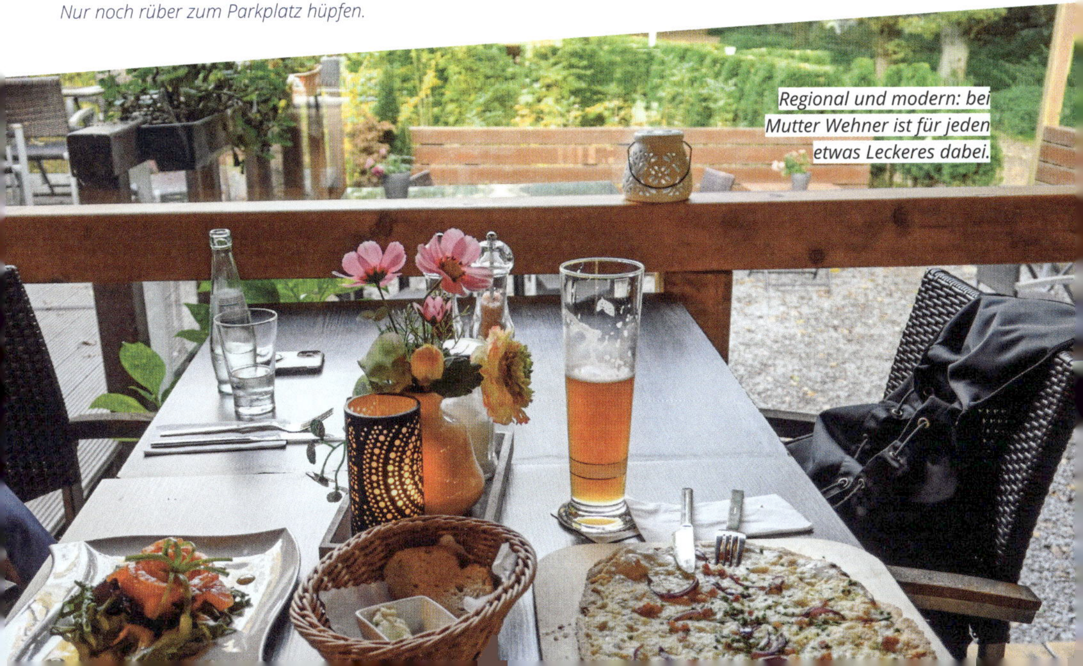

Regional und modern: bei Mutter Wehner ist für jeden etwas Leckeres dabei.

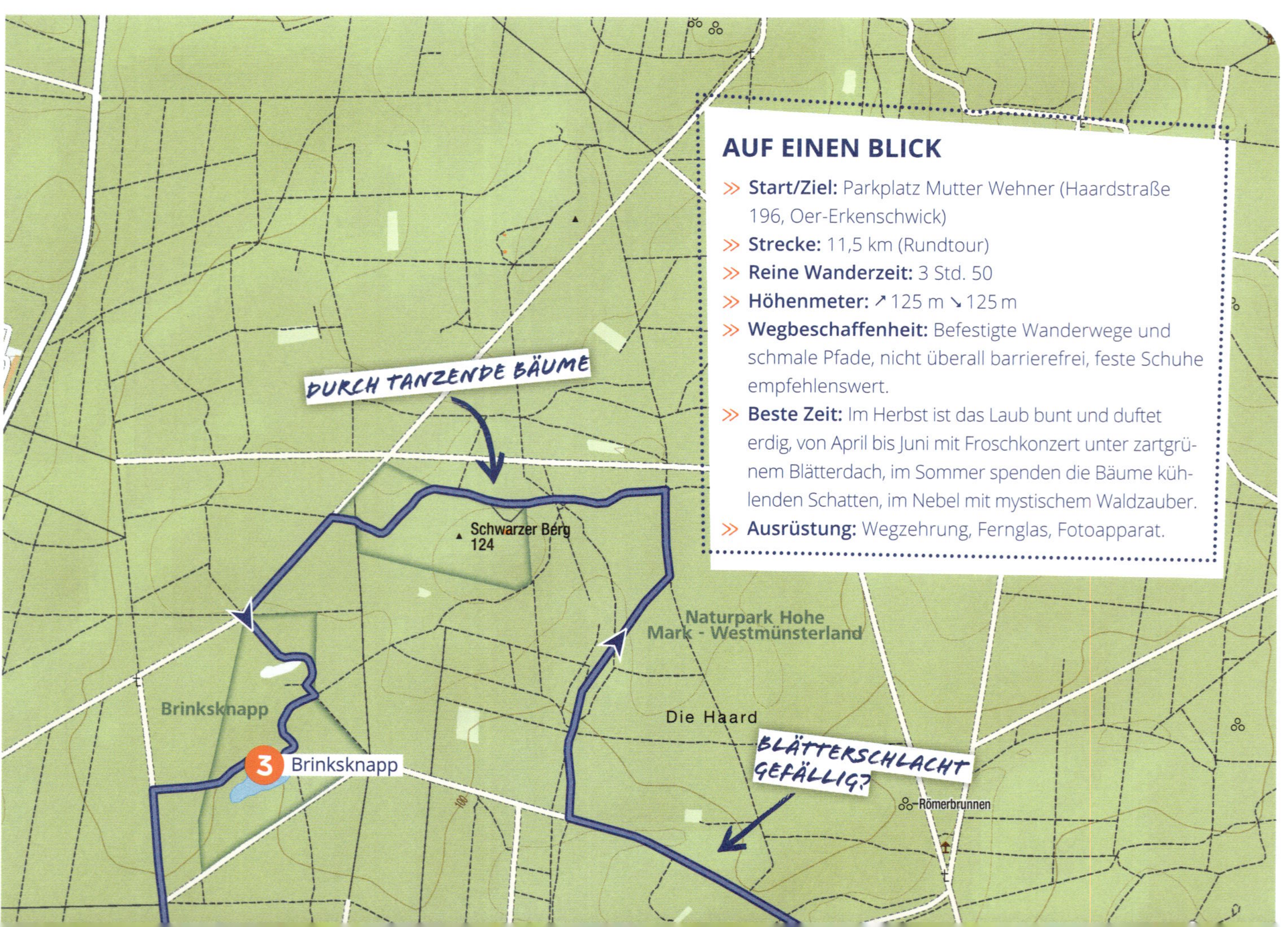

AUF EINEN BLICK

» **Start/Ziel:** Parkplatz Mutter Wehner (Haardstraße 196, Oer-Erkenschwick)
» **Strecke:** 11,5 km (Rundtour)
» **Reine Wanderzeit:** 3 Std. 50
» **Höhenmeter:** ↗ 125 m ↘ 125 m
» **Wegbeschaffenheit:** Befestigte Wanderwege und schmale Pfade, nicht überall barrierefrei, feste Schuhe empfehlenswert.
» **Beste Zeit:** Im Herbst ist das Laub bunt und duftet erdig, von April bis Juni mit Froschkonzert unter zartgrünem Blätterdach, im Sommer spenden die Bäume kühlenden Schatten, im Nebel mit mystischem Waldzauber.
» **Ausrüstung:** Wegzehrung, Fernglas, Fotoapparat.

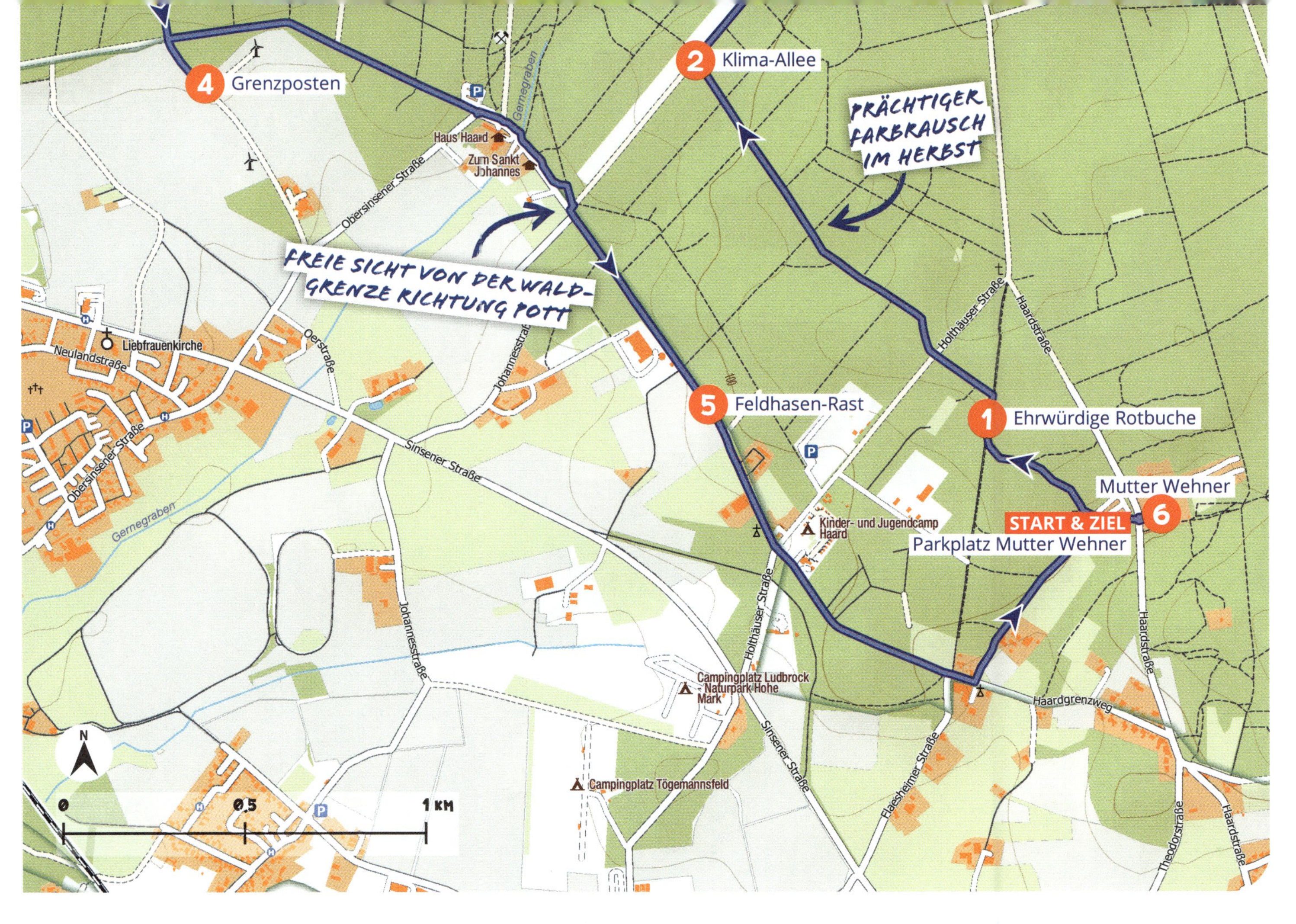
4 Grenzposten
2 Klima-Allee
PRÄCHTIGER FARBRAUSCH IM HERBST
FREIE SICHT VON DER WALD-GRENZE RICHTUNG POTT
5 Feldhasen-Rast
1 Ehrwürdige Rotbuche
6 Mutter Wehner
START & ZIEL
Parkplatz Mutter Wehner
Haus Haard
Zum Sankt Johannes
Gernegraben
Obersinsener Straße
Liebfrauenkirche
Neulandstraße
Oerstraße
Johannesstraße
Sinsener Straße
Holthäuser Straße
Haardstraße
Kinder- und Jugendcamp Haard
Campingplatz Ludbrock - Naturpark Hohe Mark
Campingplatz Tögemannsfeld
Haardgrenzweg
Flaesheimer Straße
Theodorstraße
0
0,5
1 KM

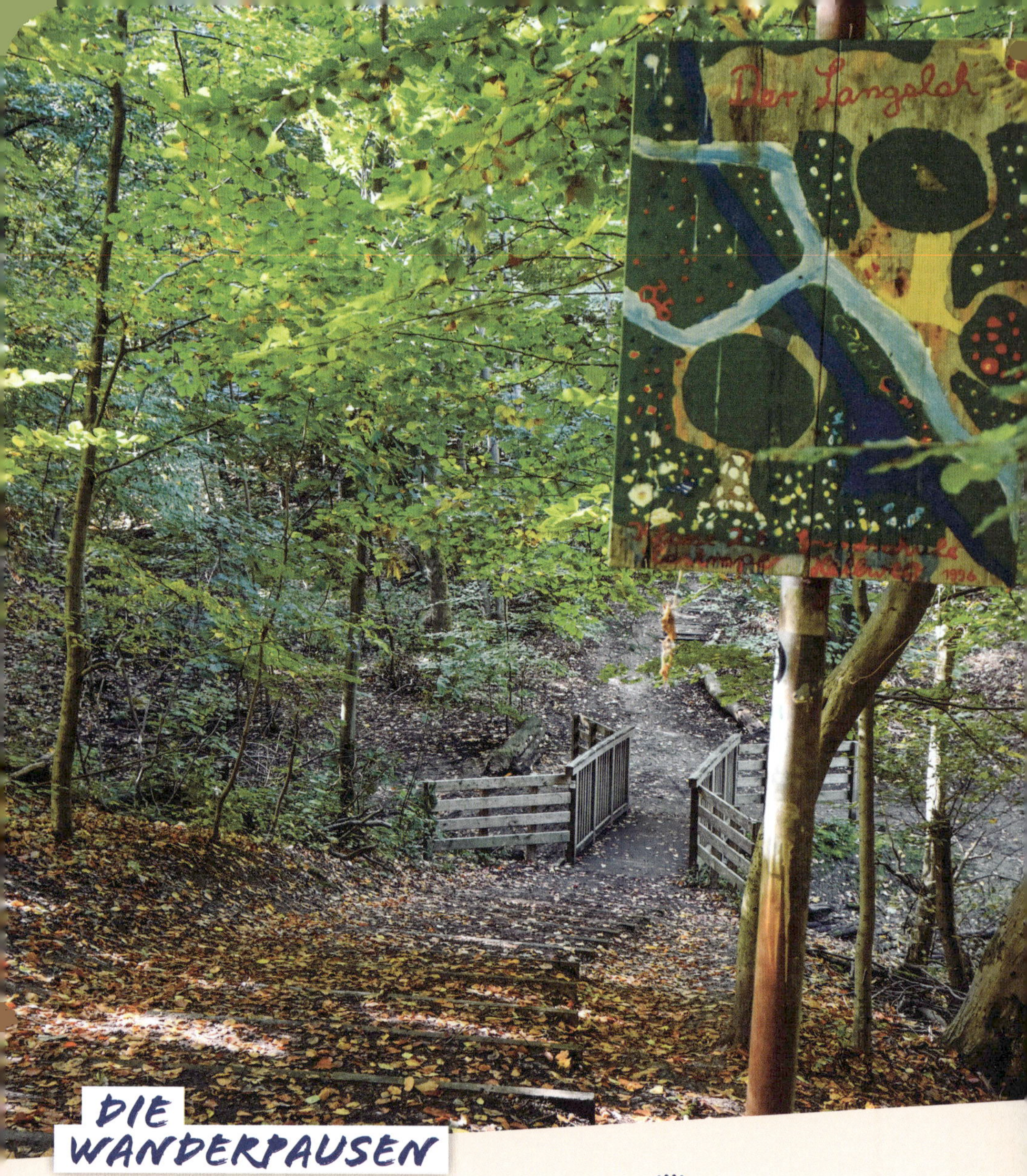

DIE WANDERPAUSEN

» START
Wanderparkplatz & Haltestelle Langeloh

KM 0,9
1 Aussichtsbalkon
Botanische Urzeit-Kunstwerke bestaunen

KM 2,2
2 Spartanische Bank
Rasten und Energie tanken

KM 2,7
3 Roßbachbrücke
Wo einst das Wasser durch Rohre floss

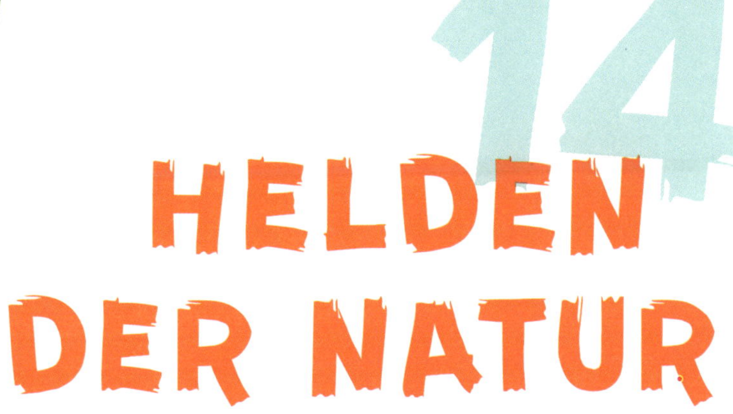

HELDEN DER NATUR

Im Castroper Hügelland

Ob die Befreiung eines Baches oder die Verteidigung von Urzeit-Gewächsen: Dass Naturschutz im Pott im wahrsten Sinne des Wortes Früchte trägt, kann man zu Fuß im Castroper Hügelland hautnah erleben.

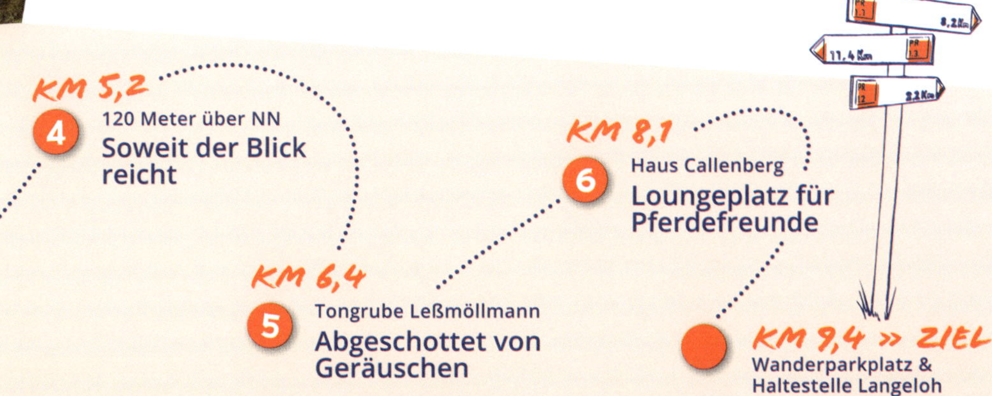

DER TON MACHT DIE STIMMUNG

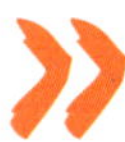

Wo sich vor 50 Jahren der Roßbach noch unsichtbar in Rohren verstecken musste und nicht weit entfernt mit schwerem Gerät Rohstoff für die Ziegelherstellung abgebaut wurde, hat sich die Natur ihr Revier längst zurückerobert. Im Naturschutzgebiet Langeloh informiert ein Lehrpfad über seltene Pflanzen und Tiere und wie diese geschützt werden. Alte Buchen- und Laubmischwälder umgeben das Siepental und werfen im Sommer angenehmen Schatten. Besonders imposant sind die ab Juni zu grafischen Kunstwerken heranreifenden riesigen Schachtelhalme, die man von einem **Aussichtsbalkon** aus bewundern kann.

FASZINIEREND: EINEN URZEIT-RIESENSCHACHTELHALM GANZ AUS DER NÄHE ZU BETRACHTEN UND ZU BERÜHREN

Waldwege und schmale Pfade führen zu Streuobstwiesen und queren von Wildblumen begleitete Ackerflächen – eine echte Augenweide! Wieder eingetaucht in den Wald, gilt es den **Roßbach** zu überqueren. Kein großes Ding, die **Holzbrücke,** aber irgendwie ein mystischer Ort. Ob auf einer **spartanischen Bank** am Hemker Bach oder inmitten der Waldkulisse, seinen Pausenfavorit wählt sich jeder selbst.

Zurück über den Parkplatz beginnt auf der anderen Straßenseite das zweite, ganz andere, Landschaftserlebnis. Das Castroper Hügelland wird offener und es geht hinauf zur Aussichtsbank auf **120 Meter über NN.** An manchen Tagen kann man die Silhouette der Borkenberge im Münsterland erkennen.

Fast eng und intim fühlt sich hingegen die **Tongrube Leßmöllmann** an, die nur über einen geheimnisvollen kurzen Auf- und dann Abstieg mit entsprechender Trittsicherheit zu erreichen ist. Erstaunlich, wie sich die Natur nach Jahren des Mergelabbaus dieses heute geschützte Biotop eigenständig eingerichtet hat. Auf dem Rückweg durch den Hohlweg Wagenbruch begegnet man auch schon mal einer Gruppe summender Alpakas oder Freizeitreitern. Wer den Pferdesspuren folgt, kann **Haus Callenberg** nicht verfehlen und bleibt auch während der Einkehr im Blickkontakt mit den Tieren. «

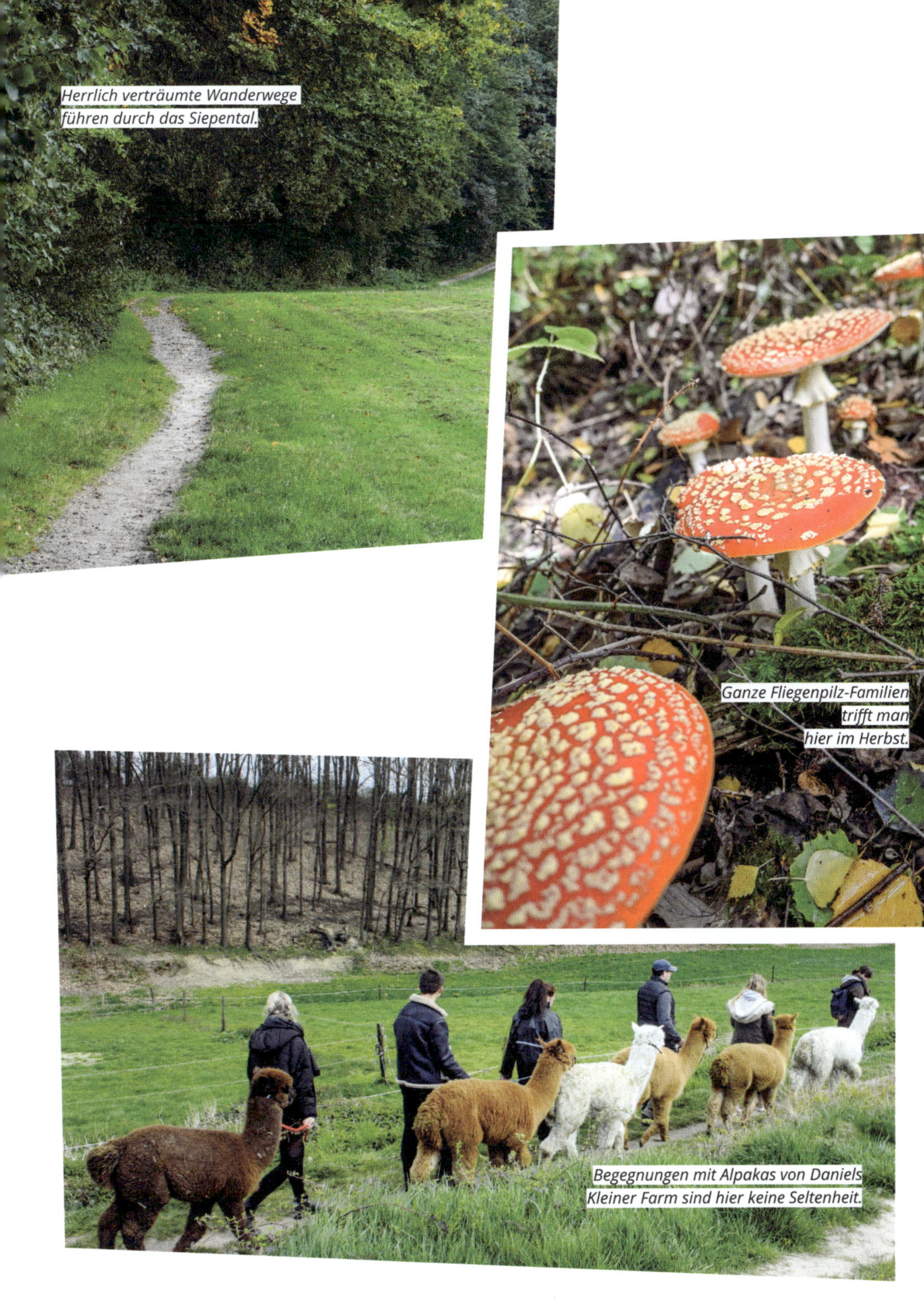

Herrlich verträumte Wanderwege führen durch das Siepental.

Ganze Fliegenpilz-Familien trifft man hier im Herbst.

Begegnungen mit Alpakas von Daniels Kleiner Farm sind hier keine Seltenheit.

WANDERN & GENIESSEN

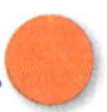

»START

Wanderparkplatz & Haltestelle Langeloh

Vom Parkplatz oder der Bushaltestelle Langeloh (in Castrop) taucht man geradeaus in den Wald ein. An der ersten Kreuzung rechts dem Siepental folgen.

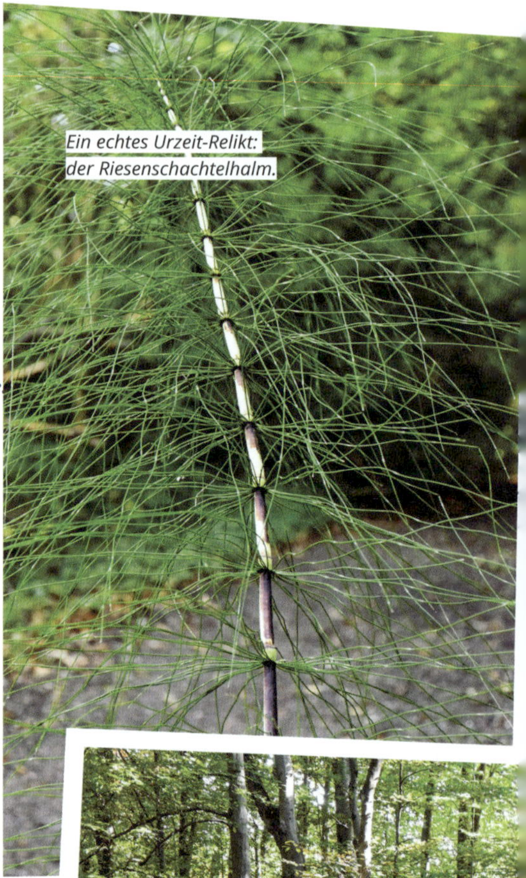

Ein echtes Urzeit-Relikt: der Riesenschachtelhalm.

KM 0,9

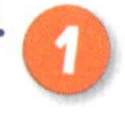

Aussichtsbalkon

Botanische Urzeit-Kunstwerke bestaunen

Fast am tiefsten Punkt des Roßbachtals läuft man in Wassernähe durch schattigen Buchenwald, während links erste Urzeitrelikte auftauchen. Vom Aussichtsbalkon aus schaut man in ihren bevorzugt feuchten Lebensraum. Im April/Mai treibt der Riesenschachtelhalm zunächst niedrige unauffällige Sprossen, die erst im Sommer zu stattlichen bis zu 1,5 Meter hohen, fingerdicken Stängeln aufschießen. Die wie lange Nadeln aussehenden Blätter wachsen symmetrisch in Etagen. Vor rund 300 Millionen Jahren prägten ihre urzeitlichen Verwandten ganze Sumpfwälder. In unmittelbarer Nachbarschaft hat sich hier das rosafarbene, süßlich duftende indische Springkraut – auch Ruhr- oder Emscher-Orchidee genannt – breitgemacht. Einst aus Indien eingeführt verdrängt das Kraut nun seltene heimische Pflanzen. Darum wird es im Naturschutzgebiet Langeloh vor der Samenreife abgemäht.

Dem Roßbach weiter folgen, an der Streuobstwiese links, dann links die Wiese queren, weiter links durch die Äcker.

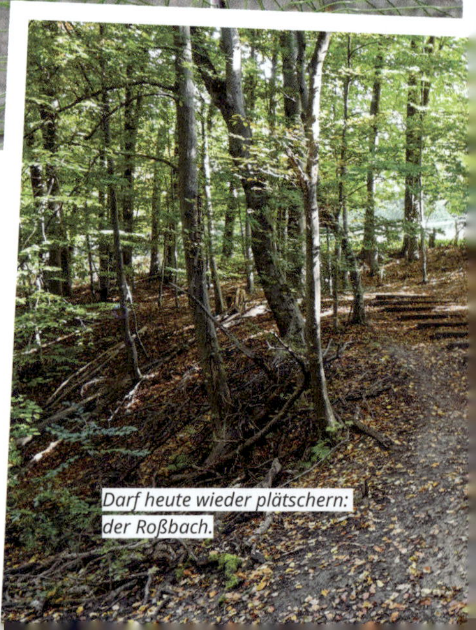

Darf heute wieder plätschern: der Roßbach.

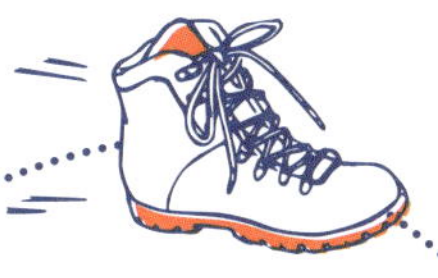

KM 2,2

2 Spartanische Bank
Rasten und Energie tanken

Kaum sind die Äcker mit ihren wild und bunt blühenden Randstreifen passiert und der renaturierte Hemkerbach überquert, ist das Siepental schon fast in Sicht. Blühstreifen an Ackerrändern sind übrigens nicht nur für Erholungssuchende eine Augenweide. Sie dienen dem Naturschutz und werden sogar finanziell gefördert. Besonders Insekten ernähren sich von den Blüten und gefährdete Wildtiere finden hier ihren Lebensraum und Schutz zugleich. Auf einer spartanischen Bank lässt sich vor der nächsten Waldetappe eine stärkende Rast einlegen. Mit etwas Glück gibt's auch wärmende Sonnenenergie zum gratis Auftanken.

Dem Bach rechts durchs Siepental im Wald folgen. Links über die Brücke.

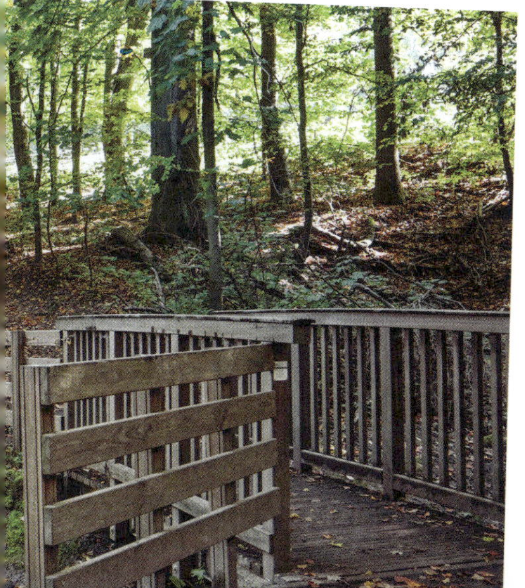

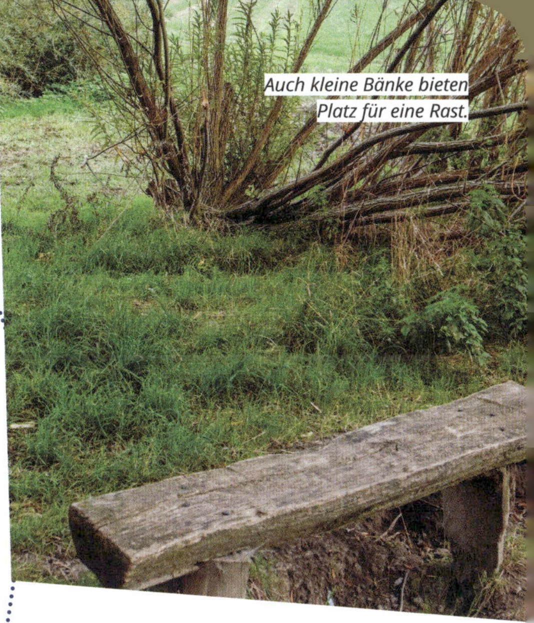

Auch kleine Bänke bieten Platz für eine Rast.

KM 2,7

3 Roßbachbrücke
Wo einst das Wasser durch Rohre floss

Kaum zu glauben, dass der Roßbach bis in die 1980er-Jahre in Betonrinnen verbannt war. Renaturierung lautet das Zauberwort, dass ihn zu neuem Leben erweckte und damit zum zentralen Landschaftselement des Naturschutzgebiets Langeloh machte. Kleinlebewesen feiern seitdem in Ufernähe eine Renaissance. Die im Schatten liegende Brücke mit sich anschließender Naturtreppe strahlt eine gewisse Mystik aus. Fällt die Sonne nur spärlich durch die Bäume ein, ergeben sich bezaubernde Lichtspiele. Wenn es sehr nass ist, kann es allerdings schon mal rutschig werden.

Hinter der Brücke rechts, nächster Abbzweig links zurück zum Bach, von hier rechts, zweite rechts, links, rechts. Am Parkplatz die Straße queren, dann links, rechts, links auf die Höhe.

KM 5,2

4

120 Meter über NN

Soweit der Blick reicht

Immer offener wird die Landschaft auf der anderen Seite der Straße und mit zunehmender Höhe auch der Weitblick. Besonders, wenn der Wind hier oben seine freie Fahrt nutzt, verspürt man das Bedürfnis zum Durchatmen. Von der exponierten Bank auf 120 Metern Höhe ist der Blick frei gen Norden: erst über Äcker und Wald, über den spitzen Kirchturm von St. Lambertus in Castrop bis zum rund 15 Kilometer entfernten Kühlturm des Kraftwerks Datteln und noch weiter. Unglaublich, welche Naturschutzkleinode sich um Castrop-Rauxel erwandern lassen.

Weiter geht's zunächst rechts, unten hinter dem Bach direkt links hoch in den Wald, im Bogen am Feldrand entlang, dann per Trampelpfad links in den Wald. Der Abstieg zur Grube ist nicht zu verfehlen.

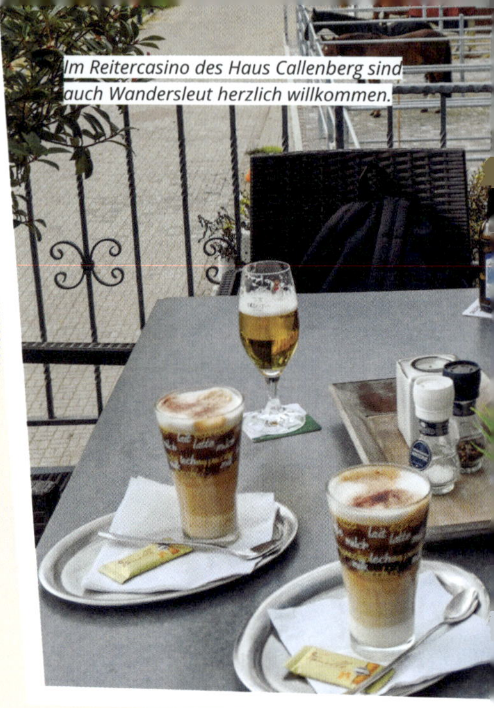

Im Reitercasino des Haus Callenberg sind auch Wandersleut herzlich willkommen.

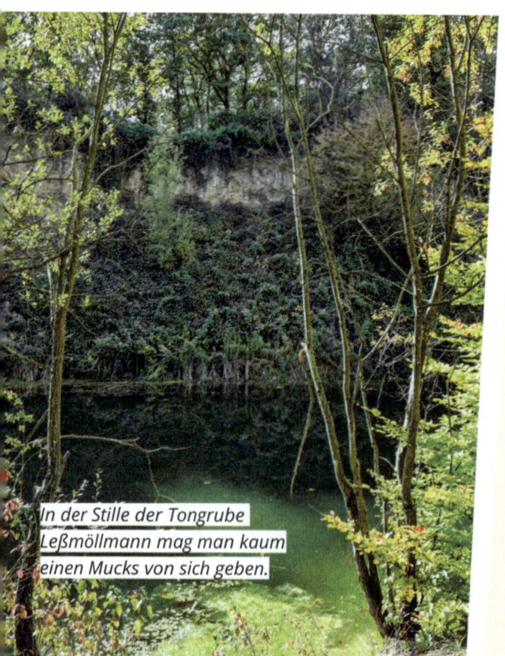

In der Stille der Tongrube Leßmöllmann mag man kaum einen Mucks von sich geben.

KM 6,4

5

Tongrube Leßmöllmann

Abgeschottet von Geräuschen

Auf dem Weg in das bis zu 20 Meter tiefe Loch vernimmt man schon nach wenigen Schritten kaum mehr ein Geräusch. Die ehemalige Tongrube der nahen Ziegelei Leßmöllmann hat sehenswert steile Böschungswände hinterlassen. Bei den letzten Abbauarbeiten um 1985 wurde der Grundwasserleiter angeschnitten, sodass sich die Grubensohle fast vollständig mit Wasser füllen konnte. Heute steht die stillgelegte Grube mit ihren Birken und blütenreichen Hochstauden unter Naturschutz.

Die Grube links herum verlassen und durch den Wald wie gekommen bergab. Rechts herum dem Hohlweg Wagenbruch bis zum Reiterhof folgen.

KM 8,1

Haus Callenberg

Loungeplatz für Pferdefreunde

Keine Hemmungen, es ist erwünscht, das Gäste direkt über den Reiterhof die Gastronomie ansteuern. Über die Außentreppe gelangt man auf eine erhabene Terrasse, Paddocks und Reitplatz fest im Blick. Pferdefans wählen einen Loungeplatz in der ersten Reihe und genießen Küchenkreationen vom Chef persönlich: Schnitzel, Burger, Suppe oder Salat – alles frisch und lecker. Auch Indoor hat man wie in einer echten Reiterstube Blickkontakt zu Ross und Reiter in der Halle. Hier kennt man sich, kommt auf ein Bierchen an der Theke vorbei, fachsimpelt über Reitstil und Pferdemarotten. Doch auch Wandernde sind gern und oft gesehene Gäste, darum reservieren ganze Wandergruppen für ihre gemeinsame Rast (www.haus-callenberg-castrop-rauxel.de).

Auf demselben Weg zurück das Hofgelände wieder verlassen, dann rechts, immer geradeaus bis zum Abzweig zum Parkplatz bzw. zur Bushaltestelle.

EXTRA INFOS:

Lust auf eine Alpaka-Trekking-Tour? Fast gegenüber vom Wanderparkplatz leben rund 20 Alpakas und zwei Lamas auf ● **Daniels kleiner Farm.** Nach Voranmeldung kann man mit den sensiblen und flauschigen Tieren einen After-Work-Spaziergang unternehmen, Yoga auf der Alpakaweide genießen, ein Alpakadate zu zweit buchen, sich mit Jackomo und Co. zum tierischen Fotoshooting verabreden oder den Kindergeburtstag auf die Alpakafarm verlegen (www.danielskleinefarm.de).

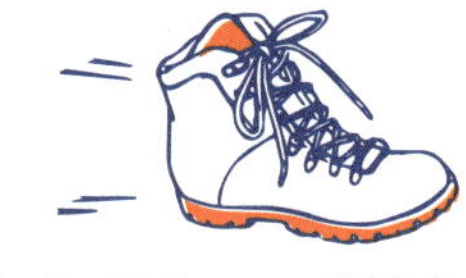

KM 9,4 » ZIEL

Wanderparkplatz & Haltestelle Langeloh

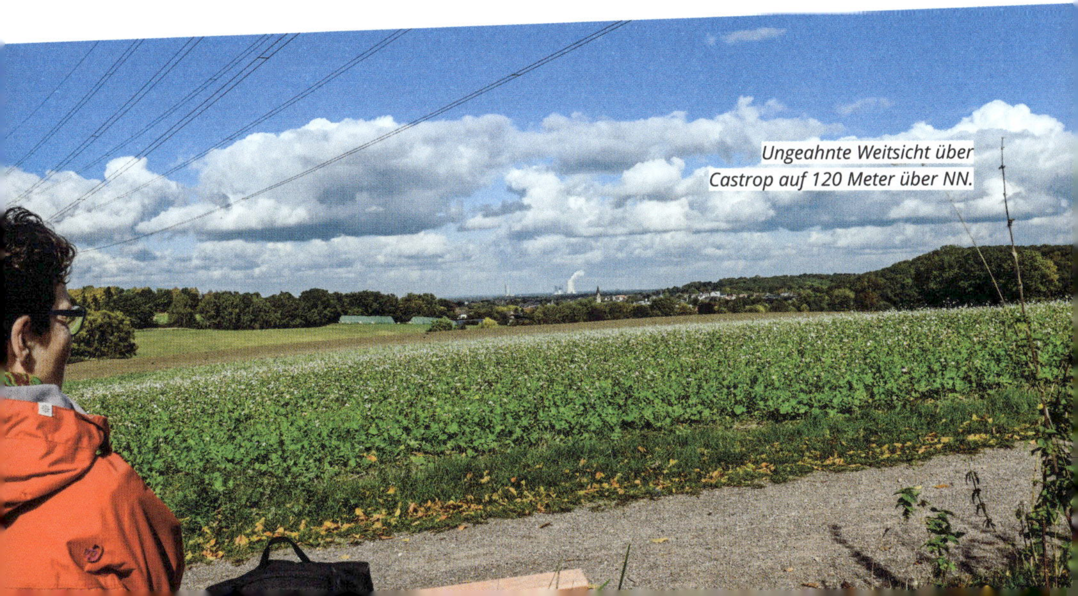

Ungeahnte Weitsicht über Castrop auf 120 Meter über NN.

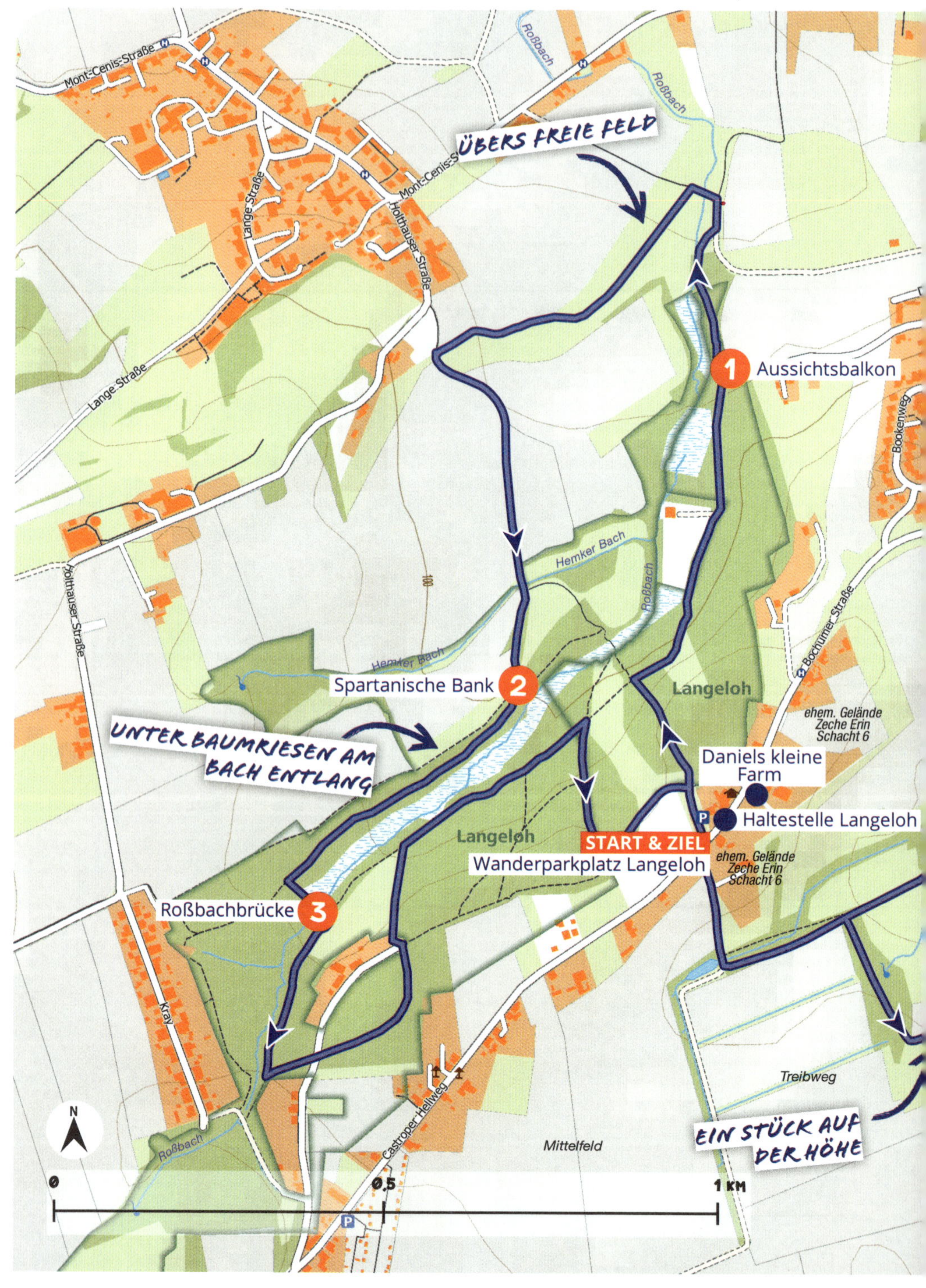

ÜBERS FREIE FELD
Aussichtsbalkon
Spartanische Bank
UNTER BAUMRIESEN AM BACH ENTLANG
Roßbachbrücke
Daniels kleine Farm
Haltestelle Langeloh
START & ZIEL
Wanderparkplatz Langeloh
ehem. Gelände Zeche Erin Schacht 6
Langeloh
EIN STÜCK AUF DER HÖHE
Mont-Cenis-Straße
Lange Straße
Holthauser Straße
Roßbach
Hemker Bach
Bookenweg
Bochumer Straße
Kray
Castroper Hellweg
Mittelfeld
Treibweg
0
0,5
1 KM
N

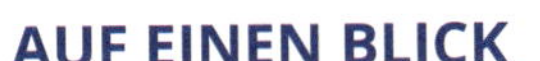

AUF EINEN BLICK

- **Start/Ziel:** Wanderparkplatz & Bushaltestelle Langeloh (in Castrop)
- **Strecke:** 9,4 km (Rundtour)
- **Reine Wanderzeit:** 3 Std. 10
- **Höhenmeter:** ↗115 m ↘115 m
- **Wegbeschaffenheit:** Von allem etwas, befestigte Waldwege, steile Trampelpfade, Wiesenwege, asphaltierte Wirtschaftswege. Feste Schuhe notwendig, Trittsicherheit erforderlich. Nicht überall barrierefrei.
- **Beste Zeit:** Im Winter mehr Licht, im Sommer kühlender Schatten – also ganzjährig. Der Schachtelhalm zeigt erst im fortgeschrittenen Sommer seine wahre Größe, eine farbenfrohe Begegnung mit Ackerrand-Wildblumen ist von Frühjahr bis Herbst garantiert.
- **Ausrüstung:** Picknick, Botanik-App, Fotoapparat. Hunde im Naturschutzgebiet an der Leine.

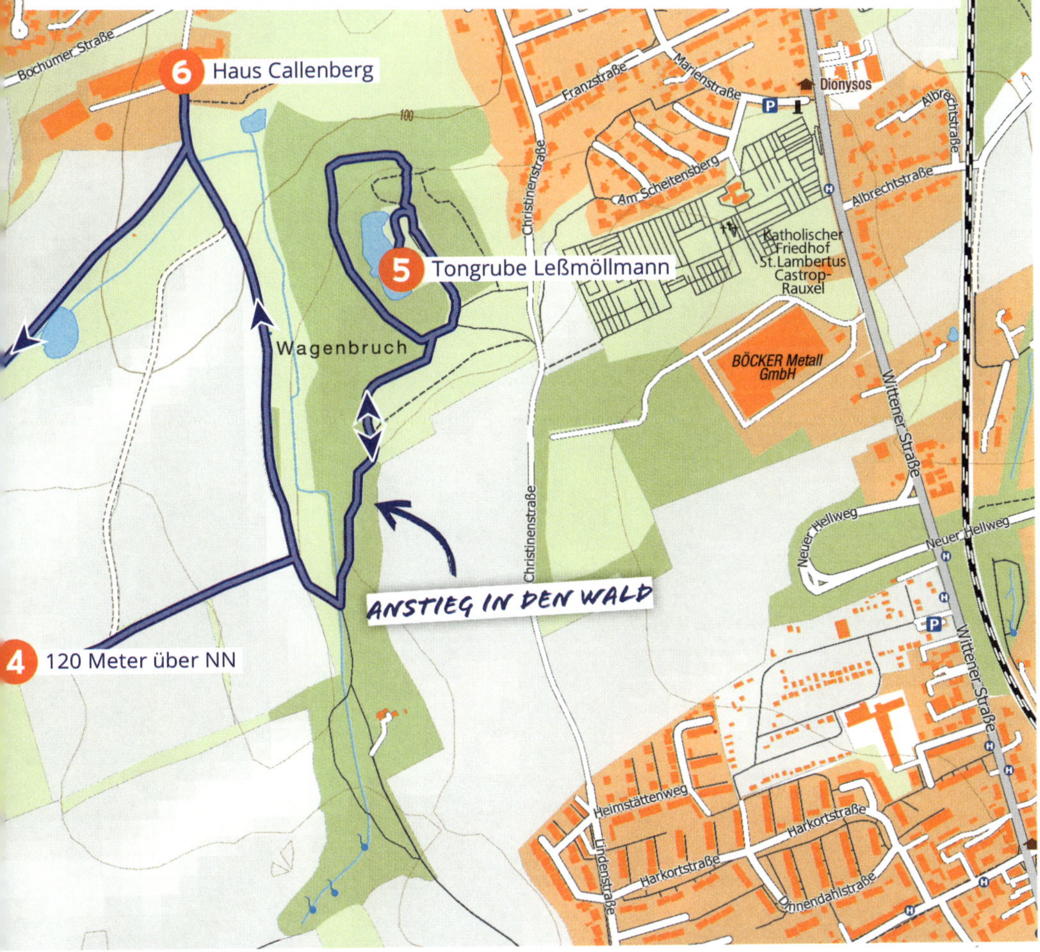

6 Haus Callenberg

5 Tongrube Leßmöllmann

Wagenbruch

ANSTIEG IN DEN WALD

4 120 Meter über NN

Bochumer Straße
Franzstraße
Marienstraße
Dionysos
Christinenstraße
Am Scheitensberg
Albrechtstraße
Katholischer Friedhof St. Lambertus Castrop-Rauxel
BÖCKER Metall GmbH
Wittener Straße
Neuer Hellweg
Heimstättenweg
Harkortstraße
Lindenstraße
Dinnendahlstraße
Landwehrbach

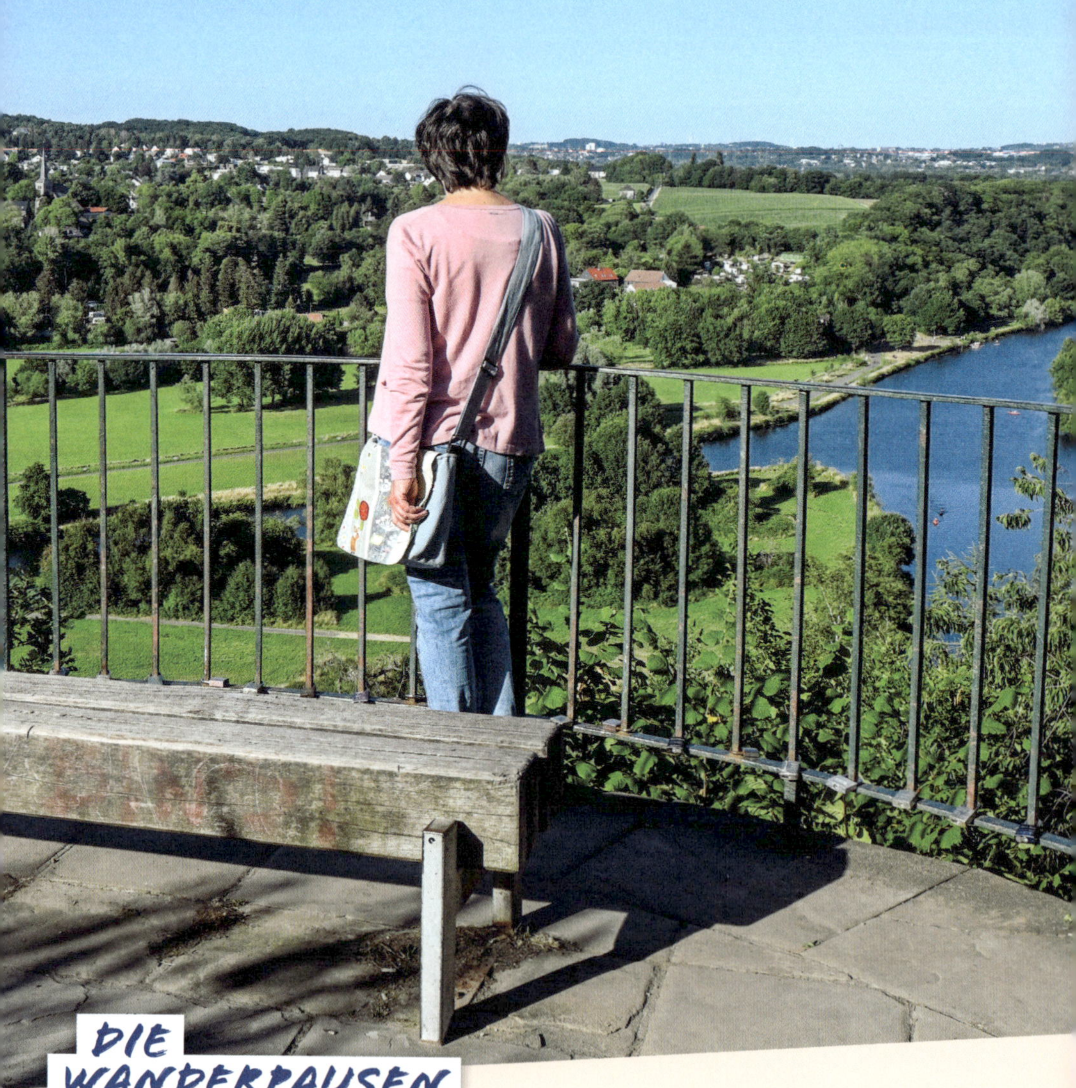

DIE WANDERPAUSEN

»START

Haltestelle Haus Kemnade

KM 1,1

1 Wanderpfad

Waldige Ruhr-augenblicke

KM 2

2 Pommeskurve

Legendäre Kalorientanke

KM 3,2

3 Burg Blankenstein

Vom Turmaufstieg zum Waffelschmaus

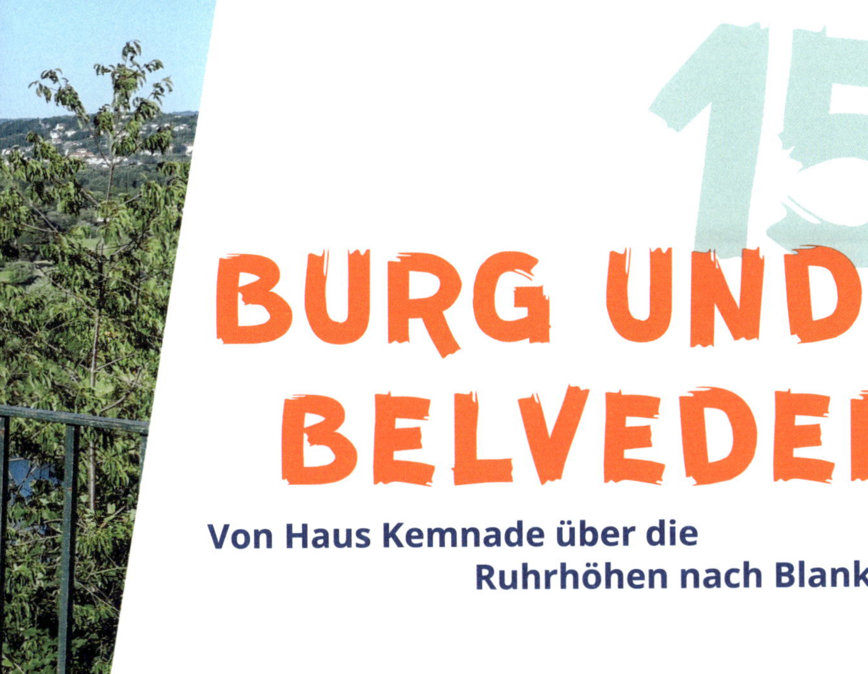

15 BURG UND BELVEDERE

Von Haus Kemnade über die Ruhrhöhen nach Blankenstein

Mit Waldfeeling, Wadenbrennen und Weitblick ist die Burg erreicht, bevor das Belvedere alle gesammelten Panoramen in den Schatten stellt. Auf dem Rückweg durch die beackerte Flur hat die liebe Seele sich ein Durchatmen verdient.

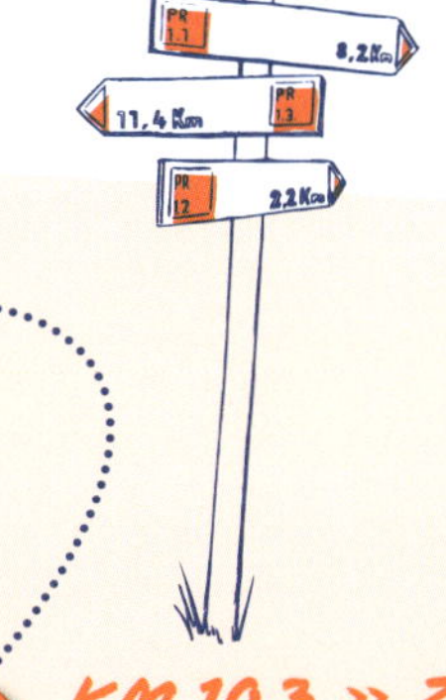

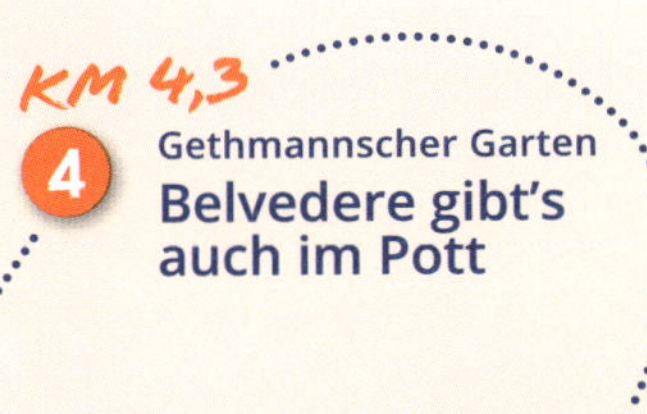

KM 4,3

4 Gethmannscher Garten

Belvedere gibt's auch im Pott

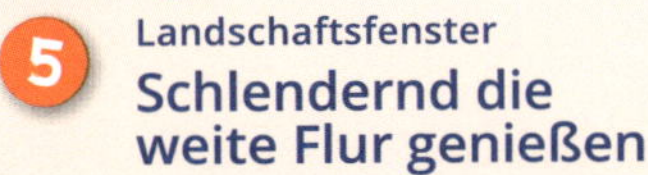

KM 5,7

5 Landschaftsfenster

Schlendernd die weite Flur genießen

KM 10,3 » ZIEL

Haltestelle Haus Kemnade

Über blancken Steyn

Ein wenig Anschwitzen und schon entschädigen imposante Ruhrtal-Panoramen für den Aufstieg. Im Sommer unter Schatten spendendem Blätterdach, im Winter mit uneingeschränkter Durchsicht. Gutes Schuhwerk ist für die teils steinigen oder wurzeligen **Wanderpfade** und die sportlichen Höhenmeter ein Muss. Puuhh, erste Rast gefällig? Dann nix wie hin zur kultigen **Pommeskurve.**

Das nächste Objekt der Begierde: die **Burg Blankenstein.** Sie will entlang des Höhenweges regelrecht erklommen werden. Auf »blanckem Steyn«, also nacktem Gestein wurde das Gemäuer im 13. Jahrhundert oberhalb der Ruhr errichtet, ihre Namensgebung ist also kein Zufall. Heute sind von der Ruine noch das Burgtor, der Wehrturm sowie Teile des Marstalls erhalten, die heutige Burg wurde erst später im historisierenden Stil ergänzt. In den Sommermonaten ist der Aufgang zum Turm geöffnet und das Panorama über die Fachwerk-Baudenkmäler auf das Ruhrtal lohnt die Mühe. Wer hier im Örtchen lebt, lebt irgendwie in einer völlig anderen Epoche, so scheint es, und zwar nicht nur von oben.

KÖSTLICH: WENN MAN SICH NACH DER TURMBESTEIGUNG EINE HEISSE WAFFEL AUF DER BURGTERRASSE SPENDIERT

Bergab und wieder rauf zum **Gethmannschen Garten,** einem großzügigen Park-Kleinod, von dem nur die wenigsten Ruhrpottler je gehört haben. Die Romantik hatte den Kommerzienrat Carl Friedrich Gethmann eingenommen und so ließ er bis 1808 einen Landschaftsgarten mit völlig natürlichem, aber gebändigtem und veredeltem Charakter entstehen. Das fast noch originalgetreue Belvedere-Aussichtsplateau ist nicht ganz leicht zu finden.

Noch eine Prise Vergangenheit in den Fachwerkgassen geschnuppert, dann sorgt ein anderes **Landschaftsfenster** für einen Blick- und Stimmungswechsel. Leicht und weit und ruhig und geerdet muten die bestellten Felder an. Zeit zum Verschnaufen. Vor dem »Zieleinlauf« über den sportlichen Anstieg der ersten Etappe wieder hinab, werden die Waden über die bewaldete Anhöhe Katzenstein allerdings noch einmal etwas heiß. Unten angekommen steht einem gemütlichen Ausklang des Wandertags um Haus Kemnade nichts mehr im Wege.

«

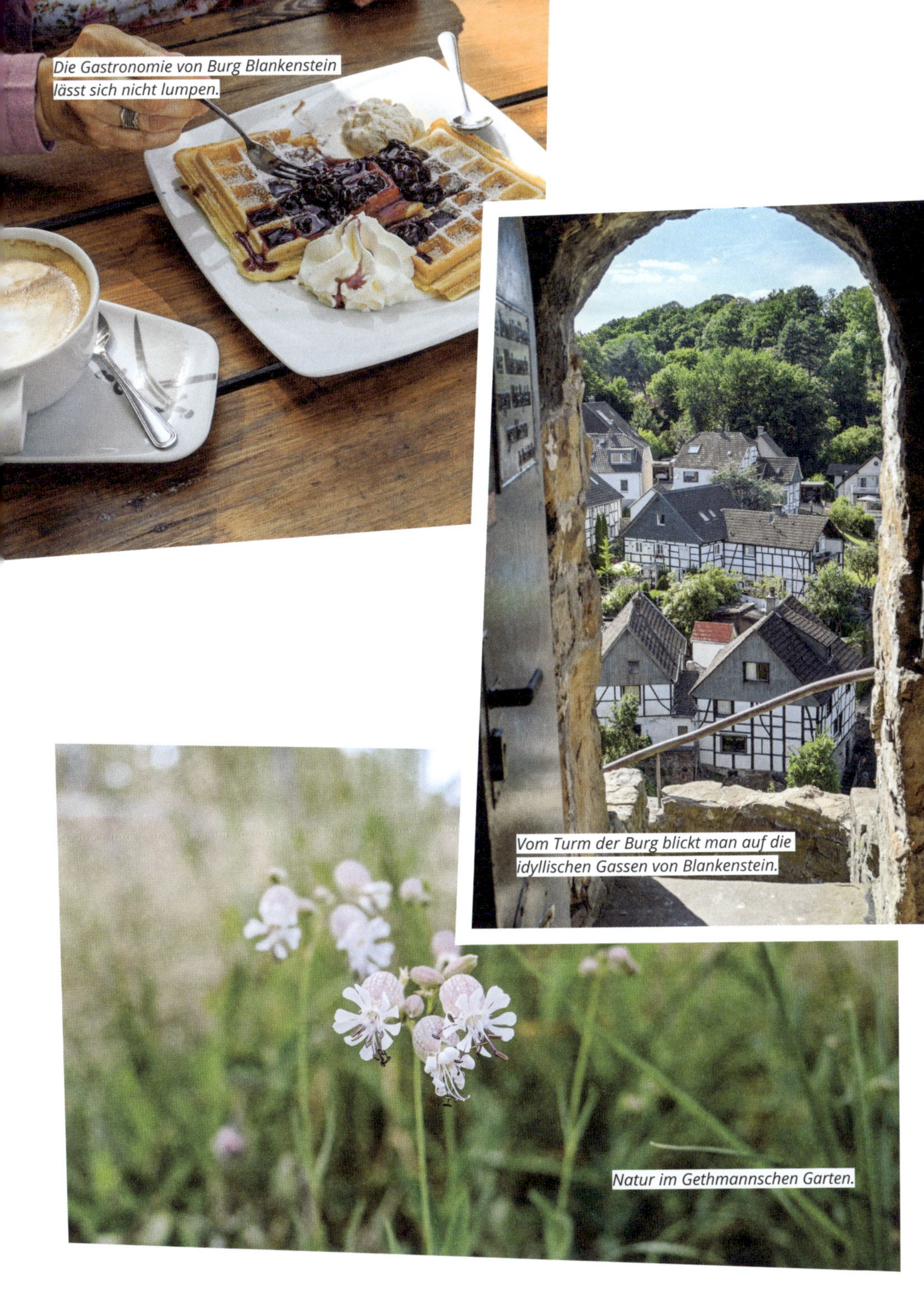

Die Gastronomie von Burg Blankenstein lässt sich nicht lumpen.

Vom Turm der Burg blickt man auf die idyllischen Gassen von Blankenstein.

Natur im Gethmannschen Garten.

WANDERN & GENIESSEN

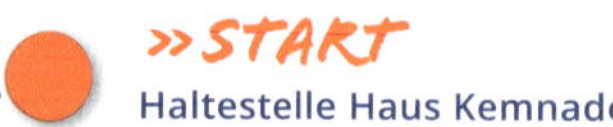

Haltestelle Haus Kemnade

Von der Bushaltestelle oder dem Parkplatz nebenan links, über die Ampelkreuzung Wittener Straße, auf der anderen Straßenseite beginnt Im Katzenstein der Aufstieg.

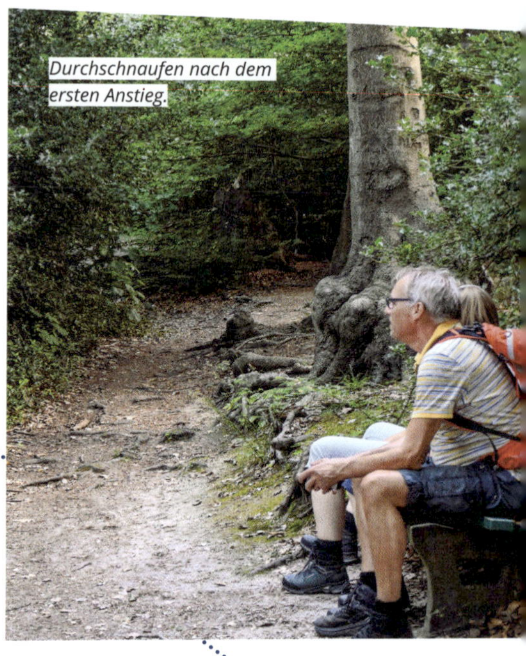
Durchschnaufen nach dem ersten Anstieg.

KM 1,1

1 Wanderpfad

Waldige Ruhraugenblicke

Die ersten Höhenmeter treiben direkt den Blutdruck in die Höhe. Jetzt nur den Einstieg rechts auf den Kurs Drei Burgen und A2 nicht verpassen. Immer am waldigen Berghang entlang, rauf und runter, kann man sich kaum entscheiden, welcher Durchblick über die Ruhrauen mit dem Naturschutzgebiet Alte Ruhr-Katzenstein offener und schöner ist. Je nach Jahreszeit gibt das Blätterdach den Blick mehr oder weniger frei. Entsprechend fällt die Wahl auf die finale Bank oder den finalen Baumstamm, auf der bzw. dem man seinen Blick besonders weit schweifen lassen kann.

Weiter geht's auf dem unbefestigten Waldweg, der bei Nässe Trittfestigkeit erfordert, immer rechts am Berghang entlang. Vor der Wittener Straße links ab.

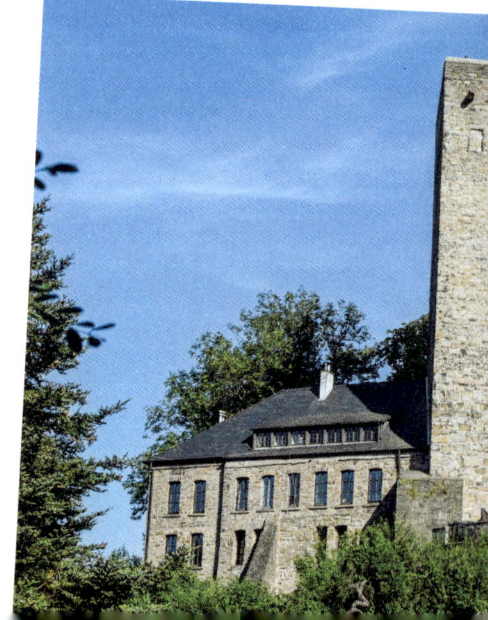

KM 2

2 **Pommeskurve**

Legendäre Kalorientanke

Gefühlt seit hundert Jahren DER Klassiker in dieser Gegend. Pommes, Schaschlik, Currywurst, Schnitzel ... minimalistische Karte aber mega lecker. Wer mag, bestellt gleich eine Doppelportion. Hier wird mit Freude gebrutzelt, und nicht nur Stammkunden kommen schnell ins Gespräch. Pommes auffe Hand für im Stehen, zum Sitzen überdacht. Lecker dunkle Soße, frische Zwiebeln und knusprige Fritten! Tradition verpflichtet, auch zum ehrlichen Preis. Wer mehr Komfort wünscht: Gleich nebenan hat das Restaurant Pilgrimshöhe reichlich Burger- und Schnitzelvariationen im Angebot (www.pilgrimshoehe.de).

Vorsicht beim Überqueren der Wittener Straße zum Wanderpfad A2 mit Steinstufenabschnitt. Kaum ist der kleine Ort Blankenstein erreicht, immer schön rechts halten, dann kann man beim Aufstieg durch die Fachwerkgassen das Burgtor nicht verfehlen.

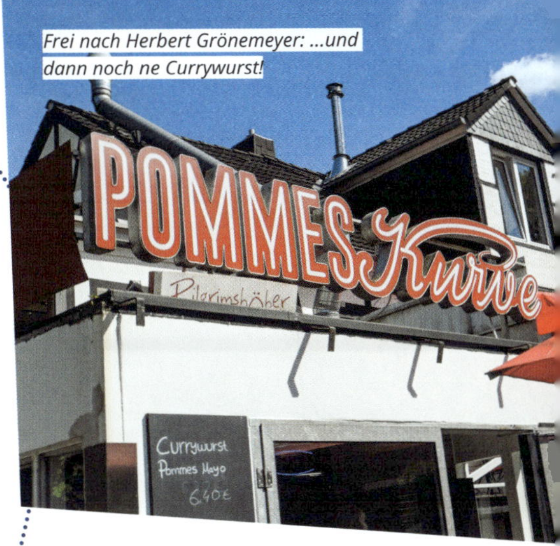

Frei nach Herbert Grönemeyer: ...und dann noch ne Currywurst!

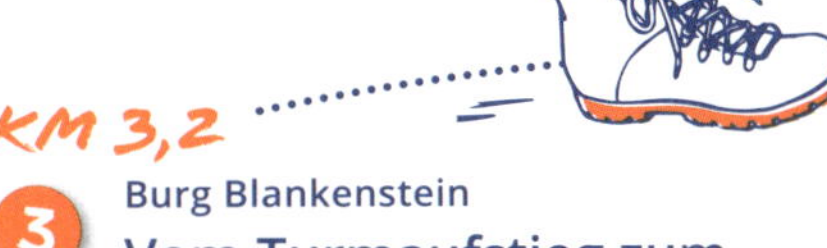

KM 3,2

3 **Burg Blankenstein**

Vom Turmaufstieg zum Waffelschmaus

Schon im 17. Jahrhundert war die Burg eine Ruine. Mit dem Ruhrsandstein der nicht mehr benötigten Wehranlage wurde kurzerhand das nach einem Brand zerstörte Haus Kemnade renoviert. Nur Burgtor, Wehrturm und Teile des Marstalls sind noch echt und bieten der jüngeren Gastronomie ein historisches Ambiente, gern genutzt für Hochzeitsfeiern. Im Biergarten zünftig zugreifen oder Indoor der gehobenen Kost frönen – jeder wie er mag. Auf keinen Fall sollte man den Turmaufstieg zum Blick auf die idyllischen Gassen und zur Weitsicht versäumen (www.burgblankenstein.de).

Vom Burgtor rechts um die Kirche durch die Freiheit. Hinter dem Pfad an der Gabelung schräg links nach oben Richtung Gethmannscher Garten. Scharf links ist über den schneckenförmigen Pfad der Aussichtspunkt Friedrichsberg erreicht.

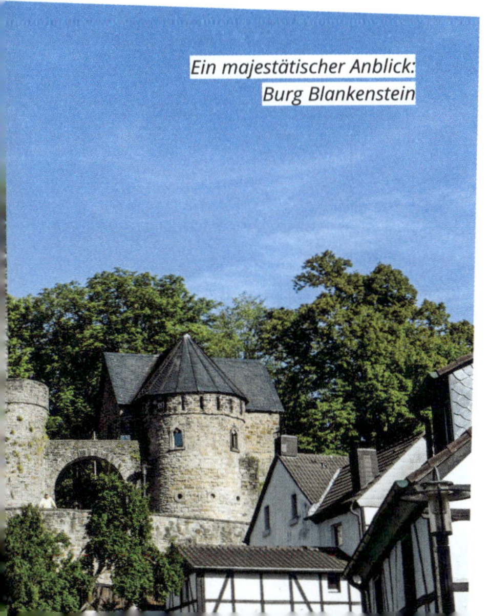

Ein majestätischer Anblick: Burg Blankenstein

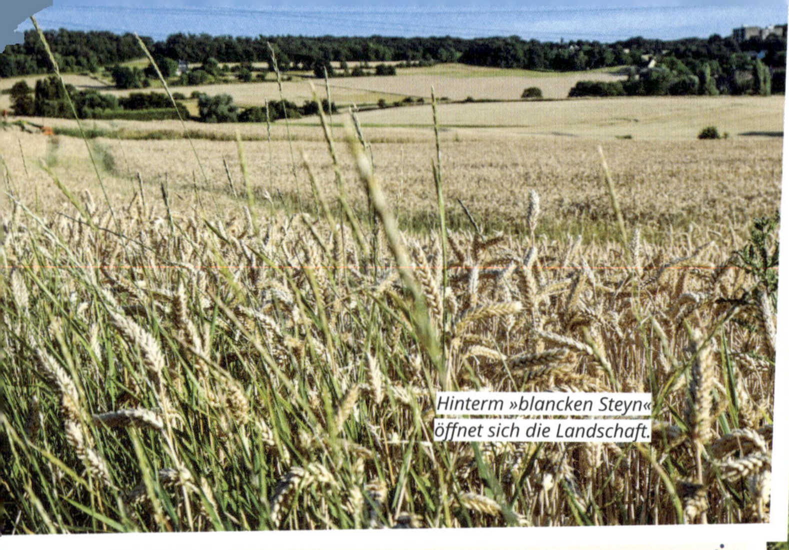

Hinterm »blancken Steyn« öffnet sich die Landschaft.

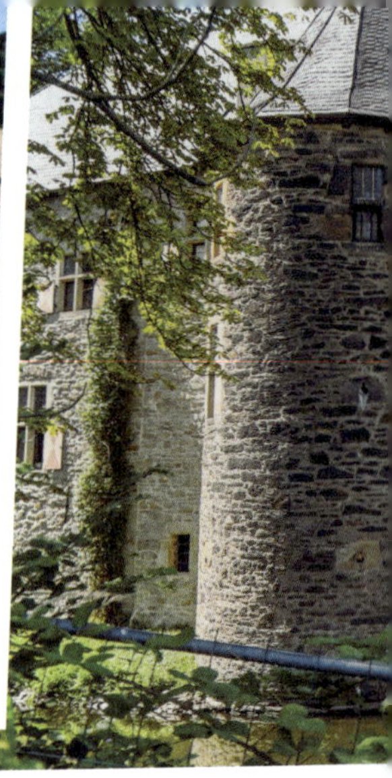

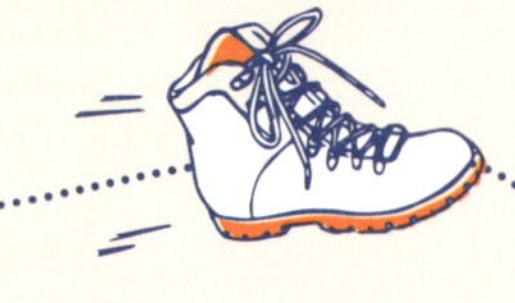

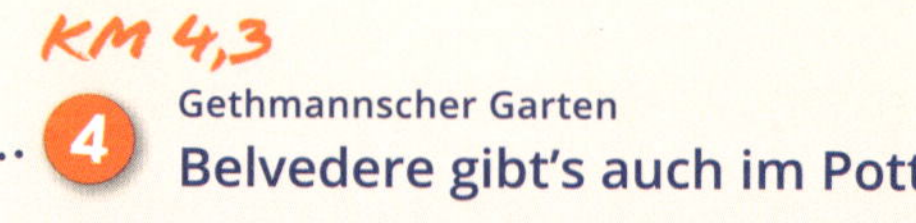

KM 4,3

4 Gethmannscher Garten

Belvedere gibt's auch im Pott

Der vor über 200 Jahren angelegte Garten gehörte zu den der ersten öffentlichen Parkanlagen Deutschlands und versprüht bis heute einen unwiderstehlichen Charme. Ursprüngliche Sicht- und Wegeachsen sind heute kaum mehr zu erkennen. Doch als Projekt der Internationalen Gartenausstellung 2027 wird nun Hand angelegt, um die historischen Besonderheiten wieder hervorzuheben. Klassische Blumenbeete sucht man hier vergebens. Finden sollte man allerdings das etwas versteckt gelegene **Belvedere am Ruhrhang,** auch Hippentempel genannt. Bei so viel Fernblick fällt es schwer, sich zum Weiterwandern aufzuraffen.

Nach Umrundung des Gartens im Uhrzeigersinn führt der Weg durchs Stadtmuseum und links um die Kirche herum. Die kleine Gasse Burgstraße führt am Wanderparkplatz recht auf A2, links auf Wittener Straße, direkt hinterm mongolischen Grill rechts, an der Sprockhöveler Straße links, dann rechts abbiegen in Auf Drenhausen (weiter A2).

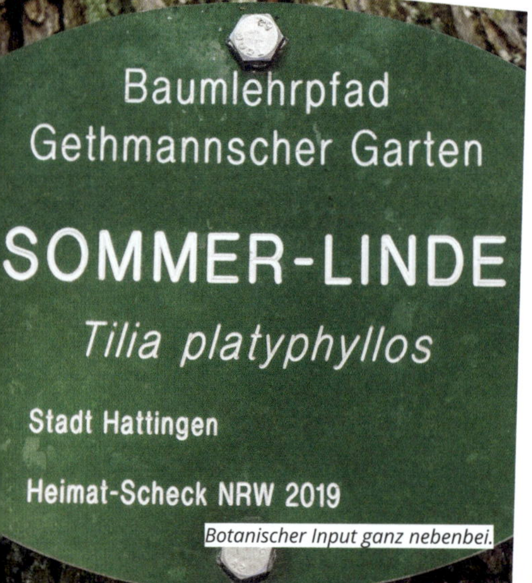

Botanischer Input ganz nebenbei.

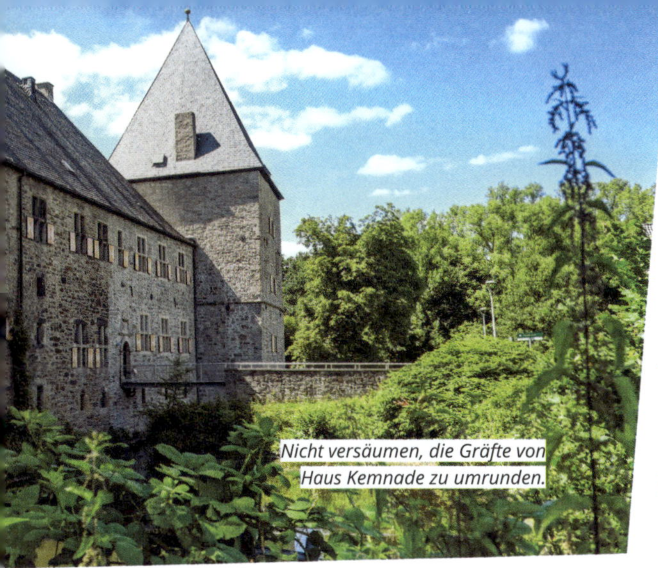

Nicht versäumen, die Gräfte von Haus Kemnade zu umrunden.

IM BURGHOF GIBT'S EIN TOLLES RESTAURANT

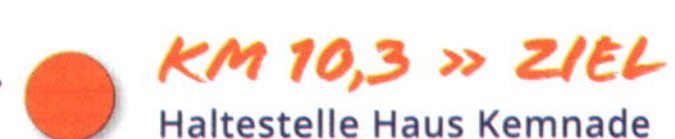

KM 10,3 » ZIEL

Haltestelle Haus Kemnade

KM 5,7

Landschaftsfenster

Schlendernd die weite Flur genießen

Nach dem Abzweig von der schmucken Sprockhöveler Straße rechts in die Feldmark öffnet sich die Landschaft unerwartet weit. Blick und Schritt links gerichtet heißt es erst einmal durchatmen. Langsam, die Aussicht genießend, hier und da mit vierbeinigen Begleitern, schlendert es sich entspannt durch die bestellten Felder. Roggen, Weizen, Gerste? Wie auch immer, die welligen Äcker strahlen wie die Hofstellen irgendwie eine vertraute Verlässlichkeit aus.

Geradeaus, zwischen Acker und Wald, den Abzweig links in den Wald nicht verpassen. Erst hinter der Straße aus dem Waldweg geht's links auf A2 weiter. Ab Röhrkenweg führt A1 links über die Ruhrhöhen zurück zur Bushaltestelle und zum Parkplatz am Haus Kemnade.

EXTRA INFOS:

Das heutige Wasserschloss ● **Haus Kemnade** wurde nach einem Feuer im 17. Jahrhundert aus Steinen der Burg Blankenstein neu errichtet. Der lateinische Name *caminata* lieferte den Hinweis darauf, dass mindestens ein Kamin vorhanden war. Die Verköstigung im Restaurant ist köstlich – ob im Burghof, im Mittelgewölbe oder im Kaminzimmer (www.haus-kemnade.de). In der Burg hat zudem die **Musikinstrumentensammlung Grumbt** mit so einigen skurril klingenden Objekten – insgesamt 1800 Exponate – ihren festen Platz, inklusive einer Klarinettensammlung mit über 55 Instrumenten aus der Zeit von 1800 bis in die Mitte des 20. Jahrhunderts. Den lauschigen Weg rechts um die Gräfte auf die Rückseite der Burg sollte man ebenso wenig versäumen, wie einen Blick ins ● **Bienen- und Bauernhausmuseum** (www.fv-hauskemnade.de).

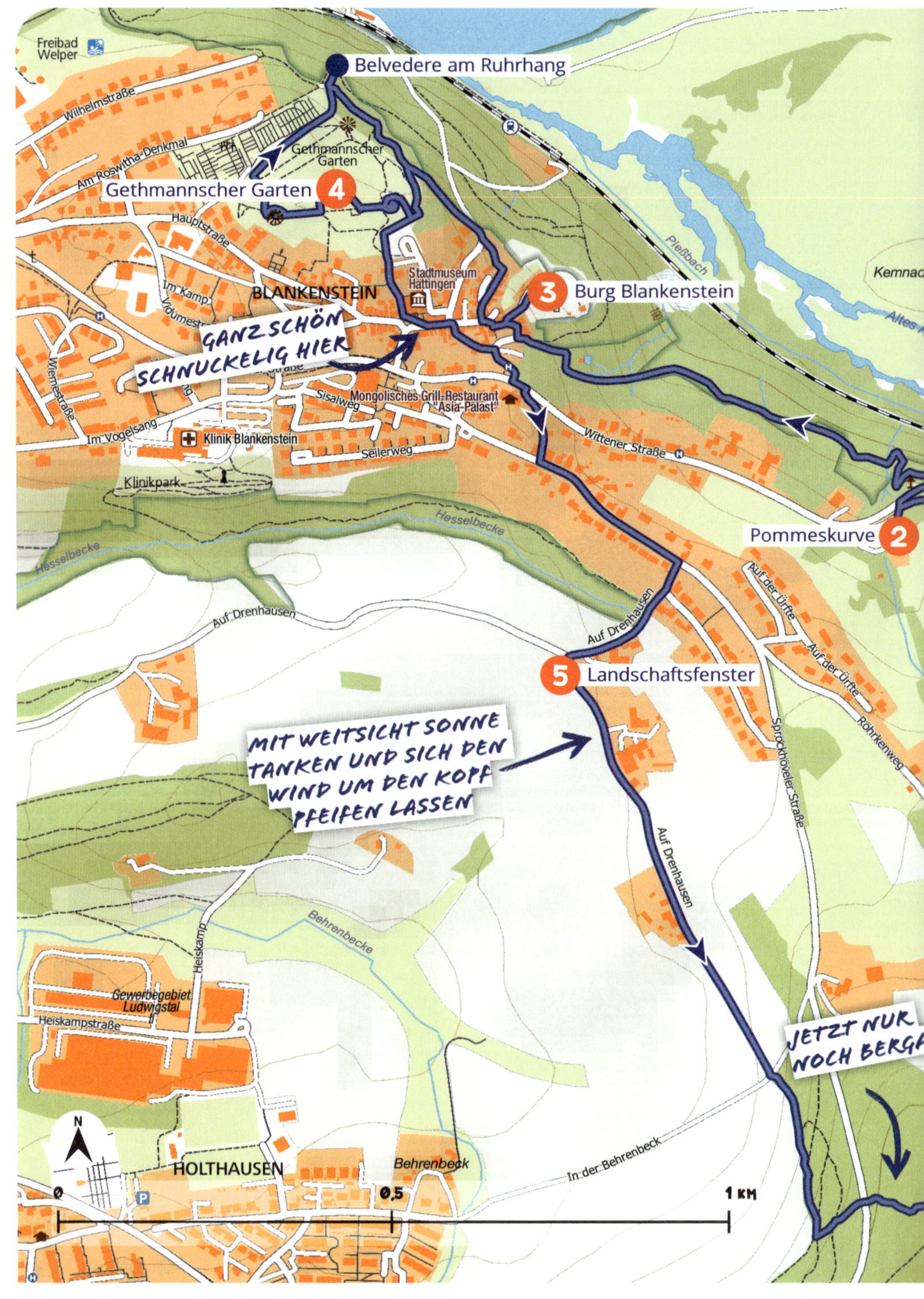
Freibad Welper
Belvedere am Ruhrhang
Gethmannscher Garten
4 Gethmannscher Garten
3 Burg Blankenstein
Stadtmuseum Hattingen
BLANKENSTEIN
GANZ SCHÖN SCHNUCKELIG HIER
Mongolisches Grill-Restaurant "Asia-Palast"
Klinik Blankenstein
Klinikpark
Wittener Straße
Pommeskurve 2
Hesselbecke
Auf Drenhausen
5 Landschaftsfenster
MIT WEITSICHT SONNE TANKEN UND SICH DEN WIND UM DEN KOPF PFEIFEN LASSEN
Auf der Ürfte
Röhrkenweg
Sprockhöveler Straße
Behrenbecke
Heiskamp
Gewerbegebiet Ludwigstal
Heiskampstraße
JETZT NUR NOCH BERGA
HOLTHAUSEN
Behrenbeck
In der Behrenbeck
0
0,5
1 KM
Wilhelmstraße
Am Roswitha-Denkmal
Hauptstraße
Im Kamp
Sisalweg
Seilerweg
Im Vogelsang
Wiemestraße
Pleßbach
Kemnad
Altes

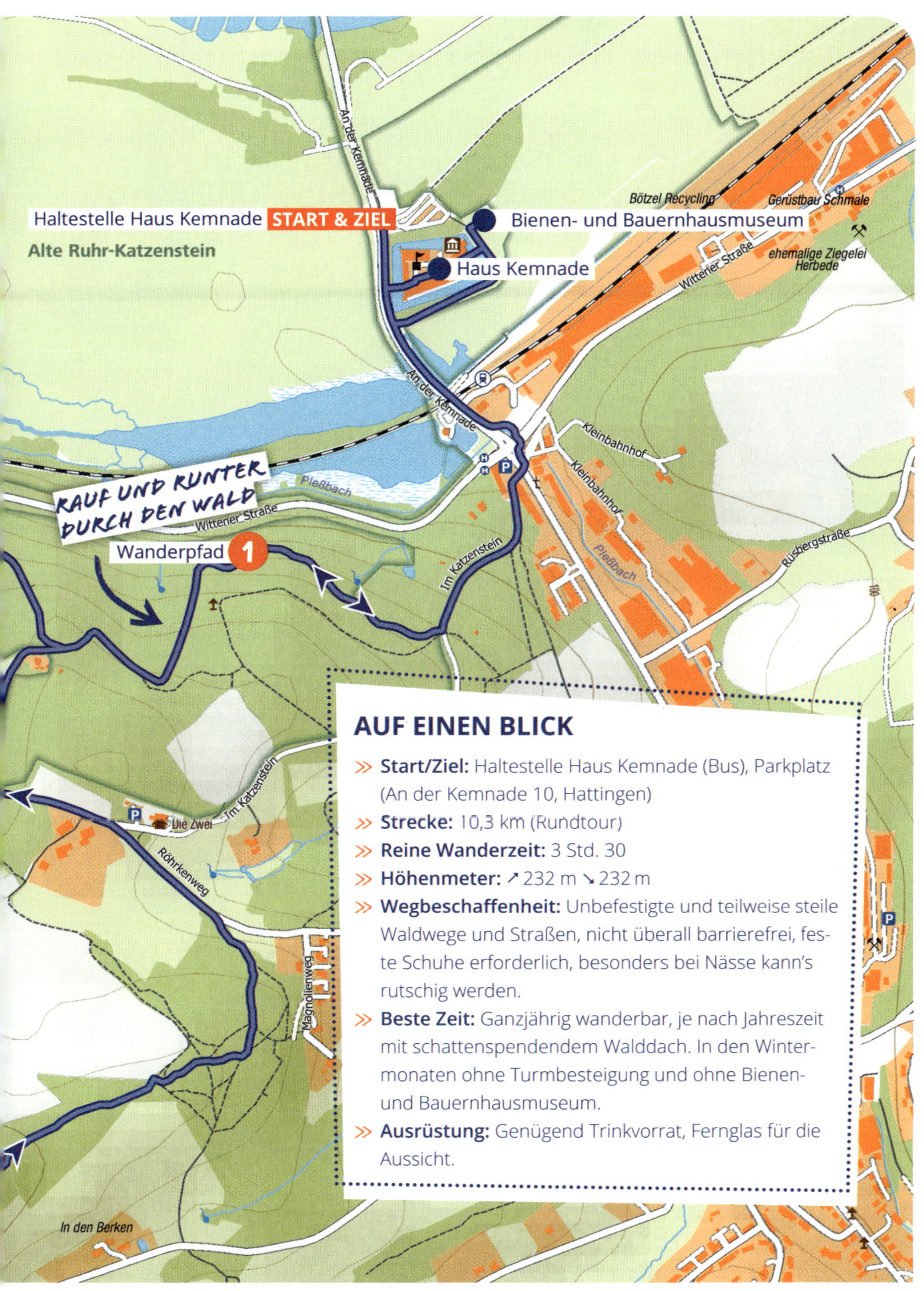

AUF EINEN BLICK

- » **Start/Ziel:** Haltestelle Haus Kemnade (Bus), Parkplatz (An der Kemnade 10, Hattingen)
- » **Strecke:** 10,3 km (Rundtour)
- » **Reine Wanderzeit:** 3 Std. 30
- » **Höhenmeter:** ↗ 232 m ↘ 232 m
- » **Wegbeschaffenheit:** Unbefestigte und teilweise steile Waldwege und Straßen, nicht überall barrierefrei, feste Schuhe erforderlich, besonders bei Nässe kann's rutschig werden.
- » **Beste Zeit:** Ganzjährig wanderbar, je nach Jahreszeit mit schattenspendendem Walddach. In den Wintermonaten ohne Turmbesteigung und ohne Bienen- und Bauernhausmuseum.
- » **Ausrüstung:** Genügend Trinkvorrat, Fernglas für die Aussicht.

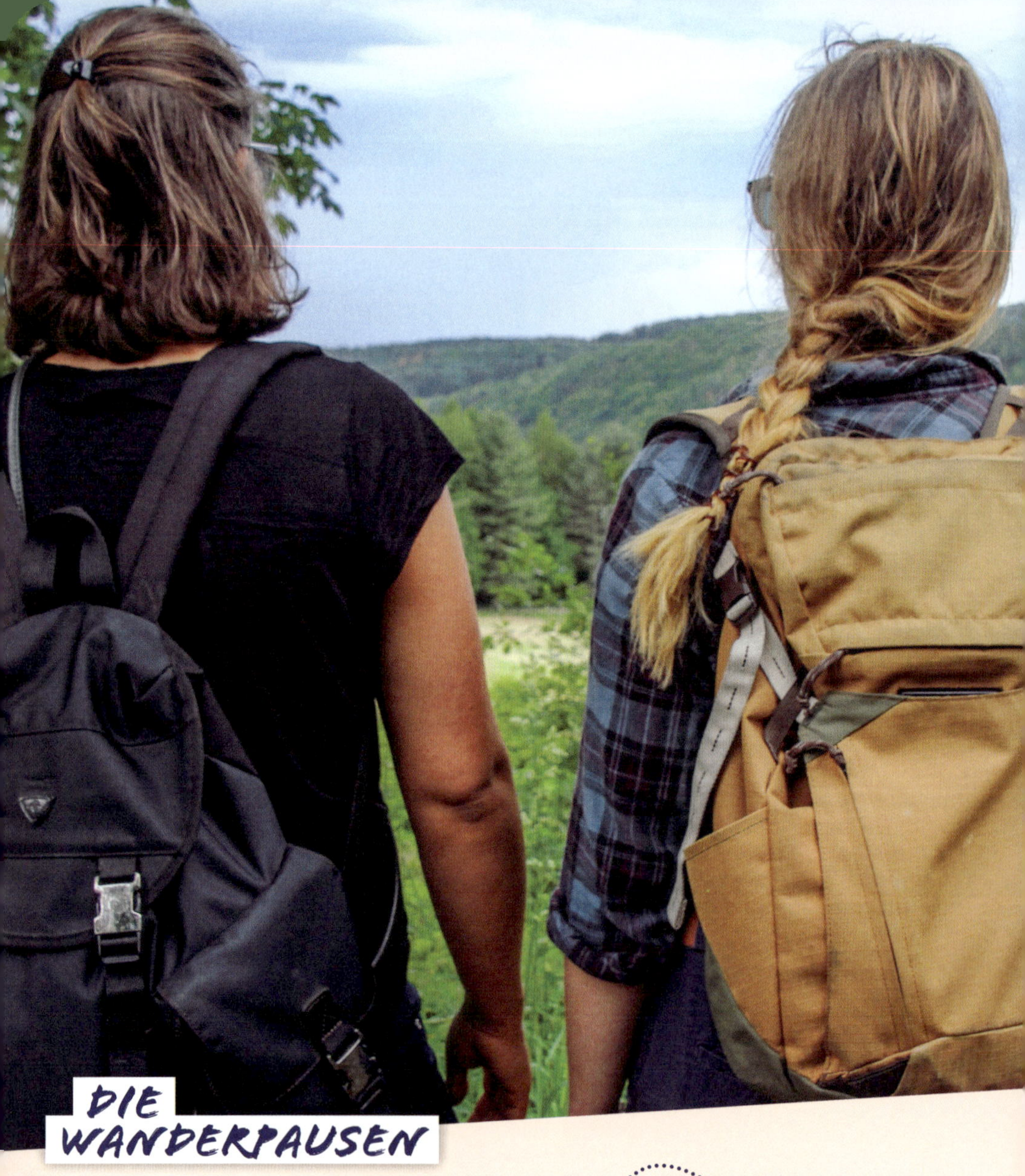

DIE WANDERPAUSEN

» START

Wanderparkplatz Kauerhof

KM 1

1 Windrad-Weide

Erneuerbare Energie trifft Wiederkäuer

KM 1,8

2 Schutzhütte mit Bänken

Hier findet die ganze Familie Platz

KM 7,4

3 Rote Bank

Es grünt so grün: Mehr Entschleunigung geht nicht

16

AUS-BLICKE ZUM VERLIEBEN

Im Hügelland der Elfringhauser Schweiz

Dicht bewaldete Hügel, plätschernde Bäche, hier und da ein Bauernhof und ansonsten Ruhe. Sehr viel Ruhe. Die Mühe der teilweise steilen Anstiege wird mit herrlichsten Ausblicken in eine malerische Landschaft belohnt. Da kommt echtes Wanderfeeling auf.

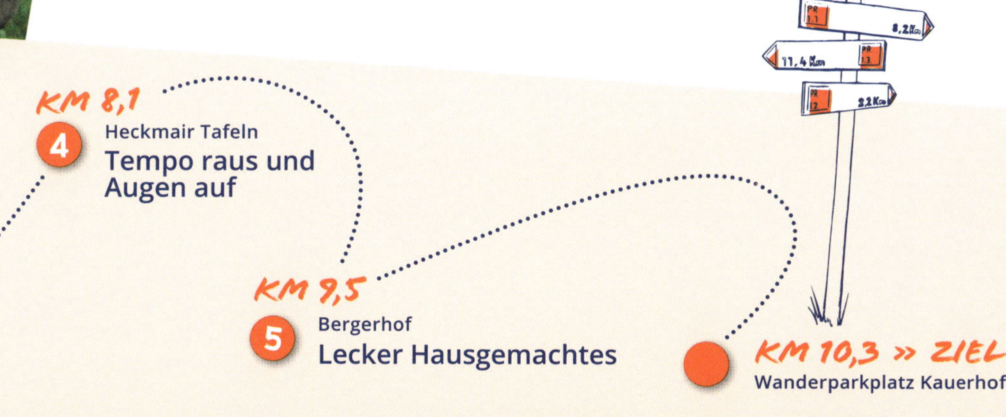

ERST SCHWITZEN, DANN SICHTEN …

Ein wenig Kondition und wandertaugliches Schuhwerk sind in der Elfringhauser Schweiz absolut hilfreiche Begleiter. Obwohl die Wege überwiegend gut befestigt sind, erfordern kleine, gewagte Ausfallschritte zum vielleicht ultimativen Aussichtspunkt Trittfestigkeit, zum Beispiel an der **Windrad-Weide.** Beinahe wie ein Panoramaweg schlängelt sich die Tour zunächst durch dichten Laub- und auch Mischwald. Entsprechend vielfältig ist ganz nebenbei das Schnuppererlebnis, besonders zur Pilzzeit nahe einer **Schutzhütte.** Und von denen gibt es hier reichlich. Wenn man nur wüsste, wo Steinpilz und Co. zu Hause sind?

FOTOGEN: WENN SONNENSTRAHLEN DURCH KLITZEKLEINE LÜCKEN IM BLATTWERK EINZELNE BÄUME BIS INS WURZELWERK BELEUCHTEN

Immer wieder findet man Fenster im Geäst in Richtung Auen und Wiesenflächen. Nur nicht stolpern über hie und da anstehenden Stein, der seinen Ursprung in den Ausläufern des Rheinischen Schiefergebirges nicht verleugnen kann. Kurze Abschnitte werden von kahlen oder frisch aufgeforsteten Hängen begleitet. Hier hat der Borkenkäfer ganze Arbeit geleistet. An anderer Stelle stimmen angelegte Tannenschonungen ganzjährig auf Weihnachten ein.

Aufstiege aus tief eingeschnittenen Tälern treiben den Puls ordentlich in die Höhe. Aber auch das Innehalten an kleinen Bächen oder am Zaun einer Pferdewiese, lässt das Herz höher schlagen – nur eben anders. Doppelt glücklich ist der, der in Ruhe seine Marschverpflegung auf einer der vielen exponierten **roten Bänke** genießen kann. Nur nicht hetzen bis zur Rast auf dem **Bergerhof** am Ende der Tour.

Einen kurzen Abschnitt des Weges begleitet Alpenbezwinger **Anderl Heckmair** den Spazierweg. Verschiedene **Tafeln** erzählen unterwegs vor allem von seiner inspirierenden Lebenseinstellung als Botschafter der Natur.

Auf der Zielgeraden über die Hühnerwiese ist ein wenig Konzentration gefragt. Nicht vergessen, die Wildgatter wieder zu schließen! «

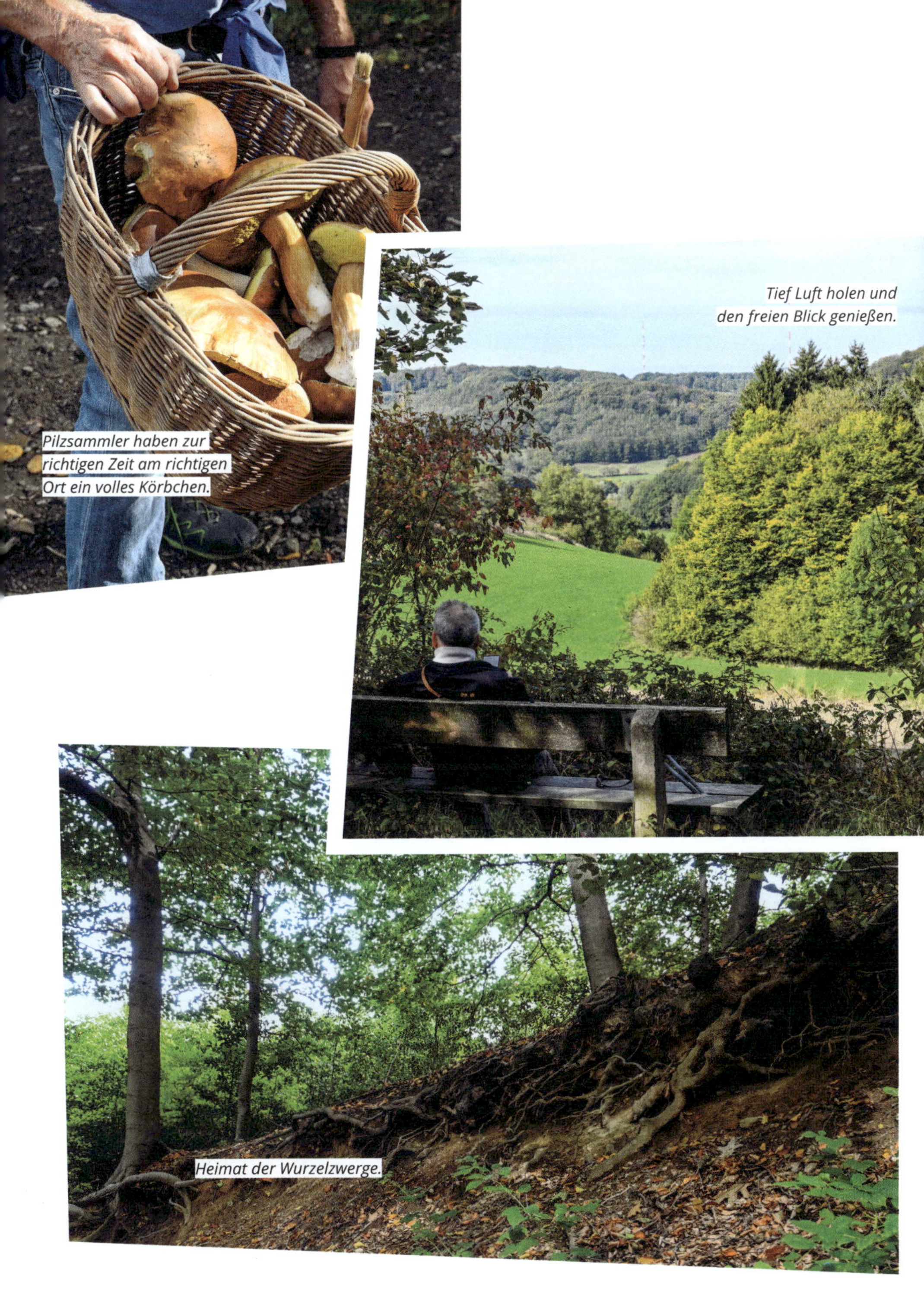

Pilzsammler haben zur richtigen Zeit am richtigen Ort ein volles Körbchen.

Tief Luft holen und den freien Blick genießen.

Heimat der Wurzelzwerge.

WANDERN & GENIESSEN

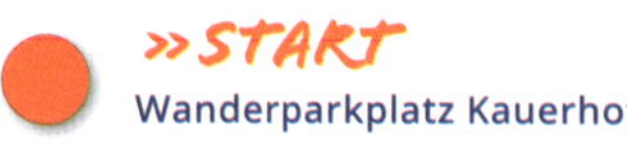

»START

Wanderparkplatz Kauerhof

Vom Parkplatz an der Oberstüterstraße aus 200 Meter aus dem Ort hinaus, dann links in den Waldweg einbiegen. Der immer schmaler werdende Weg mündet auf den breiten Wanderweg, dem nach links folgen.

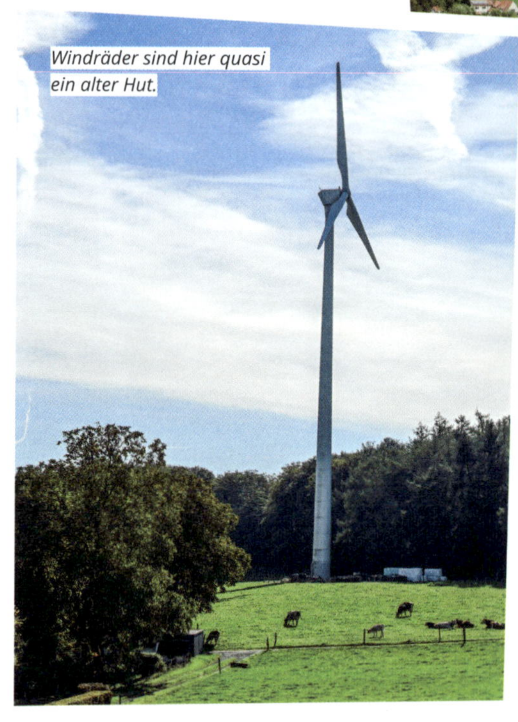

Windräder sind hier quasi ein alter Hut.

KM 1

1

Windrad-Weide

Erneuerbare Energie trifft Wiederkäuer

Bevor der Wanderweg X28 rechts in den Wald abbiegt, gibt die Wegekreuzung links den Blick frei auf ein Windrad. Im Hügelland Elfringhausen ist die erneuerbare Energie schon lange zu Hause. In offiziell ausgewiesenen Windenergie-Vorrangzonen sollen auch zukünftig noch weitere hoch in den Himmel aufragende Rotoren aufgestellt werden. Am Standort Bergerweg mischen sich Zukunftstechnologie und traditionelle Landwirtschaft zum Inbegriff von Nachhaltigkeit. Beim Beobachten wiederkäuender Kühe auf der Weide lassen sich mit dem rund 100 Meter aufragenden Windfänger im Hintergrund wärmende Sonnenstrahlen einfangen. Hier auf einem Baumstamm sitzend lässt man den Gedanken freien Lauf.

Gegenüber in X28 abbiegen, dann links dem Weg an der Quelle vorbei folgen.

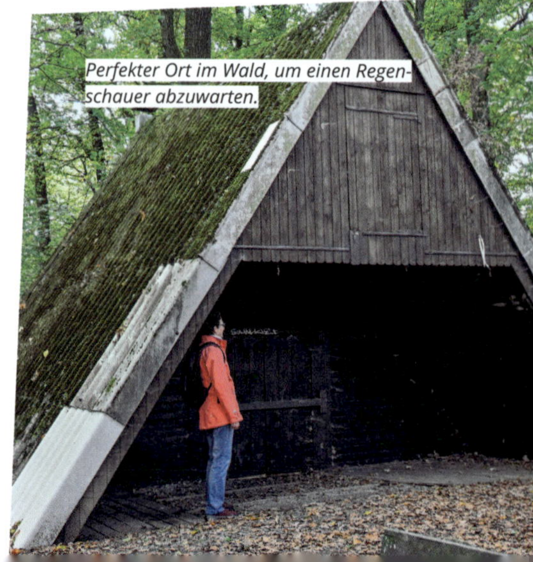

Perfekter Ort im Wald, um einen Regenschauer abzuwarten.

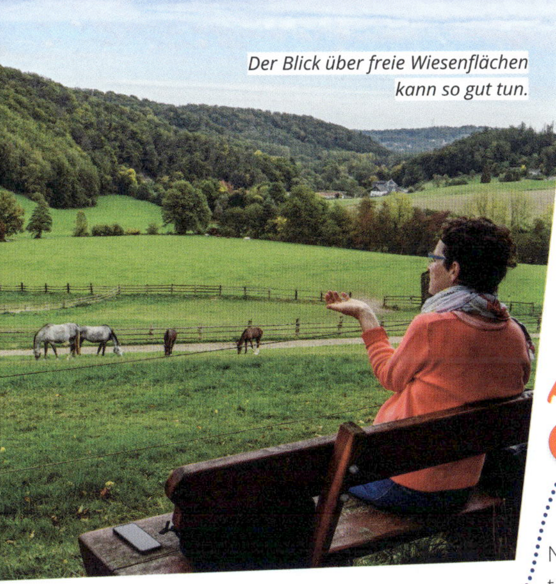

Der Blick über freie Wiesenflächen kann so gut tun.

WIE IM BILDERBUCH

KM 1,8

2

Schutzhütte mit Bänken

Hier findet die ganze Familie Platz

Vorbei an märchenhaftem Wurzelwerk unter mächtigen Buchen ist bergab bald eine Nurdach-Hütte erreicht. Gut zu wissen, falls sich gerade hier der Himmel auftut. Und gut zu wissen, wenn die Füße eine kurze Pause brauchen oder der Magen knurrt. Sogar für eine Wandergruppe sind ausreichend Sitzplätze vorhanden. Noch ein Stückchen weiter unten hat man von zwei Bänken aus – was wohl? – eine tolle Sicht ins Felderbachtal. Im Herbst liegt rings um das Hüttenareal ein besonderer Duft in der Luft. Womöglich sind hier die geheimen Stellen, an denen man genießbare Pilze finden kann.

Zunächst links weiter auf A2, an Hang und Felderbach. An der spitzwinkeligen Gabelung halb links halten und A2 verlassen, am Teich wieder links. Am Ende noch mal links, nun der Beschilderung A5 folgen. Wie ein Panoramaweg, bergauf und bergab.

KM 7,4

3

Rote Bank

Es grünt so grün: Mehr Entschleunigung geht nicht

Nicht zu verfehlen sind die ins Tal ausgerichteten roten Bänke. Perfekt, um sich nach etlichen Höhenmetern entspannt niederzulassen. Einen Moment innehalten, tief Luft holen, genießen. Die weiten Wiesenflächen, anheimelnde Häuser und auf den Hangweiden grasende Pferde strahlen uneingeschränkte Harmonie aus. Hier kann man selbst spüren, dass Grün erholsam wirkt und Körper mit Geist in Einklang bringt. Oder: Mehr Wohlfühlatmosphäre ist kaum möglich. Wer hätte das gedacht, nur einen Katzensprung von der Metropolregion Ruhr so viel Ruhe und Natur zu erleben.

Rechts, links immer auf A5 bleiben, vorbei an der Tannenbaumschule.

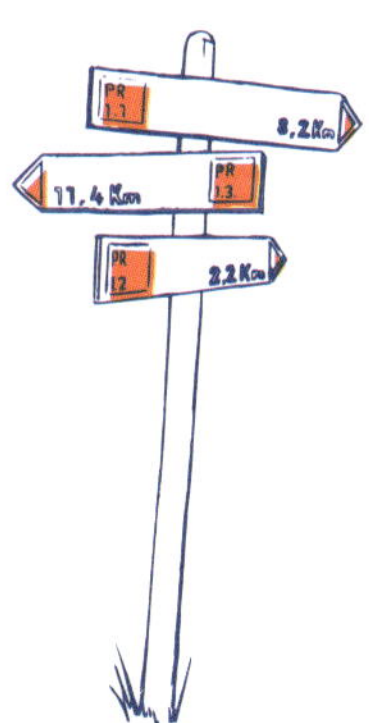

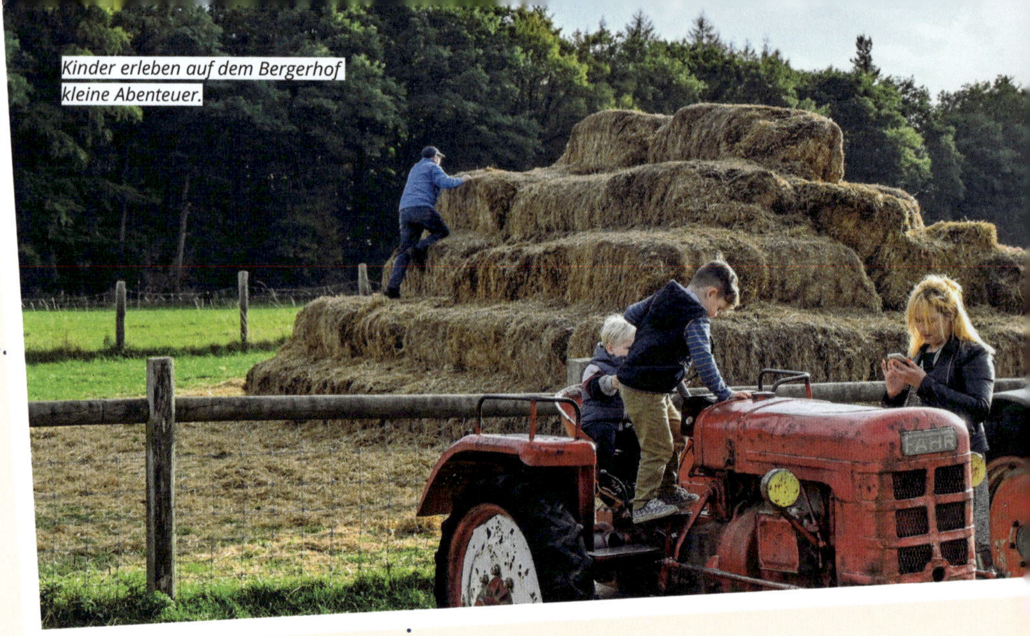

Kinder erleben auf dem Bergerhof kleine Abenteuer.

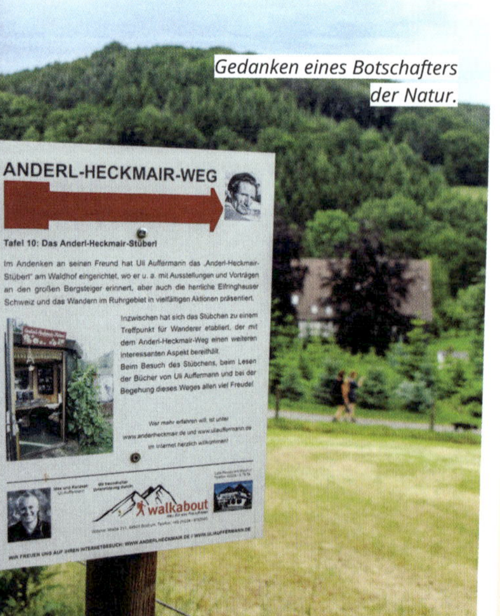

Gedanken eines Botschafters der Natur.

KM 8,1

4

Heckmair Tafeln

Tempo raus und Augen auf

Und jetzt doch ein wenig alpines Gedankengut. Verschiedene Tafeln, die den Anderl-Heckmair-Weg markieren, begleiten den Weg ein kurzes Stück. Heckmair wurde 1938 durch seine Erstbesteigung der Eiger-Nordwand berühmt. Aus der Freundschaft zu einem Bochumer Naturliebhaber ist ein Rundweg entstanden, der von seinen Erfahrungen als Bergführer und vor allem von seiner Lebenseinstellung erzählt. Interessanten Input von einem Botschafter der Natur sollte man nicht links liegen lassen. »Tempo raus und Augen auf«, das war das Motto des Alpinisten. Ausgangspunkt ist übrigens der Waldhof unweit der roten Bank.

Einige Höhenmeter auf und ab, stetig auf A5, parallel zum Bach Porbecke und geradeaus durch das Gatter über eine Hühnerweide.

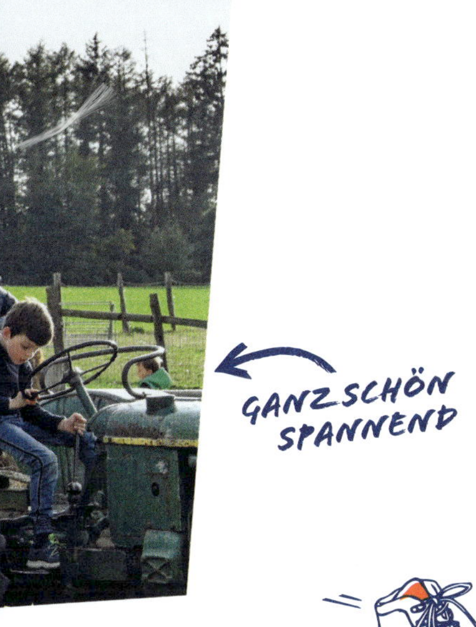

GANZ SCHÖN SPANNEND

EXTRA INFOS:

Die richtige Größe soll er haben und ganz frisch sein. Auf der Schonung des ● **Tannenbaumverkaufs Nüfer Hof** wird jeder fündig. Hier werden auf 15 Hektar alle Arten von Tannen gezüchtet. Wer möchte, darf seinen Baum selbst schlagen, das ist einzigartig im Ruhrgebiet. Zurück auf dem schon in dritter Generation familiengeführten ● **Nüfer Hof** wird der Weihnachtsbaum transportfertig eingenetzt. Oder man sucht sich seinen Traumbaum direkt auf dem Hof aus und wärmt sich dabei mit Glühwein oder Kakao (www.nuefer-hof.de).

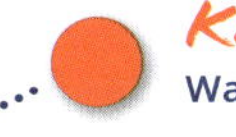

KM 10,3 » ZIEL
Wanderparkplatz Kauerhof

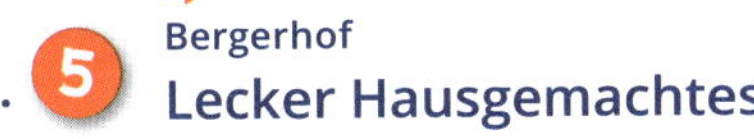

KM 9,5

5 Bergerhof

Lecker Hausgemachtes

Auf dem Bergerhof lässt es sich bei deftig Hausgemachtem hervorragend rasten. Ob in der Scheune oder bei gutem Wetter auf der Wiese unter schattigen Bäumen, satt wird hier jeder. Selbst wer ohne eigene Kinder unterwegs ist, hat seine wahre Freude, die Kleinen beim Ponyreiten, Treckerbesteigen, Knüpfen von Tierbekanntschaften und beim Herumtollen zu beobachten. Zum Hof gehört auch eine Landmetzgerei. Für die wenigen Gehminuten, die noch bis zum Zielparkplatz fehlen, finden hausgemachte, geräucherte Mettwürstchen als Mitbringsel für Zuhause bestimmt Platz im Rucksack.

Den Parkplatz kann man über die Wiese fast schon sehen. Geradeaus über den Wiesenweg, dann rechts Richtung Auto.

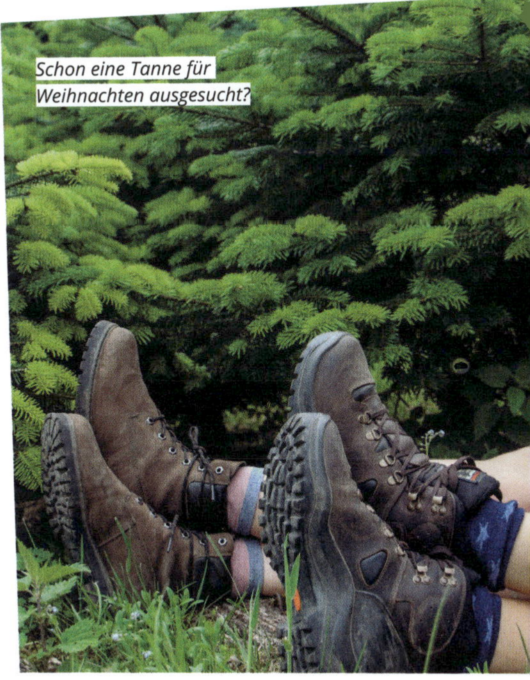

Schon eine Tanne für Weihnachten ausgesucht?

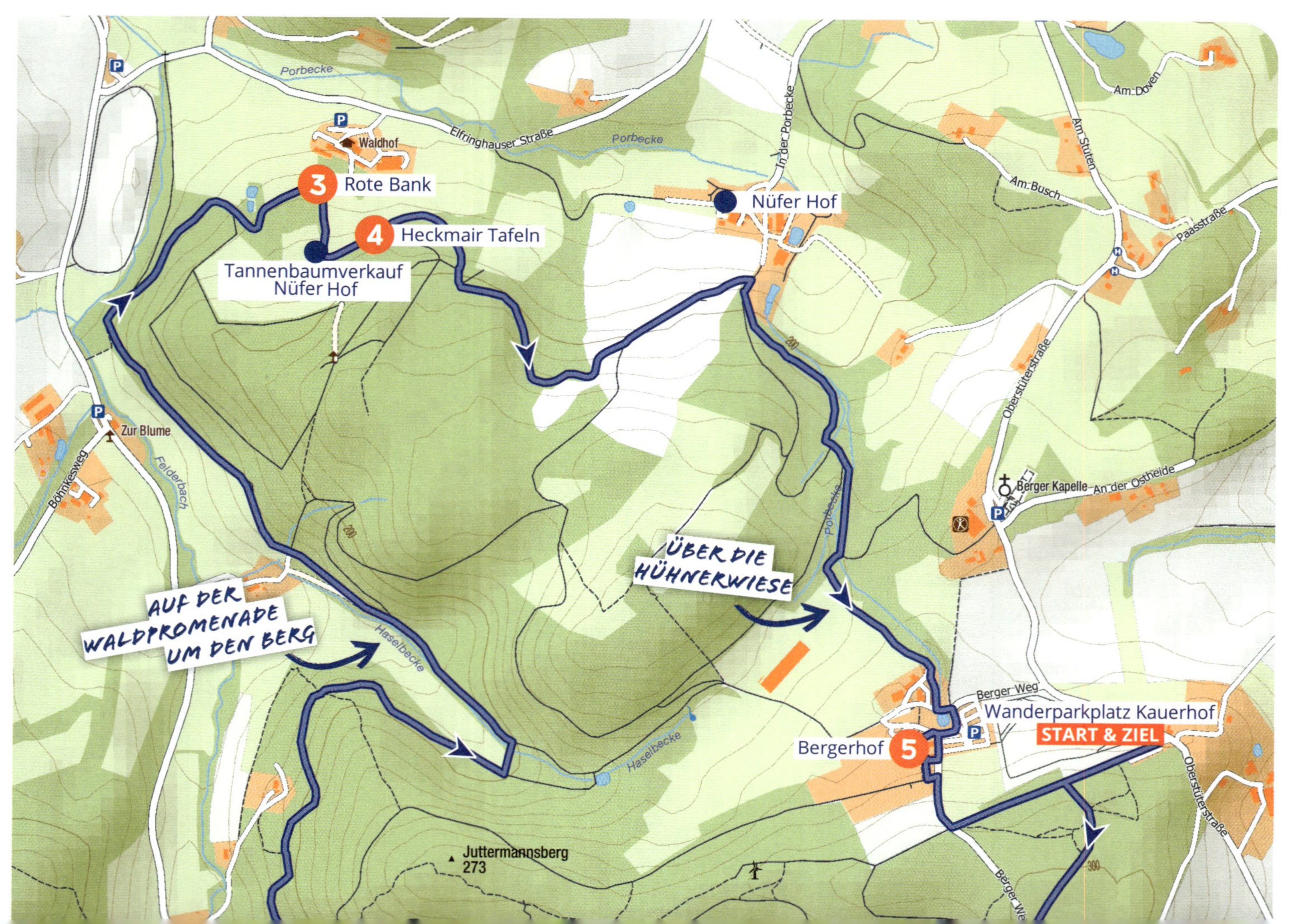
3 Rote Bank
4 Heckmair Tafeln
Tannenbaumverkauf Nüfer Hof
Nüfer Hof
Waldhof
Zur Blume
Elfringhauser Straße
Porbecke
In der Porbecke
Am Doven
Am Stuten
Am Busch
Paasstraße
Oberstüterstraße
Berger Kapelle
An der Ostheide
Felderbach
Böhnkesweg
Haselbecke
AUF DER WALDPROMENADE UM DEN BERG
ÜBER DIE HÜHNERWIESE
Berger Weg
Wanderparkplatz Kauerhof
START & ZIEL
5 Bergerhof
Juttermannsberg 273
200
300

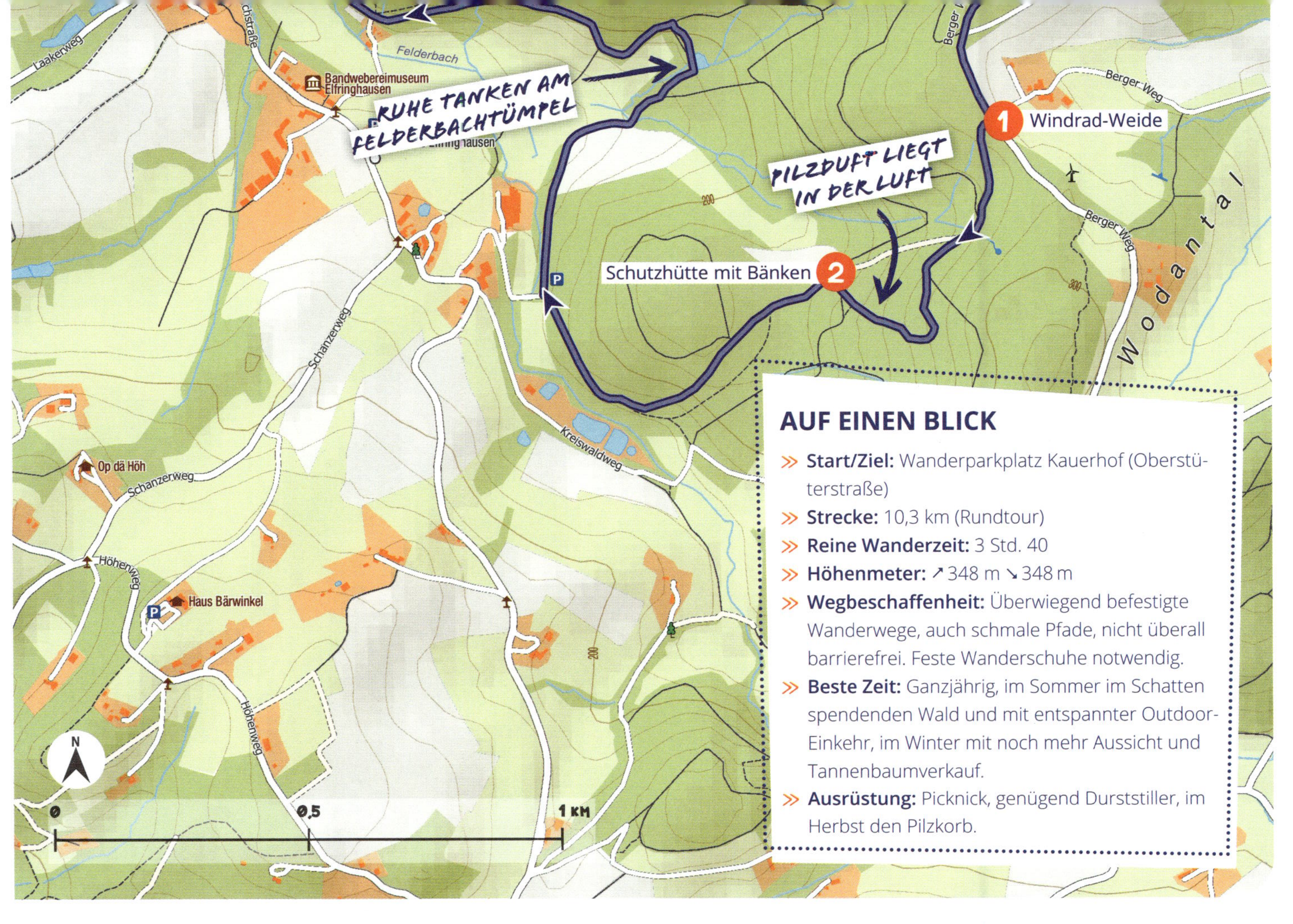

AUF EINEN BLICK

- **Start/Ziel:** Wanderparkplatz Kauerhof (Oberstüterstraße)
- **Strecke:** 10,3 km (Rundtour)
- **Reine Wanderzeit:** 3 Std. 40
- **Höhenmeter:** ↗348 m ↘348 m
- **Wegbeschaffenheit:** Überwiegend befestigte Wanderwege, auch schmale Pfade, nicht überall barrierefrei. Feste Wanderschuhe notwendig.
- **Beste Zeit:** Ganzjährig, im Sommer im Schatten spendenden Wald und mit entspannter Outdoor-Einkehr, im Winter mit noch mehr Aussicht und Tannenbaumverkauf.
- **Ausrüstung:** Picknick, genügend Durststiller, im Herbst den Pilzkorb.

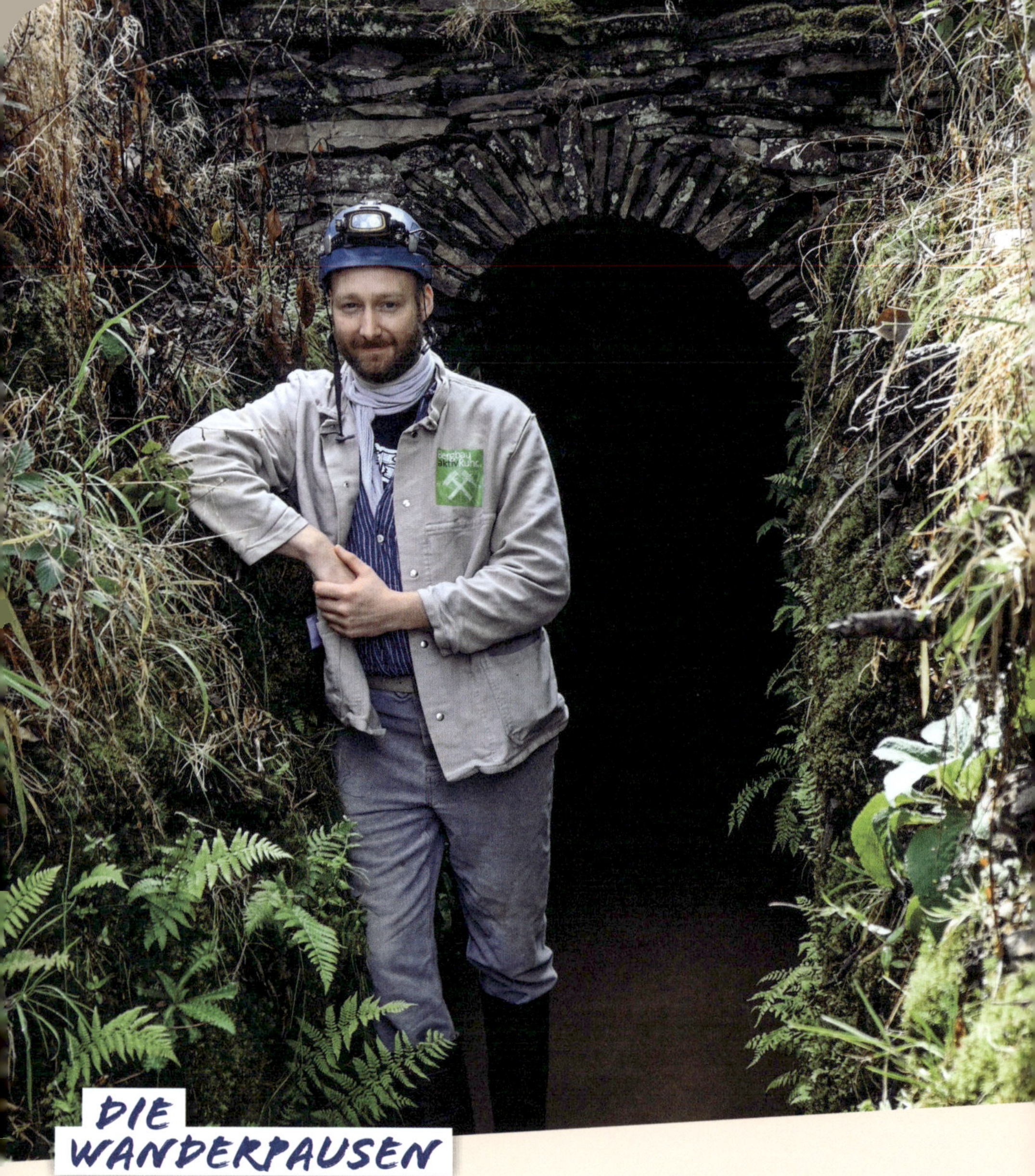

DIE WANDERPAUSEN

» START
Wittener Straße

KM 1,3
1 Schacht Regina
Nach 40 Metern war Schluss

KM 2,2
2 Lochstein
Reine Vermessungssache

KM 3,3
3 Bank
Oberflächlicher Weitblick

17 KUMPELS SPUREN ENTDECKEN

Auf dem Deutschlandweg in Sprockhövel

Auf erholsame Weise folgt man Hammer und Schlägel durch die Hügellandschaft um Sprockhövel und boostert ganz nebenbei sein Verständnis für die längst vergangene Energierevolution. Wer mag, geht im Besucher-Erbstollen auf Tuchfühlung mit einstiger Maloche.

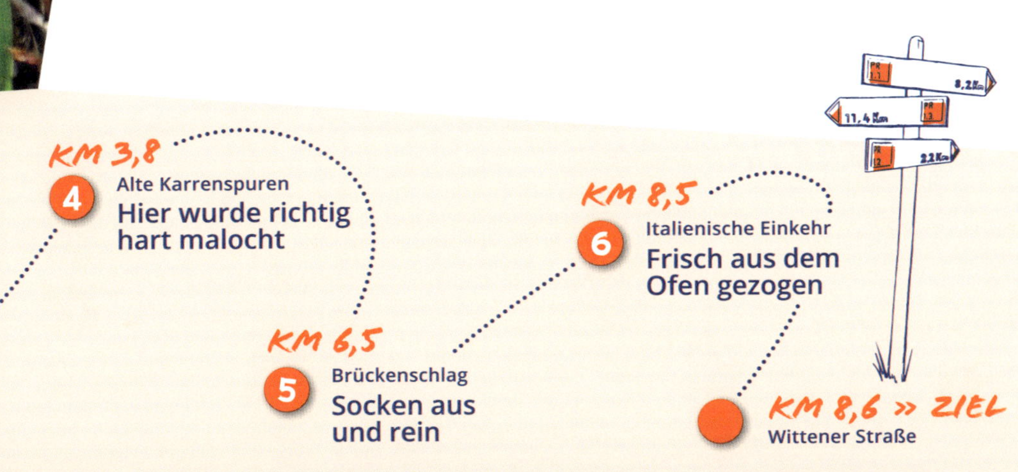

Ohne erklärende Informationsschilder …

… würde man Mulden, Bäche oder Steinansammlungen mitten im Wald höchstwahrscheinlich als naturgegeben hinnehmen. Dabei handelt es sich in vielen Fällen um Spuren der Kohleförderung und bis zu 500 Jahre alte bergbauhistorische Stätten. Nicht monumental, sondern überwuchert und von der Natur zurückerobert. Weil die Kohleflöze in der Frühzeit bis an die Oberfläche reichten, liegen die Zeugnisse sozusagen über Tage. Am besten, man startet den Wandertag direkt mit einem Extra und bereitet sich durch den Besuch des **Bergwerks Stock & Scherenberger Erbstollen** auf die folgende Wanderung vor. In mühevoller Handarbeit hat der junge Verein hier den rund einen Kilometer langen Entwässerungsstollen freigelegt und durch das Mundloch begehbar gemacht – nur in Begleitung natürlich. Reichlich Historien-Input gibts vor Ort.

EIN GRUND, STOLZ ZU SEIN: WENN MAN SICH IM DUNKLEN ERBSTOLLEN UNTER DEN BERG GETRAUT HAT

Neugierig auf die Zeitzeugen lässt man sich auf dem vom Besucherbergwerk etwas entfernt liegenden Bergbaurundweg Deutschlandweg selbständig auf das Thema Ruhrbergbau ein. Durch Wiesen- und Weidelandschaft, auf waldigen Wanderwegen und schmalen Pfaden geht es sanft auf und ab. So herrlich bequem, im Vorbeigehen, erzählt der unsichtbare **Schacht Regina** vom Spateisenvorkommen und seiner Verhüttung. Und, wer hätte es gewusst? Die Besitzverhältnisse der Kohle-Abbaugebiete wurden sichtbar mit **Lochsteinen** markiert.

Wer sich nur in der Natur bewegen und abschalten möchte, lässt die Infoschilder links liegen, genießt landschaftliche Weitsicht mit Wind um die Nase auf der exponierten **Rastbank** oder erfreut sich an plätschernden Bächen und ihren idyllischen **Holzbrücken.** Nur die begleitenden Hammer-&-Schlägel-Wegmarkierungen sollte man im Auge behalten, damit man den Weg zu den noch heute erkennbaren, ausgefahrenen **Karrenspuren** mitten im Wald nicht verpasst. Zusätzlich hält das Streckenrepertoire ein Stück Glückauf-Trasse und dezente Siedlungsberührung im Angebot – für Hungrige am Ziel mit **italienischer Einkehr.**

Hinweis: Das Besucherbergwerk liegt gut zwei Kilometer vom Deutschlandweg entfernt. Die fußläufige Verbindung und auch der ÖPNV sind hier nicht empfehlenswert. Eine Wanderwegverbindung ist in Planung. Detaillierte Infos zum Deutschlandweg unter www.hgv-sprockhoevel.de/bergbauwanderwege.

«

WANDERN & GENIESSEN

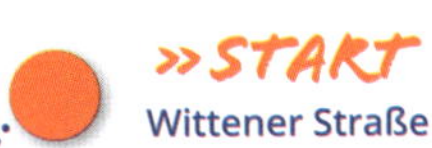

Wittener Straße

Von der Bushaltestelle Hiddinghausen Bahnhof in Hasslinghausen auf der Wittener Straße zum Hinweisschild »Deutschlandweg« und dort auf Brunsberge über die Hofanlage, vorbei an Pferdewiesen und geradeaus in den Wald eintauchen, dann die erste Abbiegung rechts. Dem Hammer-&-Schlägel-Abzeichen folgend an der ersten Abbiegung nach rechts.

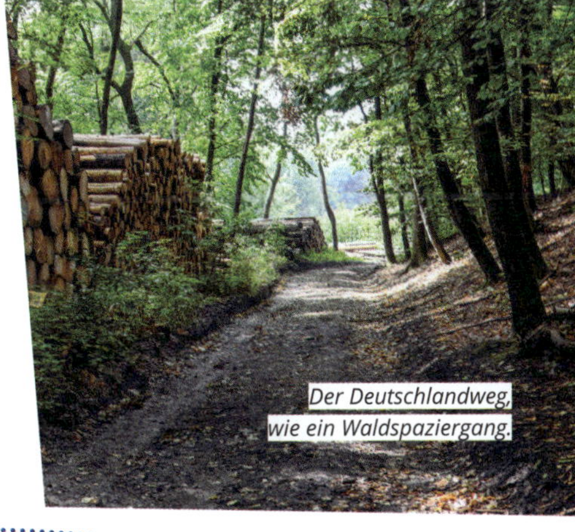

Der Deutschlandweg, wie ein Waldspaziergang.

KM 1,3

1 Schacht Regina

Nach 40 Metern war Schluss

Unrentabel und dennoch ein interessantes Zeugnis: Schacht Regina.

Im Tal angekommen führt ein kurzer Abstecher zu einem abgelegenen Unikum im Wald. Nach dem Motto »Wie Sie sehen, sehen Sie nichts!«, ist der heute nicht einmal mit Fantasie auszumachende Schacht Regina dennoch ein interessantes Zeugnis früheren Bergbauschaffens. Ohne Hinweis für Laien nicht erkennbar, befand sich ziemlich genau an der Stelle der Brücke ein Stollenmundloch – sozusagen eine Tür ins Unterirdische. Zu holen gab es hier wertvollen Spateisenstein, den es sich mit 43 Prozent Eisengehalt in der Haßlinghauser- und Hattinger Henrichshütte zu verhütten lohnte. Nach nur 40 Metern Flöz war allerdings Schluss und der Abbau unrentabel.

Den Weg wieder zurück, immer geradeaus bis zum Bachzusammenfluss, dann rechts abbiegen. Parallel zum Weg verläuft rechts eine sogenannte Akeldruft, über die als Graben schon im 16. Jahrhundert für den tagesnahen Abbau entwässert wurde.

KM 2,2

2 Lochstein

Reine Vermessungssache

Man muss schon etwas in die Knie gehen, um durch das Loch schauen zu können oder um skurrile Fotoperspektiven zu erhaschen. Früher konnte man den nächsten Lochstein hierdurch anpeilen und so Eigentumsgrenzen erkennen. Bis zum Ende des 19. Jahrhunderts wurden solche Lochsteine nach Vermessungen gesetzt und zeigten an, wie weit der unterirdische Abbau gehen durfte. Die Steine sind sozusagen die letzten oberirdisch sichtbaren Zeugen des früheren Bergbaus. Zwar handelt es sich hier in Am Bunne um eine Nachbildung, das Original des Stock und Scherenberger Lochsteins hat aber nur wenige Meter von hier gestanden.

Links herum, dann rechts und wieder rechts, rechts über die Autobahn und auf der Zechenstraße durch die Siedlung immer rechts halten bis zur Bank.

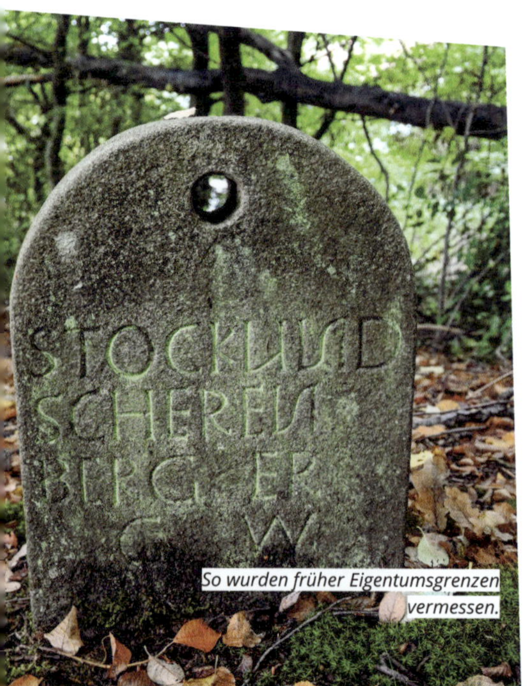

So wurden früher Eigentumsgrenzen vermessen.

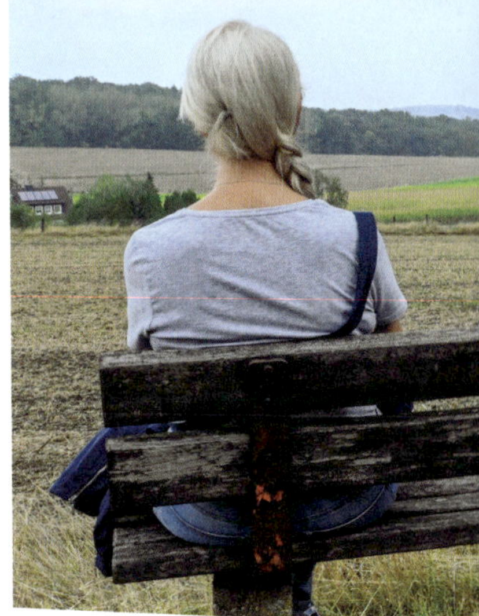

KM 3,3

3 Bank

Oberflächlicher Weitblick

Buchen sollst du suchen … Findlinge kannst du finden … dazu eine Bank – vielen Dank. Auch wenn an der Panoramabank noch keine Halbzeit ist, kann man den hier ausschließlich oberflächlichen Weitblick in vollen Zügen genießen. Es ist so ein freies Gefühl, wenn die Augen im Gegenüber keine Gegenwehr erkennen und höchstens Ackerfrüchte, hoch aufgewachsen, untenrum die Sicht einschränken. Der perfekte Ort, den Inhalt des Rucksacks zu durchstöbern und dem kleinen Marschproviant Aufmerksamkeit zu widmen. Soviel sei verraten: Eine ähnlich weitsichtige Pause wird sich auf den kommenden Wanderkilometern nicht anbieten.

Ein Stück wieder zurück und direkt vor dem Gewerbe rechts herum. Achtung, Abzweig ist leicht zu übersehen. Immer geradeaus auf dem Waldweg bleiben, dann entdeckt man bald die Spuren.

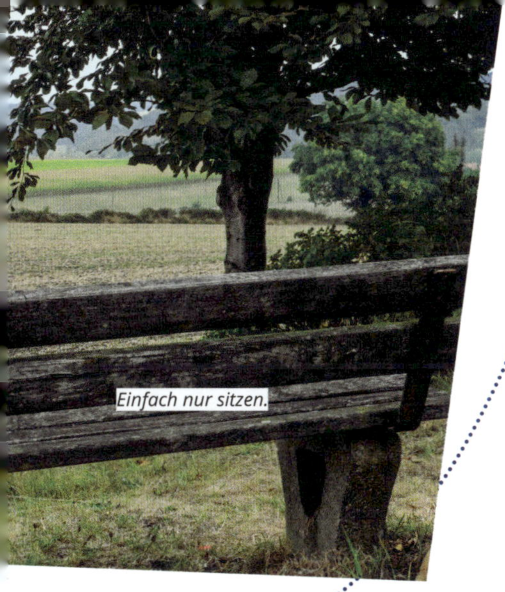

Einfach nur sitzen.

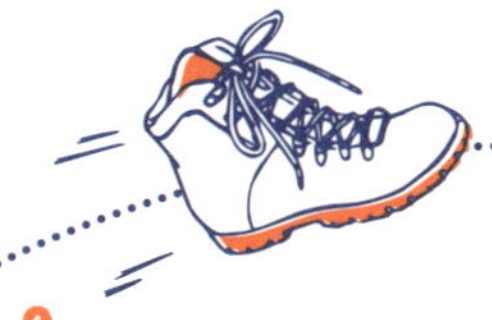

KM 3,8

4

Alte Karrenspuren

Hier wurde richtig hart malocht

Im heute waldig abgelegenen Schevener Holz befand sich mit der Stock und Scherenberger Hauptgrube eine der ältesten Kohlegruben des Ruhrgebiets. Tausende von Kutschrädern haben ab dem 15. Jahrhundert beim Abtransport der Kohle eine Spur in den Felsen gemahlen. Das sichtbare, harte Gestein, eine Mischung aus Quarzkieseln und Sandstein, zerstörte oft die Bohrkronen der Bergleute. Es ist kaum noch vorstellbar, wie hart die körperliche Arbeit für Mensch und Tier zur Gewinnung des Energierohstoffs gewesen sein muss.

Ein Stück weiter hinter Schacht Max links auf dem Pfad bergab, dann links und wieder rechts, links der Zechenstraße folgen und zurück über die Autobahn. Hammer & Schlägel leiten vorbei an Schacht Sack, links auf die Glückauf-Trasse, direkt hinter dem Friedhof links, an den Weiden vorbei und dann rechts auf den Waldpfad.

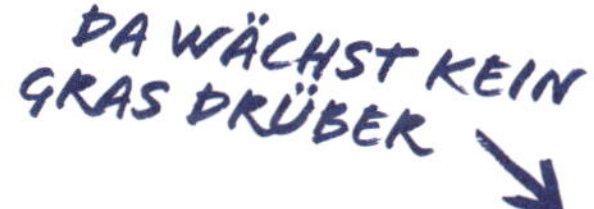

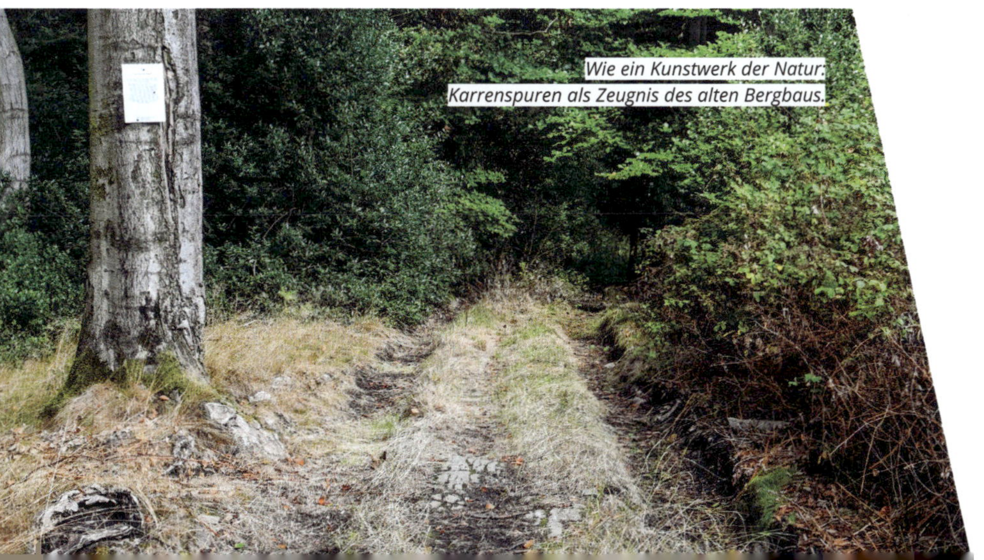

Wie ein Kunstwerk der Natur: Karrenspuren als Zeugnis des alten Bergbaus.

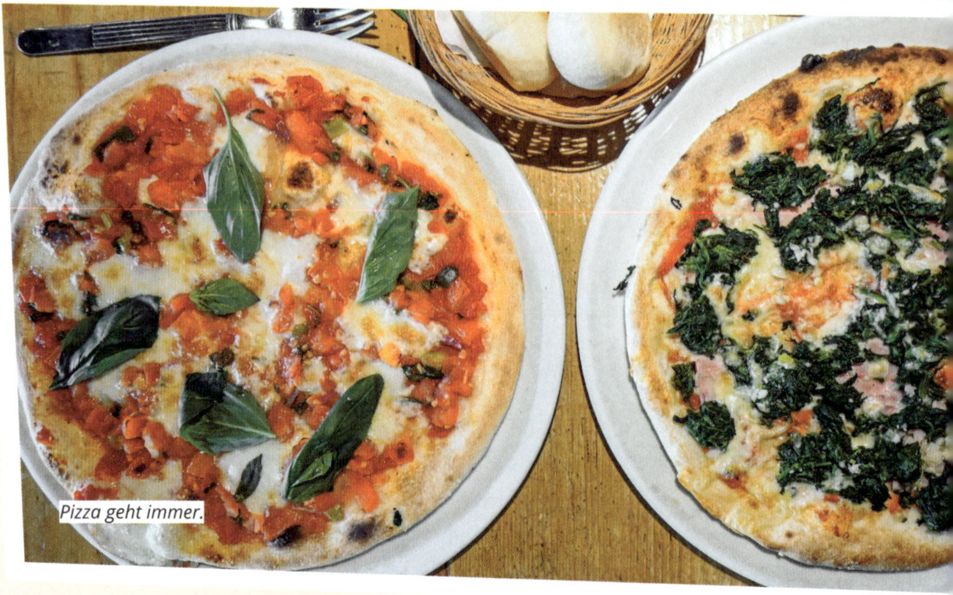

Pizza geht immer.

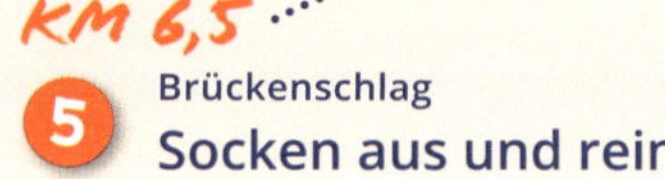

5

Brückenschlag

Socken aus und rein

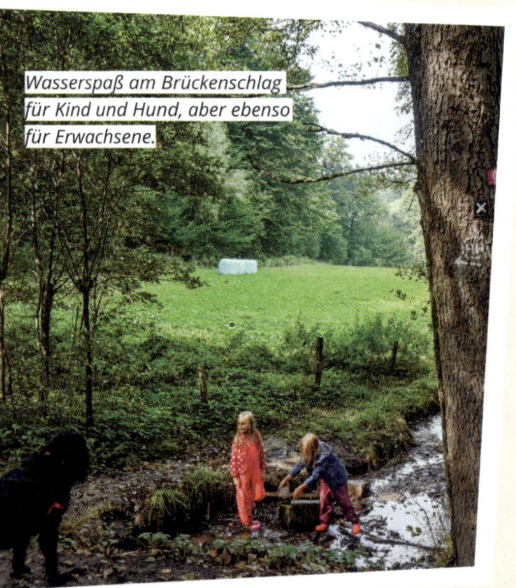
Wasserspaß am Brückenschlag für Kind und Hund, aber ebenso für Erwachsene.

Was für ein lauschiges Plätzchen am Brückenschlag über den Kortenbach. Eigentlich ist es eher eine kleine Holzbrücke, die an nassen Tagen gerne glitschig wird. Besonders im Sommer ist hier der ideale Ort, um im Halbschatten abzukühlen. Schuhe samt Socken zur Seite legen und ab mit den Füßen ins kalte Nass. Das schmale Bachbett ist steinig und man kann das anstehende Gestein im flachen Wasser sehen. Kinder haben an einigen Stellen Steinmuster gelegt. Hier treffen sich auch gerne Hundehalter auf ihrer Runde und lassen ihre Vierbeiner im Bach toben.

Dem wurzeligen Pfad folgen bis zur Wegkreuzung mit Bachzusammenfluss. Hier scharf rechts dem kleinsten verwunschenen Waldpfad folgen, dann links auf der Glückauf-Trasse vorbei am Dampfbahnclub, an der Insekteninfo rechts und am Rennebaum links bis zur Wittener Straße.

KM 8,5

Italienische Einkehr

Frisch aus dem Ofen gezogen

Nur noch einen Hüpfer von Parkplatz und Haltestelle entfernt stolpert man quasi über den örtlich hoch gelobten Italiener. Natürlich nicht über den Koch selbst, dafür aber über den unverwechselbaren Duft seiner köstlichen Pizza. Egal, ob man draußen oder drinnen Platz nimmt, in der Trattoria Pizzeria Prezzemolo kann man sicher sein, dass der Klassiker genauso leidenschaftlich zubereitet wird wie Fisch, Fleisch und Pasta. Wohl dem, der nicht schon satt ist von den vielen Bütterken und Schnittken unterwegs.

Einmal umdrehen und die Straße queren.

EXTRA INFOS:

Der perfekte und netteste Ort vor der eigentlichen Wanderung ist das ● **Besucherbergwerk Stock & Scherenberger Erbstollen.** Der Verein möchte lebendig erhalten, was Jahrhunderte lang das Leben im Ruhrgebiet bestimmte. Ehrenamtliche »Bergmänner« führen am Wochenende durch den engen Stollen. Über Tage sorgen Vereins-Moorschnucken für den Erhalt des angrenzenden Feuchtbiotops. Informationen und Geschichten werden spätestens bei Bratwurst und Bierchen reichlich ausgetauscht (Helsbergstrasse 13, Sprockhövel, www.stock-und-scherenberg.de).

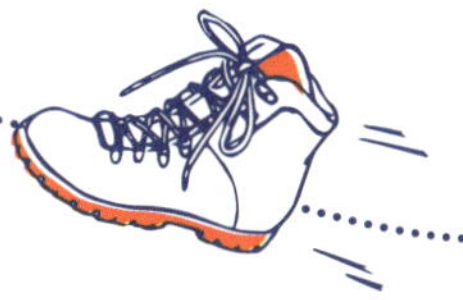

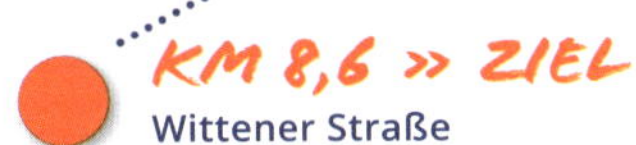

KM 8,6 » ZIEL

Wittener Straße

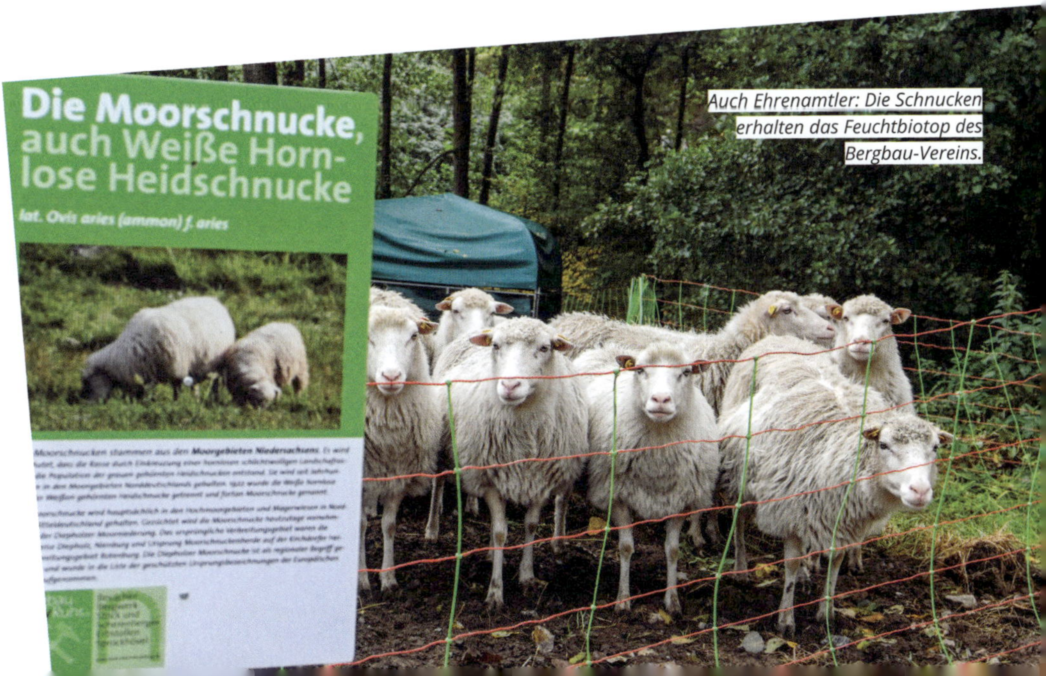

Auch Ehrenamtler: Die Schnucken erhalten das Feuchtbiotop des Bergbau-Vereins.

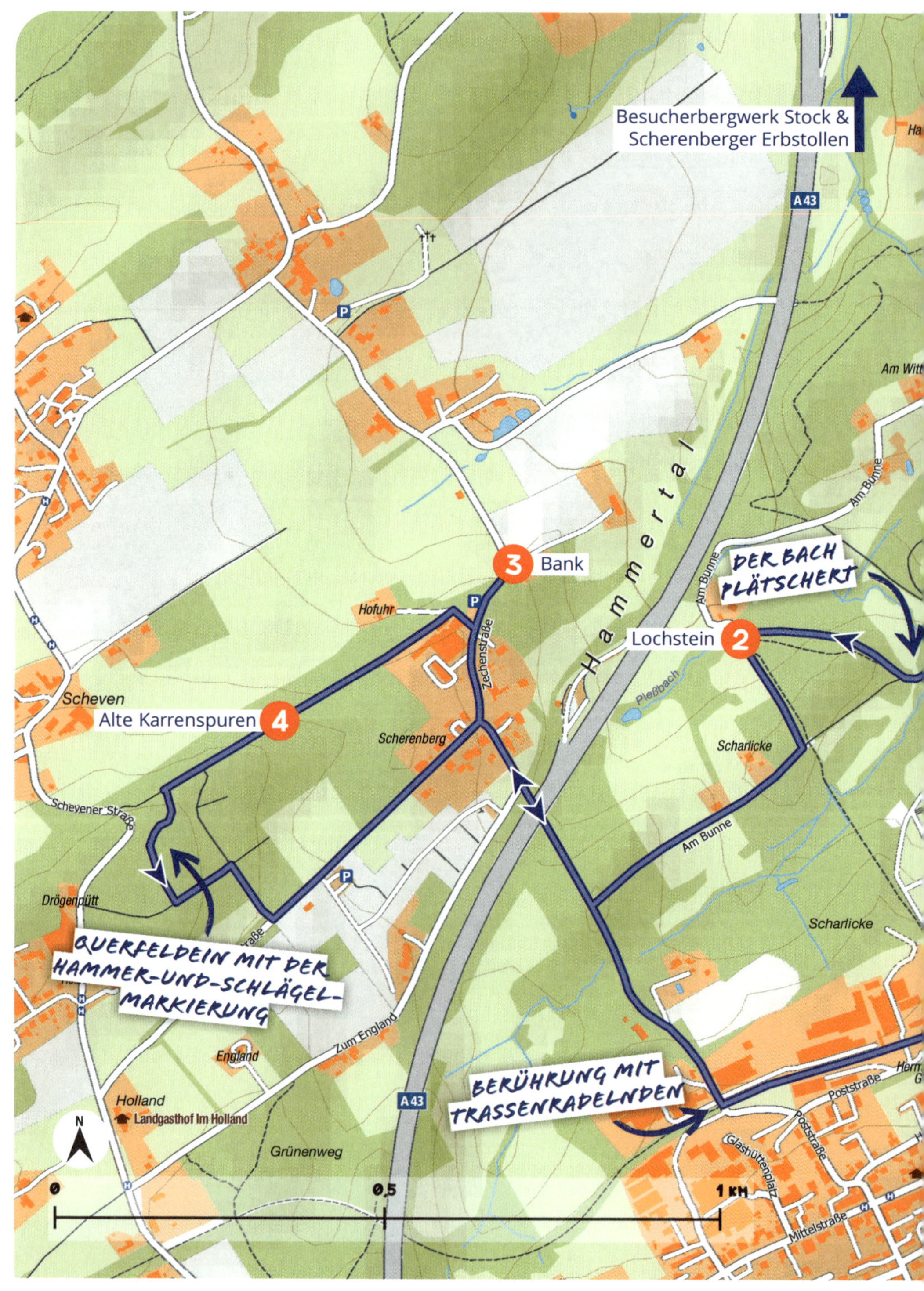

Besucherbergwerk Stock &
Scherenberger Erbstollen
A 43
Hammertal
3 Bank
Hofuhr
Zechenstraße
DER BACH PLÄTSCHERT
Am Bunne
2 Lochstein
Pleßbach
Scheven
4 Alte Karrenspuren
Scherenberg
Scharlicke
Schevener Straße
Am Bunne
Drögenpütt
Scharlicke
QUERFELDEIN MIT DER HAMMER-UND-SCHLÄGEL-MARKIERUNG
England
Zum England
BERÜHRUNG MIT TRASSENRADELNDEN
Poststraße
Holland
Landgasthof Im Holland
Grünenweg
Glashüttenplatz
Mittelstraße
Am Witt
0
0,5
1 KM

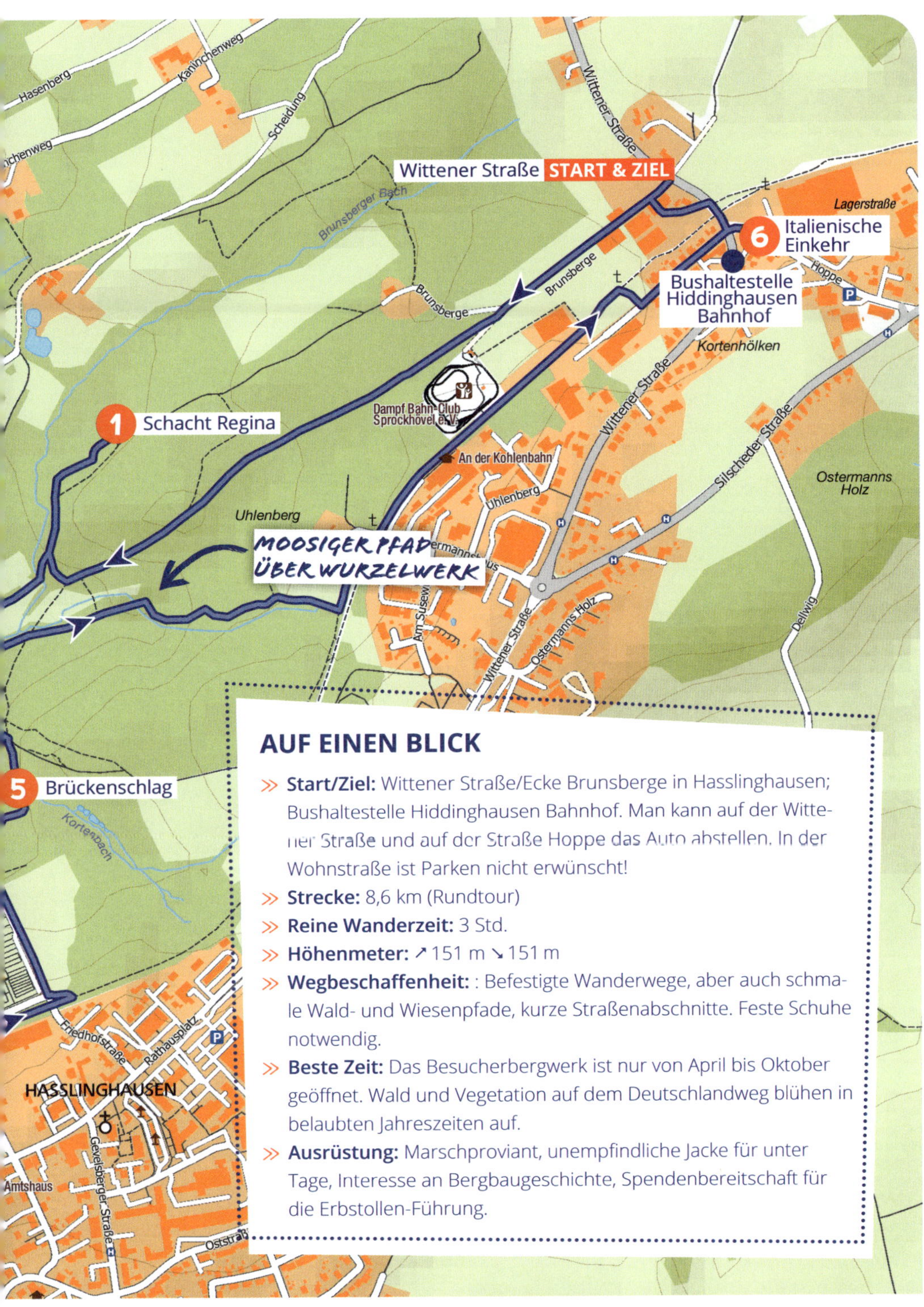

AUF EINEN BLICK

- **Start/Ziel:** Wittener Straße/Ecke Brunsberge in Hasslinghausen; Bushaltestelle Hiddinghausen Bahnhof. Man kann auf der Wittener Straße und auf der Straße Hoppe das Auto abstellen. In der Wohnstraße ist Parken nicht erwünscht!
- **Strecke:** 8,6 km (Rundtour)
- **Reine Wanderzeit:** 3 Std.
- **Höhenmeter:** ↗ 151 m ↘ 151 m
- **Wegbeschaffenheit:** : Befestigte Wanderwege, aber auch schmale Wald- und Wiesenpfade, kurze Straßenabschnitte. Feste Schuhe notwendig.
- **Beste Zeit:** Das Besucherbergwerk ist nur von April bis Oktober geöffnet. Wald und Vegetation auf dem Deutschlandweg blühen in belaubten Jahreszeiten auf.
- **Ausrüstung:** Marschproviant, unempfindliche Jacke für unter Tage, Interesse an Bergbaugeschichte, Spendenbereitschaft für die Erbstollen-Führung.

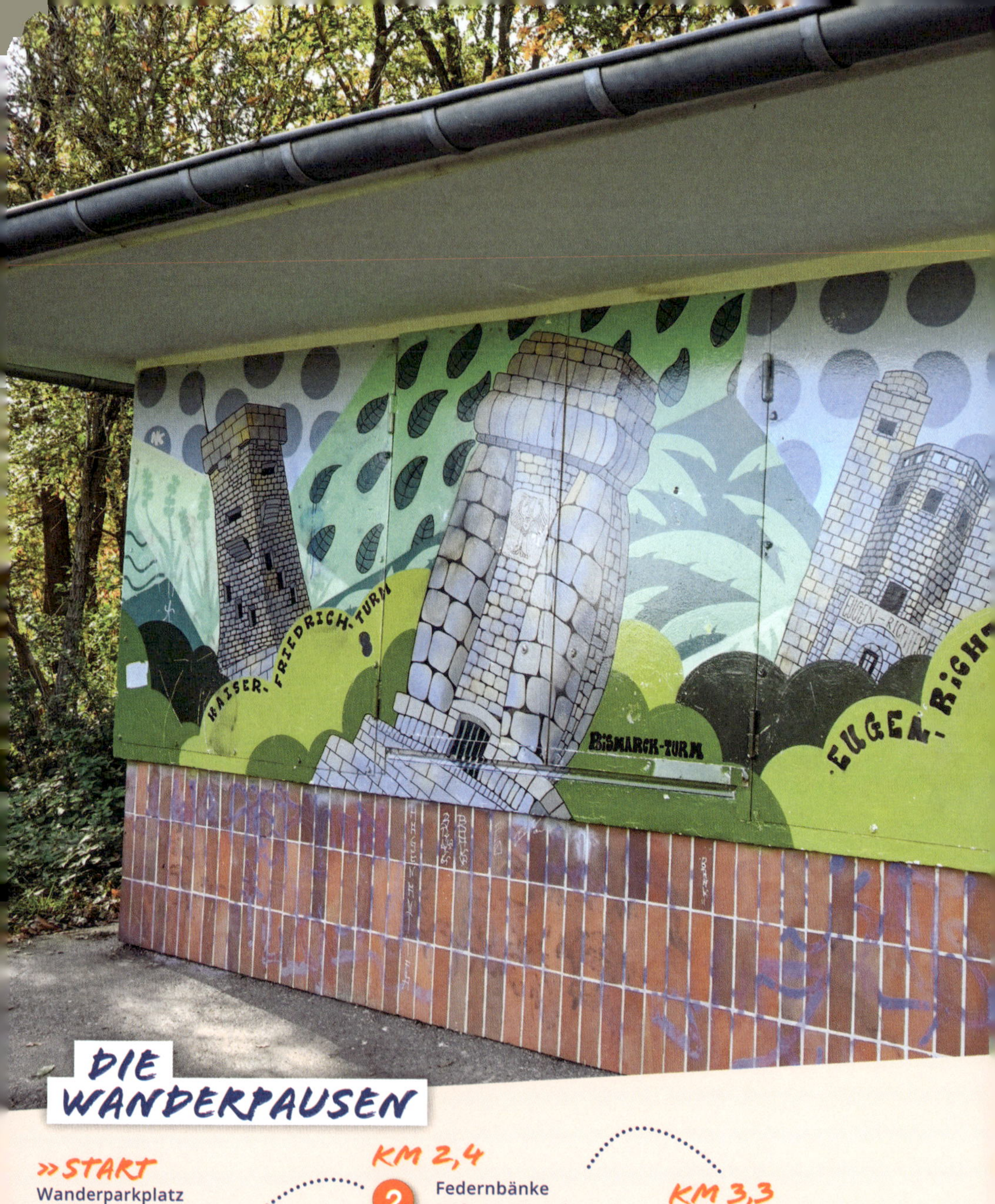

DIE WANDERPAUSEN

» START
Wanderparkplatz Stadtgarten

KM 1,5
1 Bismarckturm
Erste Rast einlegen, Licht tanken und Sicht genießen

KM 2,4
2 Federnbänke
Schnappschussgarantie fürs Familienalbum

KM 3,3
3 Buchen suchen
Da kann einem schon mal schwindlig werden

18

EIN TURM KOMMT SELTEN ALLEIN

Auf dem 3 TürmeWEG durch den Hagener Stadtwald

Obwohl man bergauf leicht ins Schnaufen kommt, kehrt die Kraft bei so viel toller Aussicht schnell zurück. Türme sammeln ist das Wandermotto mitten in einer großartigen Waldkulisse. Kultur-, Natur- und tierische Erlebnisse gibt's gleich dazu.

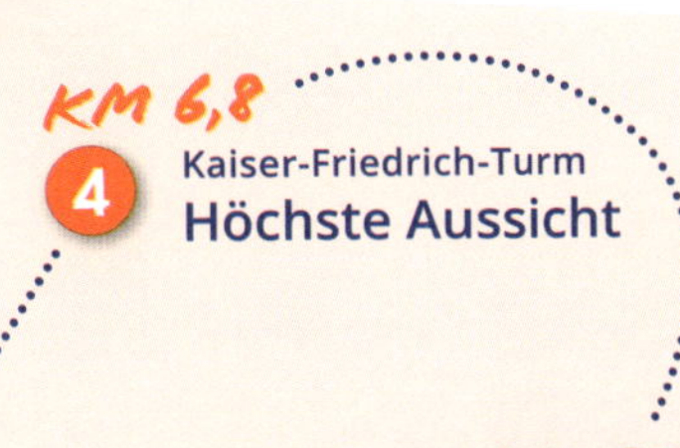

KM 6,8

4 Kaiser-Friedrich-Turm

Höchste Aussicht

KM 8,5

5 Eugen-Richter-Turm

Mit Leihgläsern nicht nur Sterne gucken

KM 9,7

6 Waldgaststätte Waldlust

Kaffee, Kuchen, leckerschmecker

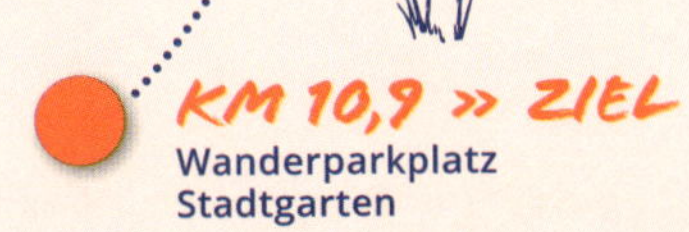

KM 10,9 » ZIEL

Wanderparkplatz Stadtgarten

DAS HERZ SCHLÄGT SCHNELLER …

… auf dem Weg nach oben. Doch ist der erste Anstieg geschafft, liegt einem die Stadt Hagen weit hinter den Hecken der Kleingärten schon zu Füßen. Auf Zehenspitzen sieht man besser. Noch weiter oben wird der Goldberg waldiger und das Türmespektakel kann beginnen. Das Monument zu Ehren des »Eisernen Kanzlers« reckt sich auf einer großen Lichtung in die Höhe. Wen es nach ganz oben auf die Aussichtsplattform des **Bismarckturms** zieht, sollte wie bei allen Türmen zuvor einen Blick auf die Öffnungszeiten werfen.

ERSTAUNLICH: WENN WUNDERSAME PILZKREATUREN IM HERBST DEN WEGESRAND ALS PERSÖNLICHE BÜHNE NUTZEN

Perfekt für Kartenmuffel leitet das kaum übersehbare »T« durch den unterschiedlich dicht gewachsenen Wald. Da bleibt genügend Muße, als Hans-Guck-in-die-Luft beim **Buchen suchen** leichten Schwindel zu verspüren. Wer seinen Blick lieber nach vorne richtet, entdeckt vielleicht bunte Vogelhäuschen, die mit Namen wie »Villa Osthaus« auf die einstige Bauhaus-Bewegung in Hagen hinweisen. Wer es ruhig angehen lässt, macht es sich auf einer der ausgefallenen Sitzmöglichkeiten am Wegesrand bequem, bevorzugt auf den **Federnbänken** mit Fotospot Hagenfenster. Alternativ gibt es unterwegs auch bewirtschaftete Rastmöglichkeiten.

Ohne Umweg lässt sich die Fernsicht vom **Kaiser-Friedrich-Turm** mit einer Stärkung im Gasthaus am Fuße des Turms verbinden. Und sogar an die Vergesslichen wurde bei der Ausstattung des Wanderwegs gedacht: Einen Ferngläserverleih für die noch bessere Weitsicht vom **Eugen-Richter-Turm** hat die benachbarte Sternwarte im Repertoire. Einmal abgesehen von all den Annehmlichkeiten des ausgezeichneten Premiumwegs sollte man beim anspruchsvollen Auf und Ab durchaus mit erhöhter Herzschlagfrequenz rechnen.

Erst ab Turm Nummer 2 ist der Zenit überschritten und der Schlendermodus kann eingeschaltet werden. Da gönnt man sich vielleicht auch eine kurze Beobachtungspause am Wildgehege oder studiert unterwegs die Forstpläne für Kyrill-Sturmflächen, bevor die **Waldgaststätte Waldlust** zur Einkehr ruft. Der kurze Zieleinlauf lässt sich ohne Weiteres auch nach einer großen Portion irgendwas wuppen (www.3tuermeweg.de). «

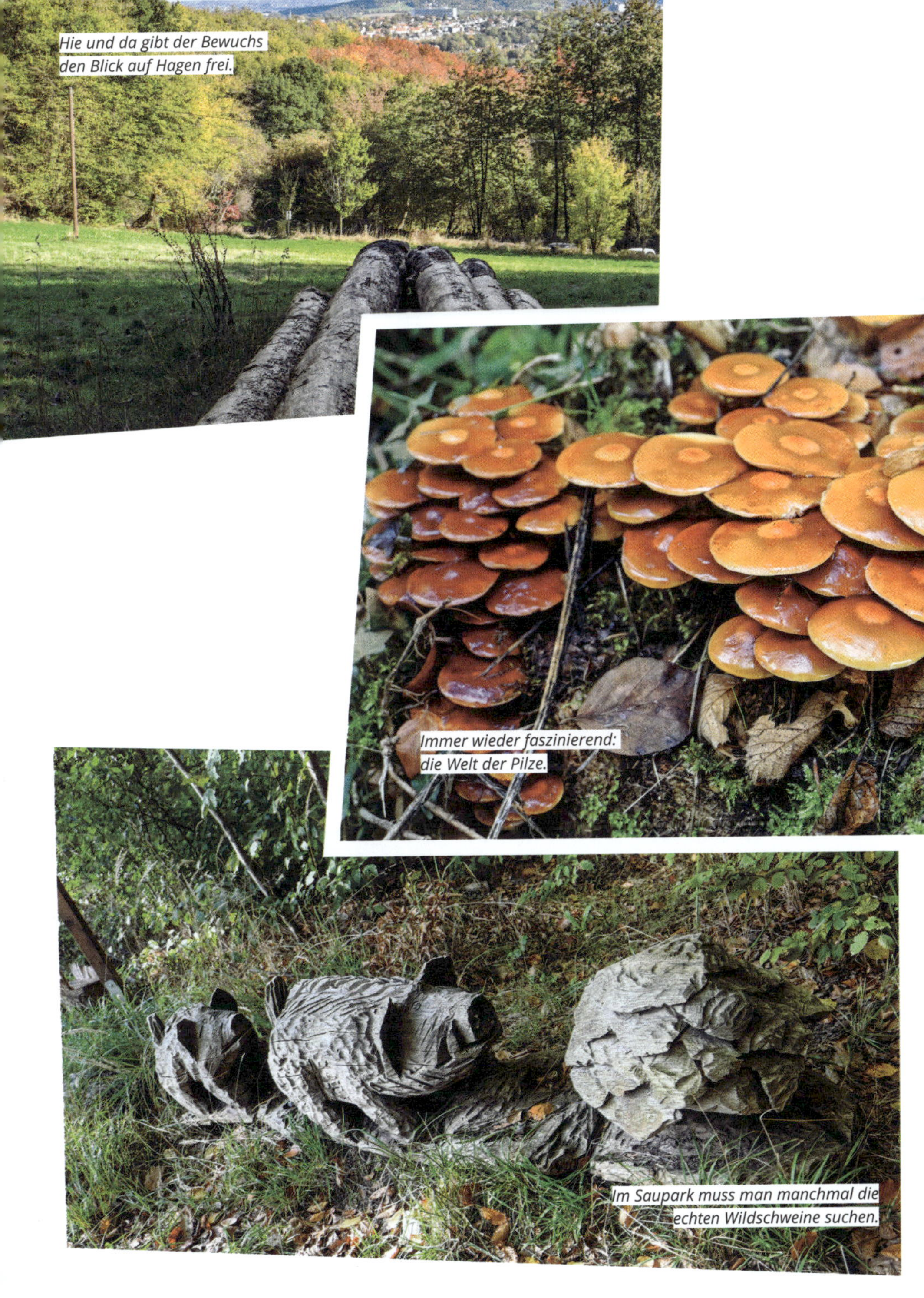

Hie und da gibt der Bewuchs den Blick auf Hagen frei.

Immer wieder faszinierend: die Welt der Pilze.

Im Saupark muss man manchmal die echten Wildschweine suchen.

WANDERN & GENIESSEN

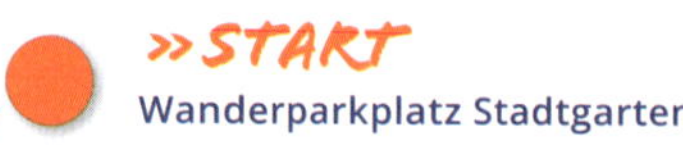

»START

Wanderparkplatz Stadtgarten

Von der Bushaltestelle Allgemeines Krankenhaus Hagen über die Grünstraße bergauf zum Parkplatz Stadtgarten und dort links auf die Stadtgartenallee, links am Restaurant Kaisergarten in den Stadtgarten, ab hier immer dem Symbol T folgen, rechts bergauf durch die Kleingartensiedlung, wieder rechts mit Blick auf Hagen, am Fallhammer rechts auf Waldpfad.

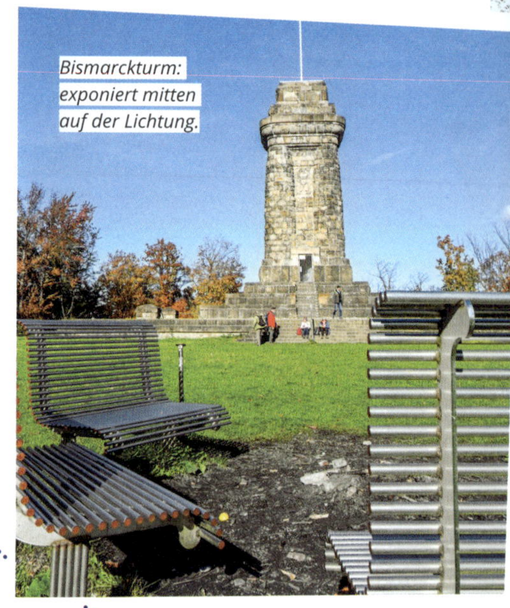

Bismarckturm: exponiert mitten auf der Lichtung.

KM 1,5

1 Bismarckturm

Erste Rast einlegen, Licht tanken und Sicht genießen

Plötzlich steht er da, mitten auf einer Lichtung, wie eine Säule auf einem mehrstufigen Plateau. Es ist noch ein Stück über die Wiese und bei jedem Schritt der Annäherung scheint das Monument zu Ehren des 1898 verstorbenen preußischen Reichskanzlers Otto von Bismarck größer zu werden. Nach jahrelangem Verfall sorgte der Förderverein dafür, dass der Turm seit 2014 wieder für Besucher geöffnet und die Aussichtsplattform mit Blick über die Täler von Hagen begehbar ist. Wem die Stufen des Plateaus für eine Rast zu ungemütlich sind, macht es sich auf der stylishen Sitzgruppe, die die Lichtung verschönert, bequem. Mit etwas Glück hält der kunstvoll bemalte Kiosk Eis und Getränke bereit. Die Öffnungszeiten für Turm und Kiosk stehen unter www.bismarckturm-hagen.de.

Weiter gehts am Kiosk auf T, immer stetig bergan, durch ein Birkenwäldchen. Vor der Mehrfach-Wegekreuzung den Abzweig links zu den Federnbänken nicht verpassen.

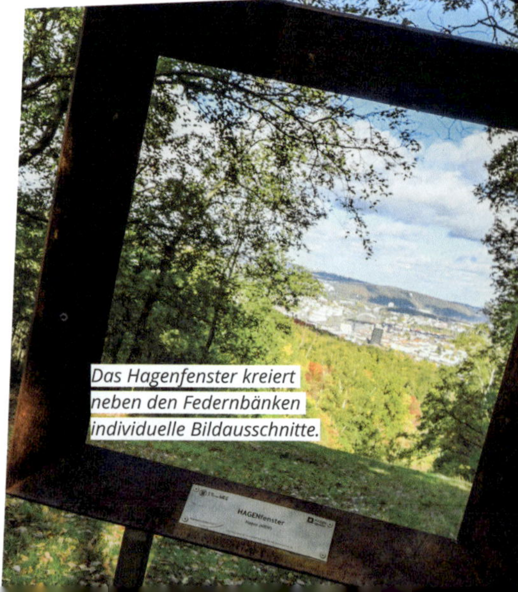

Das Hagenfenster kreiert neben den Federnbänken individuelle Bildausschnitte.

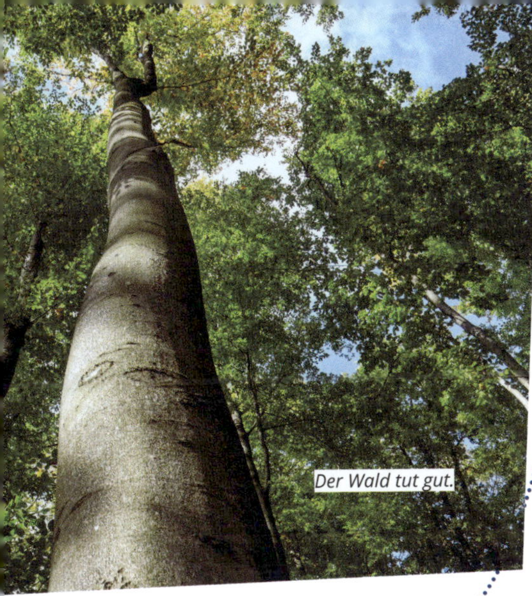

Der Wald tut gut.

KM 2,4

2 Federnbänke

Schnappschussgarantie fürs Familienalbum

Auch wenn die Federnbänke nicht federn, so hat ihre exponierte Lage weitblickenden Charakter. Die Spiralen, wie man sie aus Stoßdämpfern und Kugelschreibern kennt, stellen Bezug zur örtlichen Industrie her. Hier lässt sich gut und gerne bequem picknicken. Eine ganz außergewöhnliche Optik ergibt sich aus dem in Blickweite aufgestellten Hagenfenster, einem Fotorahmen aus Edelstahl. Die Durchsicht markiert nicht nur einen besonders schönen Ausblick auf die Stadt unten im Tal, bis zum markanten Koepchenwerk am Hengsteysee. Das Fenster regt auch die Fantasie an und lässt – vor oder im Rahmen – ganz persönlich arrangierte Bildausschnitte zu.

An der Kreuzung geht's links über den kleinen T-Weg weiter, auf unbefestigtem Waldweg am Fernmeldeturm vorbei.

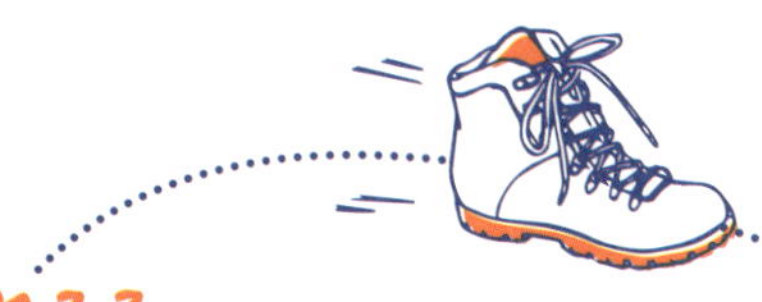

KM 3,3

3 Buchen suchen

Da kann einem schon mal schwindlig werden

Ein Ort, an dem das Licht durch die Bäume schimmert, wo die Luft klar ist, sich die Baumwipfel im Wind wiegen und der Boden unter den Füßen federt: Der Wald tut gut. Hand und Auge erkennen, dass die Rinde der Buchen glatt und silbrig ist, fast zart daherkommt im Gegensatz zu dicken, klüftigen Borken anderer Baumarten. Langsam durch die hoch aufgewachsenen Buchen schlendern, stehen bleiben, nach oben schauen, ein wenig ins Taumeln geraten zwischen den gradlinig nach oben strebenden Stämmen und das Gefühl haben, dass der Himmel über den Baumkronen zum Greifen nah ist.

Weiter sanft bergab, links auf Höhenweg, vorbei an Schutzhütte und Abstecher Saupark, auf dem kurvigen Hangweg bis zum Parkplatz, hier am T scharf rechts und auf dem schmalen Waldpfad über Wurzeln und Gestein bergauf.

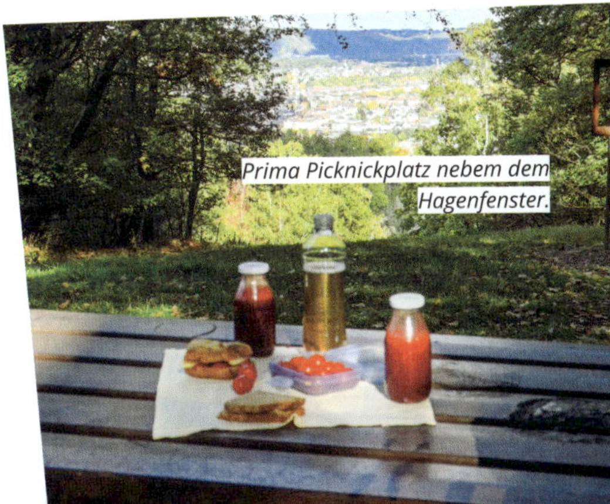

Prima Picknickplatz nebem dem Hagenfenster.

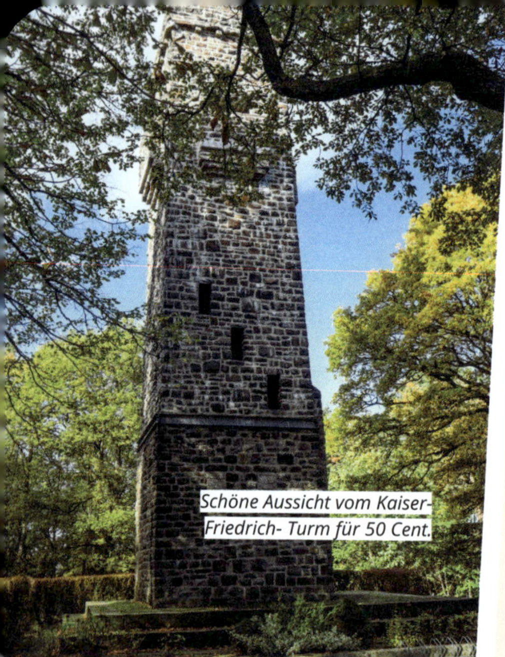

Schöne Aussicht vom Kaiser-Friedrich- Turm für 50 Cent.

KM 6,8

Kaiser-Friedrich-Turm

4 Höchste Aussicht

Nur Mut, der Einritt durch das Gartentörchen ist erwünscht. Die Tür aber bitte immer wieder hinter sich schließen. Und schon steht man vor Turm Nummer zwei. Quadratisch, praktisch ... und nur 17 Meter hoch ist der 1910 eingeweihte Kaiser-Friedrich-Turm. Er steht aber auf dem höchsten Punkt des 3 TürmeWEGs, auf 375 Metern und für 50 Cent hat man nach 89 Stufen die Wendeltreppe hinauf einen herrlichen Rundumblick über Hagen. Im ehemaligen Wirtschaftsgebäude mit Turmwärterwohnung verköstigt heute ein gutbürgerliches Ausflugslokal hungrige Wandersleut.

Auf Zufahrtsweg weiter, an der nächsten Kreuzung nicht geradeaus auf T, sondern links abbiegen in den Elsa-Brändström-Weg. Dann rechts auf T dem Schlenker zum Wildpark folgen, links, links, rechts auf T weiter, auf Waldweg zu Turm Nummer 3.

KM 8,5

Eugen-Richter-Turm

5 Mit Leihgläsern nicht nur Sterne gucken

Der gestalterischen Vielfalt von Türmen sind keine Grenzen gesetzt. Achteckig, von zwei quadratischen Türmen eingerahmt kommt der zu Ehren des Politikers Eugen Richter 1911 errichtete Turm daher. Nicht zufällig steht er dem Bismarckturm auf dem benachbarten Goldberg gegenüber, denn Eugen Richter war Kritiker der Politik Bismarcks. Wenn die Sternwarte nebenan geöffnet ist, kann man den Turm auch besteigen. Für eine noch weitere Sicht verleihen die Sterngucker sogar Ferngläser (www.sternwarte-Hagen.de). Für den nahen Blick auf das Bauwerk stellt eine Bank ihre Dienste zur Verfügung, ein Sonnenbad genießen, zufrieden Nummer drei abhaken und sich mental auf den Endspurt zur Einkehr vorbereiten.

Rechts an Sternwarte vorbei, vorbei an 3-Türme-Bank, in großen Serpentinen bergab auf T, links Straße queren und links zurück durchs Wehringhauser Bachtal bis zur Einkehr.

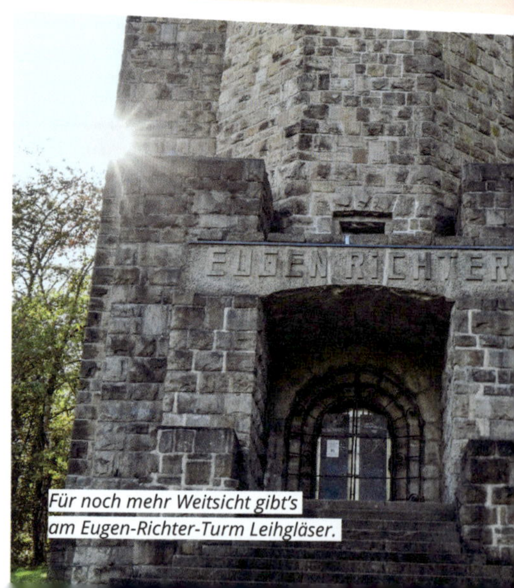

Für noch mehr Weitsicht gibt's am Eugen-Richter-Turm Leihgläser.

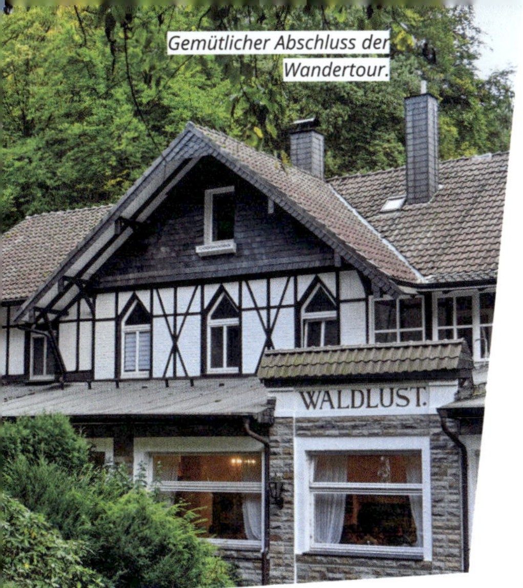

Gemütlicher Abschluss der Wandertour.

EXTRA INFOS:

Ab Kilometer 4,5 beginnt ein sportlicher Abstecher zum ● **Saupark** ins Wehringhauser Bachtal. Es geht ein ganzes Stück bergab – zurück wieder bergauf. Von beiden Seiten lässt sich das Gehege von den parallelführenden Wegen gut überblicken. Manchmal muss man die Wildschweine ein wenig suchen, aber das typische Grunzen ist gut zu hören. Dann lassen sich Bachen und Frischlinge gut beobachten (www.wildgehege-hagen.de).

KM 9,7

6 Waldgaststätte Waldlust

Kaffee, Kuchen, leckerschmecker

KM 10,9 » ZIEL

Wanderparkplatz Stadtgarten

Über den Türmeweg durchs Wehringhauser Bachtal kann man die Terrasse der Waldlust nicht verfehlen. Für Sonnen- wie auch Schattenfans gibt es genügend Sitzplatzauswahl und man fühlt sich neben der halbrunden Bruchsteinmauer und dem altehrwürdigen Fachwerkgebäude direkt geborgen. Erst ein Kaltgetränk zischen nach dem langen Marsch, dann die Wahl zwischen hausgemachtem Kuchen und herzhafter Küche treffen. Alles lecker und so gut, dass Hagener auch ohne 3 TürmeWEG den Genussweg in ihren südlichen Wald nicht scheuen. Seit über 130 Jahren wissen Spazierende, Wandersleute und alle auf Naturerkundung die Waldlust als Start- und Zielort zu schätzen. Wenn's mal usselig draußen ist, kann man auch unter dem Gebälk im warmen Schankraum gemütlich speisen.

Zurück zum Bach, rechtsseitig geradeaus bis zum Parkplatz oder der Bushaltestelle Allgemeines Krankenhaus Hagen.

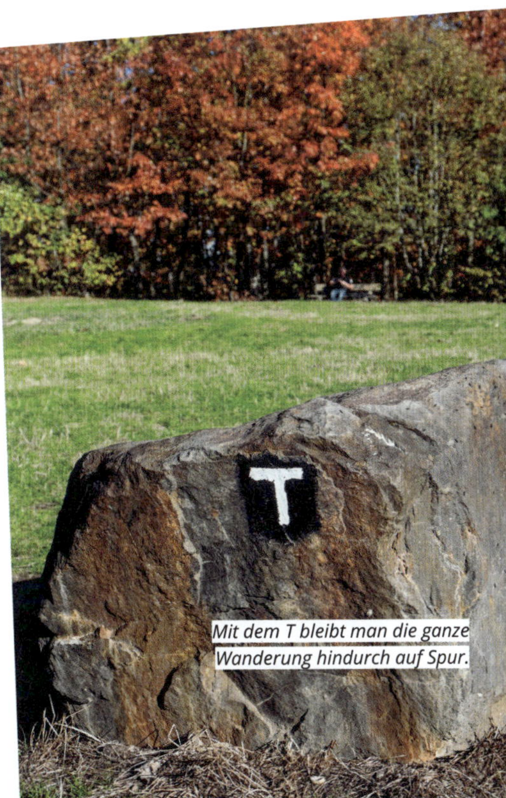

Mit dem T bleibt man die ganze Wanderung hindurch auf Spur.

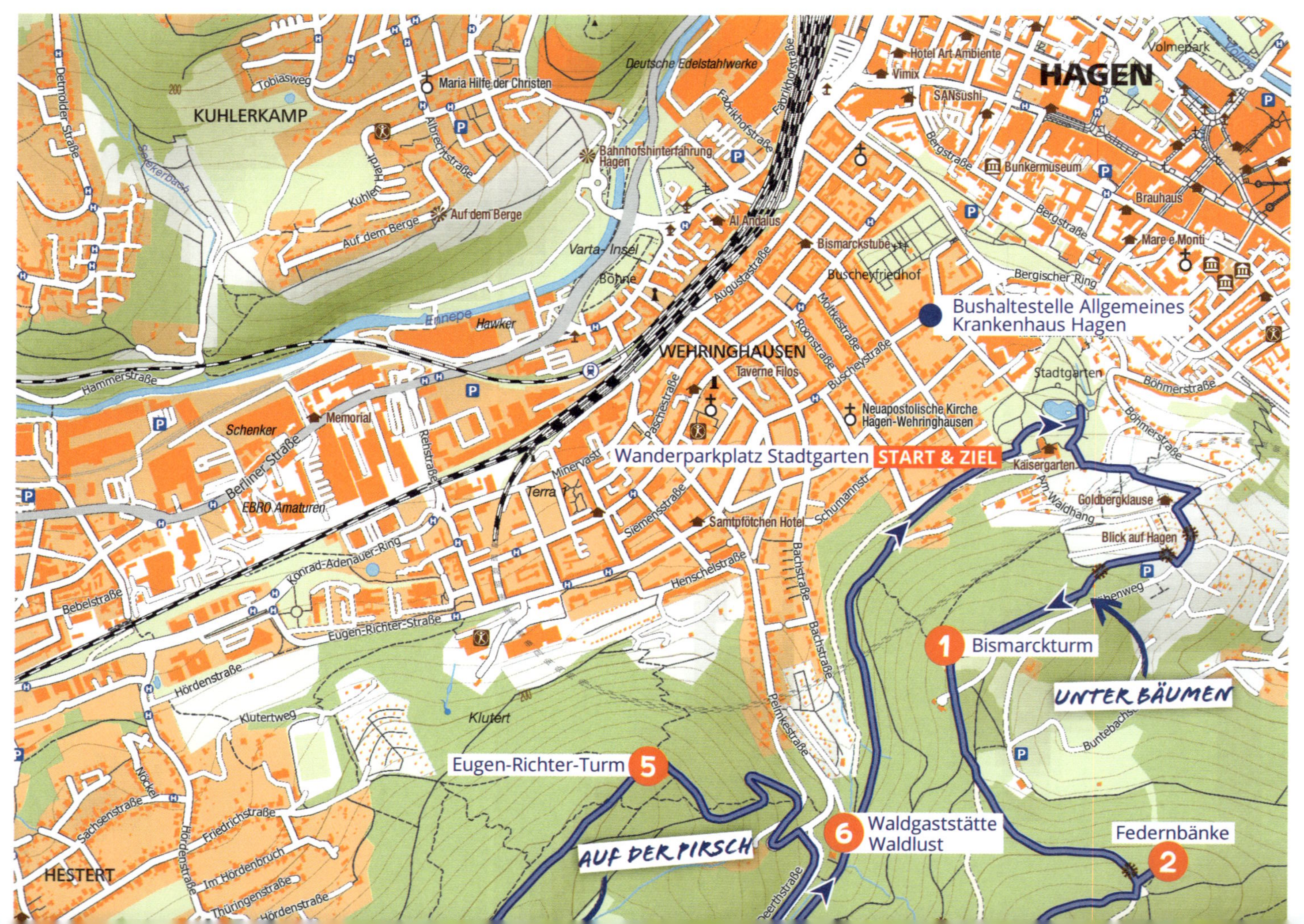

HAGEN
WEHRINGHAUSEN
KUHLERKAMP
HESTERT
Wanderparkplatz Stadtgarten
START & ZIEL
Bushaltestelle Allgemeines Krankenhaus Hagen
1 Bismarckturm
2 Federnbänke
5 Eugen-Richter-Turm
6 Waldgaststätte Waldlust
UNTER BÄUMEN
AUF DER PIRSCH
Stadtgarten
Kaisergarten
Goldbergklause
Blick auf Hagen
Am Waldhang
Bismarckstube
Buscheyfriedhof
Bergischer Ring
Bunkermuseum
Brauhaus
Mare e Monti
Hotel Art Ambiente
Vimix
SANsushi
Volmepark
Volme
Bergstraße
Böhmerstraße
Neuapostolische Kirche Hagen-Wehringhausen
Taverne Filos
Samtpfötchen Hotel
Al Andalus
Deutsche Edelstahlwerke
Fabrikhofstraße
Bahnhofshinterfahrung Hagen
Maria Hilfe der Christen
Albrechtstraße
Auf dem Berge
Kuhlen Hardt
Tobiasweg
Detmolder Straße
Spiekerbach
Varta-Insel
Böhne
Ennepe
Hawker
Hammerstraße
Schenker
Memorial
Berliner Straße
EBRO Amaturen
Rehstraße
Terra
Minervastr.
Augustastraße
Moltkestraße
Roonstraße
Buscheystraße
Paschestraße
Siemensstraße
Schumannstr.
Bachstraße
Henschelstraße
Konrad-Adenauer-Ring
Eugen-Richter-Straße
Bebelstraße
Hördenstraße
Klutertweg
Klutert
Pelmkestraße
Buntebachstr.
Nöckel
Sachsenstraße
Friedrichstraße
Im Hördenbruch
Thüringenstraße

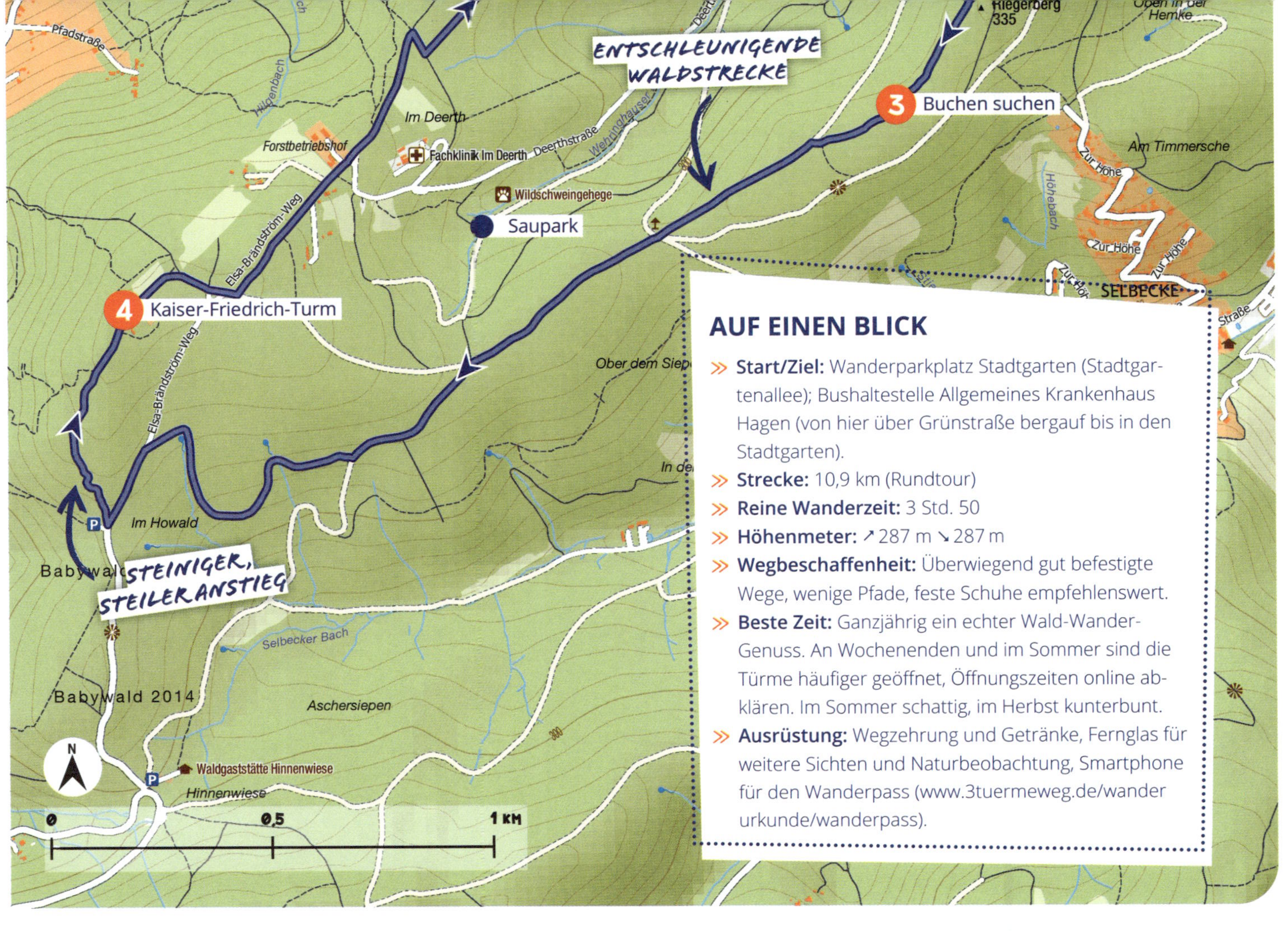

AUF EINEN BLICK

- » **Start/Ziel:** Wanderparkplatz Stadtgarten (Stadtgartenallee); Bushaltestelle Allgemeines Krankenhaus Hagen (von hier über Grünstraße bergauf bis in den Stadtgarten).
- » **Strecke:** 10,9 km (Rundtour)
- » **Reine Wanderzeit:** 3 Std. 50
- » **Höhenmeter:** ↗287 m ↘287 m
- » **Wegbeschaffenheit:** Überwiegend gut befestigte Wege, wenige Pfade, feste Schuhe empfehlenswert.
- » **Beste Zeit:** Ganzjährig ein echter Wald-Wander-Genuss. An Wochenenden und im Sommer sind die Türme häufiger geöffnet, Öffnungszeiten online abklären. Im Sommer schattig, im Herbst kunterbunt.
- » **Ausrüstung:** Wegzehrung und Getränke, Fernglas für weitere Sichten und Naturbeobachtung, Smartphone für den Wanderpass (www.3tuermeweg.de/wanderurkunde/wanderpass).

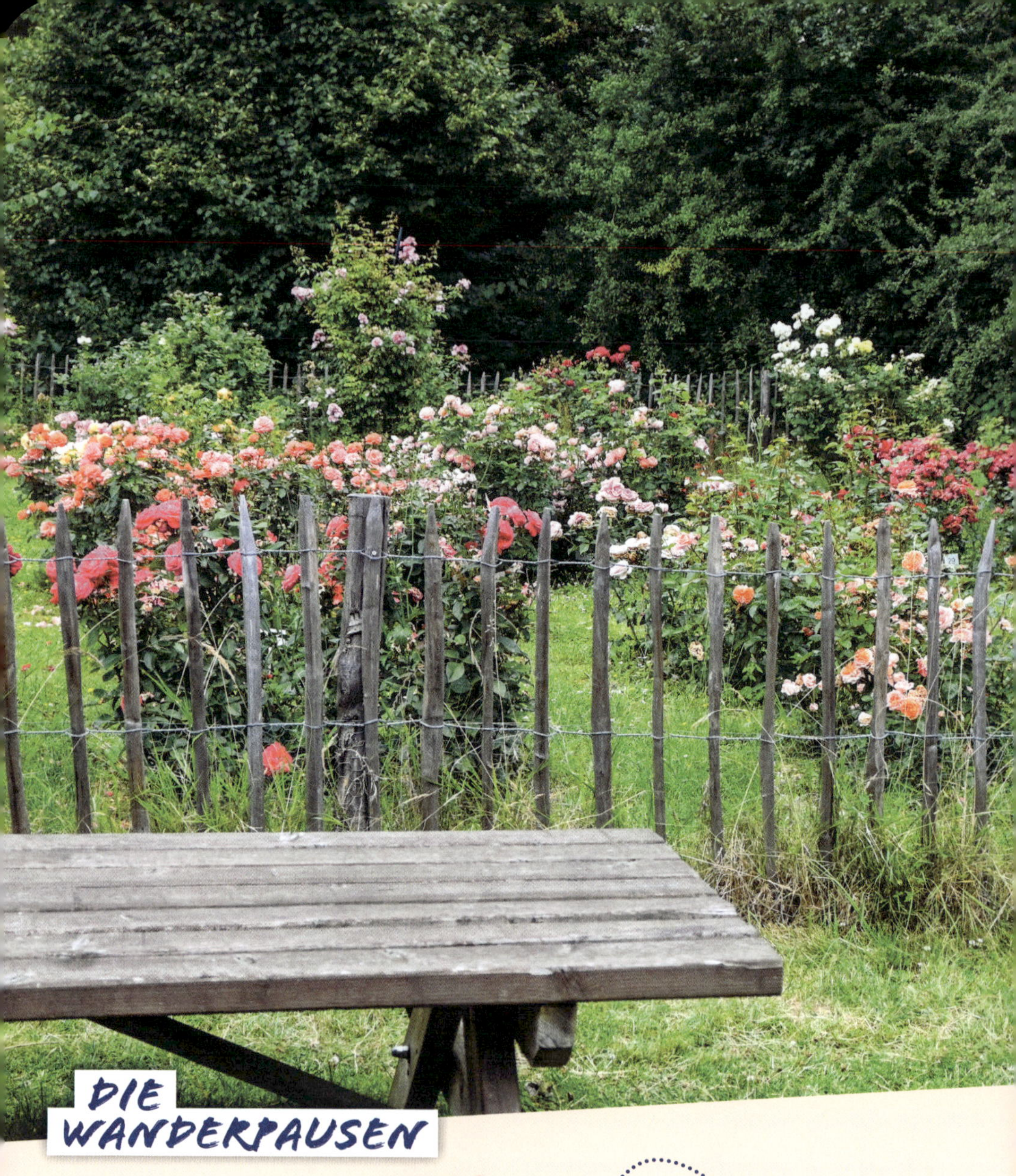

DIE WANDERPAUSEN

» START
U-Bahnhof Rombergpark

KM 0,7
1 Moorkate
In Szene setzen

KM 0,8
2 Hortus Medicus
Heile, heile Pflänzchen

KM 2,5
3 Café Orchidee
Spätes Frühstück

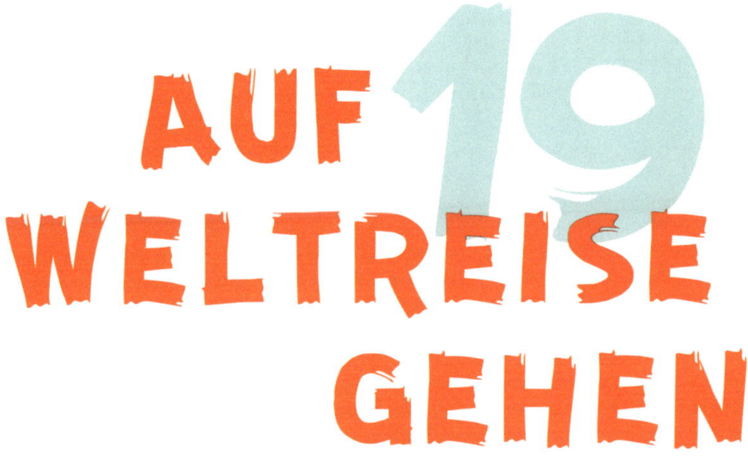

19 Auf Weltreise gehen

Durch den Botanischen Garten Rombergpark in Dortmund

Wer eine botanische Tour um den Globus mit allen Sinnen unternehmen möchte, erlebt im Rombergpark sein blühendes Wunder. Und nicht nur das. Heimische und exotische Baumriesen wecken Ehrfurcht vor der Natur, die hier einer gewissen Ordnung folgt.

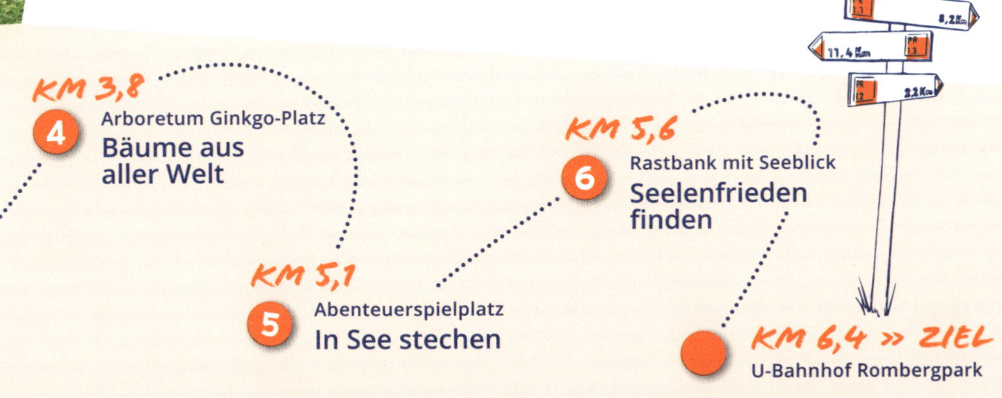

GEHÖLZE, BLUMEN, KRÄUTER SATT

Das Besondere am Rombergpark ist seine Vielfältigkeit: riesige Bäume, Staudengärten, naturbelassene weite Wiesenflächen … Im Schlendergang lassen Blütenexplosionen, spannende Themengärten und ausgefallene Baumformationen den Botanischen Garten in jeder Jahreszeit zu einem ganzheitlichen Erlebnis werden: gucken, riechen, schmecken, fühlen, hören – je nach Vorliebe.

Mit Neugier- und Wissensschlenkern expandiert der Spaziergang leicht zu einer Wanderung. Im **Arboretum Ginkgo-Platz** wachsen verschiedenste Bäume aus der ganzen Welt und es ist ein Erlebnis, die Vielfalt der Kontinente zu erkunden. Mit weitaus weniger Platz gibt sich die Naturapotheke zufrieden. Im Heilkräutergarten **Hortus Medicus** trifft man alte Bekannte, aber auch exotische und Finger-weg-Kräuter sind ausführlich beschrieben. Den Rhododendronwald mit seinen Blüten von Lila bis Orange erkennt dagegen so ziemlich jeder. Während der üppigen Blütezeit von Mai bis Juni kann man seinen überwältigenden Farbrausch erleben.

BEIM BETRACHTEN EINZELNER BLÜTEN UND BLÄTTER STELLT MAN FEST, DASS DIE NATUR KREATIVER IST ALS JEDER KÜNSTLER

Zur Stärkung und zum Reset der Augen bietet sich das **Café Orchidee** an. Gleich nebenan gibt es die Gelegenheit zu einem Abstecher in die Pflanzenschauhäuser. Ein echtes Anliegen des städtischen Rombergparks ist es übrigens, Wissen und Abenteuer als Eduventure anzubieten. Hierzu gehört neben dem Refugium für bedrohte Pflanzen im Loki-Schmidt-Garten auch die Heidelandschaft mit angrenzender Düne. Da darf eine zünftige **Moorkate** natürlich nicht fehlen. Bei allem Botanik- und Umweltinput wirken weite Strecken zwischen den Themenbereichen wie von der Natur geschaffen. Beim Umrunden des herrlich ausschwingenden Wiesentals lässt sich im sanften Auf und Ab der Szenenwechsel von der Blütenpracht bis zur geografischen Gehölzsammlung besonders gut erleben.

Einen Blick auf den Roten Bach im Farn- und Primeltal sollte man sich allerdings auch nicht entgehen lassen. Zum Austoben für die Kleinen bietet sich der **Abenteuerspielplatz** mit Piratenschiff an. Wer eine eher intime Pause bevorzugt, findet in grünen Nischen mit Blick auf die Wiesen oder auf Staudenbeete ausgerichtet unzählige **Bänke.** Am großen Teich kann man unter uralten Bäumen so manche ruhige Weile zubringen. «

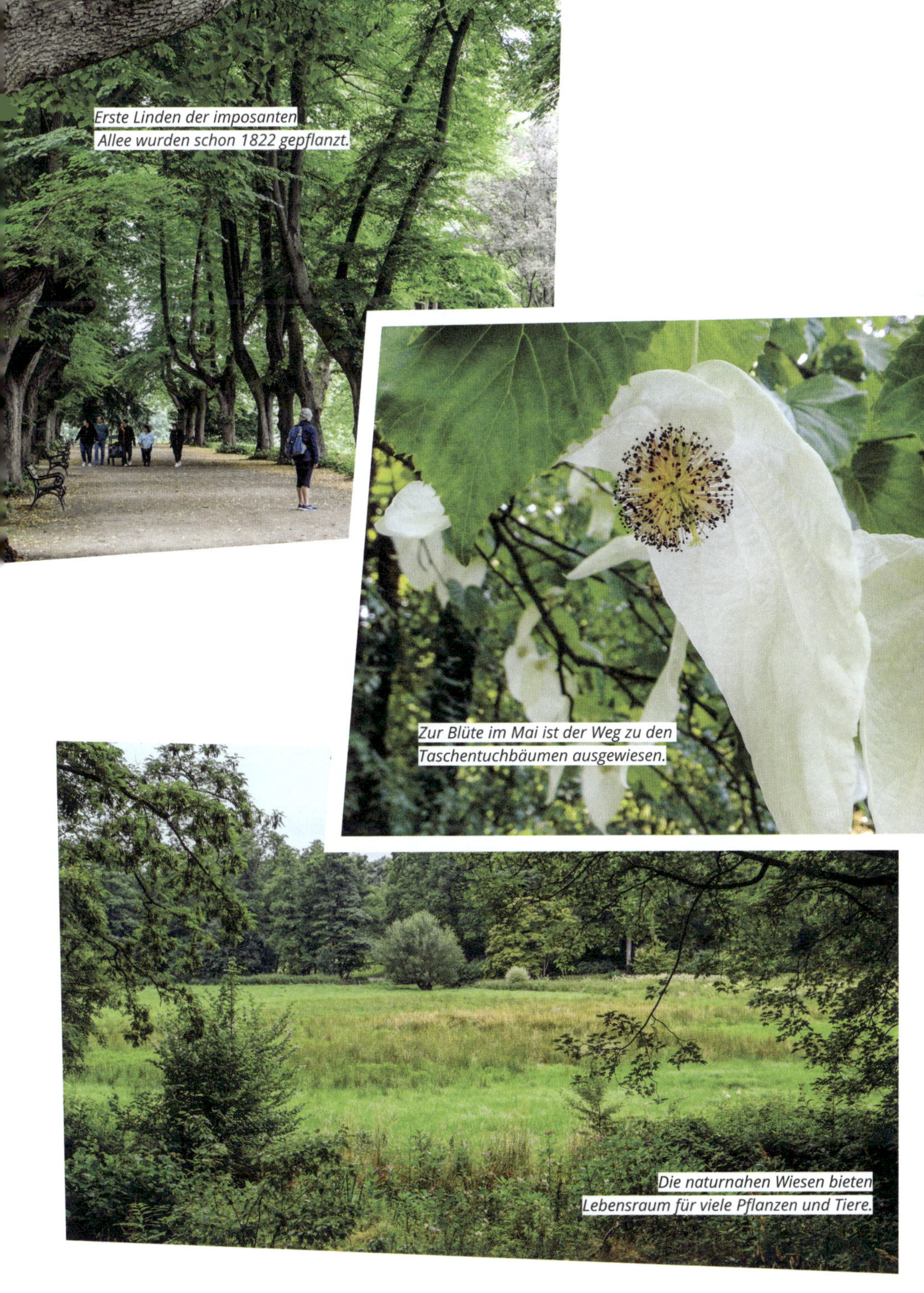

Erste Linden der imposanten Allee wurden schon 1822 gepflanzt.

Zur Blüte im Mai ist der Weg zu den Taschentuchbäumen ausgewiesen.

Die naturnahen Wiesen bieten Lebensraum für viele Pflanzen und Tiere.

WANDERN & GENIESSEN

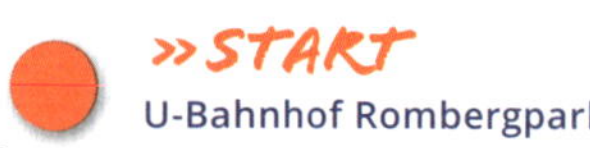

» START

U-Bahnhof Rombergpark

Vom U-Bahnhof über Am Rombergpark geradeaus zum Parkplatz Rombergpark, wo ein Wegweiser zur Heide- und Dünenlandschaft führt. Den kleinen Patt rechts durch den Sand nicht verpassen!

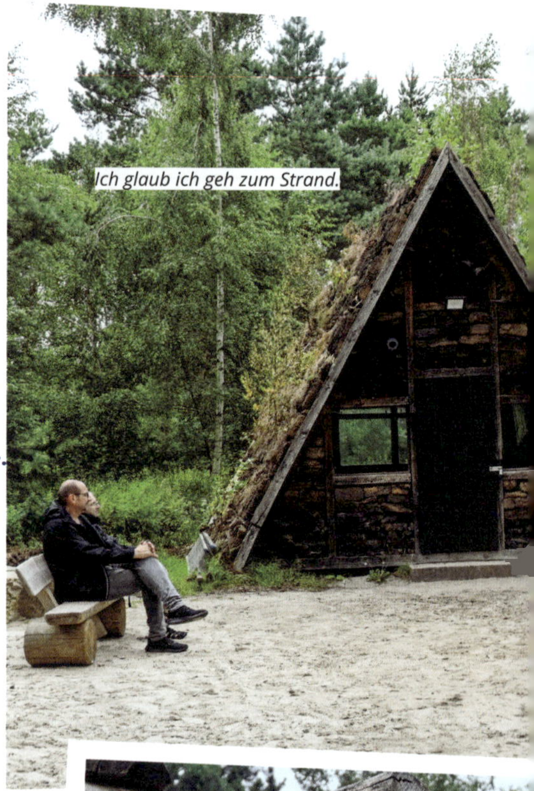

Ich glaub ich geh zum Strand.

KM 0,7

1 **Moorkate**

In Szene setzen

Im Sommer vielleicht barfuß? Einem Weg zum Strand ähnelnd führt der Sandweg mitten in die weltweit größte künstliche Moor- und Heidelandschaft. Im Bogen rechts wird der Weg begleitet von Torfmoosen, Sauergräsern, Sonnentau, Moosbeeren und Lavendelheide – bis zur Moorkate. Der mit Heideplaggen abgedeckte Nurdach-Informationspavillon vermittelt im Innern Wissen über die Entstehung und Entwicklung des Lebensraumes Moor über Jahrtausende. Wer spontan selbst rezitieren oder schauspielern möchte, lässt sein Publikum im Amphi auf Natursteinen platznehmen.

Geradeaus dem Weg von der Kate folgend gehts gleich rechtsrum zur Kräuterabteilung.

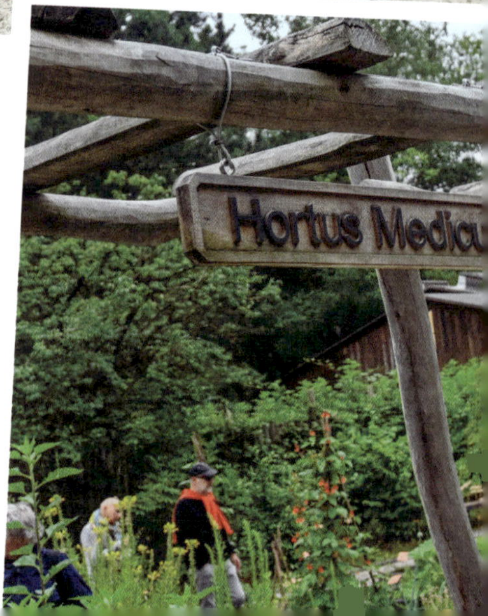

KM 0,8

2 Hortus Medicus
Heile, heile Pflänzchen

Welche Alltagspflanze, die man nicht auf dem »Schirm« hat und als Unkraut abtut, ist eine Heilpflanze und besitzt besondere Kräfte? Im Hortus Medicus wird so manch einer seinen Aha-Effekt erleben. Über 300 Heilkräuter wachsen hier, orangefarbene Schilder erklären ihre Wirkweise. Rote Beschriftungen, wie bei Eisenhut und Herbstzeitlosen, warnen vor giftiger Überdosierung. Von einer Bank unter der Pergola hat man die übersichtlich sortierten Beete fest im Blick und kann so manchen Duft erschnüffeln. Übrigens, Abstecher in den **Loki-Schmidt-Garten** nicht versäumen, ein Refugium für bedrohte Pflanzen. Sicher ist: Aus dem Hortus Medicus geht man schlauer weg als man gekommen ist.

Zur Orientierung in die Karte schauen: Zur Rosenallee, im Zickzack, durch das Pappel-Rondell, im weiten Bogen leicht bergab, längs durch das Primeltal zum Roten Bach, wieder hinauf im Bogen am Wetterpilz vorbei, durch die Stoffregen-Allee, rechts im Bogen zum Café.

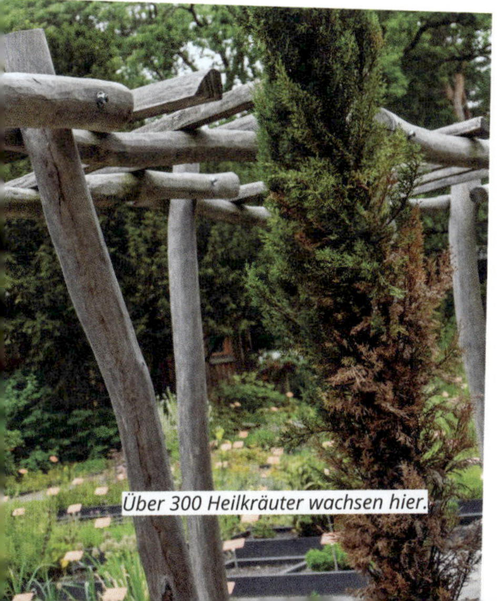
Über 300 Heilkräuter wachsen hier.

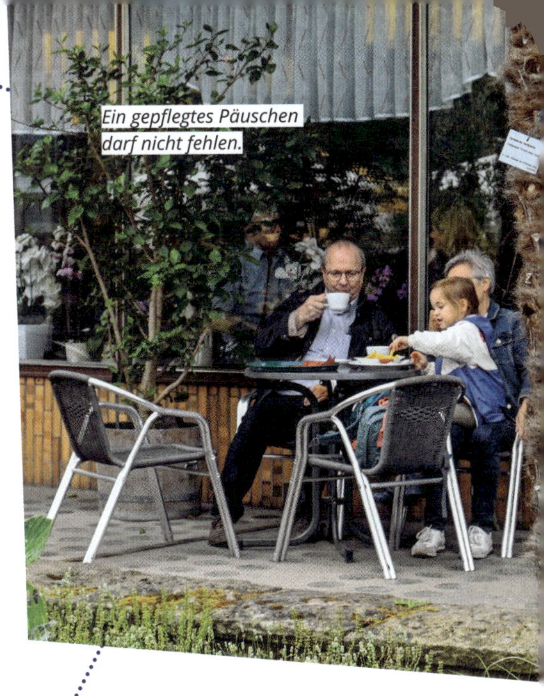
Ein gepflegtes Päuschen darf nicht fehlen.

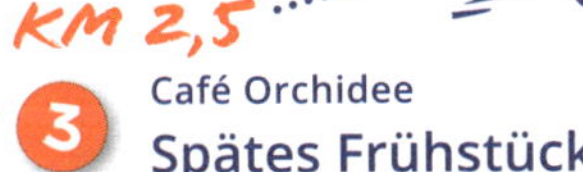

KM 2,5

3 Café Orchidee
Spätes Frühstück

Wer unterwegs nicht einer der romantisch platzierten Bänke unter uralten Bäumen Vorrang zum Picknick gegeben hat, genießt den Service im Café Orchidee. Ob zum späten Frühstück, zur Hausmachersuppe oder auf eine frische Waffel: ein gepflegtes Päuschen geht immer. Von der großen Terrasse aus hat man einen schönen Blick auf den Seerosenteich. Gleich ums Eck ist der Eingang zu den vier Pflanzenschauhäusern, besonders spannend das »Kalte Nebelwaldhaus« (www.cafe-orchidee.com).

Frisch gestärkt geht es außen um die Glashäuser herum »auf Tour« – im großen Bogen hinunter zur großen Talwiese, vorbei am Zoo und hinauf ins Arboretum Ginkgo-Platz.

KM 3,8

4 Arboretum Ginkgo-Platz

Bäume aus aller Welt

Die Wald- und Lebensgemeinschaften anderer Kontinente wollen in dem hügeligen Waldgelände erwandert und erkannt werden. Nach einem kurzen Anstieg gelangt man zum Mittelpunkt des ostasiatischen Areals, in dem Eichen, China-Brombeeren, Magnolien und die Bank bei den noch jungen Ginkgobäumen zum Durchatmen einladen. Von hier führen verschiedene Wege nach Nord- und Südamerika oder zum heimischen Buchen-Hochwald – je nach Belieben. Eine informierende Beschilderung über geologische und klimatische Themen der Biodiversität ist in Planung.

Zurück auf Talniveau am großen Teich kann man auf der Bogenbrücke auch ohne Füttern Kontakte zu Wasservögeln knüpfen, dann links herum Kurs auf den Spielplatz nehmen.

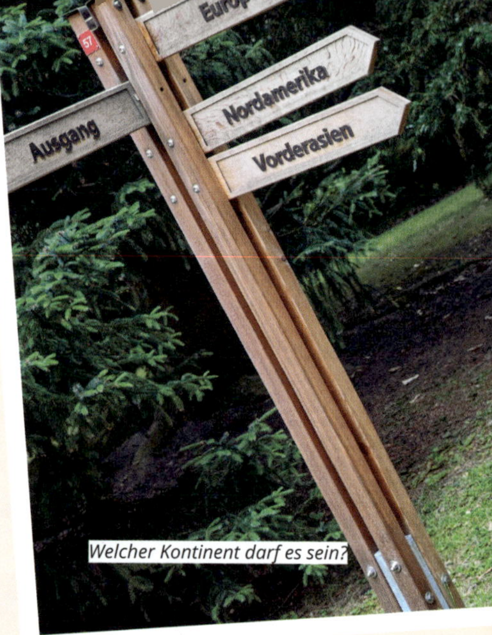

Welcher Kontinent darf es sein?

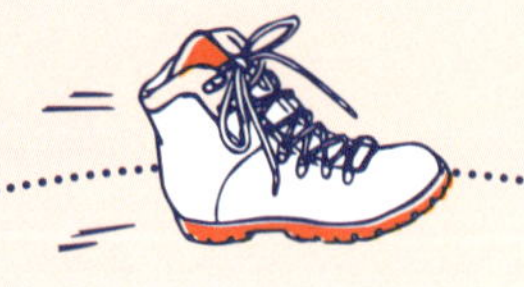

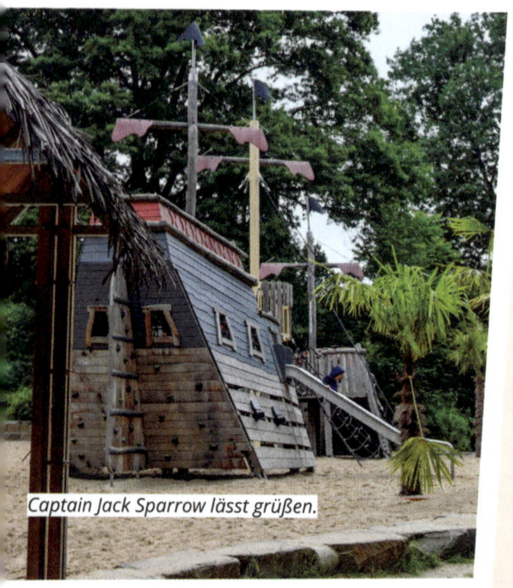

Captain Jack Sparrow lässt grüßen.

KM 5,1

5 Abenteuerspielplatz

In See stechen

Der Abenteuerspielplatz ist nicht zu übersehen. Die Kids werden ihr See-Abenteuer erleben, denn das Piratenschiff HMS Beagle liegt hier vor Anker. Auch klassische Attraktionen wie Rutsche, Holzhaus, Wackelbrücke, Wippe wollen erobert werden. Für »Erdmännchen« gibt es jede Menge Sand hin und her zu bewegen – gerne auch durch ein Röhrensystem. Da wird nicht selten das Kind in so manchem großen Manne geweckt …

Üppige Staudenbeete in englischer Tradition weisen den Weg Richtung Clematisgarten, und schon trifft man auf eine Lindenallee.

KM 5,6

6 Rastbank mit Seeblick

Seelenfrieden finden

Wer sich von der Blütenpracht des weißen und rosa-violetten Beets hat losreißen können, wird früher oder später gemächlichen Schrittes die imposante Lindenallee passieren. Erste Pflanzungen nach Plan datieren auf das Jahr 1822. Doch die drei uralten riesigen Platanen, unter denen Sitzgelegenheiten zur finalen Entschleunigung einladen, haben hier vermutlich schon im Jahr 1805 ihre Heimat gefunden – im Sommer ein prima schattiges Plätzchen. Mit Blick über den großen Teich auf die gegenüberliegende Bastion unter Blutbuchen, möchte man am liebsten die Zeit anhalten und einfach hierbleiben. Der ultimative Ort, um den Restproviant zu verzehren. Mit Seitenblick zum historischen Eiskeller ist das Torhaus schon zu sehen. Nicht nur Kunstfans treten hier gerne in die Städtische Galerie ein (www.dortmund.de).

Vom Torhaus geht es rechts zurück zum U-Bahnhof oder links zum Parkplatz Rombergpark.

EXTRA INFOS:

Auf dem Rombergparkgelände ist auch der ● **Rote Bach** sehenswert: Dieser eisenhaltigen Zufluss des Schondelle-Bachs, der durch den Park und rings um den großen Teich im Norden plätschert, lässt das Bachbett rosten. Informationstafeln erläutern seine Entstehung.

Kurz vor dem Abenteuerspielplatz lädt das ● **Café Corrida** zum Boxenstopp ein mit lecker Kaffee und Bratwürstchen (www.cafe-corrida.de).

Ein großes Angebot an **Führungen** und **Workshops** bietet die Möglichkeit, das eigene Wissen noch zu erweitern (https://rombergpark.dortmund.de).

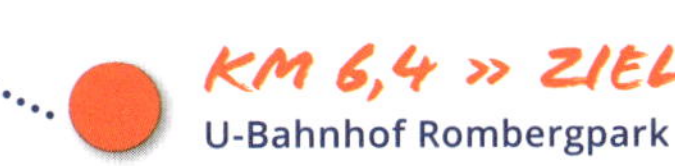

KM 6,4 » ZIEL

U-Bahnhof Rombergpark

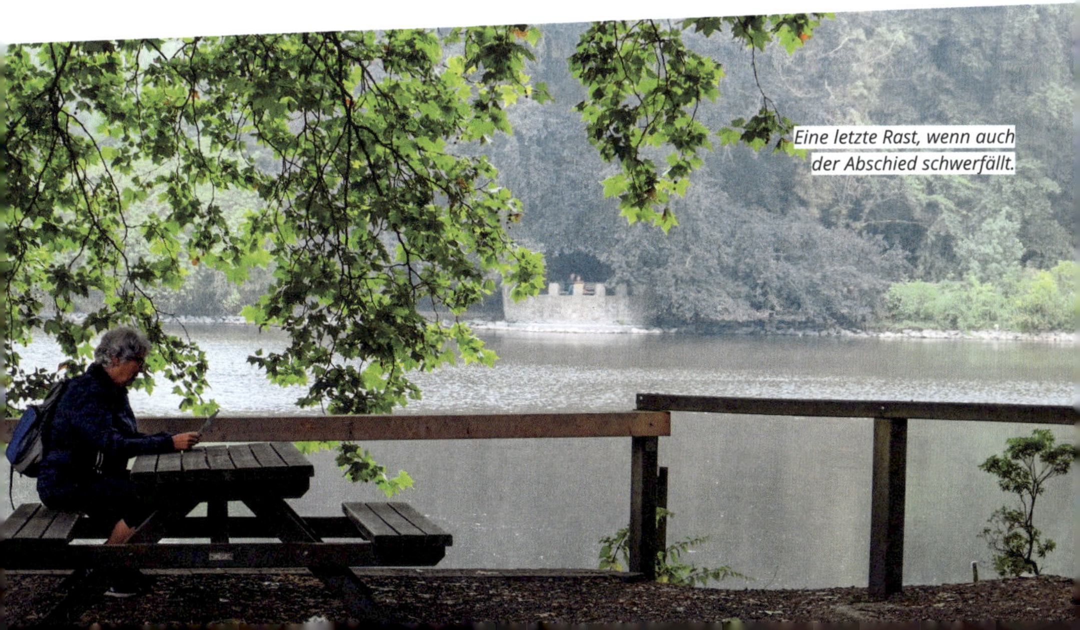

Eine letzte Rast, wenn auch der Abschied schwerfällt.

AUF EINEN BLICK

- **Start/Ziel:** U-Bahnhof (davor Bushaltestelle) & Parkplatz Rombergpark
- **Strecke:** 6,4 km (Rundtour)
- **Reine Wanderzeit:** 2 Std. 10
- **Höhenmeter:** ↗ 47 m ↘ 47 m
- **Wegbeschaffenheit:** Überwiegend befestigte Wege; die nicht barrierefreien Abschnitte können umfahren werden, feste Schuhe empfehlenswert.
- **Beste Zeit:** Ganzjährig und ohne Eintritt. Frühjahr bis Herbst mit Blütenpracht und Blätterdach, im Mai/Juni tragen Taschentuchbäume und Rhododendren reichlich Blüten, im Winter romantisch rustikal.
- **Ausrüstung:** Picknick, Botanik-App, Sandspielzeug für Kinder, Fotoapparat, Hunde sind mit Ausnahme in der Moor-Heidelandschaft, auf den Spielplätzen und in den Pflanzenschauhäusern erlaubt.

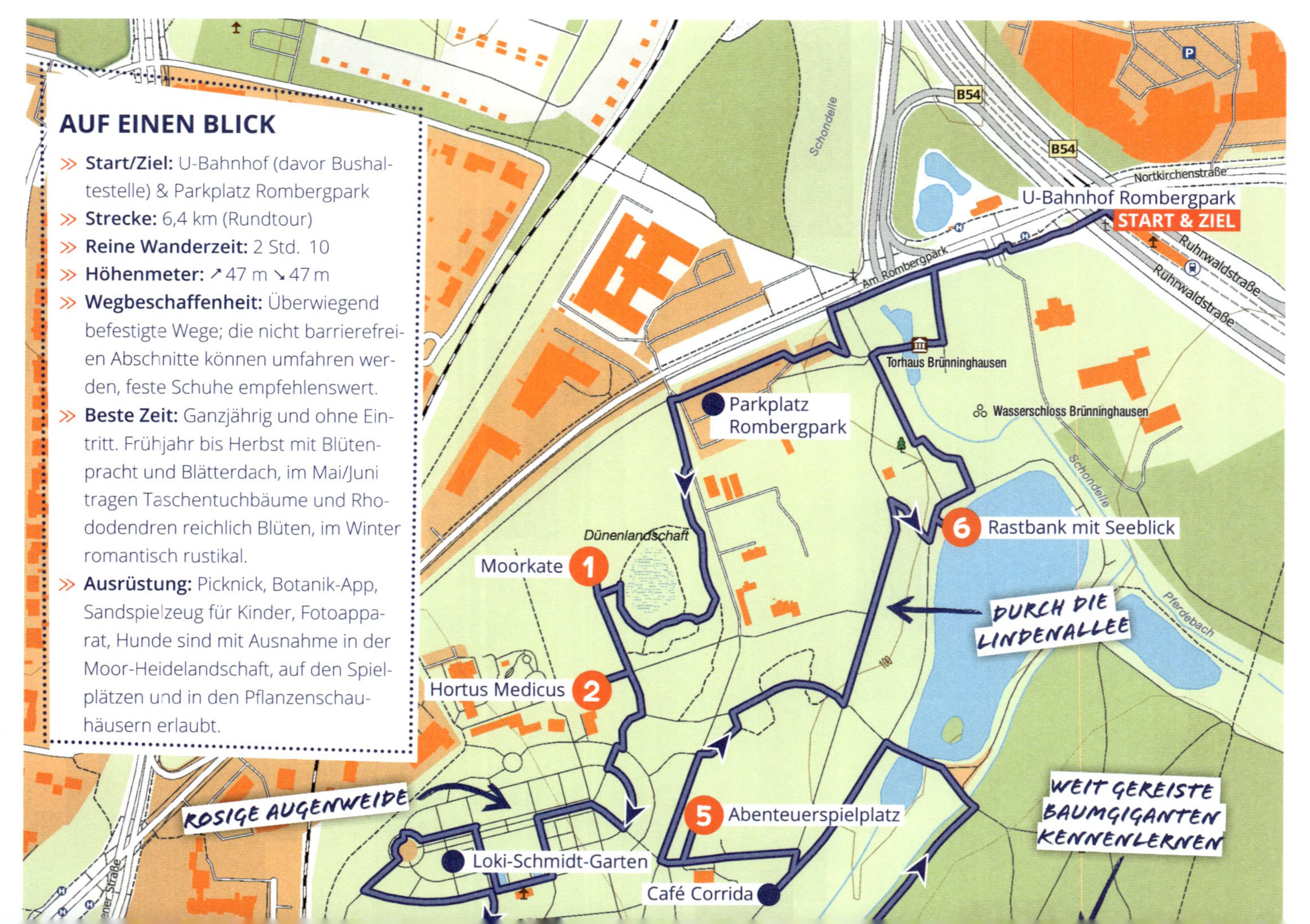

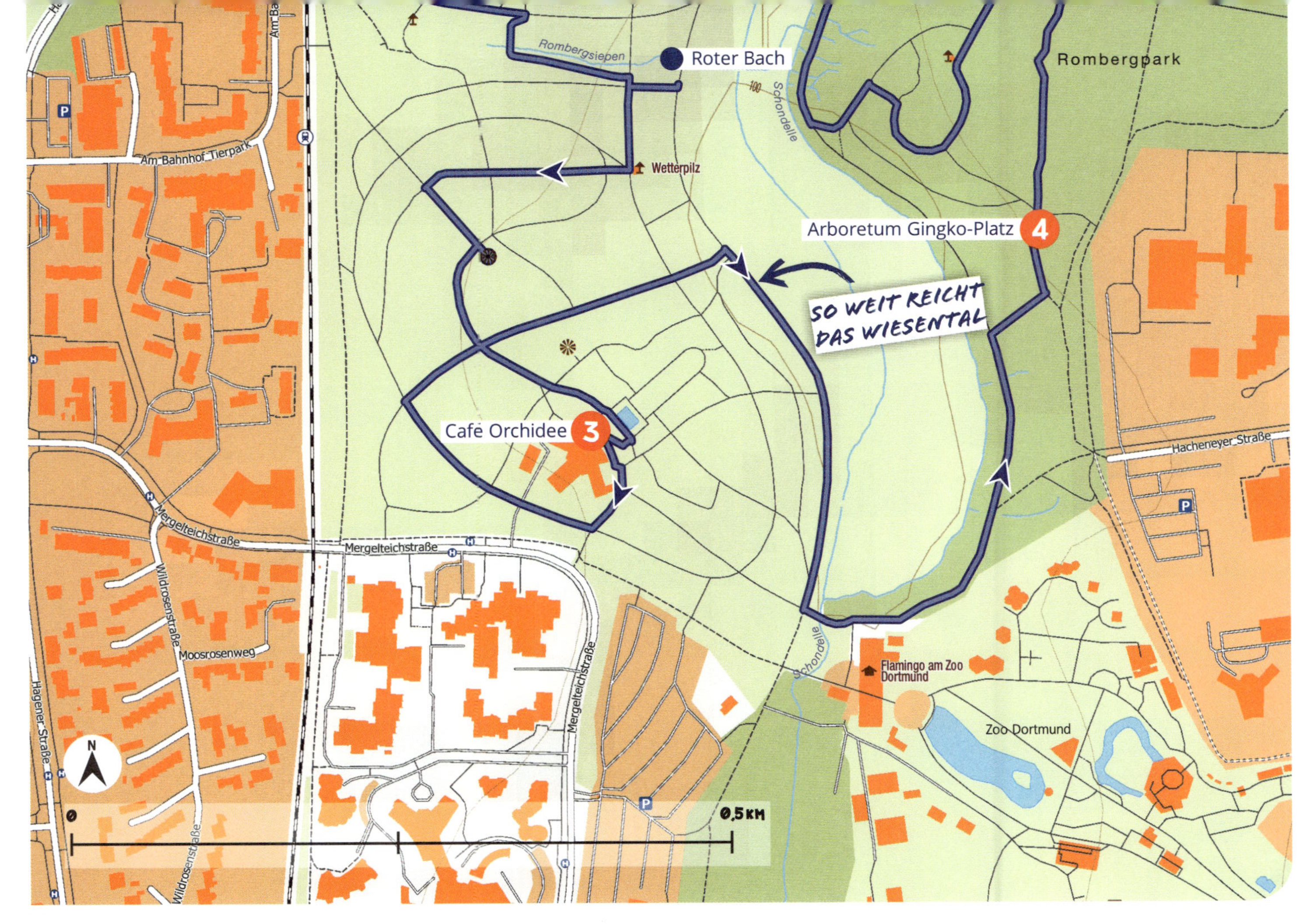
Rombergpark
Roter Bach
Rombergsiepen
Schondelle
100
Wetterpilz
Arboretum Gingko-Platz
4
SO WEIT REICHT DAS WIESENTAL
Café Orchidee
3
Am Bahnhof Tierpark
Mergelteichstraße
Wildrosenstraße
Moosrosenweg
Hagener Straße
Hacheneyer Straße
Flamingo am Zoo Dortmund
Zoo Dortmund
N
0
0,5 KM

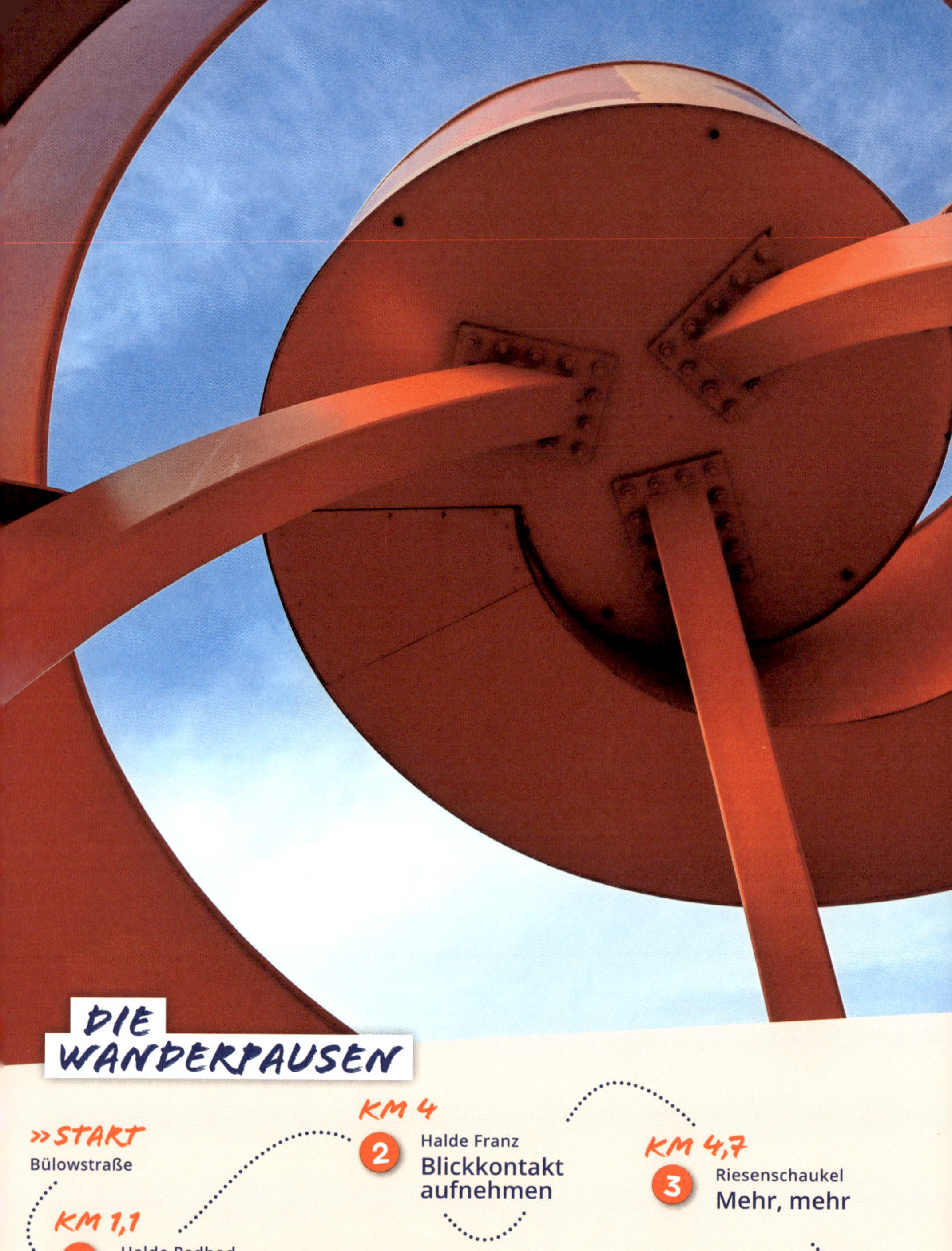

DIE WANDERPAUSEN

» START
Bülowstraße

KM 1,1
1 Halde Radbod
Erstbesteigung eines knalligen Spiralwegs

KM 4
2 Halde Franz
Blickkontakt aufnehmen

KM 4,7
3 Riesenschaukel
Mehr, mehr

WAT IS DAT ORANGE HIA

Von Halde zu Halde durch den Lippepark in Hamm

Man kann sich der Anziehungskraft der orangefarbenen Landmarken nur schwer entziehen. Da wandert man gerne durch das verbindende grüne Band Lippepark und lässt sich geistig wie körperlich inspirieren.

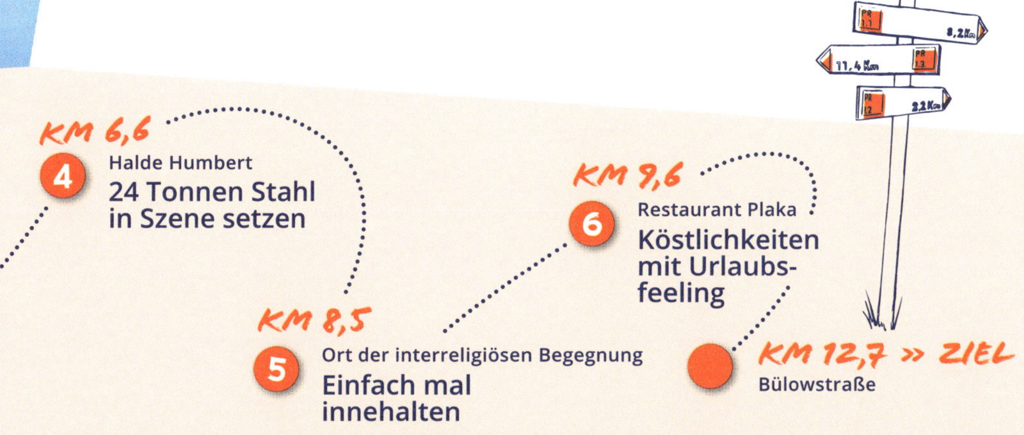

AUF KOHLE FOLGT DAS GRÜN

Es ist immer wieder ein schöner Moment, wenn ein Haldentop erreicht ist. Gefahr, wie die Leuchtfeuerberge bei »Der Herr der Ringe« ankündigen, besteht im Lippepark nur in Form vom Verlangen, alle fünf Toppings zu erwandern. Hat man das erste wie eine Korkenzieher-Spirale anmutende Orange auf **Halde Radbod** erreicht, kann man die Dimension dieser begehbaren Landmarke erst erfassen. Echte Ruhrpottler werden sich beim Rundumblick schnell orientieren können. In der Ferne leuchten die anderen orangefarbenen Markierungen der Haldenfamilie, von denen zwei weitere auf der Tageskarte stehen.

Per Brückenschlag gelangt man über Lippe und Datteln-Hamm-Kanal zum Lippepark. Als »Freiraum statt Grauraum« ist hier die brachliegende Schachtanlage Franz zu einem großflächigen Sport- und Naherholungsgebiet umgestaltet worden. Vom Turm auf **Halde Franz** hat man eine gute Aussicht auf die grün gestaltete Freizeitfläche. Und wie sollte es anders sein: Auch auf **Halde Humbert** wird manch Heimatwissen auf die Probe gestellt. Fotofreaks kommen unbedingt auf ihre Kosten, nicht nur beim In-Szene-Setzen der knallorangenen Kunstwerke.

ERFREULICH: WENN MAN ERKENNT, WIE VIEL NATUR UND SPASS AUS BERGBAU ENTSTEHEN KANN

Warum eigentlich orange? Im Bergbau wurden die Sohlen zur Orientierung unter Tage farbig gekennzeichnet. Das Orange, von Bergleuten »kress« genannt, war die Farbe der untersten Sohle von Schacht Franz und wurde zur Leitfarbe des Lippeparks. Bergbauaffine Wandernde können auf der »Seilfahrt«, die parallel zum Freizeitgelände verläuft, Objekte aus dem Bergbau auf einem Kunstpfad entdecken.

Wer dem Himmel nahe sein möchte, der findet sein Glücksgefühl auf der **Riesenschaukel** oder tritt am **Ort der interreligiösen Begegnung** in einen spirituellen Austausch. Alles nah beieinander, wie die Religionen gleichwertig, gleichbedeutend nebeneinanderstehen. Multikulti im Lippepark, da darf die leibliche Stärkung nach griechischem Gusto im **Restaurant Plaka** natürlich nicht fehlen (www.hamm.de/lippepark). «

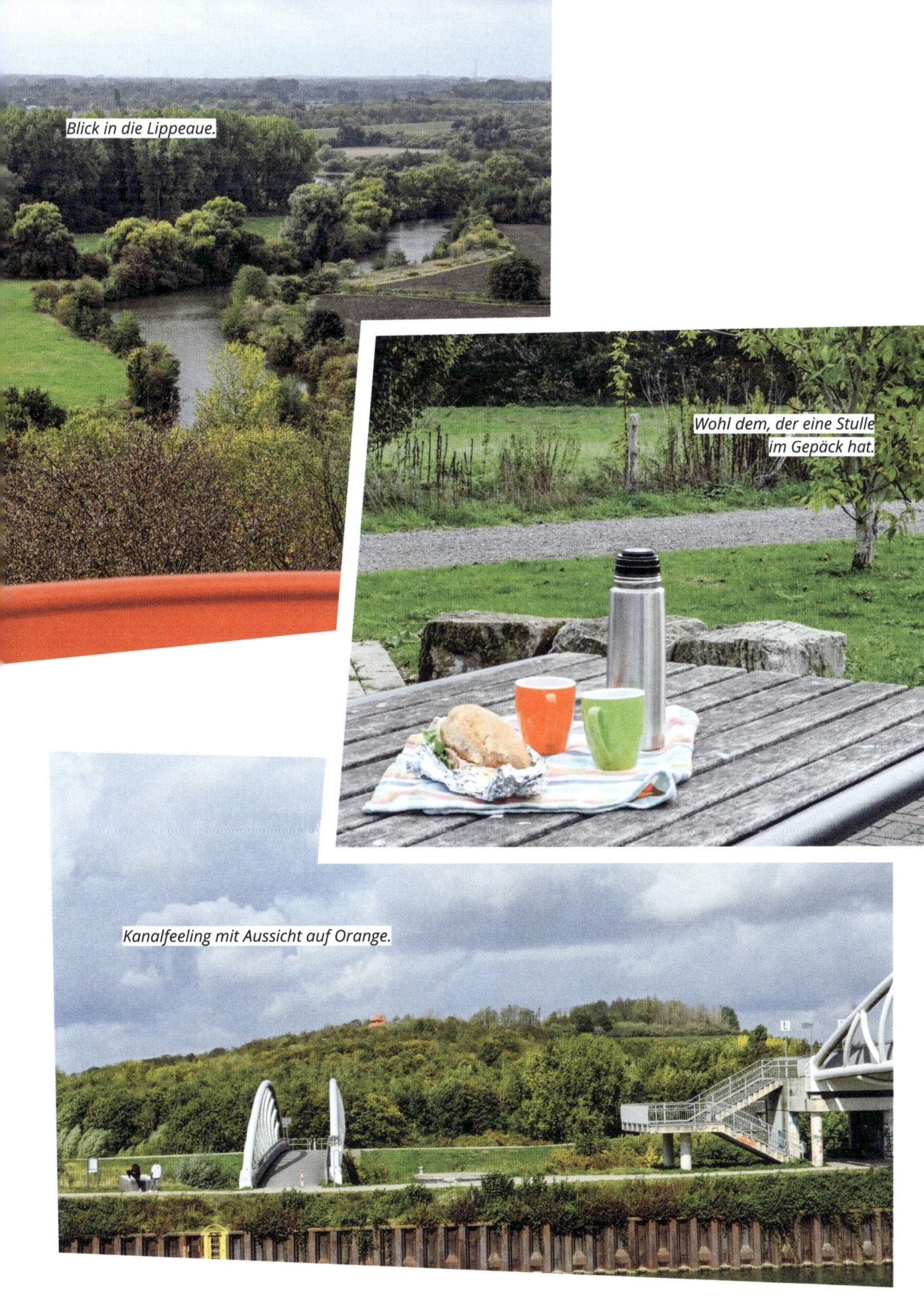

Blick in die Lippeaue.

Wohl dem, der eine Stulle im Gepäck hat.

Kanalfeeling mit Aussicht auf Orange.

WANDERN & GENIESSEN

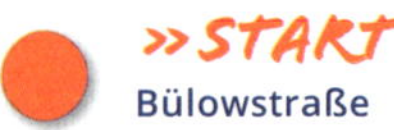

Bülowstraße

Von den Straßenparkplätze an der Bülowstraße 29 oder der nahen Bushaltestelle Strackstraße führt der Randweg über die Eisenbahnschienen und einen schmaler werdenden Weg geradeaus durch ein Wäldchen zur Halde. Vom jungen Wäldchen aus kommt man über eine nackt wirkende Wiesenfläche direkt auf dem Hauptweg in die Aufwärtsbewegung.

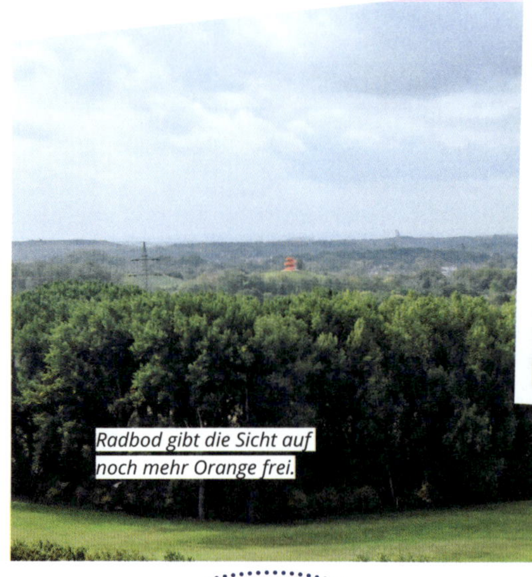

Radbod gibt die Sicht auf noch mehr Orange frei.

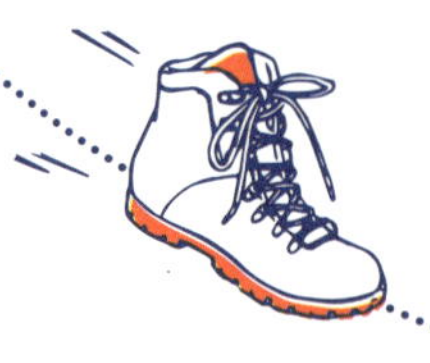

KM 1,1

1

Halde Radbod

Erstbesteigung eines knalligen Spiralwegs

Je näher man der knalligen Spirale kommt, umso imposanter wird sie: Die Rampe mutet wie eine überdimensionale Kugelbahn an. Oben angekommen hat man freie Sicht auf die Altarme in der Lippeniederung, die Innenstadt von Hamm und auf die drei Fördertürme von Zeche Radbod. Richtung Süden erkennt man auch die anderen Haldenzeichen auf ihren Anhöhen. Auffi also zum Spiralensammeln, am besten auf direktem, steilem Pfad nach unten.

Unten angekommen rechts, am Rastplatz links über beide Brücken, am Ende rechts ein Stück an der Straße. Am Hauptportal in den Lippepark, dann rechts zum Haldentop empor.

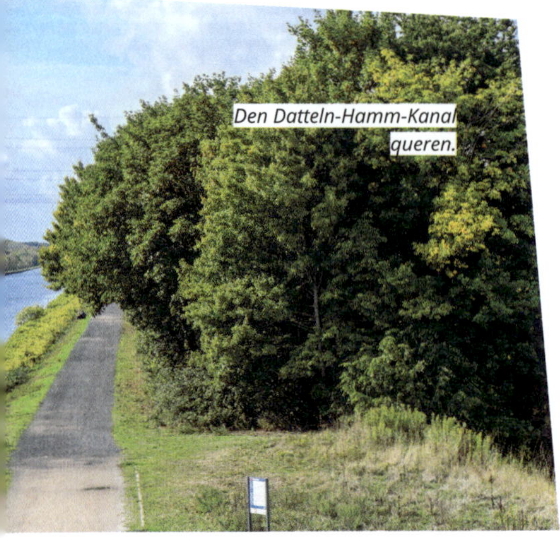

Den Datteln-Hamm-Kanal queren.

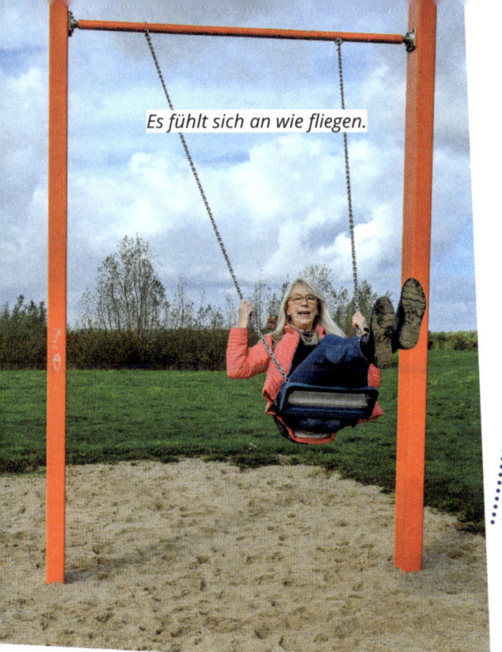
Es fühlt sich an wie fliegen.

KM 4,7

3

Riesenschaukel

Mehr, mehr

Schaukeln ist etwas, dass man niemals sein lassen sollte. Es fühlt sich ein bisschen an wie fliegen. Die Beine auf und ab geschwungen, bekommt die Reise ordentlich Fahrt. Bei dem Schwung in die Tiefe zieht's im Bauch, ein leicht gruseliges, wohliges Gefühl. Die Landschaft ringsherum kommt in Bewegung, die Haare fliegen. Das muss es sein, was Kinder auf der Schaukel rufen lässt: Mehr, mehr! Kann es sein, dass Schaukeln glücklich macht? Auf jeden Fall ist es auch als Erwachsener den Versuch wert, eines der großen Spielgeräte zum Schwingen zu bringen. Von ganz oben hat man übrigens einen bewegt weiten Blick.

Die Halde links verlassen, dann rechts immer geradeaus, durch eine Baumallee, über die Hauptstraße, an der Moschee links weiter geradeaus über einen Fuß-Rad-Weg, bis zum Abzweig Humbert schräg links.

KM 4

2

Halde Franz

Blickkontakt aufnehmen

Zickezacke rauf auf die Halde und siehe da, ein baugleiches Haldenzeichen steht zur Begehung bereit. Exponiert auf dem Plateau, bietet das Orange schon auf Distanz spannende Fotoperspektiven. Der Unterschied von Franz zu Radbod ist seine Aussicht und das Untendrunter. 1994 wurde Zeche Franz stillgelegt, später baute man die brachliegende Schachtanlage zum Sport- und Naherholungsgebiet Lippepark um. Die gestalteten Plateaus kann man von oben gut erkennen, auch auf das Gersteinwerk und das Kohlekraftwerk in Werne-Stockum reicht der Blick. Franz war übrigens die erste Halde, die mit dem orangefarbenen Kunstobjekt ausgestattet wurde. Wie in einer intakten Familie üblich, behält man stets Blickkontakt zueinander.

Am Ende des zweiten Haldenplateaus, einmal runter und wieder rauf, kann man die Schaukeln nicht übersehen.

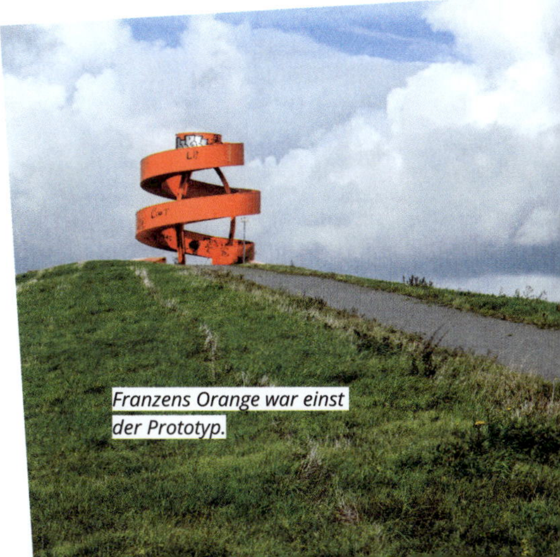
Franzens Orange war einst der Prototyp.

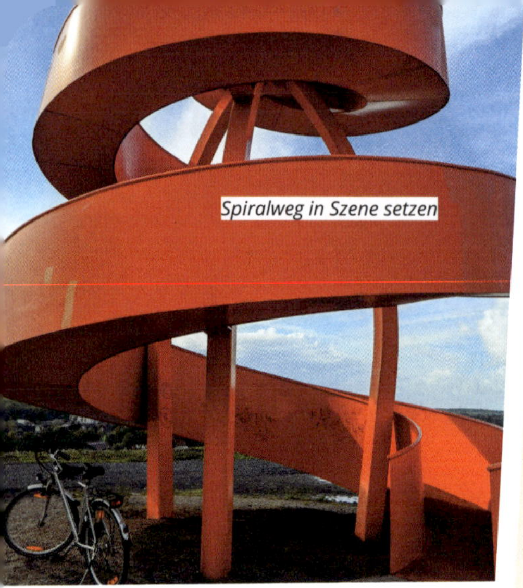
Spiralweg in Szene setzen

KM 6,6

4

Halde Humbert

24 Tonnen Stahl in Szene setzen

Wie auf einer Rampe fühlt man sich beim steilen Aufstieg zur Halde Humbert. Keine Eile, wenn im Sommer wilde Blütenwiesen den Weg säumen, sollte man sich für die Beobachtung von Hummeln, Bienen, Schmetterlingen & Co. Zeit nehmen. Kaum zu glauben, dass hier bis zum Jahr 2003 noch Schachtanlagen existierten. Das grüne Rohr mit der Protegohaube markiert den alten Schachtstandort. Auf dem Haldentop wieder die alte Bekannte in Orange. Wer sich bisher noch nicht in Detailaufnahmen von der leuchtenden Spirale geübt hat, findet ganz nah dran völlig neue Bildausschnitte. Die Idee zu den begehbaren Kunstwerken, die aus je 24 Tonnen Stahl bestehen, stammt übrigens vom Architekturbüro Berghaus (www.berghausarchitekten.de/haldenzeichen-hamm).

Zurück zur Moschee, die Straße queren und dann schräg links in den Lippepark einbiegen.

KM 8,5

5

Ort der interreligiösen Begegnung

Einfach mal innehalten

Ob zunächst ein »Tor« durchschritten wird oder die Bänke auf direktem Weg angesteuert werden, hier findet man einen Rückzugsort zum Innehalten, zum Pause machen, zum Austausch. Fünf Stahltore mit den Symbolen der fünf großen Weltreligionen – Islam, Judentum, Christentum, Hinduismus und Buddhismus – führen auf fünf Stehpulte mit religiösen Texten. Dahinter steckt die Idee, die theologische Vielfalt, die mit den Zechenarbeitern nach Hamm gekommen ist, auch im Park zu (er-)leben. Manche fühlen sich schnell inspiriert zu spirituellen Ritualen, man kommt gerne ins Gespräch. Kinder nutzen die Tore auch als Rennparcours für Bobby-Cars. Alles ist erlaubt und jeder nimmt diesen Ort ganz nach persönlichem Belieben wahr.

Weiter auf dem Weg, hinter dem Sportverein auf den parallelen halbhohen Weg wechseln. Wieder unten, liegt das Lokal am Ende des Parks schräg links auf der anderen Straßenseite.

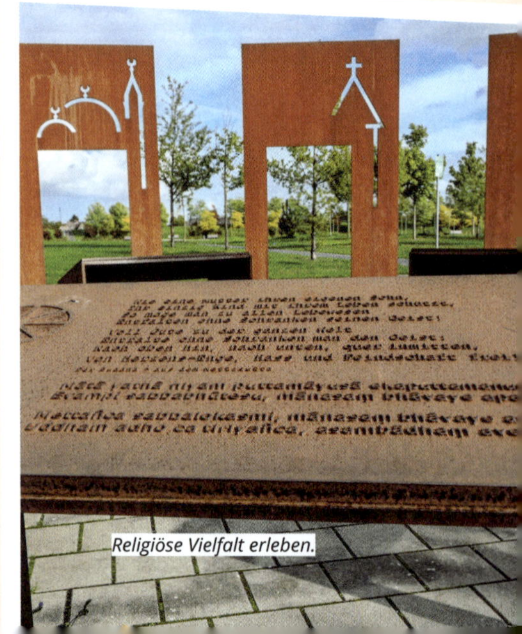
Religiöse Vielfalt erleben.

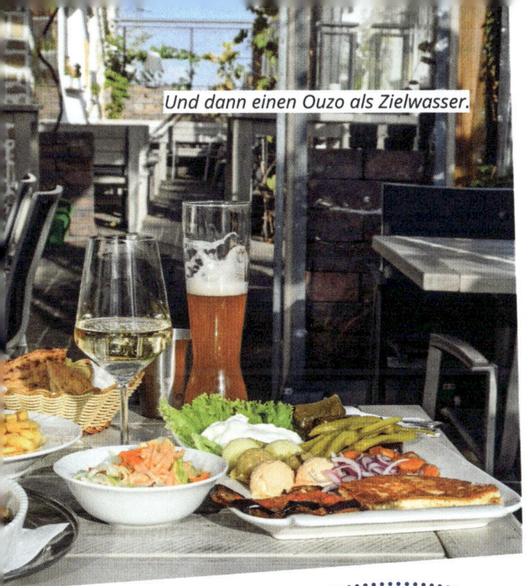

Und dann einen Ouzo als Zielwasser.

EXTRA INFOS:

Am Fuß von Radbod lassen sich von der ● **Beobachtungskanzel Lippeauen** Wasservögel im Lippe-Altarm beobachten. Gleich ums Eck an der Weggabelung finden Wandervögel einen bequemen Rastplatz.

Gleich neben Humbert verläuft über die ● **Halde Kissinger Höhe** ein Bergbaulehrpfad mit Gegenständen aus dem Bergbau. Außerdem kann man die bewaldete Halde auf einem Barfußpfad umrunden. Am höchsten Punkt gibt es neben der orangefarbenen Spirale einen Rastplatz.

KM 9,6

6 Restaurant Plaka

Köstlichkeiten mit Urlaubsfeeling!

Hungrig von den Haldenaufstiegen? Quasi zu Füßen von Halde Franz kann man eine kleine kulinarische Reise ins mediterrane Griechenland unternehmen. Das Restaurant ist seit 25 Jahren traditionell Familiensache, und Tradition verpflichtet bekanntermaßen. Die warme Sonne im Rücken ein Weinchen trinken und auf der Außenterrasse griechische Köstlichkeiten genießen – da werden Urlaubserinnerungen wach. Ob Gyros, Lammkarree, überbackene Souflaki, jede Menge frische Vorspeisen oder etwas Süßes zum Nachtisch, hinterher hilft nur ein Ouzo als Zielwasser für den Rückweg (www.restaurant-plaka-herringen.de).

Richtung Brückenschlag, vorher einen Abstecher links an den Kanal. Dann über die Brücken, am Rastplatz rechts um die Halde zurück zum Auto oder der Bushaltestelle Strackstraße auf der Bülowstraße.

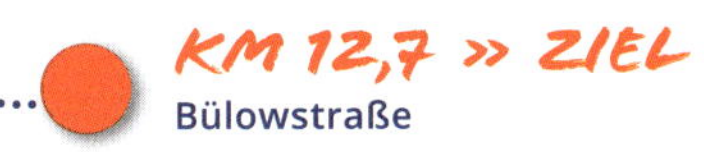

Bülowstraße

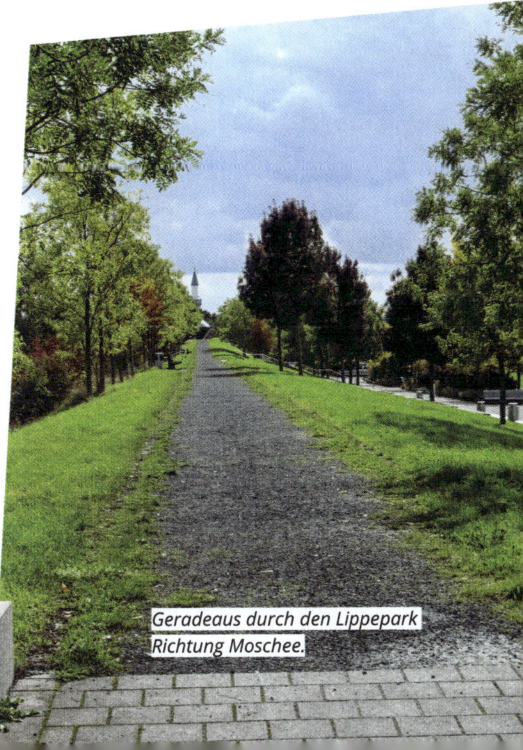

Geradeaus durch den Lippepark Richtung Moschee.

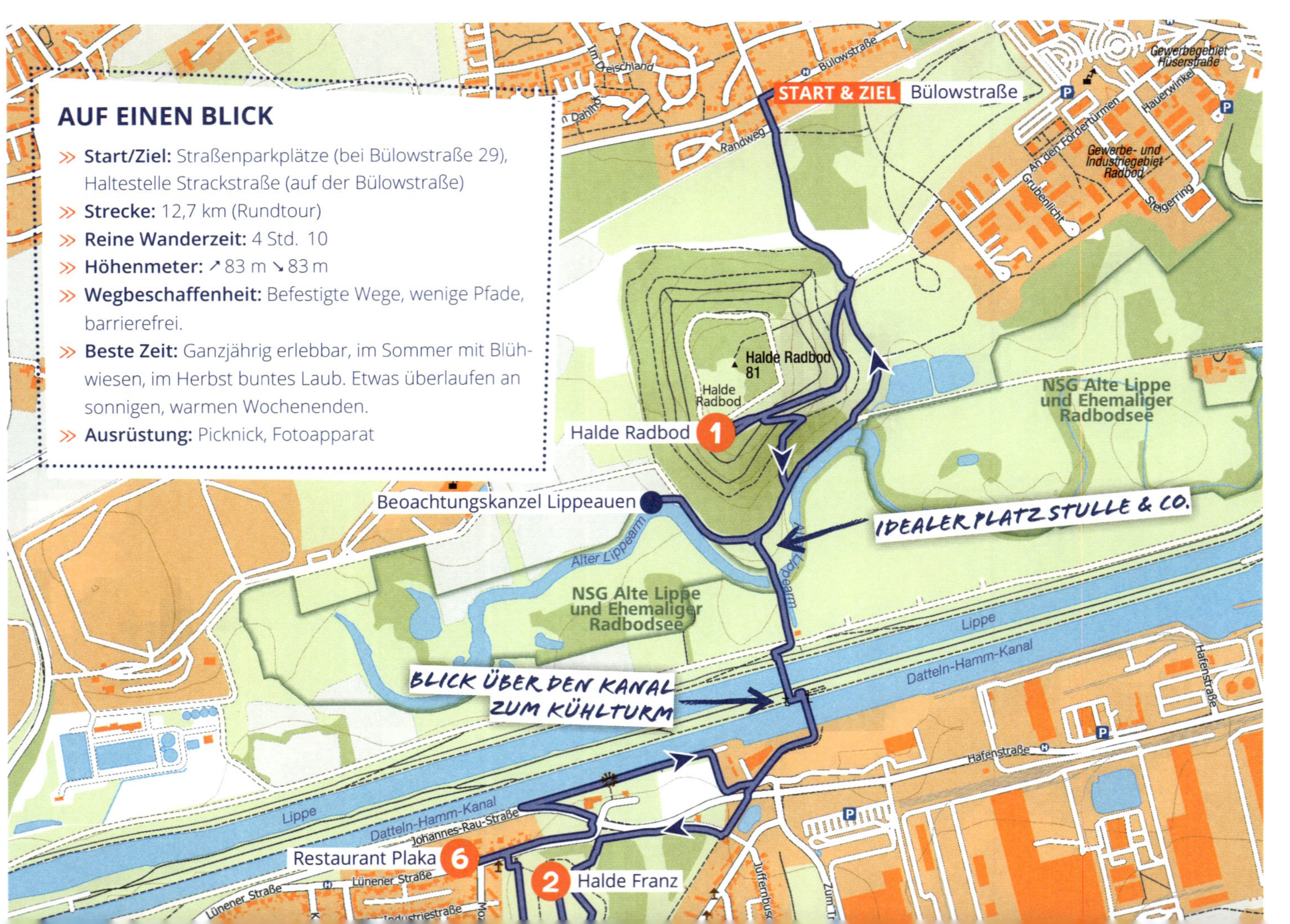

AUF EINEN BLICK

- » **Start/Ziel:** Straßenparkplätze (bei Bülowstraße 29), Haltestelle Strackstraße (auf der Bülowstraße)
- » **Strecke:** 12,7 km (Rundtour)
- » **Reine Wanderzeit:** 4 Std. 10
- » **Höhenmeter:** ↗ 83 m ↘ 83 m
- » **Wegbeschaffenheit:** Befestigte Wege, wenige Pfade, barrierefrei.
- » **Beste Zeit:** Ganzjährig erlebbar, im Sommer mit Blühwiesen, im Herbst buntes Laub. Etwas überlaufen an sonnigen, warmen Wochenenden.
- » **Ausrüstung:** Picknick, Fotoapparat

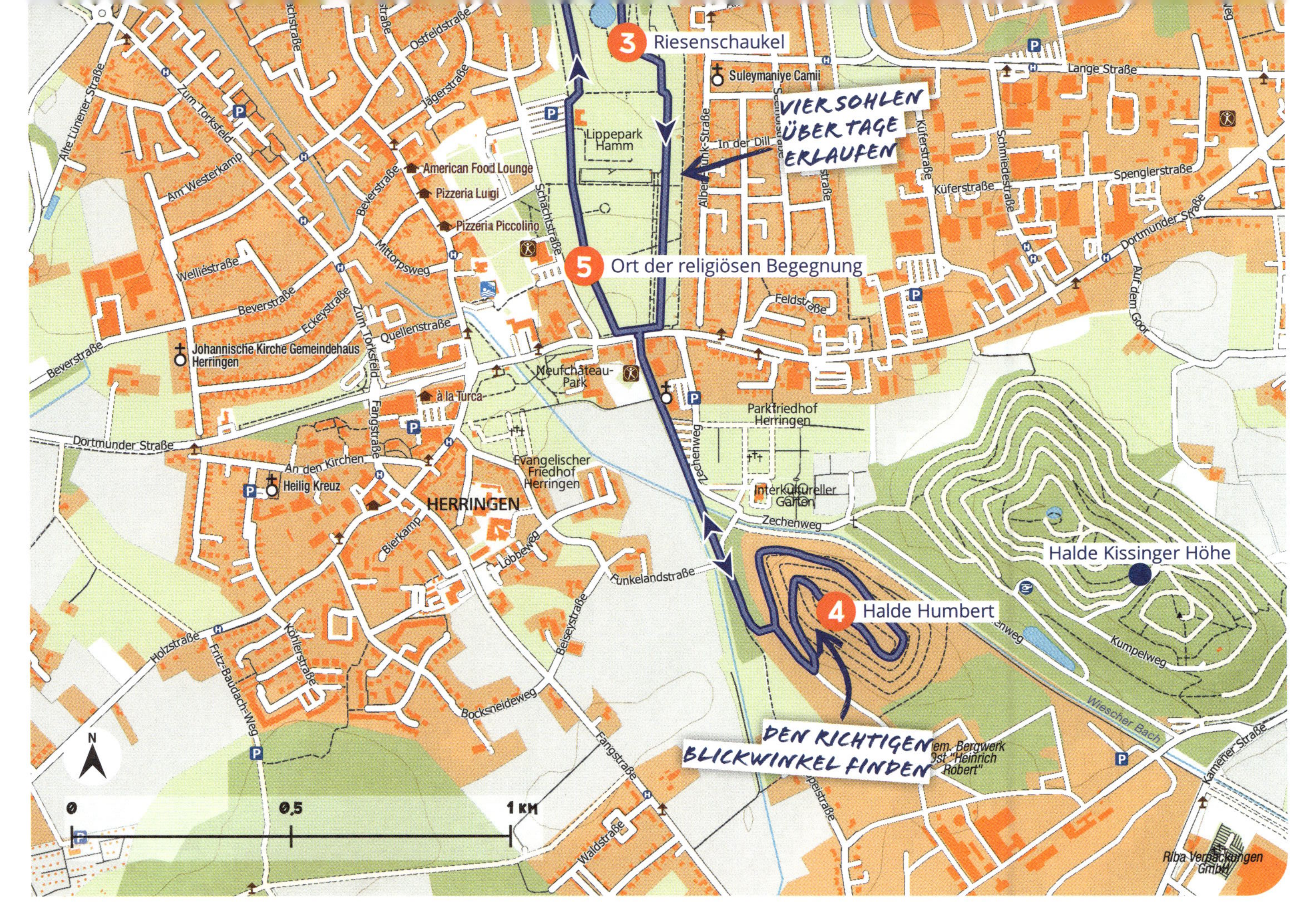

3 Riesenschaukel
Suleymaniye Camii
VIER SOHLEN ÜBER TAGE ERLAUFEN
Lippepark Hamm
5 Ort der religiösen Begegnung
American Food Lounge
Pizzeria Luigi
Pizzeria Piccolino
Johannische Kirche Gemeindehaus Herringen
Neufchâteau-Park
à la Turca
Parkfriedhof Herringen
Evangelischer Friedhof Herringen
Interkultureller Garten
Heilig Kreuz
HERRINGEN
Halde Kissinger Höhe
4 Halde Humbert
DEN RICHTIGEN BLICKWINKEL FINDEN
ehem. Bergwerk Ost "Heinrich Robert"
Riba Verpackungen GmbH
Lange Straße
Spenglerstraße
Küferstraße
Schmiedestraße
Dortmunder Straße
Auf dem Goor
Feldstraße
In der Dill
Zechenweg
Funkelandstraße
Beiseystraße
Bocksneideweg
Fangstraße
Waldstraße
Kamener Straße
Wiescher Bach
Kumpelweg
Holzstraße
Fritz-Baudach-Weg
Köhlerstraße
Bierkamp
Löbbeweg
An den Kirchen
Quellenstraße
Zum Torksfeld
Beverstraße
Eckeystraße
Welliestraße
Am Westerkamp
Alte Lünener Straße
Mittorpsweg
Schachtstraße
Jägerstraße
Ostfeldstraße
0
0,5
1 KM
N

AUCH NOCH GANZ NÜTZLICH

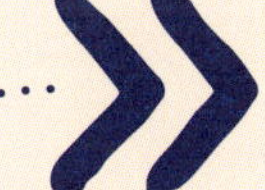

ORTSREGISTER

IMPRESSUM

» **Text:**
Ann Baer

» **Cover- und Buchgestaltung:**
Carolin Weidemann, Köln, www.weidemann-design.com

» **Lektorat & Produktion:**
Susanne Schleußer, Tönisvorst, www.derschoenstesatz.de

» **Projektmanagement:**
Susanne Heimburger, Tamara Siedler

» **Fotos:** Titelfoto: mauritius images/Jochen Tack/Alamy/Alamy Stock Photos; Fotos Innenteil: Ann Baer mit folgenden Ausnahmen: Rolf Belehrt (S. 124, 128 o.); Thomas Goeke/Luther Kirchengemeinde Oberhausen (S. 78/79 o.); Susanne Hausmann (S. 78 l.); Haus Seeblick (S. 41); Heike Heine (S. 117 M., 121 o.); Sabine Heüveldop (S. 2, 10 l., 14, 17 M., 18 o., 21 u., 134, 137 u., 140 o., 219); Wolfgang Kleideiter (S. 100 o. l.); A. Krebs/Pixabay (S. 114); Lakeside Inn (S. 127 M., 130 o.); OMH/Pixabay (S. 7 u. r.)

» **Kartografie:**
©KOMPASS-Karten GmbH, kompass.de unter Verwendung von ©OpenStreetMap Contributors, osm.org/copyright

» **S. 222/223:** Marie Geißler (Illustration), Jens Bey (Text)

Printed in Poland

1. Auflage 2024

ISBN 978-3-616-03232-0

www.dumontreise.de

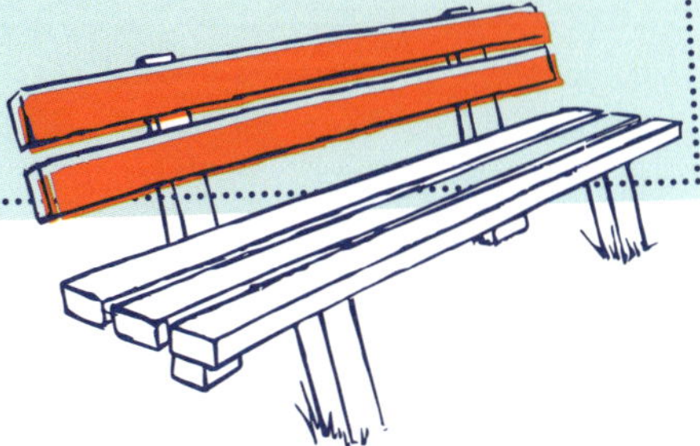

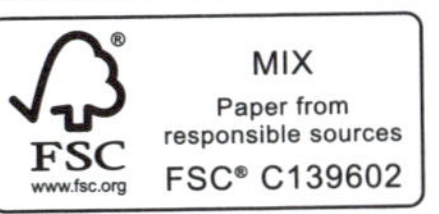

RECHTS ODER LINKS? IMMER WISSEN, WO'S LANGGEHT!

» TOURENVERLAUF

GPX-Daten zum kostenlosen Download
www.dumontreise.de/wanderzeit/ruhrgebiet

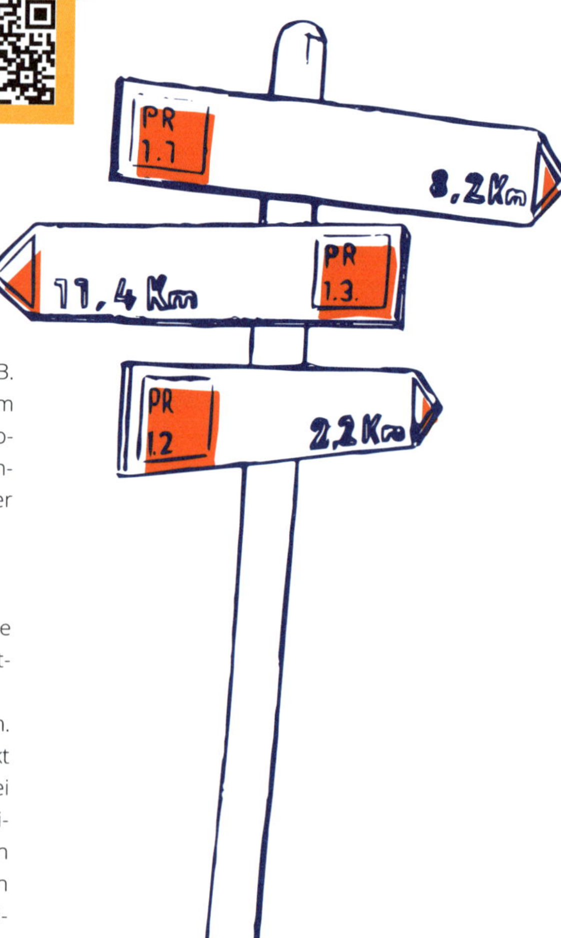

GPX-DOWNLOAD AUFS SMARTPHONE – SO GEHT'S

» Voraussetzung:

Eine Outdoor-App muss installiert sein, z. B. KOMPASS, Outdooractive oder Komoot. Zum Einlesen des QR-Codes benötigen ältere Android-Geräte eine QR-Code-App. Bei neueren Android- und iOS-Geräten ist diese Funktion in der Kamera integriert.

» Daten downloaden:

1. Den QR-Code einlesen oder die Webadresse im Browser eingeben, um auf die Wanderzeit-Website zu gelangen.
2. Die gewünschte Tour zum Download anklicken.
3. Bei iOS-Geräten werden die GPX-Daten direkt mit der vorab installierten App verknüpft. Bei Android-Geräten muss ggf. noch ein Weiterleiten-Button geklickt werden (z. B. oben rechts im Display). Manche Apps zeigen den Tourverlauf starr an, andere haben eine Navigationsfunktion dabei.

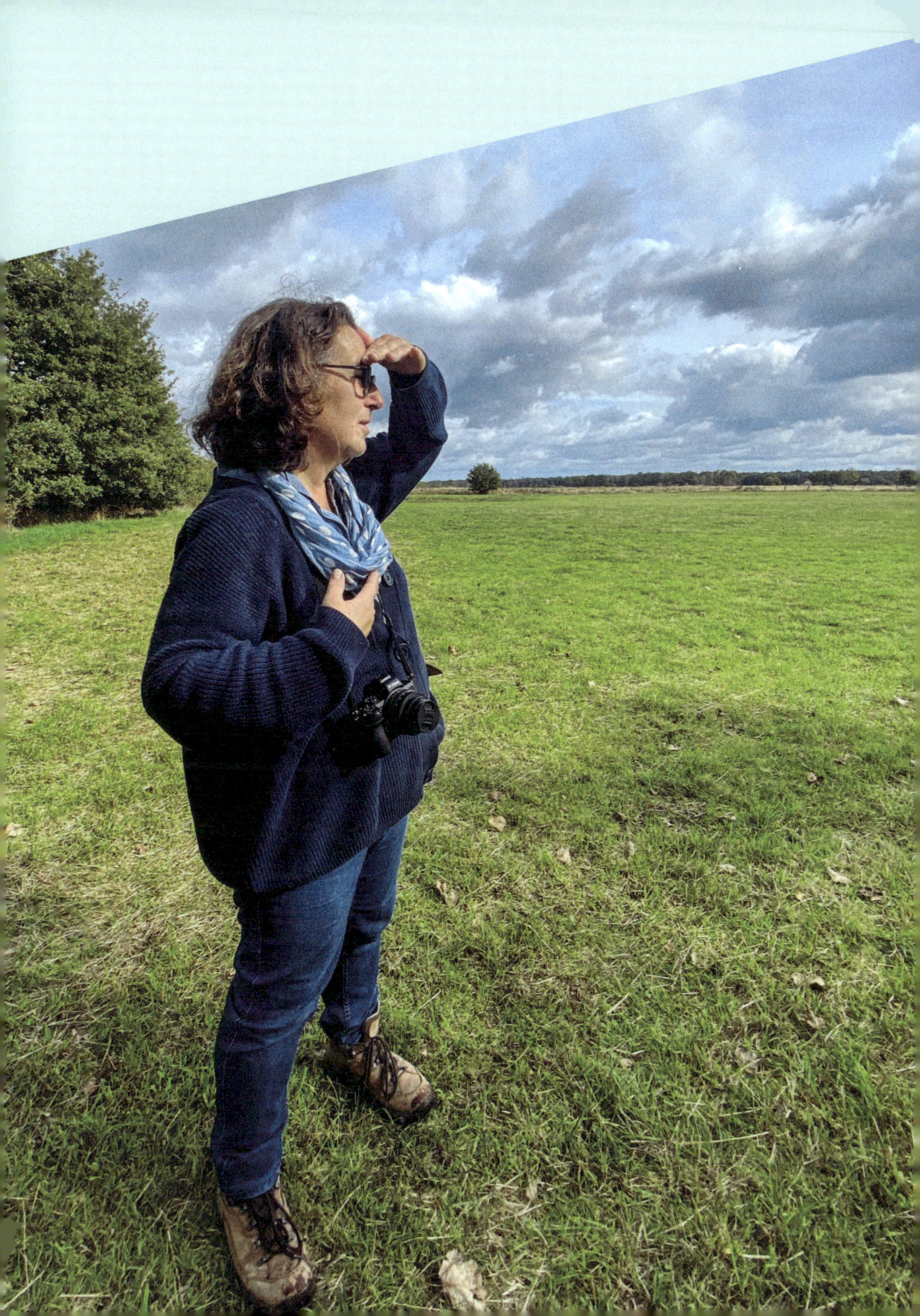

WEITERWANDERN ...

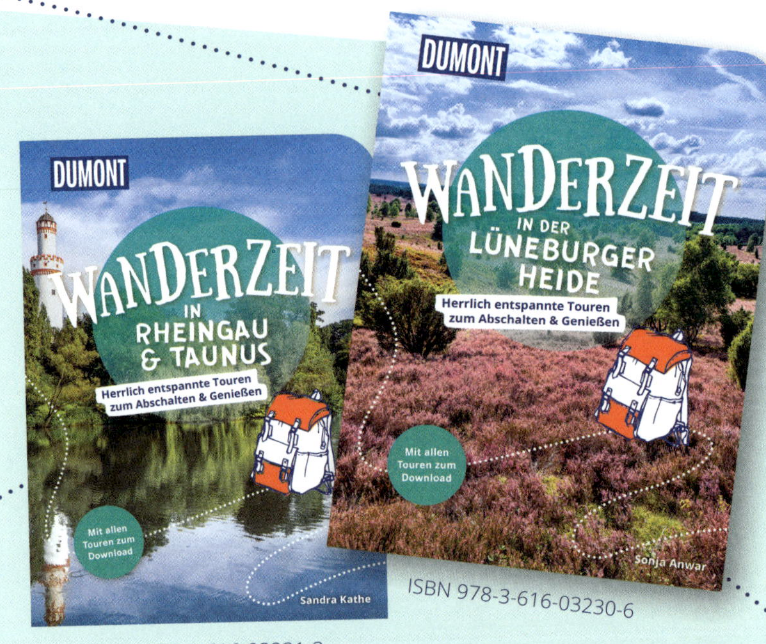

ISBN 978-3-616-03230-6

ISBN 978-3-616-03231-3

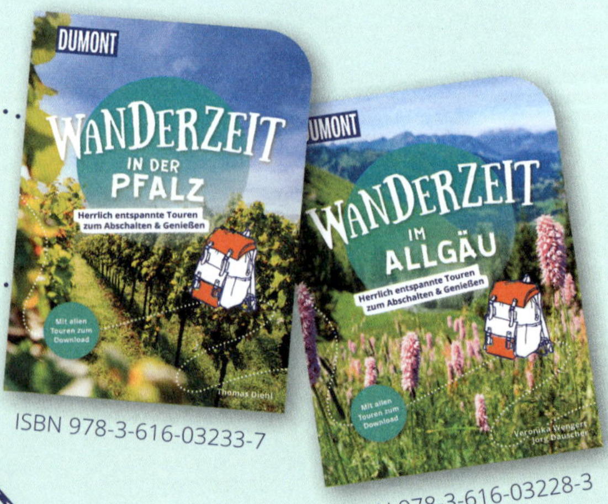

ISBN 978-3-616-03233-7

ISBN 978-3-616-03228-3

ANTI-RUCKSACK-AUTSCH-ÜBUNGEN

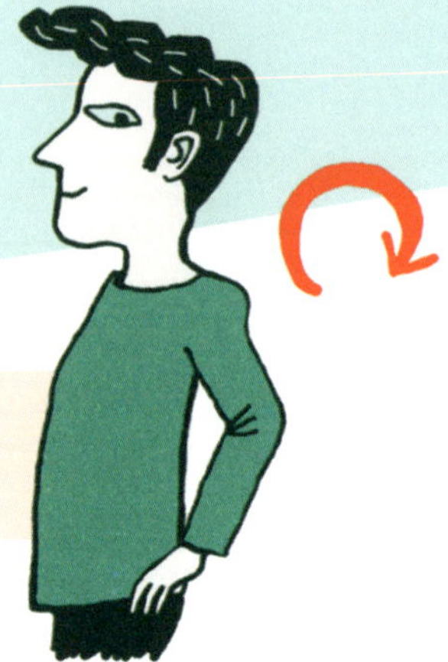

1. Kreise 30 Sekunden mit den Schultern nach hinten und unten.

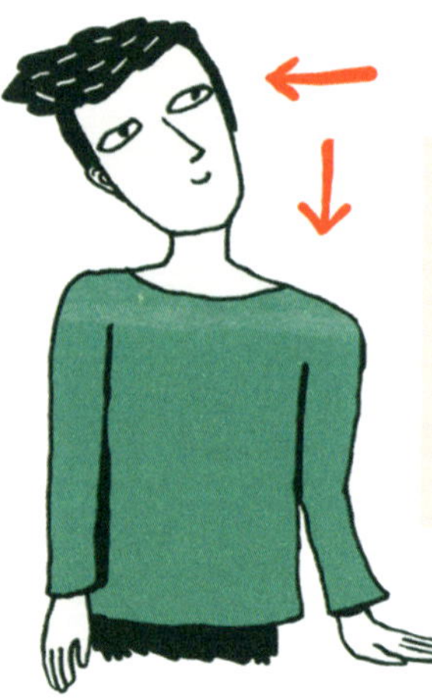

2. Den Nacken ziehst du in Form, indem du den Kopf langsam, ohne ihn zu verdrehen, zur rechten Schulter neigst. Den linken Arm schiebst du dabei langsam nach unten, die Handfläche zeigt zum Boden. Ruhig atmen, 15 Sekunden halten, dann wechselst du die Seite.

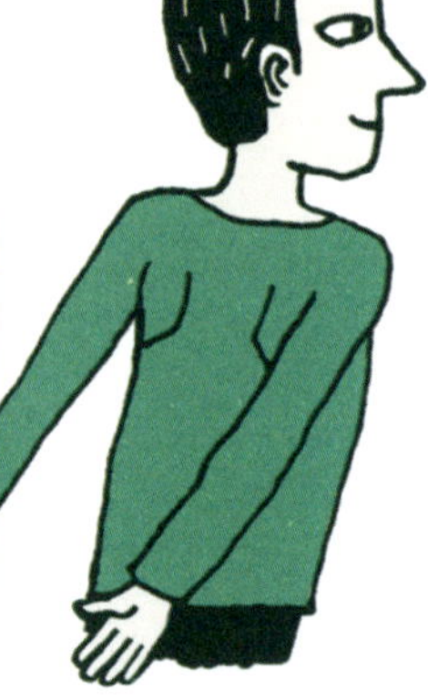

3. Die Brust entspannt sich, wenn du deine Arme seitlich nach hinten bewegst, mit den Handflächen zur Decke. 15 bis 20 Sekunden lang in der Dehnung bleiben und dabei kein Hohlkreuz machen.

4. Die Schulterbrücke stärkt den Rücken. Lege dich auf einer Matte auf den Rücken, stelle die Beine hüftbreit auf, die Arme liegen gerade am Boden. Dann hebst du das Becken an, sodass der Körper eine gerade Linie bildet. Absenken und wieder anheben.

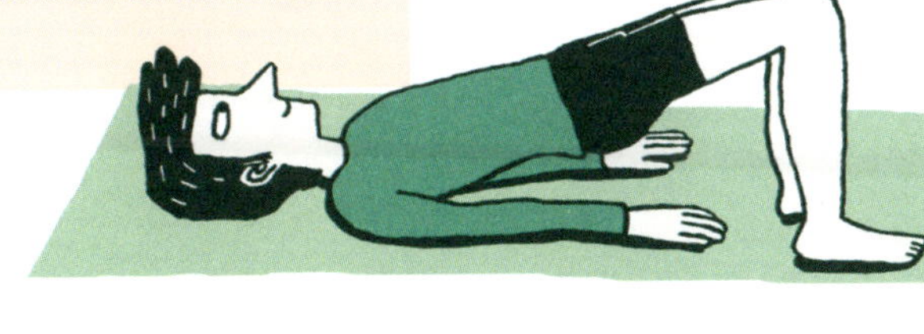

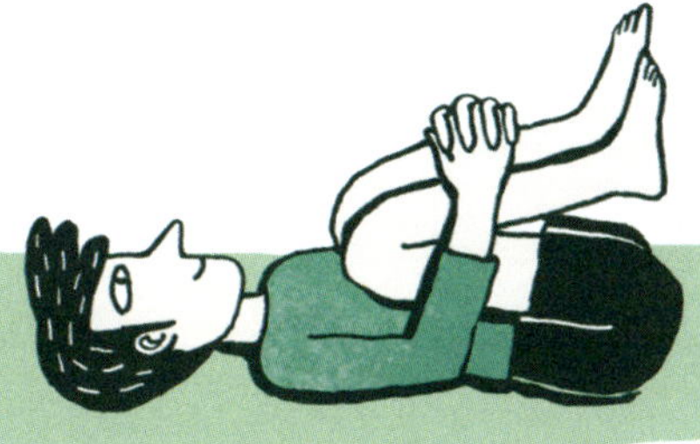

5. Prima Päckchen: Ziehe die Knie zur Brust heran, umfasse sie mit den Händen und atme aus. Lockere die Knie etwas und ziehe sie wieder heran. Das dehnt die Muskulatur an der Wirbelsäule und macht dich wieder beweglicher.

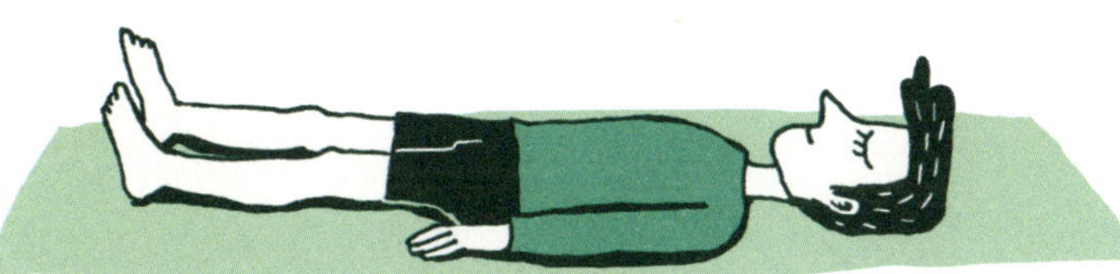

6. Zum Schluss entspannst du ein paar Atemzüge auf dem Rücken, Arme und Beine locker von dir gestreckt.

DIE PERFEKTE TOUR ...

#FÜR NEUGIERIGE

Mit Horizontobservatorium und Sonnenuhr sind die astronomischen Wanderziele auf dem Haldenplateau Hoheward klar benannt. Also Steiger-Modus an und rauf.

» TOUR 9, S. 94

#FÜR SONNENHUNGRIGE

Direkt von der Fähre kann man sich an den kleinen Rheinstrand plumpsen lassen. Reichlich Sonne bekommt man unweigerlich auch auf der Deichwanderung mit.

» TOUR 2, S. 24

#FÜR WASSERRATTEN

Erst nur mit den Füßen im Bach waten, später einige Schritte am Seeufer wagen. Und am Ziel wird dann der ganze Körper am Badestrand nass. Alternativ ab ins Boot.

» TOUR 3, S. 34

#FÜR LECKERMÄULER

Gestartet wird mit Eis vom Büdchen neben dem Bismarckturm, gutbürgerlich schmeckt's am Kaiser-Friedrich-Turm und zum Abschluss – da geht noch was – ab in die Waldlust.

» TOUR 18, S. 184

#FÜR FAULE

Im Blütenrausch durch Themengärten und exotische Baumriesen aus aller Welt wandeln. Die optischen Reize lassen sich bestens auf idyllisch postierten Bänken verdauen.

» TOUR 19, S. 194

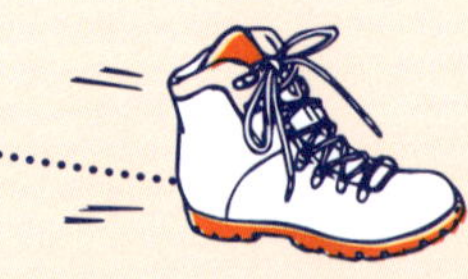